HEINRICH AHRENS

NATURRECHT
ODER
PHILOSOPHIE DES RECHTS
UND DES
STAATES

BAND I

Elibron Classics
www.elibron.com

Elibron Classics series.

ISBN 0-543-85762-X (paperback)
ISBN 0-543-85761-1 (hardcover)

This Elibron Classics Replica Edition is an unabridged facsimile of the edition published in 1870 by Carl Gerold's Sohn, Wien.

NATURRECHT

ODER

PHILOSOPHIE DES RECHTS

UND DES

STAATES.

NATURRECHT

ODER

PHILOSOPHIE DES RECHTS

UND DES

STAATES.

AUF DEM GRUNDE DES ETHISCHEN ZUSAMMENHANGES VON RECHT UND CULTUR.

VON

HEINRICH AHRENS,

o. o. Professor der Staatswissenschaften an der Universität Leipzig etc. etc.

ERSTER BAND:

DIE GESCHICHTE DER RECHTS-PHILOSOPHIE UND DIE ALLGEMEINEN LEHREN.

SECHSTE, DURCHAUS NEU BEARBEITETE, DURCH DIE STAATSLEHRE UND DIE PRINCIPIEN DES VÖLKERRECHTS VERMEHRTE, AUFLAGE.

WIEN.

DRUCK & VERLAG VON CARL GEROLD'S SOHN.

1870.

Vorrede zur sechsten Auflage.

Die gegenwärtige, durchaus neue Bearbeitung meiner Rechtsphilosophie unterscheidet sich von der vorjährigen sechsten französischen Ausgabe meines *Cours de droit naturel*, *2 voll.*, Leipzig, Brockhaus, [1]) sowohl durch eine ausführlichere Darstellung der Rechtsphilosophie im Zusammenhange mit der allgemeinen Culturentwickelung, als auch durch ein tieferes Eingehen in mehre wichtige Materien und streitige Fragen, wie es in Rücksicht auf den Zustand der deutschen Rechts- und Staatswissenschaft geboten erschien. Bei einer langjährigen steten Vergleichung der Rechtsphilosophie mit der positiven Wissenschaft habe ich die Ueberzeugung gewonnen, dass eine innigere Durchdringung des positiven Stoffes mit rechtsphilosophischen Principien eine unerlässliche Bedingung des weiteren Fortschritts ist, indem für die wichtigsten Einrichtungen und Verhältnisse des wirklichen Rechtslebens die bisher vergeblich gesuchte juristische Construction nur im Anschlusse an eine, von einer höheren Gesammtanschauung ausgehende, nach der inneren Bestimmung oder dem Zwecke der Verhältnisse forschende, Rechtsphilosophie gefunden werden kann. So ist der Begriff der juristischen Person und insbesondere der, im wirthschaftlichen Leben immer wichtiger werdende, Begriff der Genossenschaft noch nicht festgestellt, die Lehre vom Besitze stets erneuerten Meinungsverschiedenheiten unterworfen, der Begriff des Eigenthums sowohl an sich als in seinem Unterschiede von den besondern dinglichen Rechten noch schwankend, und in Bezug auf die Arten des Eigenthums ist die Frage noch keineswegs entschieden, ob die römisch-

---

[1]) Die gegenwärtige Auflage ist im Grunde die achte von mir gemachte, französische und deutsche, Bearbeitung der Rechtsphilosophie. Es bestehen ausserdem, so weit mir bekannt geworden ist, ausser der deutschen Uebersetzung (1846) von der zweiten französischen Ausgabe, von den verschiedenen französischen Auflagen vier Uebersetzungen in Italien, drei in Spanien, zwei in Portugal und Brasilien, eine im Ungarischen, so dass es bis jetzt zwanzig Ausgaben des Werkes gibt.

rechtliche Auffassung gewissermassen die normale sei oder ob auch die germanischen Institute des sogenannten getheilten Eigenthums und des Gesammteigenthums unter einen lebenswahren Begriff des Eigenthums gestellt werden können. Im Obligationenrechte erwarten die einseitigen Geschäftsobligationen (in dem Grundtypus der Geschäftsführung ohne Auftrag) noch immer die sachgemässe juristische Auffassung; die Lehre vom Vertrage wird ungenügend behandelt, indem die Art und das Gebiet der Anwendung in Bezug auf sittliche und öffentlich-rechtliche Verhältnisse nicht genau bestimmt ist. Im Eherechte waltet Meinungsverschiedenheit nicht nur über die Vertragsnatur der Ehe, sondern vornehmlich über das eheliche Güterrecht in seinen wichtigsten Formen. Es bedarf keines nähern Hinweises auf den Zustand des öffentlichen Rechts, weil in diesem Gebiete die Behandlung aller Materien von der Grundanschauung abhängig ist, welche vom Staate und seiner Stellung im Gesammtorganismus des gesellschaftlichen Lebens gewonnen wird, und der Widerstreit der Ansichten kann selbstverständlich nicht von einem positiv-rechtlichen Standpunkte aus, sondern nur in einer durchgebildeten, den Staat in seinen organischen Beziehungen zu allen Lebens- und Culturgebieten erfassenden, Lehre eine Ausgleichung finden. Es muss demnach dem tiefer forschenden Geiste, bei dem immer mehr sich ausdehnenden historischen und positiven Stoffe, die Erkenntniss sich aufdrängen, dass, zum Zwecke einer Zurückführung aller Verhältnisse auf die grundlegenden Begriffe, eine innigere Verknüpfung der positiven Rechts- und Staatswissenschaft mit der Rechtsphilosophie erstrebt werden muss. Hierzu hat die Rechtsphilosophie ihrerseits die Bedingung dadurch erfüllt, dass sie sich des früheren abstracten Formalismus entschlagen und eine ethische und organische Grundlage gewonnen hat. Es besteht zwar über die Begriffe der Ethik und des Organismus Meinungsverschiedenheit und theilweise grosse Unklarheit sowohl auf Seiten derer, welche sich derselben bedienen, als derer, welche dieselbe bekämpfen. So wie aber in diesem Werke der Begriff des Organismus, als der allein congruente Ausdruck für jede innere Gliederung des natürlichen wie des geistig-sittlichen Lebens in einem einheitlichen Ganzen, genau bestimmt wird, so ist auch mit der ethischen Auffassung des Rechts- und Staatslebens voller Ernst gemacht worden, indem der ethische Kernbegriff des Guten und der Güter als Grundlage, Inhalt und Ziel des ganzen Staatslebens nachgewiesen, alles Recht, in Uebereinstimmung mit dem wirklichen Leben, als Güterrecht, der Staat als die, das ganze Güterleben in allen gesellschaftlichen Gebieten schützende und fördernde, rechtliche Culturordnung begriffen wird. Gerade dieser ethische Centralbegriff muss den gemeinsamen Ausgangspunkt und das Band für die positive Rechtswissenschaft und die Rechtsphilosophie bilden und zugleich das, jetzt vielfach gesuchte, Verhältniss des Rechts zu der Nationalökonomie vermitteln, welche als wirthschaftliche Güterlehre einen Theil der allgemeinen ethischen Güterlehre bildet und, in der Wirthschaftspolitik, die Beziehung dieser Güterverhältnisse zum Staate darlegt. Soll aber die Rechtsphilosophie eine umfassendere, die positive Rechtswissenschaft wesentlich fördernde, Aufgabe vollführen, so darf sie ihrerseits nicht bei Allgemeinheiten stehen bleiben, nicht an der Oberfläche schillernde, gewöhnlich zu viel oder zu wenig sagende, Begriffe abschöpfen, sondern hat, in richtiger Anwendung des Rechtsprincips auf das gesammte rechtlich zu ordnende Güterleben, den Nachweis zu liefern, dass sie die in den wesentlichen Verhältnissen des Rechtslebens, wenn auch unbewusst, sich ausprägende Vernunft und Logik mit bewusster Vernunft zu begreifen, und auch in der Verschiedenheit der durch Nationalität und Cultur mitbedingten Rechtsanschauungen die gemeinsamen menschlichen Grundzüge des Rechts zu erkennen und für die höhere Fortbildung die Ziele und Wege darzulegen vermag.

Eine solche Aufgabe hat sich das vorliegende Werk gestellt, und bei unbefangener Würdigung wird man nicht verkennen, dass, von einer Einheit des Grundprincips des Rechts aus, der grundsätzliche Zusammenhang und die wohlgeordnete Gliederung aller Theile und Gebiete des Privat- und öffentlichen Rechts begriffen wird.

Aber noch ein höheres Ziel hat sich dieses Werk für das Rechtsstudium wie für die Auffassung und Behandlung der staatlichen Verhältnisse gestellt. Wir leben in einer Zeit, wo eine unheilvolle Strömung die Gemüther mehr und mehr von den idealen Gütern des Lebens abgewendet, den Glauben an eine sittliche Weltordnung tief erschüttert, selbst das Bewusstsein eines geistigen und sittlichen Lebensprincips im Menschen verdunkelt oder zerstört und überall materialistische, atomistische, mechanische Anschauungen zur Geltung gebracht hat und auch in der Staats- und Gesellschaftsordnung nur mit Thatsachen rechnen, die Machtverhältnisse als Richtschnur für das Recht aufstellen will. Der Ursprung und Charakter dieser Bewegung ist ausführlicher in §. 28 „Die Macht-Rechtstheorien der neuern Zeit“ dargelegt worden. So wie aber in der Regel die höheren geistigen Regionen die Ausgangspunkte für die Abirrungen wie für die bessernde Umkehr in der geistig-sittlichen Bewegung bilden, so ist auch die neuere Verirrung vorwaltend von den höheren Unterrichtsanstalten ausgegangen, nicht sowohl unmittelbar als indirect dadurch, dass, in Zurückdrängung aller tieferen, das geistige und sittliche Leben in den Grundprincipien erforschenden philosophischen Wissenschaften, die Richtung auf das Stoffwissen ganz vorherrschend geworden ist, und dass diese Bewegung, bei dem mächtigen Rückhalte, den sie schon in allen neuern auf die materiellen Interessen gerichteten Bestrebungen finden musste, eine weitere Nahrung dadurch erhalten hat, dass die Regierungen selbst, ohne einen höheren Standpunkt zu gewinnen, in ihrer Fürsorge für die immer mehr sich ausdehnenden positiven Wissenschaften, gar nicht die Nothwendigkeit eines entsprechenden Gegengewichts in einem gründlichen und unter gleichen Bedingungen gepflegten Studium der Wissenschaften des geistigen und sittlichen Lebens erkannt haben. Die Folgen dieser seit mehr als einem Menschenalter genährten Richtung konnten nicht ausbleiben. Wir haben, zur Schmach für die deutsche Wissenschaft, in den Universitätsstädten selbst einen Materialismus sich breit machen sehen, der wohl geeignet sein sollte, das Gewissen zu wecken und tiefer nach den Ursachen einer solchen Abirrung forschen zu lassen. Mögen die Regierungen, die einen wesentlichen Theil der Schuld dieser durch die jetzige Studieneinrichtung genährten Abirrung und der daraus entstehenden Folgen auf sich nehmen müssen (s. S. 217 Note), diesen Zustand, den sie als keinen gesunden erkennen werden, durch geeignete wissenschaftliche Mittel, ohne Zeitversäumniss, zu bessern trachten.

Wegen der grossen Bedeutung, welche die Wissenschaften von Recht und Staat, auch durch die einflussreiche Stellung ihrer Träger, für das praktische Leben gewinnen, habe ich es als eine Pflicht erachtet, von diesem Wissenschaftsgebiete aus dazu beizutragen, dass die Rechts- und Staatsordnung in ihrer Wurzel im geistig-sittlichen Wesen des Menschen und in ihrer höchsten Beziehung zu der gesammten göttlich-menschlichen Lebens- und Culturordnung begriffen werde. Schon die Uebersicht über die Geschichte der Rechtsphilosophie wird die praktische Wichtigkeit dieser Wissenschaft und ihre innigen Bezüge zur ganzen Culturentwickelung erkennen lassen, und ebenso wird man auch, bei einem näheren Eingehen in die, im allgemeinen Theile entwickelten, Grundbegriffe und Grundverhältnisse des Rechts, eine umfassendere, streng durchgebildete Anschauung vom Rechts- und Staatsleben erkennen, welche im besonderen Theile die concrete Durchführung in allen Gebieten erhält.

Der höhere Charakter, den die Rechtsphilosophie in neuerer Zeit gewonnen hat, sollte ihr auch eine bedeutendere Stellung im Studium der Rechts- und Staatswissenschaft sichern; allein die Unkenntniss hinsichtlich des gegenwärtigen Zustandes dieser Wissenschaft, nebst der Erinnerung an eine frühere abstracte Form, in welcher sie nur als ein philosophisch verbrämter Abklatsch des römischen Rechts erschien, hat sie bis jetzt nicht zu der Geltung gelangen lassen, die sie selbst im Interesse eines tieferen, von höheren Gesichtspunkten geleiteten Studiums des positiven Rechts erhalten sollte. Es ist zudem bemerkenswerth, dass während die Rechtsphilosophie einerseits gegen Unkenntniss und Indifferenz zu kämpfen hat, in zwei katholischen Ländern eine ultramontane, ihrer Ziele und Wege sich wohl bewusste Reaction einen Schlag gegen das Studium der Rechtsphilosophie ausführte, die den wichtigsten Antheil an der Ausbildung des modernen Staatsbegriffs gehabt hat. So wurde in Belgien, als die clericale Partei im Ministerium eine feste Stellung gewonnen hatte, die Rechtsphilosophie aus der Liste der öffentlichen Prüfungsmaterien gestrichen und über dieselbe nur ein von einem Lehrer auszustellendes Prüfungscertificat verlangt; ebenso wurde in Oesterreich von dem Ministerium, welches das Concordat betrieb, die Rechtsphilosophie aus den allgemeinen juristischen Prüfungen ausgeschieden und nur für die Doctoratsprüfungen belassen (die allerdings in Oesterreich jeder Advocat machen muss); und bis auf den heutigen Tag erwartet man noch immer von der gegenwärtigen liberalen Regierung, in welcher das Unterrichtsministerium selbst von einem früheren ausgezeichneten Lehrer der Rechtsphilosophie geleitet wird, die Wiederherstellung des frühern Zustandes, die um so mehr geboten erscheint als gerade dieses Land, bei dem, in leidenschaftlicher Verblendung über das wahre Wohl der Völkerschaften, angefachten Nationatitätenstreite, darauf hingewiesen ist, das kräftigste Band in der Pflege der höheren gemeinsamen Culturinteressen zu suchen. Wie überhaupt in der Humanität die höhere Ausgleichung und Versöhnung der auch an sich berechtigten Nationalitäten liegt, so sollten auch auf den höheren Unterrichtsanstalten solche Studien eine tüchtige Pflege finden, welche ein gemeinsames Culturbewusstsein zu verbreiten und die gesammte Rechts- und Staatsordnung vor Allem als eine, nach der rechtlichen Seite geregelte, humane Culturordnung darzustellen geeignet sind.

Auch die nationale Bewegung, von welcher der deutsche Volksgeist ergriffen ist, in voller Berechtigung hinsichtlich des Ziels einer kräftigeren Zusammenfassung und Gesammtleitung der politischen und Culturinteressen, aber in unverkennbarer Gefahr einer Schädigung der Interessen der Freiheit und des geistig-sittlichen und wirthschaftlichen Lebens, lässt um so dringender die Aufgabe erkennen, dass von den höheren Bildungsstätten aus eine tiefere Einsicht in die, den edleren Gehalt und das Endziel aller Staatsordnung bildenden Güter der humanen Cultur und in die Grundbedingungen einer wahrhaften Bundesverfassung gewonnen werde; denn nur eine solche vermag, im Einklange mit der Geschichte und dem Grundcharakter des deutschen Volkes, allein die Bürgschaft einer sicheren Macht und die innere Befriedigung der, die Culturarbeit so wesentlich fördernden, eigenartig tüchtigen Volksstämme zu gewähren.

Leipzig, 1. August 1869.

H. Ahrens.

Anmerkung.

Statt der früheren Vorreden mag hier nur die Bemerkung Platz finden, dass die erste deutsche Ausgabe, als Uebersetzung aus dem Französischen, 1846, die zweite Ausgabe, als vierte Bearbeitung, 1850 erschien, die gegenwärtige, durch andere Arbeiten verzögerte Ausgabe, die dritte deutsche ist.

Uebersicht.

Einleitender Theil,

enthaltend

die Bestimmung des Begriffs, der Aufgabe und die Geschichte der Rechtsphilosophie.

Erster Abschnitt.

Einleitung.

Begriff der Rechtsphilosophie; ihre Stellung im Ganzen der Rechtswissenschaft und ihre theoretische und praktische Bedeutung.

Zweiter Abschnitt.

Geschichte der Rechtsphilosophie.

Uebersichtliche Darstellung der Geschichte der philosophischen Rechts- und Staatswissenschaft im Zusammenhange mit der allgemeinen Culturentwickelung.

Erste Periode.

Der Orient.

Zweite Periode.

Griechenland und Rom.

Capitel I.

Capitel II.

Allgemeiner Theil der Rechtsphilosophie,

enthaltend:

die philosophische Grundlegung, Feststellung, Entwickelung des Rechtsprincips und Eintheilung der Rechts- und Staatswissenschaft.

Capitel III.

Weitere Entwickelung der wesentlichen Bestandtheile eines jeden Rechtsverhältnisses.

Einleitender Theil,

enthaltend:

die Bestimmung des Begriffs, der Aufgabe und die Geschichte der Rechtsphilosophie.

Erster Abschnitt.

Einleitung.

Begriff der Rechtsphilosophie; ihre Stellung im Ganzen der Rechtswissenschaft und ihre theoretische und praktische Bedeutung.

§. 1.

Begriff der Rechtsphilosophie.

Die Rechtsphilosophie oder das Naturrecht ist die Wissenschaft, welche aus dem Wesen und der Bestimmung des Menschen und der menschlichen Gesellschaft das oberste Princip oder die Idee des Rechts ableitet, und zu einem System von Rechtsgrundsätzen für alle Gebiete des Privat- und öffentlichen Rechts entwickelt.

Das Leben der Menschen und Völker wird in dem Fortschreiten zum Besseren von dem unvertilgbaren Glauben getragen, dass es ein von willkürlichen Satzungen unabhängiges, in einer höheren sittlichen Lebensordnung gegründetes Recht gibt, welches als Massstab zur Beurtheilung der bestehenden Verhältnisse und Einrichtungen, und als Richtschnur für ihre weitere Ausbildung zu dienen bestimmt ist. Dieser Glaube hat sich von einem unbestimmten Gefühle immer mehr zu klarem Bewusstsein und Wissen gestaltet, ist zwar öfter durch zeitweilige irrige Lehren und Lebensrichtungen verdunkelt und zurückgedrängt worden, aber stets in grösserer Kraft wieder hervorgetreten. Dieser Glaube an ein höheres Recht hängt innig zusammen, wird gekräftigt oder geschwächt mit dem Glauben an alle ethischen Ideen des Wahren, Guten, Sittlichen und Schönen, welche bei tieferer Forschung auch auf ein gemeinsames Höchstes, auf die Idee Gottes und des Göttlichen als ihre letzte Quelle hinweisen und in dieser höheren Einigung und harmonischen Vereinigung sich als wahrhafte segensreiche Mächte im Leben der Menschen und Völker bewähren.

Aus der Ahnung eines allgemeinen Zusammenhangs aller Dinge, aus dem Streben, denselben durch denkende Betrachtung zum Bewusstsein zu bringen, aus dem Bedürfnisse, in dem Wechsel der Erscheinungen in der Natur wie in den veränderlichen Verhältnissen und Zuständen des gesellschaftlichen Lebens unwandelbare Principien und Gesetze, und in einem höchsten Wesen den letzten Grund alles Seins und Lebens zu erkennen, ist die Philosophie hervorgegangen, welche auch in Bezug auf das innere Leben eine zusammenfassende Kraft werden, den Geist aus der sinnlichen Zerstreuung zur Besinnung in der Selbsterkenntniss führen, vom Aeusseren durch Erforschung des Inneren zum Höchsten erheben und im Lichte der obersten Principien die orientirenden Gesichtspunkte für alle besonderen Gebiete des Seins und Lebens gewinnen soll. In der Liebe zur Wahrheit entspringend, und in der Gewissenhaftigkeit und Ehrlichkeit der Forschung, welche der Wahrheit die Ehre gibt, sich fortbildend, soll die Philosophie den Geist in den Grundüberzeugungen stärken, ihm Festigkeit und sittliche Haltung geben, den Charakter bilden und eine wissenschaftliche Anleitung zu einer freien bewussten Unterordnung alles Handelns unter die Gesetze einer höheren sittlichen Lebensordnung werden.

Das geistige Vermögen für die Philosophie ist die Vernunft, welche, unterschieden von dem blos abstrahirenden Verstande, die den menschlichen Geist auszeichnende Kraft des Unendlichen, Unbedingten, Göttlichen ist und ihm die Fähigkeit gibt, alles Endliche und Bedingte in seiner Beziehung zum Unendlichen, zu den ewigen Grundgesetzen und zu einer höheren allgemeinen Lebensordnung zu erkennen. Aber alles besondere Sein und Leben bietet ausser dieser höchsten Beziehung noch eine andere Seite in seiner reichen Gestaltung in der Zeit dar, welche den Blick in eine andere Art der Unendlichkeit, in die unerschöpfliche Fülle des Individuellen und der wechselnden, dem Leben stets frischen Reiz verleihenden Formen und Verhältnisse eröffnet. Beide Seiten der Dinge sind für die Betrachtung gleich wesentlich. Auf die erste Seite bezieht sich die

Vernunfterkenntniss, auf die andere Seite die Erfahrungserkenntniss, aber erst beide Arten der Erkenntniss in ihrer Vereinigung bilden die ganze und volle Wissenschaft eines Gegenstandes. Sie nehmen jedoch eine verschiedene Stellung zu einander ein im Gebiete des Naturlebens und der geistig-sittlichen Lebensordnung. Während in der Natur, in Folge des Princips der Nothwendigkeit und der Gebundenheit alles Seins durch die höhere Macht des Ganzen, die Gesetze und die Erfahrung sich stets decken, die Erforschung der Gesetze sich nach der Erfahrung richten muss, ist die vom Princip der Freiheit getragene sittliche Welt in steter Fortbildung begriffen, und die höheren Principien des Wahren, Guten, Sittlichen, Rechten und Schönen bestimmen für alle geschichtliche Entwickelung das Ziel, welches über die in der Erfahrung gegebenen Zustände hinausgeht und nur aus der Betrachtung der idealen Natur des Menschen oder einer menschlichen Einrichtung erkannt werden kann.

Die Rechtsphilosophie ist ein Zweig der Philosophie; sie hat aus dem vollen Wesen des Menschen und aus dem Ganzen seiner Lebensverhältnisse das besondere Princip des Rechtes abzuleiten, mit dem letzten Zwecke des menschlichen Daseins und mit der allgemeinen sittlichen Weltordnung in Beziehung zu setzen; sie hat sodann das Rechtsprincip nach allen wesentlichen Momenten und auf alle vom Rechte beherrschten Verhältnisse zu entwickeln und durch die Einheit des Princips den Zusammenhang unter allen Theilen der Rechts- und Staatswissenschaft darzulegen.

Die Rechtsphilosophie ist aber nur ein Zweig der gesammten Rechts- und Staatswissenschaft und in ihrem Verhältnisse zu derselben näher zu bestimmen.

§. 2.

Verhältniss der Rechtsphilosophie zu dem Gesammtgebiete der Rechts- und Staatswissenschaft.

In allen Wissenschaften, die sich auf die sittliche, in steter Fortbildung begriffene Lebensordnung beziehen, lassen sich drei Theile nachweisen, von denen der eine in philosophischer Entwickelung die Idee und das Ideal eines Lebens- und Thätigkeitsgebietes, der andere den Geschichtsbegriff, der dritte das den Gegensatz zwischen Ideal und Geschichte vermittelnde und zunächst zu erstrebende **Musterbild** aufstellt. Philosophie und Geschichte, Ideal und Wirklichkeit sind lange Zeit als unbefreundete Gegensätze aufgefasst worden; erst gegen Ende des achtzehnten Jahrhunderts, als die in den gebildeten Kreisen verbreiteten philosophischen Ideen sich auf allen Lebensgebieten als reformatorische Mächte Geltung zu verschaffen suchten, wurde auch die Beziehung der Philosophie zur Geschichte klarer erkannt und es entstanden die ersten Versuche einer **Philosophie der Geschichte**, durch welche der denkende Geist über die Vergangenheit und ihren organischen Verband mit der Gegenwart ein höheres Bewusstsein zu erlangen und durch Erforschung der auf einander folgenden und bis dahin durchlaufenen Entwickelungsstufen eine richtige Erkenntniss des gegenwärtigen Culturzustandes zu gewinnen strebte. In diesen ersten Versuchen wurden jedoch die philosophischen Ideen fast nur äusserlich als Massstab der Beurtheilung an die geschichtlichen Thatsachen angelegt. Eine tiefere Auffassung wurde gewonnen, als **Hegel** Natur und Geschichte als eine nach ideellen Momenten oder Kategorien bestimmte dialektische Entwickelung der absoluten Idee, des Weltgeistes, begriff und in allen Lebensgebieten die innere bestimmende Idee nachzuweisen unternahm; allein es verschmolz sich bei ihm auf diese Weise der frühere Gegensatz von Philosophie und Geschichte zu einer unterschiedlosen Einheit und die apriorische Construction der Geschichte liess weder die Ideen noch die Thatsachen in unverfälschter Wahrheit erkennen. Dagegen begriff **Krause** beide Gebiete in ihrer relativen Selbständigkeit so wie in ihrer innigen Beziehung, wies nach, dass die Ideen in derselben Ordnung, in welcher sie ewig bestehen, in der zeitlichen Entwickelung der Menschen und Völker nach einander auftreten, dass aber auch in Folge der menschlichen Freiheit mannigfache Abirrung und Verkümmerung, ein zu Spät und zu Früh, Verzögerung und Ueberstürzung möglich ist. Daher stellte Krause der Philosophie der Geschichte auch die Aufgabe, durch die Erkenntniss der **Bildungsgesetze** und durch Orientirung über die Mittel und Wege zu dem zunächst zu erstrebenden Ziele eine Anleitung zur Lebensweisheit zu werden.

Nach der letzteren Auffassung sind auch in ähnlicher Weise im Gebiete der Rechts- und Staatswissenschaft drei Theile zu unterscheiden.

1. Der philosophische Theil oder die Philosophie des Rechts hat die Aufgabe, aus dem Wesen und der Bestimmung des Menschen und der menschlichen Gesellschaft die Idee des Rechts abzuleiten und als Rechtsideal für die Verwirklichung in der staatlichen Ordnung zu entwickeln.

2. Der empirische oder, im allgemeinsten Sinne, geschichtliche Theil begreift drei Zweige: die Rechts- und Staats-Geschichte im engeren Sinne, die Statistik und das positive Privat- und öffentliche Recht.

Die Geschichte des Rechts und des Staates hat den Entwickelungsgang darzulegen, welchen die Idee des Rechts unter den bestimmenden Einflüssen der allgemeinen menschlichen Cultur und des Volkscharakters in der Geschichte der Menschheit oder eines besonderen Volkes genommen hat. Die Rechtsidee schwebt nicht wie ein lebloser Schemen über der Geschichte, sondern sie ist die Seele, welche sich in der Geschichte der Menschheit und der Völker zu einem immer vollkommeneren Organismus gestaltet, die edlen Grundzüge des Rechts in der Gestalt, gewissermassen in dem Antlitze der Völker immer klarer erscheinen lässt. Sowie in allen Menschenracen, wie verkümmert einzelne Volksstämme auch auftreten mögen, noch die Grundzüge der menschlichen Gestalt, der natürliche aufrechte Gang und die durch die Sprache vermittelte Fortbildungsfähigkeit in der menschlichen Gemeinschaft sich kund geben, so hat sich auch das Recht in keinem menschlichen Lebenszustande unbezeugt gelassen, hat sich als eine wesentliche Seite alles Menschen- und Volkslebens nach allgemeinen Gesetzen und Stufen der geschichtlichen Entwickelung fortgebildet.

Die Statistik des Rechts- und Staatslebens ist ein Zweig der allgemeinen Statistik, welche das Volksleben in allen Lebens- und Culturkreisen, nicht blos in der Rechts- und Staatsordnung, sondern auch in Religion und Kirche, in der Sittlichkeit und Sitte, in der Wissenschaft und Kunst, so wie in den wirthschaftlichen Gebieten in einem fixirten Zustande, besonders der Gegenwart, nach allen für die Charakteristik des Zustandes und für die nächste Fortentwickelung wichtigen Momenten darzulegen hat. Statistik ist daher überhaupt Zustandswissenschaft; der Zustand kann ein vergangener sein, wie z. B. die Statistik Roms oder des römischen Reiches zur Zeit von Augustus, oder ein gegenwärtiger; und die

Gegenwart selbst kann für bestimmte Verhältnisse in engere oder weitere Grenzen fixirt werden, z. B. in der Statistik der Sterbefälle, der Verbrechen des letzten Jahres oder der letzten zehn Jahre, in welchem letzteren Falle es vornehmlich auf die Bestimmung der durchschnittlichen Verhältnisse (des Durchschnitt-Menschen und Menschlichen) abgesehen ist. Die Statistik ist aber nicht blos auf die durch Zahlen bestimmbaren Verhältnisse zu beschränken, sondern auf alle für die Kenntniss eines Zustandes des Volkslebens wichtigen Verhältnisse auszudehnen. Eine Statistik des gegenwärtigen Englands würde nicht nur die Zahlenverhältnisse von Ein- und Ausfuhr u. s. w., sondern auch die gegenwärtigen Verfassungs- und Verwaltungsverhältnisse darzulegen haben. Die Beziehung der Statistik zur Geschichte hat bekanntlich schon Schlözer, jedoch nur in äusserlicher Weise in den Worten ausgesprochen, „dass die Geschichte eine fortlaufende Statistik, die Statistik die stillstehende Geschichte einer Epoche sei.“ Während also die Geschichte das Werden in seinen Gesetzen ausdrückt, fasst die Statistik das Gewordene als ruhenden thatsächlichen Zustand des Seins auf, wird aber oft genöthigt sein, zur Erklärung des Zustandes auf die Geschichte hinzuweisen und zur Besserung gewisser Zustände auf höhere Principien zurückzugehen.

Die positive Rechts- und Staatswissenschaft entwickelt das Ganze der Normen, durch welche die bestehenden Zustände des Privat- und öffentlichen Lebens rechtlich geregelt sind. Auch das positive Recht kann als ein Theil der Geschichte im weiteren Sinne aufgefasst werden; denn auch dieses Recht ist nicht absolut fixirt, steht nach einer wesentlichen Seite im Flusse der Geschichte, nicht blos dadurch, dass durch das, mit dem Leben sich fortbildende Gewohnheitsrecht neue Rechtssätze geschaffen und Gesetze ganz oder zum Theil aufgehoben werden können, sondern auch dadurch, dass die Freiheit in dem Spielraume, welchen die Gesetze ihr stets mehr oder weniger gewähren, das Recht nach den Verhältnissen verschieden gestaltet und, in Folge der schon fortgeschrittenen höheren Sitte, in mehr sittlicher Weise zur Ausführung bringt.

3. Die zwischen der Idee und der Erfahrung, zwischen der Rechtsphilosophie und den bezeichneten geschichtlichen Zweigen der Rechts- und Staatswissenschaft vermittelnde und ausgleichende Wissenschaft ist die Politik, die zwar in dieser Stellung noch

wenig begriffen, mehr durch praktischen Tact als grundsätzlich gebildet worden ist; aber in dem Masse, als die Gegensätze sich schärfen, ist immer klarer das Bedürfniss einer vermittelnden Wissenschaft erkannt worden, welche auf Grundlage der geschichtlichen Entwickelung und der dadurch gebildeten Sitten, sowie nach Massgabe der thatsächlich bestehenden Bildungsmittel und Kräfte die Bedingungen, Mittel und Wege für die stetige, in den bestehenden rechtlichen Formen sich vollziehende Fortbildung des Rechts- und Staatslebens entwickelt. Die Politik ist daher nicht die gesammte Staatswissenschaft, sondern nur der dritte Theil derselben; sie ist auf allen Gebieten des Privat- und öffentlichen Rechts zur Anwendung zu bringen, so dass es ebenso eine Politik des Eigenthumsrechts oder des Familienrechts wie der Staatsverfassung und Verwaltung gibt. Im Ganzen der Rechts- und Staatswissenschaft darf keiner dieser drei Theile fehlen; weder die Rechtsphilosophie darf, in Verkürzung oder Blendung der edelsten, in die Ferne und auf das Höchste gerichteten geistigen Sehkraft, in ihrer das Leben fortbildenden Macht, noch das positive Recht in seiner Bedeutung als Ausgangs- und Stützpunkt für alle Reformen verkannt werden; und für beide hat die Rechts- und Staatspolitik, in Vermeidung kurzsichtigen Festhaltens am Gegebenen sowie haltloser Ueberstürzungen, durch Erforschung der Gesetze und Bedingungen der stetigen Entwickelung die angemessenste Vermittlung zu suchen.

§. 3.

Ueber die Aufgabe und den Werth der Rechtsphilosophie im Allgemeinen und insbesondere über ihre Bedeutung für die Gegenwart.

Die Rechtsphilosophie hat sowohl hinsichtlich des Studiums als der praktischen Anwendung des Rechts eine wichtige Aufgabe zu erfüllen, die nur durch Unkenntniss ihrer Geschichte und ihres gegenwärtigen Zustandes in Zweifel gezogen werden kann.

In allgemein wissenschaftlicher Hinsicht liegt die Bedeutung der Rechtsphilosophie darin, dass sie überhaupt ein philosophisches Studium ist und die Vortheile gewährt, welche aus jeder tieferen philosophischen Forschung entspringen. Die Philosophie ist oder soll sein eine durch Vernunftforschung in dem höchsten Princip gewonnene Gesammtanschauung alles Seins und Lebens, welche dem Geiste die Fähigkeit gibt, die Dinge und Verhältnisse in ihrem Zusammenhange zu betrachten, einen Ueberblick über das Ganze des Wissens zu gewinnen und auch jedes einzelne Gebiet nach allen wesentlichen Seiten an sich und in Beziehung zu dem höheren Ganzen zu erfassen.

Die Philosophie verdankt ihren Ursprung der allmäligen Herausbildung der geistigen Freiheit, wenn der Geist die Erscheinungen des Naturlebens und die gegebenen Verhältnisse und Einrichtungen der Gesellschaft nicht mehr als nothwendige und feststehende Mächte betrachtet, denen er sich schweigend unterzuordnen hat, sondern sich gewissermassen über sie stellt, Rechenschaft von ihnen über das Woher, Wohin und Wozu fordert und auch in den gesellschaftlichen Verhältnissen nicht blos frägt was Recht ist, sondern auch was Recht sein und werden soll. Daher hat sich auch die Philosophie in allen Epochen der Culturgeschichte als der mächtigste Hebel der freien Bewegung und des Fortschritts zum Besseren erwiesen, und in ähnlicher Weise ist die Rechtsphilosophie, wie ihre Geschichte bezeugt, eine bedeutende Macht für die Fortbildung der gesellschaftlichen Zustände geworden.

Aber die Rechtsphilosophie hat für das Studium selbst die Aufgabe zu erfüllen, dem Geiste die freie Beherrschung über den Stoff gerade in unserer Zeit zu sichern, wo auch im Gebiete der Rechtswissenschaft theils die aus dem Schachte der Geschichte zu Tage geförderte, theils der durch die Erweiterung der Lebensverhältnisse, z. B. im Handel und Gewerbe, sich ausdehnende Rechtsstoff zu einer solchen Masse anschwellt, dass dem Rechtsbeflissenen die Gefahr droht, fast unter der Last zu erliegen, wenn ihm nicht durch allgemeine leitende Principien der Zusammenhang dargelegt und das Band an die Hand gegeben wird, an welchem er sich leichter und freier durch die verschiedenen Gebiete des Rechts zurecht finden und bewegen kann. Zwar liegt auch jedem besonderen Gebiete ein bestimmtes Princip, eine philosophische Idee zu Grunde, welche ein Theil oder Glied in dem Ganzen der philosophischen Wissenschaft des Rechts und des Staates ist, und man könnte daher der Meinung sein, dass bei einer wissenschaftlichen Durchdringung des positiven Stoffes auch zugleich die Kenntniss der philosophischen Principien erlangt würde; aber so wenig der Physiker oder Mechaniker, welcher die Principien der Mathematik zur Anwendung bringt, des Studiums der reinen Mathematik sich entschlagen wird, ebenso wenig kann die positive Rechtswissenschaft einer grundlegenden philosophischen Wissenschaft entbehren. Der gegenwärtige Zustand des positiven Rechts fordert dringend eine solche höhere Ergänzung. Denn wenn man die einzelnen Disciplinen des positiven Rechts in's Auge fasst, so wird man leicht wahrnehmen, dass bis jetzt kein grundsätzlicher Zusammenhang unter ihnen stattfindet, dass die Principien in den verschiedenen Theilen zu eng oder zu unbestimmt, dass Privat- und öffentliches Recht noch nicht einmal richtig abgegrenzt und durch ein Grundprincip verknüpft sind, ja dass selbst für die einzelnen Gebiete in diesen beiden Theilen öfter die verbindenden Grundsätze fehlen, indem z. B. im Strafrecht die Lehre vom Strafvollzuge, welche den letzten und nicht minder wichtigen Bestandtheil der Wissenschaft vom Verbrechen und Strafe bildet, noch nicht einmal in die Wissenschaft eingereiht und mit dem Strafrechte durch ein gemeinsames Grundprincip verknüpft ist. Wollte man daher die bis jetzt meistens zu eng gefassten einseitigen Principien, welche den einzelnen Zweigen des positiven Rechts zu Grunde liegen, blos herausheben und zusammenstellen, so würde ein sehr buntscheckiges, fast nirgends in den Theilen zusammenhängendes, den lebendigen Rechtskörper nur ungenügend deckendes Gewand zum Vorschein kommen.

Die Rechtsphilosophie hat dagegen ein durch ein Grundprincip zusammenhängendes und wohl gegliedertes System von Grundsätzen für alle besonderen Gebiete aufzustellen. Diese Aufgabe ist zwar bis jetzt nur nach einzelnen Richtungen von den grösseren Systemen vollführt worden, von denen jedoch ein jedes, wenn es auf die letzten Gründe zurückging und nicht ein blosser mit philosophischen Formen verbrämter Extract aus einem positiven, z. B. römischen Rechte war, noch immer den Vortheil gewähren konnte, wenigstens durch einige wichtige orientirende Gesichtspunkte das Gesammtgebiet nach einzelnen Seiten aufzuhellen. Aber durch die fortschreitende Entwickelung der Wissenschaft und des Lebens ist jetzt der Zeitpunkt eingetreten, wo es darauf ankommt, in Vermeidung der schon durch die Geschichte überwundenen einseitigen Standpunkte, Principien aufzustellen, durch welche sowohl der Zusammenhang unter allen Gebieten des Rechts als auch das wahre Wesen der einzelnen Theile und Institute begriffen, das Unvollkommene in der Theorie und dem geschichtlichen Zustande des Rechts erkannt und der Weg der Reform bestimmter vorgezeichnet werden kann. Entspricht ein rechtsphilosophisches System diesen Anforderungen, so wird es dem Rechtsbeflissenen die Beherrschung des gesammten Rechtsstoffs erleichtern und ihm in der Weckung der höheren Forschungskraft und in der Kräftigung des idealen Strebens mit dem Bewusstsein der geistigen Freiheit auch die erhebende Freudigkeit in dem Studium des Rechts gewähren.

In praktischer Hinsicht zeigt sich die Bedeutung der Rechtswissenschaft für die Rechtsanwendung und, noch in umfassenderer Weise, für die Gesetzgebung.

Als ein allgemeines wichtiges Moment ist zunächst hervorzuheben, dass jede tiefer eingehende Beschäftigung mit den letzten Gründen des Rechts und der rechtlichen Ordnung in ihrem innigen Zusammenhange mit der ganzen sittlichen Lebensordnung die Achtung vor der Heiligkeit des Rechts als eines nothwendigen Bestandtheiles dieser Ordnung zu stärken und überhaupt das Gewissen, die Gesinnung des Rechts zu beleben und zu kräftigen vermag. Der Ausspruch Göthe's, dass die Gesinnung für alles Denken, Fühlen und Wollen massgebend sei, findet seine volle Bestätigung in der Rechtsanwendung. Eine feste unwandelbare Gesinnung des Rechts ist gerade in den Zeiten der Erregung der Leidenschaften, des Kampfes der Meinungen und Parteien eine mässigende und beruhigende Macht. Wer könnte aber leugnen, dass in diesem sittlichen Lebensnerven eine bedeutende Schwächung eingetreten, dass in den verschiedenen Schichten der Gesellschaft für Sonderinteressen verschiedener Art die Macht über das Recht gesetzt und das Heiligthum der Rechtspflege selbst durch Urtheile verletzt worden ist, die mit aller gesunden Auslegung und dem sittlichen Rechtsbewusstsein im Widerspruche stehen. Soll die Kräftigung des rechtlichen Gewissens vom sittlichen Grunde aus wieder gewonnen werden, so muss sie in einer ethischen Auffassung des Rechts die wissenschaftliche Stütze erhalten. Die Wahrheit, dass das rechtliche Gewissen die Grundlage von allem Urtheilen und Handeln der Menschen ist, hat endlich auch in den positiven Strafgesetzgebungen sowohl durch Aenderung der alten Beweistheorie als auch insbesondere durch Einführung des Geschwornengerichtes Eingang gefunden. Sie muss aber durch eine Rechtsphilosophie, welche das Recht selbst im innigsten Zusammenhange mit der ganzen sittlichen Lebensordnung begreift und jede Kränkung des Rechts und des Rechtsbewusstseins als eine Schädigung der ganzen sittlichen Ordnung erkennen lässt, noch eine tiefere Begründung finden.

Bei der Anwendung des Rechts auf die einzelnen Verhältnisse muss zwar der Richter gewissenhaft zunächst nach den positiven Vorschriften entscheiden, deren Sinn nach den Regeln der Auslegungskunst (Interpretation) zu ermitteln ist. Aber ein jedes positives Recht leidet an Lücken durch Mangel an Bestimmungen für Fälle, welche nicht vorgesehen sind und auch nicht nach der, bei der Aehnlichkeit der Fälle unter Gleichheit des Grundes anwendbaren, Analogie entschieden werden können. Stellen sich dem Richter solche Fragen dar, so wird er zunächst logisch vom Besonderen zum Allgemeinen aufsteigen, ein besonderes Verhältniss nach den das allgemeine Institut beherrschenden Principien oder, wenn das nicht ausreicht, nach den leitenden Principien der ganzen Gesetzgebung (der Verfassung und anderer Gesetze) entscheiden; aber es gibt Fälle, wo auch diese Anhaltspunkte verschwinden und der Richter unmittelbar aus dem, was man, wenn auch in verschiedener Auffassung, die „Natur der Sache“ genannt hat und worauf auch das römische Recht öfter verweist, seine Entscheidungsnorm zu entnehmen hat. In neuerer Zeit haben mehrere positive Rechtslehrer (Puchta, Pandekten §. 16) für alle solche weder direct noch analogerweise zu entscheidenden Fälle die Wissenschaft als eine ergänzende Quelle neben den beiden anderen allgemeinen Quellen, die Gewohnheit und das Gesetz, gestellt. Es waltet hierbei zwar der Irrthum ob, dass die Wissenschaft auf gleiche Linie mit den beiden anderen gestellt und als eine unmittelbare Quelle betrachtet wird, während sie doch nur eine mittelbare Quelle sein kann und eine formelle Autorität ihr nicht zukommt (Ahrens, juristische Encyklopädie S. 94); allein der Einfluss der Wissenschaft auf die Rechtsanwendung ist nicht zu verkennen, dabei aber hervorzuheben, dass gerade die Rechtsphilosophie in das innere Wesen der Rechtsinstitute eindringen soll und dass daher auch die Rechtswissenschaft, wenn sie gewisse Theorien (z. B. vom Besitze oder vom sog. Eigenthum an Geisteswerken etc.) begründen will, zu rechtsphilosophischen Lehren ihre Zuflucht hat nehmen müssen.

Besonders zeigt aber das Strafrecht, wie die besseren philosophischen und humanen Ansichten, durch Vermittlung des Richters, auf die Umbildung des positiven gemeinen Rechts eingewirkt und demselben viel von seiner früheren Härte genommen haben. Wenn das neuere Strafrecht selbst dem Richter einen grösseren Spielraum bei Ausmessung der Strafe anweist, so wird der Richter dabei mehr oder weniger, bewusst oder unbewusst von den rechtsphilosophischen Ansichten geleitet werden, welche er sich über den Zweck der Strafe, Abschreckung, Wiedervergeltung oder Besserung, gebildet hat.

Von noch umfassenderer Bedeutung ist aber die Rechtsphilosophie für das positive Staatsrecht, in welchem die Interpretation der wichtigsten Bestimmung, z. B. über die Stellung der verschiedenen Gewalten zu einander, sich von der philosophischen Auffassung der staatlichen Ordnung und Gewalt überhaupt gar nicht abtrennen lässt. Endlich bezeugt ein edles Blatt in der Culturgeschichte den heilsamen Einfluss, welchen die Rechtsphilosophie auf eine mehr humanere Praxis des Völkerrechts durch die auch heute noch eine bedeutende Autorität bildenden Werke von Hugo Grotius, Vattel und Anderen ausgeübt hat.

In ihrer ganzen und vollen Bedeutung wird die Rechtsphilosophie aus ihrer Geschichte begriffen, welche den Beweis liefert, dass, wie die Naturordnung, so auch die sittliche Welt von Principien beherrscht wird, eine irrthümliche oder einseitige Auffassung derselben falsche oder einseitige Richtungen in der gesellschaftlichen Lebensbewegung erzeugt hat, tiefere und vollkommenere Erkenntniss dagegen ein mächtiger Hebel des gesellschaftlichen Fortschritts geworden ist, und dass insbesondere die verschiedenen Systeme nur in dem Masse, als sie das Rechtsprincip in seiner innigen Beziehung zu den sittlichen Lebensprincipien begriffen haben, einen segensreichen, fortbildenden Einfluss auf das gesellschaftliche Leben auszuüben vermochten. Die Geschichte der Rechtsphilosophie bildet auch eine angemessene Einleitung und Orientirung für das Studium dieser Wissenschaft und soll daher zunächst in den wichtigeren Systemen nach den Hauptperioden und Epochen dargestellt werden.

Zweiter Abschnitt.

Geschichte der Rechtsphilosophie.

Uebersichtliche Darstellung der Geschichte der philosophischen Rechts- und Staatswissenschaft im Zusammenhange mit der allgemeinen Culturentwickelung.

§. 4.

Ueber den Entwickelungsgang der Cultur im Allgemeinen und Feststellung der Hauptperioden.

Eine ebenso einfache als fruchtbare Wahrheit hat sich in Folge tieferer philosophischer und geschichtlicher Forschung für die Behandlung aller Wissenschaften des praktischen Lebens mehr und mehr Bahn gebrochen, die Erkenntniss nämlich, dass alle menschlichen Lebensgebiete an sich und in der geschichtlichen Entwickelung im organischen Zusammenhange stehen, ein grosses Culturganzes bilden, in welchem alle Theile sich wechselbestimmen und nur im organischen Verbande und Zusammenwirken einer gedeihlichen Entwickelung sich erfreuen können. So hat sich auch in der, lange Zeit ganz abstract behandelten, Lehre vom Recht und Staate in erweitertem Blicke die Einsicht verbreitet, dass Recht und Staat nicht nur wie alle menschlichen Einrichtungen einer bestimmten geschichtlichen Entwickelung unterliegen, sondern dass sie nur einzelne Seiten, Glieder und Bestandtheile des vollen, auch in Religion, Wissenschaft und Kunst, Literatur und Wirthschaft sich entwickelnden Culturlebens eines Volkes sind; und was näher das Verhältniss von Recht und Staat zu dem übrigen Culturleben betrifft, so hat sich die richtige Erkenntniss gebildet, dass im Allgemeinen Recht und Staat nicht die schöpferischen, causalen Mächte, sondern vorzugsweise ein Product der religiösen, sittlichen und wirthschaftlichen Elemente und Kräfte, nicht die Seele, sondern nur die den innern Geist enthüllende und ausprägende Form und Gestalt des Volkslebens sind.

Die Geschichte des Rechts und des Staates und der ihre Entwickelung bestimmenden Ideen kann daher ihr richtiges Verständniss nur im Ganzen der Culturentwickelung gewinnen. Die Geschichte überhaupt ist der Bildungsprocess der Menschheit, welche in allen ihren Gliedern, den Einzelnen, Stämmen, Völkern ihr volles Wesen, die Humanität, nach allen Seiten, für alle wesentlichen Zwecke zu immer vollkommenerer Gestaltung zu bringen strebt.

Alles Werden und Bilden ist aber, wie in der Natur, so in der geistig-sittlichen Welt Gesetzen unterworfen, welche in dem Wechsel der Erscheinungen auf ein Unwandelbares, in der zeitlichen Gestaltung auf eine unverrückbare, ewige Gesammtordnung hinweisen. Diese gesetzliche Entwickelung nimmt jedoch in den beiden Gebieten der Natur und der geistig-sittlichen Welt einen unterschiedenen Charakter an, indem in der Natur, dem in der Form des Raums auch äusserlich zusammenhängenden unendlichen Ganzen, alle Bildung in der Art eine organische ist, dass sie sich unter dem Charakter der Gebundenheit, Nothwendigkeit, der Bestimmung und Beherrschung alles Einzelnen und aller Theile durch die Macht und den Typus des Ganzen vollzieht; die geistig-sittliche Welt dagegen, obwohl auch sie eine in allen Gebieten von gemeinsamen Principien durchdrungene und sich wechselbestimmende organische Lebensordnung ist, doch vorwaltend das Princip der Selbständigkeit und der Freiheit offenbart. Was aber in der Natur Ausgangspunkt und stets festgehaltener Charakter ist, wird für die geistig-sittliche Welt in höherer Weise das durch Freiheit zu erringende Endziel in der freien Bildung von stufenweis aufsteigenden sittlichen Organismen in den Familien, Genossenschaften, Gemeinden, Stamm-, Volks- und Völkergemeinschaften, in welchen der höhere sittlich-organische Charakter in einem mit der Entwickelung fortschreitenden Grade die freie Selbstbestimmung wahren muss.

Wie das Naturleben in seinen Formen und Gestaltungen durch andauernde Typen beherrscht und die Gattung und die Art, der ein Wesen angehört, so sehr in's Einzelnste bestimmt wird, dass (wie zuerst Cuvier) heute jeder Naturforscher nach einem einzelnen Knochen die Thierart, in der er sich vorfindet, genau bezeichnen kann, so wird die sittliche Welt in ihren fortschreitenden Bildungsepochen durch Principien, Grundansichten, Ideen beherrscht, welche zwar allem Sonderleben, den Völkern wie den Einzelnen in der selbständigen Entwickelung einen grösseren Spielraum gewähren, aber doch auch die äussersten Schranken für alle Abweichung ziehen und zugleich den vorherrschenden Charakter der ganzen Lebensgestaltung eines Zeitalters bestimmen. So wie es aber in der Natur ein System abgestufter Typen gibt, die als Reich, Classe, Ordnung Familie, Gattung, Art bezeichnet werden, so ist das ganze Reich der Menschheit einerseits in den Rassen, Stämmen, Völkern, Volksstämmen nach gewissen, aus geistigen und natürlichen Elementen zugleich gemischten, den Grundcharakter dieser Gliederungen bildenden Typen organisirt, und anderseits vollzieht sich die ganze geschichtliche Entwickelung der Menschheit in auf einander folgenden, nach der Vorherrschaft allgemeiner massgebender Gott-, Welt- und Lebensanschauungen bestimmten Zeitaltern, die aber selbst wieder, nach dem Hervortreten einzelner, mehr oder weniger umfassender Ideen und Lebensrichtungen, nach besonderen Perioden und Epochen eingetheilt sind. Alle die Menschheit in ihrem Leben und in ihrer Entwickelung bestimmenden Ideen, welche als höhere Lebenskräfte auf eine höchste unbedingte Macht hinweisen, beherrschen lange Zeit die Menschen und Völker mehr unbewusst als instinctive Triebe und treten erst später immer klarer in's Bewusstsein. Es ist aber die höhere sittliche Aufgabe der Menschen und Völker, alle bildenden Lebensmächte als leitende Lebensideen zu begreifen und ihnen durch freie Selbstbestimmung die bewusste und wohl berechnete Richtung und Beschränkung zu geben. Diese bewusste Lebensentwickelung wird eingeleitet, wenn der menschliche Geist zur Freiheit erwacht und eine Gesammtauffassung alles Seins und Lebens durch die Philosophie, dem höheren geistigen Sehvermögen, zu gewinnen strebt. Denn wie für die sinnliche Welt das Auge vorschauend ist und weit entfernte Gegenstände zu erblicken vermag, die als Zielpunkte durch die Bewegung erst nach längerer Zeit erreicht werden, so besitzt der Mensch auch für die geistige Welt und ihren Entwickelungsgang in der Vernunft das höhere Sehvermögen, welches in der Philosophie die vornehmste, unausgesetzte Pflege erhalten hat. Die Philosophie ist daher auch eine vorschauende, prometheische Wissenschaft und der Philosoph ist oder soll sein ein Vordenker, der freilich nicht vergessen darf, dass er selbst nur ein Nachdenker der im Universum ausgeprägten, die ganze Entwickelung leitenden Gottesgedanken ist, aber in dieser Ueberzeugung auch den Muth schöpfen soll, die gewissenhaft erforschte Wahrheit zu verkünden und für sie auch, wenn nöthig, die

Leiden zu ertragen, welche so oft von den das Unwahre und das Unrecht ausbeutenden Mächten den ersten Verkündern heilbringender Wahrheiten auferlegt werden.

Betrachten wir die Philosophie etwas näher in ihrer Stellung zum Leben, so hat sie sich stets als die fortschreitende, progressive Macht erwiesen. Alles Leben wird aber von zwei Grundkräften, von einer Kraft der Erhaltung und einer Macht des Fortschritts beherrscht. Die Macht der Erhaltung liegt in allen, vorzüglich mit dem Gemüthe und dem Gefühle verwachsenen Zuständen und Verhältnissen, in der überkommenen Gewohnheit und Sitte; die Macht des Fortschritts bethätigt sich in der erleuchtenden und bewegenden Kraft der Wahrheit, welche auch allmälig das Herz erwärmt und den Willen zum Handeln treibt. Unter den Mächten der Erhaltung bildet die in dem ganzen Gemüthe wurzelnde Religion den Kern und einigenden Mittelpunkt; sie erfüllt in der Richtung der Erhaltung dieselbe Aufgabe, als die Philosophie für den Zweck des Fortschritts; sie unterhält den idealen Lebenszug zum Höchsten, sie ist eine zusammenfassende Gott- und Weltanschauung in der Form des in den einfachsten Grundwahrheiten dem Volke zugänglichen Glaubens. Religion und Philosophie sind daher in ihrem letzten Ziele innigst verwandt, nicht aber in den Wegen und den sie tragenden geistigen Kräften. Gerade diese Verwandtschaft erzeugt mannigfachen Streit, muss aber schliesslich, bei richtiger Erkenntniss der gleich wichtigen und sich ergänzenden geistigen Lebensfunctionen, zur bleibenden Versöhnung führen. Die Philosophie ist jedoch stets die ideale Hebekraft, durch welche die Menschheit in fortschreitender Selbst-, Gott- und Welterkenntniss die Macht gewinnt, sich mehr und mehr in klarem Bewusstsein zu einer von der geistigen und sittlichen Freiheit getragenen Lebens- und Gesellschaftsordnung zu erheben.

Die Stellung der Philosophie zu der gesammten Culturentwickelung wird durch den Charakter der hauptsächlichsten Zeitalter verschiedentlich bestimmt. Im Oriente, wo Alles von der höheren religiösen Einheit beherrscht wird, zeigt sie sich im innigen Bunde mit der Religion, wird aber theils, wie in Indien, die mächtige Vorbereitung zu der grossen Reformation des Brahmanismus durch den Buddhismus, theils nimmt sie, wie in China, bei Confucius die Form einer Religion an; im griechischen Alterthume dagegen tritt sie als freie Macht hervor, erhebt sich über den Polytheismus der Volksreligion und forscht nach sittlicheren Grundlagen des, durch die Ausartung der Demokratie, sich mehr und mehr zersetzenden Staatswesens; aber die Kraft, auf das antike, an den Grundgebrechen des Polytheismus und der Sclaverei leidende Staatswesen reformatorisch einzuwirken, hat sie noch nicht gewonnen und wird nur eine grossartige Vorbereitung zum Christenthume. Seit dem Christenthume zeigt sich aber die Philosophie immer mehr als eine tief in das Leben eingreifende Wissenschaft. In den ersten Jahrhunderten nimmt sie einen wesentlichen Antheil an dem Ausbau der christlichen Lehre, sie tritt zwar im Mittelalter mehr in ein Dienstverhältniss zum Dogma, indem sie die wissenschaftliche Begründung der Glaubenssätze versucht, aber in diesen Untersuchungen hat sie sich gekräftigt und erwacht bei Wiederbelebung und unter Anregung der philosophischen Lehren des Alterthums zu neuem Leben. Seit dem Ausgange des Mittelalters wird sie mehr und mehr die Leuchte und die fortbildende Kraft, gibt aller von der Freiheit getragenen Ordnung die Richtung auf ein gemeinsames Ziel, die Humanität, und erscheint daher nach ihrem ganzen Streben als die vorzugsweise humane Wissenschaft, welche sich auch, ungeachtet theilweiser Abirrungen, auf ihrem ganzen Entwickelungsgange des höhern Zieles stets bewusst geblieben ist.

Die Philosophie, welche nach der Verschiedenheit der Zeitalter eine verschiedene Function und Aufgabe im Culturleben der Völker vollführt, hat in der neueren Zeit durch Anbahnung einer neuen Wissenschaft, der Philosophie der Geschichte, auch das Bewusstsein von den Gesetzen und den die grossen Wendepunkte, Zeitalter, Perioden und Epochen bestimmenden und beherrschenden Grundideen zu gewinnen gestrebt. Mögen auch die Ansichten hierüber, je nach dem philosophischen Standpunkte, nach manchen Richtungen noch auseinander gehen, so muss doch die höhere Anschauung von dem menschlichen, dem Naturorganismus ähnlichen, aber durch Freiheit in seiner reichen Fülle auszugestaltenden Cultur-Organismus den Ausgangspunkt und die Richtschnur für die geschichtliche Auffassung bilden.

Das Grundgesetz des Fortschritts und das Ziel aller Culturentwickelung kann nach organischer Auffassung nur liegen in der allmäligen, mehr und mehr harmonischen Ausbildung aller Anlagen und Kräfte für alle im göttlich-menschlichen Wesen begründeten Lebens- und Güterzwecke zu einem edlen Reiche menschheitlichen Culturlebens, welches in den einzelnen Völkern die lebendigen, das harmonische Ganze der Cultur im kleinern Rahmen und unter einem eigenthümlichen Charakter wiederspiegelnden Glieder und Mittelpunkte findet. Diese Entwickelung vollzieht sich aber unter bestimmten formellen und sachlichen Gesetzen, die hier in der Kürze anzudeuten sind.[1])

Die formellen Gesetze lassen sich in die, alles Sein und Leben, alle Bildung und Entwickelung bestimmenden, Principien der Einheit, des Gegensatzes und der Harmonie zusammenfassen. So wie in der Natur jedes organische Wesen sich von einer ursprünglichen Einheit (Zelle) entwickelt, sich in immer zahlreichere innere Gegensätze entfaltet, einen Reichthum von besondern Organen ausbildet und erst im Zustande der Reife die ganze Bildung in einem gewissen harmonischen Gleichgewicht der Kräfte und Organe abschliesst, so geht auch die geistige Entwickelung der Menschen und Völker in einer ersten Periode von einer gewissen Einheit aus, indem sowohl in subjectiver Hinsicht der zuerst vorherrschende Vernunft-Instinct die sinnliche und übersinnliche Geisteskraft vereint, als auch sachlich die Keime aller Bildung gelegt werden; in einer zweiten Periode tritt eine immer reichere Ausbildung der besonderen Geisteskräfte nach einzelnen Richtungen für besondere, dem Volkscharakter entsprechende Lebensaufgaben unter manchen Gegensätzen und Kämpfen ein; die dritte Periode endlich hat durch Zusammenfassung aller Geisteskräfte und Lebensziele zu einer grösseren Lebensharmonie die richtige Ausgleichung der Gegensätze zu vollziehen und eine harmonische Entwickelung des ganzen Güterlebens darzustellen.

In sachlicher Hinsicht bestimmen sich die verschiedenen Zeitalter, unter der Herrschaft der drei formellen Gesetze, nach der

---

[1]) Die ausführliche Entwickelung aller wesentlichen allgemeinen und besonderen Lebens- und Bildungsgesetze und Zeitalter s. in Krause's „Philosophie der Geschichte", 1843, ein Werk, welches von Erdmann in der Geschichte der neuern Philosophie (Bd. III, 2. S. 812) weit über das gleichnamige Werk von Hegel gestellt wird. — Hier sind nur die Zeitalter und Perioden nach den wichtigsten Hinsichten betrachtet.

Art wie die wesentlichen Lebensverhältnisse zu Gott, zu der Natur und der Menschen unter einander sich in der gesellschaftlichen Lebensordnung, in den Gütern der Religion, Wissenschaft und Kunst, der wirthschaftlichen Arbeit und des rechtlich staatlichen Lebens gestalten. Das Ziel dieser grossen geschichtlichen Entwickelung kann für die Menschheit nur in der vollen, und für jedes Volk in einer in verjüngtem Massstabe erscheinenden Culturharmonie liegen, wird aber erst nach einer langen Periode in einer von verschiedenen Völkern und in einseitigen Richtungen sich vollziehenden Culturarbeit erreicht.

Unter den die Verhältnisse des Lebens bestimmenden Ideen bildet aber die Gottesidee den innersten Pulsschlag alles Lebens und zugleich die Grundanschauung, nach welcher sich alle anderen Lebensansichten und Lebensgestaltungen mehr oder weniger bestimmen. Die Art und Weise, wie das Wesen der Gottheit und ihr Verhältniss zu der Welt und Menschheit begriffen wird, ist massgebend für die Auffassung des Wesens des Menschen, der Beziehungen der Menschen unter einander und der ganzen gesellschaftlichen Ordnung; die Nähe oder Ferne, in welche sich ein Volk, ein Zeitalter zu Gott und dem Göttlichen stellt, ist die Ursache entweder einer innigeren Verknüpfung und einer alles Wachsthum der Cultur fördernden Lebenswärme, oder des Verfalls, der Lockerung aller Verhältnisse und der Kälte der Alles auf sich leitenden, nichts wiedergebenden Selbstsucht. Die Gottesidee ist daher die Grundlage, der innerste Kern und die zusammenhaltende Macht aller Cultur.

Wenn wir nun nach den drei Grundgesetzen und nach der den Mittelpunkt alles Culturlebens bildenden Gottesidee zunächst die grossen Welt- oder Zeitalter kennzeichnen, so ergeben sich drei grosse Lebensalter der Menschheit unter der Vorherrschaft folgender Principien und Grundanschauungen.

Ein *erstes* Zeitalter (Weltalter) ist bestimmt durch das Vorwalten der Einheit und Einfachheit aller Lebensverhältnisse, der Setzung der Anfänge aller Bildung, der Sprache und der Grundlagen des Familien- und Gemeindelebens, mehr durch Vernunft-Instinct, als durch bewusste Reflexion, und in Bezug auf die Gottheit in einem Gott und die Welt zusammenfassenden unbestimmten Monotheismus.

Von diesem ersten Lebensalter liegt zwar keine geschichtliche Kunde vor, aber bei allen Völkern, welche tiefer in die Culturentwickelung eingegriffen haben, weisen nicht blos Traditionen auf einen Zustand glücklicher Unschuld hin, sondern auch die Erforschung der ältesten Geschichtsquellen lässt immer deutlicher erkennen, dass nicht der Polytheismus, sondern ein vager Monotheismus der Ausgangspunkt der religiösen Entwickelung gewesen ist[1]. Die Behauptung, dass die Menschen sich von einem thierähnlichen Zustande oder wohl gar von thierischer Abstammung aus zu einer höheren Bildungsstufe emporgeschwungen hätten, steht nicht nur im Widerspruche mit der richtigen philosophischen Auffassung des Geistes des Menschen[2], sondern auch mit allen in der Geschichte der wirklichen Culturvölker nachweisbaren Thatsachen. Zwar lässt sich in fast allen Ländern das frühe Dasein von einer auf sehr niedriger Bildungsstufe befindlichen Völkerschaft nachweisen (wie sie wohl der, über die geistige Cultur sehr wenig aussagenden und überhaupt noch sehr dunkeln, s. g. Steinzeit angehörten), aber mögen diese Völkerschaften überhaupt einer niederen Rasse angehört haben oder von der grossen Strasse der Cultur verschlagen und verwildert sein, immerhin ist ihr menschlicher Charakter durch die Sprache, durch die Bildung von Werkzeugen und den Gebrauch des Feuers, wozu kein Thier sich zu erheben vermag, bezeugt. Für die europäische Cultur muss aber darauf hingewiesen werden, dass sie nicht von solchen etwaigen Ureinwohnern sich herleitet, sondern, wie bekannt, von den aryschen Stämmen, welche schon ausgerüstet mit einem bedeutenden Bildungscapitale, mit religiösen Grundanschauungen, ackerbaulichen Kenntnissen und mit der Gewöhnung an eine einfache staatliche Ordnung[3]), nach Europa eingewandert sind und wahrscheinlich die früheren Urbewohner vor sich her getrieben oder unterworfen

---

[1]) S. meine „juristische Encyklopädie“ S. 192.

[2]) S. Näheres im Allg. Theile, Kap. 1.

[3]) S. meine „juristische Encyklopädie“ S. 192. Obwohl diess bekannte Thatsachen sind, so werden sie doch von den modernen Predigern der Abstammung des Menschen von den Affen oder ihrer gemeinsamen Abstammung von einem imaginären Urthiere und der allmäligen Veredlung des Menschen ignorirt; aber die Geschichte lehrt, dass nicht einmal die niedrigen Menschenrassen, geschweige Thiere, durch sich selbst zu einer höheren Stufe der Cultur gelangen konnten.

haben, wie in der ältesten Zeit die Aryer bei ihrem Eindringen nach Indien einen rohen meist schwarzen Menschenstamm vorfanden, sich unterwarfen und zum Theil in die Gebirge zurückdrängten, oder wie noch heut zu Tage die Indianer vor der amerikanischen Cultur verschwinden und absterben.

Alle Cultur hat sich nur aus einem ursprünglichen höheren Bildungskerne entwickelt und hat zunächst nur Völker zu Trägern gehabt, die mit edleren Anlagen ausgerüstet waren, um als Cultur verbreitende Mächte in der Geschichte aufzutreten.

Das zweite grosse Zeitalter der Menschheit ist gekennzeichnet durch die fortschreitende und allseitige Entfaltung des Lebens in die Gegensätze und die innere Vielheit der Kräfte nach den einzelnen Richtungen und für besondere Lebensaufgaben und Culturzwecke, durch die stetige Ausbreitung des menschlichen Geschlechts über den Erdboden, durch die Vertheilung der ganzen Culturarbeit an die verschiedenen Volksstämme und Zeitalter, bis zuletzt, nach der gesonderten Ausbildung der einzelnen Kräfte und Lebensgebiete, die gemeinsame Quelle aller Cultur in Gott und den göttlichen Lebensideen wieder erkannt wird. In diesem zweiten Zeitalter, welches selbst wieder mehre, die grossen Zeitalter wiederspiegelnde Perioden befasst, wird zunächst in einer ersten Periode die erste unbestimmte Gottesidee, als der Geist, bei dem tieferen Eingehen in die Betrachtung der Welt, sich von ihrer Schönheit und dem Reichthum ihrer Erscheinungen blenden liess, mehr und mehr in Polytheismus mit pantheistischem Hintergrunde umgebildet, und diese Zersetzung der Gottesidee, welche bei den hauptsächlichsten orientalischen Culturvölkern noch eine bestimmte Grenze und Gruppirung behält (S. S. 25), geht in einer zweiten Periode in ein, kaum noch durch die Annahme eines höchsten Gottes etwas zusammengehaltenes, Vielgötterthum über, welches alle einzelne Arten von Naturerscheinungen und, anthromorphistisch, alle besondern geistigen Eigenschaften, sittliche Tugenden oder menschliche Werkthätigkeiten auf besondere Götter zurückführt. Als in Rom diese Zersplitterung der Gottesidee den tiefsten Verfall in der sittlichen Zersetzung aller Lebensverhältnisse herbeigeführt hatte, erscheint in einer dritten Periode das Christenthum, welches dem Leben wieder die Richtung zu Gott und dem Göttlichen gibt, Gott in der Einheit seines Wesens und seiner für sich seienden

Persönlichkeit und in seiner ursachlichen Macht über der Welt begreift und dadurch auch dem Menschen die Kraft verleiht, sich in Stützung auf diese überweltliche Macht zunächst wieder aus den Banden des sinnlichen Weltlebens zu befreien und in den göttlichen Kräften der Liebe, der Hingebung und des Wohlthuns, im Gefühle der Gleichheit aller Menschen vor Gott und in allem Göttlichen, eine neue Lebensordnung aufzubauen.

Auch das Christenthum durchläuft drei Entwickelungsepochen, indem, nach einer kurzen ersten Epoche, in welcher die Liebe Göttliches und Menschliches in innigster Verbindung erfasst, in zwei auf einander folgenden Epochen einseitige Richtungen hervortreten, im Mittelalter ein falscher Dualismus zwischen Gott und der Welt, dem ewigen und zeitlichen Wohle, dem Jenseits und Diesseits ausgebildet und das zweite Element als das an sich werthlose bezeichnet wird, in der neueren Zeit dagegen mit der Wiederbelebung des classischen Alterthums ein demselben verwandter Geist und Sinn durch die Richtung auf die Welt und die freie Gestaltung der menschlichen Lebensverhältnisse sich kund gibt, der Mensch und die menschliche Gesellschafts-Ordnung wiederum gewissermassen rein auf sich selbst gestellt werden soll. In der inneren und äusseren Lebensgestaltung der Völker, in dem vorherrschend werdenden Streben nach Macht und Vermögen treten dann ähnliche Erscheinungen auf, wie sie sich im alten Rom kund gaben, bis der durch das Christenthum tiefer angelegte sittliche Geist sich wieder erhebt, die Bedingungen eines sittlichen Fortschritts und einer wahrhaft freien Ordnung in der Wiederanknüpfung aller Gebiete und Elemente des Lebens an die idealen göttlichen Grundlagen klarer erkennt und zu dem dritten harmonischen Zeitalter überleitet.

In Bezug auf die ganze gesellschaftliche Lebensgestaltung verläuft dieses zweite grosse Zeitalter gleichfalls in Gegensätzen, indem im Oriente die ganze Gesellschaftsordnung von dem religiösen und theokratischen Princip durchdrungen und auf unverrückbaren geoffenbarten und Naturgrundlagen fixirt erhalten wird, im classischen Alterthume dagegen von den Griechen und Römern eine auf die menschliche Freiheit und Willensmacht gegründete staatliche Ordnung ersteht, im Christenthume, zuerst im Mittelalter die Kirche den Staat zu beherrschen trachtet, darauf der Staat in den Vordergrund der Bewegung tritt und sich alle anderen

Lebensgebiete zu unterwerfen strebt, endlich aber die Idee einer göttlich-menschlichen, alle Lebens- und Berufskreise frei gliedernden und einer gemeinsamen Macht unterwerfenden Lebensordnung klarer begriffen wird. Auch die ganze Culturarbeit trägt in diesem zweiten grossen Zeitalter vorwaltend den Charakter des Bruchstücklichen und einer oft in's Grossartige verfolgten Einseitigkeit. Manche Versuche zu einer zusammenfassenden Ordnung und Gliederung alles Menschlichen werden zwar gemacht, aber die Idee der harmonischen Bildung des Einzelnen und der Gestaltung eines jeden Volkslebens zu einer eigenartigen schönen Culturharmonie in dem vollen harmonischen Menschheitsleben tritt erst in neuerer Zeit klarer in's Bewusstsein und muss in dem dritten Zeitalter auf Grundlage der vom Christenthum gewonnenen Auffassung des, das Diesseits nicht minder wie das Jenseits umfassenden, Reiches Gottes ihre Vollendung in einer Gott und Menschheit würdigen Gesellschaftsordnung erhalten.

Die Rechtsphilosophie hat in den verschiedenen Zeitaltern der Lebensentwickelung der vornehmsten Culturvölker dieselbe Stellung wie die Philosophie überhaupt (S. 17) eingenommen; sie hat in dem zweiten grossen Zeitalter ebenfalls in verschiedenen, oft scharf ausgeprägten Richtungen Recht und Staat nach einzelnen mehr oder weniger wichtigen Seiten aufgefasst, und auch für sie stellt sich jetzt die höhere Aufgabe, durch ein aus dem vollen ethischen Wesen des Menschen und der Menschheit geschöpftes Princip den ganzen geschichtlichen Entwickelungs- und fortgesetzten Ausgestaltungsprocess der Rechtsidee zu erkennen und die besonderen geschichtlichen Richtungen und Formen als wesentliche Momente in dem harmonischen Vollbegriffe des Rechts und des Staates nachzuweisen.

In der folgenden Darstellung der drei Hauptperioden des nach geschichtlichen Urkunden allein vorliegenden zweiten grossen Zeitalters wird zunächst die orientalische Periode wegen ihres geringen Werthes für die Geschichte der Rechtsphilosophie nur in wenigen Zügen charakterisirt werden.

Erste Periode.
Der Orient.

§. 5.
Die orientalische Culturentwickelung im Allgemeinen und vom rechtsphilosophischen Gesichtspunkte betrachtet. [1])

Unter den verschiedenen Menschenrassen, welche, nach der von neuern Naturforschern meistens nach der Schädelbildung gemachten Eintheilung in drei Hauptrassen, in die langgesichtige (Neger-), breitgesichtige (s. g. mongolische) und ovalgesichtige (s. g. kaukasische) Rasse, [2]) auf dem Grunde eines gemeinsamen menschlichen Organisationstypus, drei Stufen der Entwickelung des physischen und auch des geistigen Lebens (nach der Vorherrschaft der Sinnlichkeit, des Verstandes und der Vernunft) darzustellen scheinen, sind die der letzten Rasse angehörigen Aryer (Indo-Europäer) und Semiten die vornehmsten Träger der Cultur geworden, während die hauptsächlichsten Repräsentanten der mongolischen Rasse, die Chinesen, die guten und üblen Eigenschaften einer klugen, berechnenden Verstandesrichtung in ihrer gesellschaftlichen Ordnung ausgeprägt haben und die Negerrasse fast überall als Sclave ihrer sinnlichen Leidenschaften auch der Sclaverei verfallen ist und beide letztere Rassen in verschiedenem Grade zu ihrer Höherbildung der belebenden Cultureinflüsse der höheren Rasse bedürfen. Zwischen Aryern und Semiten, deren Sprachen eine besonnene vergleichende Sprachforschung bis jetzt auf keinen gemeinsamen Ursprung hat zurückführen können, besteht jedoch, ohngeachtet einer gleichen höheren Lebensrichtung, ein wesentlicher Gegensatz darin, dass die Semiten (Hebräer, Phönicier, Araber u. s. w. und wahrscheinlich auch die alten Egypter), mit theilweiser Ausnahme des hebräischen Volkes, vorwaltend das Natur-Princip in ihrem ganzen Leben, in dem auf die Ausbeutung des Naturlebens gerichteten Wissenschaften und Künsten, Industrie und Handel zur Darstellung gebracht, und selbst ihre Gottheiten nach dem natürlichen Gegensatze des Geschlechts

---

[1]) Ueber die Cultur- und Rechtsentwickelung der orientalischen Völker s. meine „juristische Encyklopädie S. 184—231.

[2]) S. meine „juristische Encyklopädie S. 148.

(Osiris und Isis, Baal und Baaltis u. s. w.) aufgefasst haben, während die Aryer vorzugsweise Träger des Geist-Princips und der freien geistigen Bewegung geworden sind. Beide Stämme, deren älteste Sitze theils in Afrika, theils in den Hochebenen Asiens liegen, haben sich mehrfach, besonders in Mittelasien, berührt und gemischt; ihre Cultur hat sich aber in zwei kleinen Kernvölkern, den Hebräern und Griechen, im engen Rahmen am intensivsten ausgeprägt, um später im Christenthum durch die Kraft eines höheren Princips die innigste Vereinigung zu finden.

Im Oriente ist die Religion der Ausgangspunkt und das Endziel aller Lebensgestaltung gewesen. Die Religion hat sich aber nicht, wie jetzt wieder häufig angenommen wird, von einer aufsteigenden Betrachtung des Einzelnen und Besonderen zu den umfassenderen Gebieten der Naturerscheinungen und Kräfte gleich von vornherein als polytheistische Naturreligion gebildet, vielmehr bezeugt die tiefere Erforschung der ältesten Denkmäler in Schrift und Stein immer mehr, dass die älteste Grundanschauung ein unbestimmter, das All von dem Einen nicht unterscheidender, aber auch das Eine nicht in das All versenkender und auflösender, Monotheismus gewesen ist. [1]) Dieser vage Monotheismus ist allerdings, bei einer vorherrschend werdenden Richtung auf das All, die Natur, und nach Unterscheidung der verschiedenen Gebiete, zu einem naturalistischen Pantheismus und Polytheismus ausgebildet worden; aber der Polytheismus ist in der ältesten geschichtlichen Zeit noch gemässigt, die Zahl der Götter noch gering, indem so wie in Indien über der heiligen Dreizahl (Trimurtis: Brahma, Vischnou, Siva) noch als höchstes Grundwesen Brahm (Neutrum), so in Egypten über der heiligen Vierzahl (Kneph: Geist, Neith: Materie, Savek: Zeit und Pascht: Raum) gleichfalls eine Urgottheit, Amun, angenommen wird. Erst später ist die Zahl der Götter (besonders in Griechenland und Rom) mehr

---

[1]) S für Indien Benfey, der, im Art. Indien in Ersch und Grubers Lexikon, den Monotheismus als die älteste Religion bezeichnet; als heilige Ueberlieferung gilt auch, zur Bezeichnung für das höchste Ein-Allwesen das Wort *oum* (s. Bhagavadgita, Ges. 17, V. 23, in Manu's Gesetzbuch II, 74—76): für Egypten besonders Lepsius, „Aelteste Texte des Todtenbuches" nach Sarkophagen des altegyptischen Reiches (vor dem Einfalle des Hyksos) 1867 (besonders Cap. 17 des Todtenbuchs).

und mehr vergrössert worden. Diese Thatsachen beweisen aber, dass, wie überhaupt alle Entwickelung, so auch die der Religion nicht vom Einzelnen und Besonderen zum Allgemeinen, sondern von einem ursprünglichen Ganzen in die Theile gegangen ist. Wäre der erste Gang eingeschlagen worden, so müsste überall die älteste Religion Fetischismus und dann erst allmälig zu einem mehr abstracten Polytheismus gesteigert worden sein. — Unter den orientalischen Völkern wurde das hebräische Volk, bei welchem hartnäckiges Festhalten an Ueberlieferungen ein charakteristischer Grundzug ist, von der Vorsehung ausersehen, die älteste, wenn auch national gefärbte, monotheistische Grundanschauung für die spätere allgemein-menschliche Höherbildung durch das Christenthum zu erhalten.

Die Rechts- und Staatsentwickelung lässt sich unter den orientalischen Culturvölkern am besten bei den Aryern verfolgen.[1]) Schon in der Urheimath, an den westlichen Abhängen des Himalaja (am Hindukuh), war, höchst wahrscheinlich in Folge religiöser Spaltung, eine Trennung, sei es durch Auswanderung oder Vertreibung, zwischen den mehr nach Westen (Bactrien) sich wendenden, die Zendsprache ausbildenden Iraniern und dem nach dem Induslande wandernden und hier lange Zeit sesshaften Indiern, eingetreten.

Bei diesen letzteren gestaltete sich nun eine (aus den ältesten Hymnen des Rig-Veda zu erkennende) Lebensordnung, in welcher das Volk noch eins ist, noch einen Namen, den der Viç (vicus), Ansiedler, trägt, aber, ohne Kastensystem, in viele kleine Stämme getheilt ist, die ein Ackerbau- und Hirtenleben führen und sich öfter befehden. Wahrscheinlich in Folge einer eintretenden Uebervölkerung wurde weiter nach Hindostan, nach dem oberen und mittleren Ganges, vorgedrungen. Hier entspann sich aber ein langer Eroberungskrieg gegen Völkerschaften, die, meist einer kraushaarigen Rasse angehörig und von viel niedrigerer Bildung, schon diese Gegenden bewohnten, schiesslich unterworfen und zum Theil in die Gebirge gedrängt wurden (z. B. in das Vindhja-Gebirge, wo ein Theil dieser Ureinwohner noch heute in den Schluchten lebt). Nach diesem Kriege, welcher weitere innere Kriege um die Herrschaft

---

[1]) Ueber die älteste Zeit der Aryer s. das Hauptwerk von Lassen, indische Alterthumskunde, 5 Bde.

zur Folge hatte, in denen die Volksmacht mehr und mehr zusammenbrach, wurde nun durch das zu einem Stande sich abschliessende Priesterthum ein die früheren religiösen Volksanschauungen in sich aufnehmendes Religionssystem und zugleich, zum Zwecke einer festen Gliederung aller Lebens- und Berufsthätigkeit, ein auf die Gliederung des höchsten Wesens selbst zurückgeführtes Kastensystem aufgestellt in den vier Classen der Brahmanen (Priester, Gelehrte, Beamte), der Ktschatrija's (Krieger), der Vaisja's (Ackerbau-, Gewerbe- und Handeltreibende) und die aus den unterworfenen und zum Brahmanismus bekehrten Völkerschaften bestehenden Sudra's (die dienenden Knechte), und das ganze System erhielt darauf seine abschliessende Sanction in dem Gesetzbuche Manu's (dessen letzte Redaction wahrscheinlich erst gegen 600 v. Chr. eingetreten ist). In der nun folgenden Epoche vorherrschenden Friedens wurden, unter dem Einflusse eines die Phantasie in hohem Grade steigernden Klima's, die grossen epischen Gedichte (der Mahabharata mit der berühmten philosophischen Episode der Bhagavadgita und das Ramajana) gedichtet und die philosophischen, theils orthodoxen, theils heterodoxen Systeme aufgestellt, von denen eines der letzteren (das Sankhya-System von Patandjali) eine vorbereitende Grundlegung für die grosse Reformation durch Buddha (gewöhnlich 600 v. Chr. gesetzt) wurde, welcher im Gegensatze zum Polytheismus und Pantheismus die Einheit der Gottheit lehrte, jede Gliederung ihres Wesens und damit auch das Kastensystem verwarf, den Sudra mit den Brahmanen gleichstellte, Erbarmen mit allen Wesen, Liebe aller Menschen predigte und der Gründer einer Religion wurde, welche, nachdem ihre Anhänger nach blutigem Kampfe fast aus ganz Indien vertrieben wurden, zu den mongolischen Völkern nach Thibet und China drang, hier besonders für die höhere Bildung segensvoll war, jedoch auch wieder in das hierarchische System des Dalai-Lamathums, mit dem Sitze in Thibet, ausartete.

Der Grundzug der ganzen Lebensanschauung des Brahmanismus und des Buddhismus liegt aber in der Sehnsucht nach Wiedergewinnung der ursprünglichen Einigung mit Gott durch möglichste Abstreifung der Grenzen des Endlichen, durch Entselbstigung, Entsagungen, Büssungen, Opfer, so dass das ganze Leben rückwärts nach den Anfängen gekehrt wird, aller forttreibenden Motive verlustig geht und in Indien durch ein erstickendes Kastensystem festgebannt wird. Erst in neuerer Zeit haben die belebenden Einflüsse stammverwandter europäischer Völker allmälig wieder die Culturbewegung anfachen können.

Dagegen wurde schon früh ein Fortschritt durch die andere Abzweigung des aryschen Urstammes, durch das Zendvolk der Bactrer, Meder und Perser gewonnen [1]), bei welchem Zoroaster (sicherlich vor 1000 Jahren, nach Haug 3000 v. Chr.) auftrat, die Lehre von Einem Urwesen (Ahura-Mazda d. i. Ormuzd) einschärfte, zu einem thatkräftigen Handeln aufrief und die Aufgabe stellte, in dem Kampfe des höchsten Princips des Guten und des Lichts (Ormuzd) mit dem untergeordneten, nicht von Ewigkeit her bestehenden Princip des Bösen (Ahriman) den Sieg des Guten beschleunigen zu helfen. Diese Völker haben auch thatkräftig in die Geschichte eingegriffen, haben vielfach die Völker unter einander in Berührung gebracht und in den Perserkriegen den ersten Anstoss zu einer Kräftigung des hellenischen Volkes gegeben, dem die höhere Aufgabe zufiel, einen mehr geistigen Verband unter den Völkern zu knüpfen.

Eine spätere Abzweigung in dem aryschen Stamme trat ein durch die nach Europa (in einer noch nicht mit Gewissheit festzustellenden Reihenfolge) ausgewanderten Illyrier und Thraker, Griechen und Italiker, Kelten, Germanen und Slaven. Wann und aus welchem Grunde diese Abzweigung begonnen hat, ob blos von Indien oder auch von dem alten Zendvolke aus, lässt sich bis jetzt mit Sicherheit nicht bestimmen. [2])

---

[1]) Im Zendavesta wird als Grund, weshalb die hochgelegene Urheimath (Arjanem-Vaëgo) verlassen sei, angegeben, dass das Klima sich verändert, der Winter zehn Monate, der Sommer nur zwei gedauert habe und daher ein Anführer, Jima, das Volk nach einer langen Wanderung in neue liebliche Wohnsitze geführt habe. Diese Sage trägt um so mehr das Gepräge der Wahrheit, als sie im Einklange steht mit der durch die Naturwissenschaft nachgewiesenen Abnahme der Wärme im Norden, wo früher Thiere lebten, die jetzt nur in südlichen Zonen angetroffen werden. Das Leben in der neuen Heimath wird im Zendavesta auch als ein Hirten- und Ackerbauleben geschildert. S. Lassen, indische Alterthumskunde I, 513, 526.

[2]) In meiner „juristischen Encyklopädie“ S. 377 habe ich aus Stellen in Manu's Gesetzbuche 43, ff., die Ansicht unterstützt, dass die Aus-

Indem wir von dieser kurzen Darlegung der Anfänge der grossen Culturentwickelung der indo-europäischen Völker zu der näheren Betrachtung der Griechen und Römer übergehen, können wir im Allgemeinen den Gang der Entwickelung bezeichnen als einen Fortgang von der Idee des Unendlichen zu der Anschauung des in allen Gebieten des Weltlebens sich kund gebenden Endlichen, von dem Uebergewichte der Naturgewalten zur freien Macht des Geistes, von dem Gefühle einer festen nothwendigen, durch eine höhere Macht auferlegten Ordnung zum Bewusstsein einer in Freiheit durch eigene Kraft zu gestaltenden menschlichen Ordnung, von der Identificirung der Natur- und Geistgesetze zur Unterscheidung derselben und zur Erhebung des Geistes über die Natur. Das Endziel der Entwickelung kann nur liegen in der Erkenntniss der richtigen Stellung aller dieser Lebensgebiete in dem Ganzen einer freien göttlich-menschlichen Lebensordnung.

Zweite Periode.
Griechenland und Rom.

Capitel I.

§. 6.

Ueber den Charakter der Culturbewegung im classischen Alterthum im Allgemeinen.

Griechen und Römer, beide dem Stamme der Aryer angehörend, in vorgeschichtlicher Zeit von Asien nach Europa eingewandert, haben nicht nur, wie dies gewöhnlich bei Colonien der Fall ist, viele beengende Ansichten und Einrichtungen des Stammlandes aufgegeben, sondern eine wesentlich entgegengesetzte Lebensanschauung

wanderung aus Indien stattgefunden habe in Folge von Kämpfen, die sich zwischen dem Priesterstande und Kriegerstande erhoben, so dass diejenigen kräftigeren, man könnte sagen mehr weltlich gesinnten Stämme, welche sich dem Joche des Priesterthums nicht unterwerfen wollten, vertrieben wurden oder freiwillig auswanderten. Auch Leo, Universalgeschichte II, 30, meint, dass „der Zusammenhang der deutschen Stämme mit den Hindu's nicht vor dem Zeitalter der Veden, sondern erst nach ihnen in einen Ring zusammenfällt.“

und Lebensrichtung zur Geltung gebracht. Wenn im Oriente das ganze irdische Menschenleben in seiner Endlichkeit mehr nur als Symbol, als ein Erinnerungszeichen an das Unendliche aufgefasst und nach rückwärts zu seinen Ausgangspunkten gekehrt wird, und wenn das grösste Religionssystem, der Buddhismus, die Rückkehr zu der ewigen Ruhe der göttlichen Einheit (Nirwana) als die höchste Lebensaufgabe stellt, so wird von den Griechen und Römern die Welt in ihrer selbständigen Wesenheit, in ihrer heiteren lichten Schönheit und nach ihrem eigenen Rechte aufgefasst. Befreit von den Banden absoluter theokratischer und weltlicher Mächte, von den Fesseln eines allen Aufschwung hemmenden auferlegten Glaubens, ist der Blick nach vorwärts gekehrt, und wie sich ihm das Göttliche in dem Reichthume der einzelnen Lebensgebiete erschliesst, so wendet sich auch die freie und frische Lebenskraft, in der Besitzergreifung der Natur und in der Ausbildung der gesellschaftlichen Lebensverhältnisse, zu der kräftigen Gestaltung des unmittelbaren Vaterlandes in einem von der Volkskraft getragenen Staate. Im Unterschiede von der orientalischen theokratischen und weltlich-despotischen Beherrschung vollzieht sich bei den Griechen und Römern der weltgeschichtliche Process der freien Herausbildung der menschlichen Persönlichkeit und eines darauf gegründeten staatlichen Gemeinwesens. Dieser Process verläuft jedoch nach der Verschiedenheit des griechischen und römischen Volkscharakters in zwei verschiedenen Richtungen.

Der griechische, mit idealer Vernunftkraft und künstlerischer Phantasie ausgestattete Geist[1]) unternimmt es, das Staatswesen als eine der Natur ähnliche Ordnung aber in Kunst durch Freiheit zu gestalten. Der Staat ist ein Kosmos, ein schönes, die freie Einzelkraft in inniger Beziehung zu dem Gesammtleben erhaltendes Ganzes. Griechischer und römischer Staat unterscheiden sich wie Organismus und Mechanismus, und im Einklange mit der tief eindringenden Bestimmung, welche zuerst Aristoteles von einem organischen Ganzen gab, dass dasselbe nicht eine Summe äusserlich aggregirter Einzelheiten, sondern „ein vor und über den Theilen bestehendes Ganzes sei“, erscheint auch der Staat im griechischen

---

[1]) Siehe meinen Artikel: „Hellenische Staatsidee“ im „deutschen Staatswörterbuche.“

Bewusstsein nach seiner Idee und nach seinem bleibenden, alle Generationen umfassenden Zwecke als eine höhere, jedoch vom freien Willen getragene Ordnung, in welcher die freie Bewegung des Einzellebens in einem höheren Ganzen gehalten und gemässigt wird. Daher erfasste auch der griechische Geist die Freiheit mehr in inniger Beziehung zu der ganzen sittlichen Lebens- und Staatsordnung, knüpfte dadurch ein inniges Band zwischen dem Rechtskreise des Individuums und dem der Gemeinschaft und konnte daher auch das Privatrecht nicht so sehr vom öffentlichen Rechte trennen wie es in Rom geschah. Als der edelste Grundzug des griechischen Staatswesens (wie es besonders in Athen sich gestaltete) erscheint seine Anlage und Richtung auf die Idee der Humanität, so weit sie bei den Grundgebrechen des Polytheismus und der Sclaverei möglich war, auf die Bildung und Selbstbildung der Bürger für die höheren menschlichen Güter. In dieser Grundanschauung hatte Aristoteles dem freien Griechen die Aufgabe gestellt, durch Abwälzung der gemeinen Arbeit auf die Sclaven und durch materiellen Besitz, sich die M u s s e für die freie Beschäftigung mit Wissenschaft und Kunst und mit Staatsangelegenheiten (φιλοσοφεῖν καὶ πολιτεύεσθαι) zu verschaffen. In der Bildung des Staatswesens hat der griechische Geist alle möglichen Staatsformen zur Erscheinung gebracht, wie nach einer andern Richtung der römische Geist das Privatrecht nach dem Reichthume seiner Formen entwickelte. Bei beiden Völkern ist aber in Ermangelung der Einwirkung höherer sittlicher Kräfte das natürliche, mehr dynamische Gesetz der Umwandlung der Staatsformen zur Anwendung gekommen, von dem Königthume durch die Aristokratie, Demokratie und Demagogie zur Tyrannis, bis Griechenland in das mächtige römische Reich, dieses durch die eindringenden germanischen Völkerschaften unterging. Auch darauf muss hingewiesen werden, dass das griechische Leben doch nur ein schönes Bruchstück einer von der Idee der Humanität durchdrungenen staatlichen Ordnung geblieben ist; denn einerseits hatte der Sclave keinen Theil an diesem Staate und war die Arbeit nicht in allen Gebieten als eine sittliche Aufgabe erkannt, und anderseits vermochte der Polytheismus der Sittlichkeit nicht, wie dies nur dem Monotheismus möglich ist, die tiefere Grundlage, die zusammenfassende Kraft und das Bewusstsein der allgemeinen menschlichen Gleichheit und Liebe zu geben.

Das römische Volk, ausgestattet mit einem scharf zergliedernden Verstande und mit einem thatkräftigen Willen [1]), bildet den relativen Gegensatz zum griechischen Leben, zugleich aber das letzte Glied in der geschichtlichen Entwickelung des Alterthums, gewissermassen den entgegengesetzten Pol, indem es an die Stelle aller äusseren theokratischen oder weltlichen Mächte die Selbstherrlichkeit des menschlichen Willens setzt, die im Oriente zum Unendlichen vorherrschende Geistesrichtung in ein zur äussersten Selbstsucht sich steigerndes Streben nach endlichen und materiellen Gütern des Lebens, nach Macht und Vermögen umkehrt, seine Herrschaft über alle Völker auszudehnen, „sein Selbst zum Selbst der Welt" zu erweitern sucht. Der Staat musste daher dem römischen Geiste als eine selbstgeschaffene vertragsmässige Herrschafts-Ordnung (*communis reipublicae sponsio*) und das Recht gleichfalls nur als ein Macht-Princip, als eine Norm und äusserste Schranke für die freie Bethätigung des Willens in allen Vermögens- und Machtverhältnissen erscheinen. In Zurückstellung der höheren Güter, der Religion, Wissenschaft und Kunst, bringt das römische Volk das Princip der menschlichen Willensmacht und Herrschaft zur Geltung und sein geistiges Antlitz ist gewissermassen die Wiederstrahlung des thatkräftigen Willens (*vultus, velle*). Daher geht aber gleich von Anfang an ein rauher Ton durch das römische Volksleben. Wenn, nach der neuern Physiologie, im menschlichen Organismus der Klang in der Stimme durch das Miterklingen der Obertöne bestimmt wird, so ist in geistiger Hinsicht das römische Leben klanglos, hat keinen edleren menschlichen Timbre, weil die Obertöne, welche durch die innere Erregung und Bewegung für die höheren Güter des Lebens erzeugt werden, sich nicht vernehmen liessen.

Die äussere, auf Ausnutzung und Erweiterung der Vermögens- und Machtverhältnisse gehende Richtung musste, bei dem Mangel geistiger Gegengewichte und bei dem Schwinden der sittlichen Schranken, alle Arten der Vermögens- und Machtverhältnisse in strengerer Form und Spannung hervortreten lassen und, nach einem mechanischen Grössegesetze, das Vermögen mehr und mehr in wenige Hände, so wie die politische Macht zuletzt im Imperator sich

---

[1]) S. meinen Artikel: „Römische Staatsidee" im „deutschen Staatswörterbuche."

concentriren lassen. Im Geiste des Herrschaftsprincips nahm auch die väterliche und eheherrliche Gewalt in Rom einen strengeren Charakter an als in Griechenland, die Behandlung der Sclaven war roher und grausamer und der Gegensatz in den Vermögensverhältnissen trat immer greller hervor. Schon früh zeigt sich besonders bei den Patriciern ein auf Handel, Geld und Wuchergeschäfte gerichteter Sinn, der den ärmeren Theil ausbeutete, das Vermögen in die Hände Weniger concentrirte und gegen Ende der Republik eine aus patricischem und neuem Vermögensadel bestehende Oligarchie schuf, die in Wahrheit eine Räuberbande war, in den Provinzialämtern das Plündern der Provinzen amtsmässig betrieb und Rom zu einer Herberge des Raubes machte, wo sie selbst den Löwentheil nahm und verprasste und den arbeitslosen Volkshaufen mit nothdürftiger Speisung und Belustigung auf Staatsunkosten abfand.

Bei keinem Culturvolke hat sich die Vermögenssucht in so roher Gestalt gezeigt, nirgends ist der „scheussliche Gegensatz zwischen formellem und sittlichem Recht" (Mommsen), zwischen den billigsten Forderungen der Humanität und einer masslosen Selbstsucht greller hervorgetreten. Eine Vermittlung unter solchen rohen Machtverhältnissen musste an dem Mangel der sittlichen Grundlagen scheitern. Die Wurzel aller Uebel lag aber in dem Polytheismus, der gerade in Rom in den praktischen Lebensverhältnissen den tiefsten Riss herbeiführte und zur letzten politischen Consequenz gesteigert wurde. Wenn überhaupt im Polytheismus endliche und irdische Kräfte und Mächte vergöttlicht werden, so blähte sich zuletzt der römische Imperator im Absolutismus seiner Herrschaft zu einer Gottheit auf und liess sich göttliche Ehren erweisen. Die gänzliche Verrückung aller staatlich-menschlichen Ordnung endete mit dem Wahnsinn des Imperatorenthums, welches in den wenigen guten Kaisern nur noch einzelne Lichtmomente aufwies und zuletzt in Erschöpfung unterging. Das Imperatorenthum war aber das concentrirte Spiegelbild, die Individualgestalt des römischen Volkes, wie sie sich in jenem Macht- und Herrschaftstriebe ausgeprägt hatte. Aber in seinem Imperatorenthum sollte das römische Volk das durch Jahrhunderte in allen Formen der Unterdrückung gegen andere Völker geübte Unrecht durch fast eben so viele Jahrhunderte schweren durch imperatorische Wüthriche zugefügten Leides büssen. Rom hat gezeigt, was überhaupt der menschliche Wille vermag; unter dem starken aristokratischen Regimente hat es Italien und fast alle bekannten Völker unter seine Herrschaft gebracht; mit rücksichtsloser Macht hat es die aus noch schlimmerer polytheistischer und sittlicher Verwilderung entstandenen Gewaltherrschaften Asiens und Afrika's gebrochen und dem europäischen Occidente die Herrschaft gesichert; das war die ihm gestellte providenzielle Aufgabe; es hat aber auch den Beweis geliefert, dass alle Macht, wenn sie nicht den höheren Zwecken des Lebens dient, sich nicht in den Gesetzen und Schranken der sittlichen Welt- und Lebensordnung hält und bewegt, mit innerer Zersetzung aller sittlichen Bande und einer allgemeinen Erschlaffung endet. Der römische Herrschaftsstaat führte schliesslich auch zu einer solchen geistigen und sittlichen Ohnmacht, dass der Heilsprocess, den das Christenthum einleitete, nicht mehr die nothwendige Aneignungskraft vorfand und die Vorsehung durch innerlich ungeschwächte, wenn auch ungebildete Völker die Auflösung des römischen Reiches vollziehen und die Begründung einer neuen religiösen und sittlich-rechtlichen Ordnung herbeiführen lassen musste. Das Römerthum hatte nur den Herrschaftsrahmen geschaffen, in welchem das Christenthum eine erleichterte Ausbreitung finden und zugleich den Beweis führen sollte, dass eine ideale, in den höchsten göttlichen Lebenswahrheiten wurzelnde Macht, so ärmlich sie äusserlich erscheinen möge, über alle blos menschliche Gewalt und Herrschaft den Sieg davon trägt. [1])

Capitel II.

§. 7.

Die Rechtsphilosophie im classischen Alterthume, insbesondere in Griechenland.

Die Anfänge der freien Geistesforschung fallen in Griechenland mit den ersten Bildungen der sogenannten neueren Demokratie zusammen.

Die Spruchweisheit der „sieben Weisen“ bezeichnet noch den Einigungspunkt zwischen philosophischer Auffassung und praktischer Behandlung der Lebensverhältnisse. Solon, der mit Thales

---

[1]) Hinsichtlich der näheren Beurtheilung des römischen Privatrechts s. meinen Art. „Römische Staatsidee“ a. a. O. S. 696.

der vornehmste dieser Weisen ist, wird in Athen der Schöpfer einer Verfassung, welche die Anforderungen der freien Bewegung der Bürger mit den Grundbedingungen eines sittlichen Gemeinwesens auszugleichen bestimmt ist.

Aber schon in den Sprüchen der sieben Weisen ist der Zug bemerkbar, gegenüber der vorherrschend werdenden demokratischen Bewegung, an die sittlichen Schranken, an die nothwendige Unterordnung unter das höhere Gesetz und an die Solidarität aller Bürger zu erinnern (Solon), und in ihrer weiteren Entwickelung wird die Philosophie sich immer mehr ihrer höheren Aufgabe bewusst, den idealen Zug des Lebens zu unterhalten, in der Bewegung der menschlichen Freiheit an das unwandelbare göttliche Gesetz zu mahnen und in den, die Bande der Gemeinschaft fester knüpfenden, sittlichen Principien Gegengewicht und Schranke für die fortschreitende Zersetzung der Lebensverhältnisse zu suchen.

Philosophie und Leben gehen zwar aus dem gemeinsamen Grunde des griechischen Genius hervor; aber so wie schon im Einzelleben das Höhere und Niedere oft in Gegensatz und Kampf treten, so prägt sich gerade in Griechenland der Gegensatz zwischen der idealen philosophischen Geistesrichtung und der realen Lebensentwickelung am stärksten aus. Zwei Ziele sind es vornehmlich, welche die Philosophie verfolgte, die Ueberwindung des Polytheismus durch die Zurückführung aller Dinge auf eine höchste göttliche Urquelle und die Anknüpfung einer in Freiheit zu vollziehenden rechtlichen und staatlichen Gestaltung an höhere, göttliche und sittliche, von der Willkür unabhängige Lebensgesetze. In dieser letzten Hinsicht kann die Philosophie als eine wissenschaftliche Ausbildung der ältesten religiösen und sittlichen Lebensanschauung betrachtet werden. Denn das Recht [1]) erscheint in ältester Auffassung als eine ewige göttliche Satzung [2]) (Themis), als ein Princip, welches

---

[1]) Vergl. besonders Hildenbrand, Geschichte der Rechts- und Staatsphilosophie, Bd. I, 1860. — Die Geschichte der Rechtsphilosophie überhaupt ist behandelt von Stahl im ersten Bande seiner Rechtsphilosophie, von Rossbach: die Perioden der Rechtsphilosophie, 1842; vortreffliche Ausführungen gibt auch Laurent, *Histoire du droit des gens, ou études sur l'histoire de l'humanité* (eigentlich eine Geschichte der Civilisation) t. I bis XIV, 1868.

[2]) S. meinen Art.: Hellenische Staatsidee, a. a. O. S. 108.

Göttern und Menschen das ihnen Zukommende gibt und welches getragen von der frommen Scheu (αἰδώς) vor dem Göttlichen und den sittlichen Schranken, jede Ueberhebung (ὕβρις) als ein Herausgehen aus der wohlgefügten Ordnung abwehrt, Alles im rechten Masse und in Mässigung (σωφροσύνη) erhält, Allen nach Verdienst und Schuld abwägt und zutheilt. Das Recht war daher dem griechischen Geiste vor allem, nicht wie in Rom ein Macht- und Herrschaftsprincip, sondern ein harmonisirendes Ordnungsprincip, welches in der Platonischen Philosophie die tiefste wissenschaftliche Durchbildung erhielt.

In der vorsocratischen, die drei vornehmsten Schulen, der ionischen, pythagoräischen und eleatischen, umfassenden Zeit, hat schon der Jonier Archelaos die Hauptfrage aufgeworfen, ob der Unterschied zwischen Recht und Unrecht ursprünglich in der natürlichen Ordnung (φύσει) gegeben oder durch Menschensatzung (νόμῳ) gebildet sei und soll sich nach der gewöhnlichen Deutung seiner Worte für die letztere Ansicht entschieden haben.

Eine höhere sittliche Anschauung des Lebens wurde aber durch die pythagoräische Philosophie gewonnen, welche das Ordnungsprincip auch für die sittliche Welt zuerst in formell-mathematischer Weise erkannte, das Recht selbst als ein mathematisches Princip der Gleichheit und Ausgleichung auffasste und, zur Reform des in den unteritalienischen Städten rasch dem Verfalle zueilenden Staatswesens, in dem pythagoräischen Bunde eine Pflanzschule für die sittliche Wiedergeburt nach dem Musterbilde einer das ganze Leben erfassenden sittlichen Lebensgemeinschaft gründen wollte; ein Unternehmen, das über die im Alterthume nicht hinlänglich gestärkten idealen Lebenskräfte hinausging. In der Schule der Eleaten erreichte nur der Kampf der Philosophie gegen den Polytheismus den Hochpunkt.

Der Process der demokratischen Zersetzung des griechischen Staatswesens, welcher nach der kurzen Perikleischen Blüthezeit noch schleuniger sich vollzog, fand seine Wiederspiegelung in den Sophisten, welche den Subjectivismus oder vielmehr den egoistischen Individualismus zum Princip erhebend, alle Begriffe, Verhältnisse und Einrichtungen der sittlichen Lebensordnung nur als ein Product der Willkür, die Götter als eine „kluge Erfindung“, das positive

Recht nur als einen Ausdruck des subjectiven Beliebens, das natürliche Recht nur als „Recht der Stärkeren“ betrachteten.

Gegen diese, alles Leben in der innersten Wurzel zerstörende geistige und praktische Richtung, die schliesslich dem Recht des Stärkeren in der Unterjochung Griechenlands durch Rom den Sieg verschaffen musste, raffte sich, wenn auch dem Ausgange nach vergeblich, der griechische Genius in seiner ganzen idealen Kraft in dem socratisch-platonischen Systeme auf, um den Geist durch eingehende Selbsterkenntniss zur Gotteserkenntniss und zu wahrer Lebensweisheit zu führen.

Socrates (469—399 v. Chr.) hatte durch seine Methode den Weg der Selbsterkenntniss eröffnet, im Inneren auf das inwohnende und mahnende göttliche Dämonium, im Staatsleben auf die höheren göttlichen Gesetze, „die Brüder der menschlichen,“ hingewiesen. Platon (429—348 v. Chr.) erhob sich darauf durch die Stufen der sinnlichen, verständigen und vernünftigen Erkenntniss zur Gotteserkenntniss als des Lichts und der Leuchte für die Selbsterkenntniss wie für das richtige Verständniss aller Dinge. Im Kampfe gegen die Sophisten führte Platon den unwiderlegbaren Nachweis, dass jede Lehre, welche alle Erkenntniss auf stets wechselnde individuelle Empfindung und sinnliche Vorstellung zurückführt, keinen festen Begriff vom Wahren, Guten und Rechten zu geben vermag, ja jede Erörterung über Richtiges und Unrichtiges ausschliesst, da auf dieser sensualistischen, im Wesentlichen thierischen Stufe ein Jeder nur seine an sich stets richtige unmittelbar sinnliche Empfindung zum Massstab seiner Beurtheilung machen kann, die gegentheilige Empfindung eines mit ihm streitenden Anderen aber ebenso richtig ist und daher den Streitenden zuletzt nichts übrig bleibt, als wie Thiere auf einander los zu gehen und das Recht des Stärkeren entscheiden zu lassen. Dagegen zeigt Platon in noch immer mustergiltiger Weise, dass nicht einmal die Wahrnehmung der sinnlichen Erscheinungen ohne das höhere Vergleichungsvermögen der Vernunft zu Stande kommen, dass alle Vorstellungen des Wandelbaren als Grundlage zuhöchst die ewigen, das unwandelbare Wesen erfassenden Ideen voraussetzen und dass alle Ideen in der Idee Gottes als des Guten ihren letzten Grund ihre Einheit und ihren, Licht und Leben über alle Dinge verbreitenden, Mittelpunkt haben und die Alles durchleuchtende göttliche Vernunft (λόγος) bilden.

Aus dem ganzen und vollen, durch die Gottesidee erleuchteten menschlichen Wesen entwickelt sodann Platon die Idee des Rechts und des Staates in einer Tiefe und Wahrheit, wie sie erst in neuerer Zeit durch verwandte Systeme (Leibniz, Krause) wieder begriffen worden ist. Es ist insbesondere das ideal-griechische harmonisirende Ordnungsprincip, welches in der Platonischen Rechts- und Staatslehre die tiefste wissenschaftliche Begründung und Entwickelung erhält. Auf Grundlage der Lehre von der Seele, in welcher er zwei Hauptbestandtheile, einen sinnlichen, irdischen, und einen vernünftigen, göttlichen Bestandtheil, und als vermittelndes Glied den nach der einen oder andern Seite hin den Ausschlag gebenden Muth (Willen?) annimmt, stellt er in der Tugendlehre die, den drei Bestandtheilen und Vermögen, entsprechenden Tugenden der Mässigung, der Tapferkeit als Helferin der Vernunft und die Weisheit auf, erkennt aber, dass es noch eine vierte Tugend geben muss, welche alle anderen Tugenden und alle Seelenkräfte in das rechte Verhältniss zu einander setzen, jedem Theile den ihm zukommenden Wirkungskreis anweisen und sichern, den höheren Gütern den Vorzug vor den niedern geben soll, so dass Alles in der Seele das ihm Zukommende (προσῆκον) empfängt. Diese Tugend ist die Gerechtigkeit. Wie in dem Leibe die Gesundheit darin besteht, dass alle Bestandtheile und Kräfte, der Natur gemäss, wirken, so erzeugt die Gerechtigkeit die ethische Seelengesundheit. Die Gerechtigkeit wird daher von Platon zunächst als eine auf das innere Leben gerichtete, alle Kraft und Thätigkeit im Ganzen gliedernde und ordnende Tugend aufgefasst. Nach dem Vorbilde und nach den Vermögen des inneren Seelenlebens baut Platon sodann den Staat auf, den Menschen im Grossen, der alles Göttlich-Menschliche in harmonischer Totalität zur Ausbildung zu bringen bestimmt ist. Der Staat ist eine Bildungs- und Erziehungsanstalt, welche das Ziel des Einzelmenschen, möglichste Gottverähnlichung, mit vereinten und sich ergänzenden Kräften zu erstreben hat. Nach den Bestandtheilen und Tugenden der Seele soll sich das beseelte Bildungsleben des Staates in Berufstände gliedern, in einen der Vernunft entsprechenden Stand der Herrscher, einen den Muth bethätigenden Stand der Krieger, als Wächter der staatlichen Ordnung, und einen dem sinnlichen Begehren entsprechenden und für die Befriedigung der niederen sinnlichen Bedürfnisse thätigen

Stand der Gewerbe (also Lehr-, Wehr-, Nährstand); die beiden ersten Stände sollen durch die innigsten Bande der Gemeinsamkeit (Gemeinschaft der Frauen und des Eigenthums) verknüpft werden, die ältesten und besten der Wächter nach bewährter Prüfung in den ersten übergehen, alle drei Stände aber durch die Gerechtigkeit in ihrer richtigen Stellung und Wirksamkeit erhalten werden. So soll der Staat eine, nach der Idee der Gerechtigkeit Alles für die Darbildung der Idee des Guten ordnende und von einem philosophisch gebildeten Herrscher geübte, Vernunftherrschaft sein. Platon erkennt aber, dass dieser Idealstaat, dessen Urbild im Himmel selbst ist, nicht plötzlich, sondern nur in annäherndem Uebergange erreicht werden kann, für welche die (jedoch mehrfach als unächt angefochtenen) „Gesetze" zum „Staate" den Uebergang bahnen, den „zweitbesten Staat" aufstellen sollen. So wie aber in der Harmonie der Seelenkräfte und Tugenden der gute Staat begründet ist, so haben die schlechten Staatsformen ihre Quelle in den verderblichen Richtungen der Seele, indem aus dem falschen Freiheitsstreben die Demokratie, aus dem Missbrauche der Freiheit auf der *einen und durch die Herrschsucht auf der andern Seite die* Tyrannis u. s. w. hervorgeht, und auch hier zeigt Platon die innige Wechselwirkung zwischen dem sittlichen Leben des Einzelnen und des Staates.

Platon's Rechts- und Staatslehre ist nicht, wie man öfter behauptet hat, das zur Idee erhobene griechische Staatsleben, sondern vielmehr eine aus dem Gegensatze zu der beginnenden individualistischen Zersetzung erklärliche Steigerung und Uebertreibung des Princips der Gemeinschaft. So wie Platon bei Betrachtung des Verhältnisses der Idee zu den in der Wirklichkeit erscheinenden Einzeldingen, den Schwerpunkt in das Allgemeine, in die Idee verlegt hatte, so war ihm auch, im steten Hinblicke auf das im Staate darzustellende Ideal, die Bedeutung der individuellen Persönlichkeit und ihrer wesentlichen Bethätigung sowohl nach der Naturseite im Eigenthum als auch nach der ganzen sittlich-rechtlichen Seite in der Familie und im Staate nicht zum Bewusstsein gekommen. Im Staate selbst erscheint der Gegensatz zwischen den höheren Ständen und dem niederen Gewerbestande unvermittelt und der grösste Missgriff Platons zeigt sich darin, dass er blos nach subjectiven psychologischen Vermögen und nach besonderen Tugenden, das Staatsleben nach Ständen eintheilte und dass er die Vernunft einem besonderen Herrscherstand zutheilte und nicht erkannte, dass diese höhere, in allen Menschen und Bürgern eröffnete Licht- und Lebensquelle die gemeinsame Grundlage aller in Bildung und vernünftiger Einsicht fortschreitenden Vernunftherrschaft sein muss. Der vierten Tugend, der Gerechtigkeit, hatte Platon keinen besonderen Stand angewiesen, sie sollte nach der Wissenschaft des Gerechten von den Weisen geübt werden; aber gerade sie ist eine gleiche gemeinsame Sache Aller und ist stets verkümmert und verzerrt worden, wenn sie vom Gesammtleben und der Betheiligung der Gesammtheit abgehoben und einem einzelnen Stande zur Pflege angewiesen wurde.

In der Platonischen und überhaupt in der ganzen alterthümlichen Philosophie bildet die Logosidee, als die wissenschaftliche Eröffnung der idealen, von der Idee Gottes als des Guten erleuchteten Vernunftwelt, den Hochpunkt der Entwickelung, aber es fehlt ihr die tiefere, das concrete, das sinnliche Einzelleben durchdringende Kraft; nur die Idee, welche die ganze Persönlichkeit ergriff, nur „das Wort, welches Fleisch ward," der Logos, welcher einging in den Menschen und ihn zu einer göttlich-menschlichen Persönlichkeit erhob, konnte eine neue, Leben und Welt beherrschende Macht werden. Der Platonismus war die edelste Vorbereitung und Ueberleitung zum Christenthum und musste später von demselben zum wissenschaftlichen Ausbau verwandt werden. [1])

Aristoteles (384—320 v. Chr.) bildet den relativen Gegensatz zu Platon. Er theilt mit seinem Lehrer die Grundüberzeugung von Gott als dem absoluten Princip und dem höchsten Ziele, aber sein Blick ist mehr der empirischen Realität in den Gebieten des Natur- und Gesellschaftslebens zugewandt und überall sucht er zwischen der Idee und der Wirklichkeit durch überleitende Begriffe zu vermitteln, wobei jedoch unverkennbar der Schwerpunkt von der transcendenten Platonischen Idee in die von den immanenten Ideen

---

[1]) Ueber die Verwandtschaft des Platonischen Idealstaates mit dem christlichen Reiche Gottes und der Organisation jenes Staates mit der der katholischen Kirche u. s. w. siehe besonders Zeller: „der Platonische Staat in seiner Bedeutung für die Folgezeit" in der historischen Zeitschrift von Sybel I, S. 108.

und Begriffen durchdrungene Erfahrungswelt verlegt wird. Platon war in dem Gegensatze zwischen der Idee und dem wirklichen Dinge befangen geblieben; Aristoteles sucht denselben zu überwinden, indem er die Idee als ein Lebens- und Entwickelungsprincip begreift, welches als eine imanente Potenz der Anlage nach in allem Seienden vorhanden ist und durch eine bewegende Ursache, deren letzte Quelle in Gott, dem ewigen, selbst unbewegten Beweger aller Dinge liegt, durch stetige Formgestaltung und Umbildung zu seinem Ziele (τέλος) geführt wird. Daher stellt Aristoteles auch den Staat in den Fluss des Lebens und sucht ihn nach allen bewegenden Kräften und nach allen bedingenden und umwandelnden Factoren zu begreifen.

Recht und Gerechtigkeit werden auch von Aristoteles zunächst psychologisch entwickelt und mit dem letzten Ziele des menschlichen Lebens in innige Beziehung gesetzt. Zweck alles menschlichen Lebens ist nach ihm Glückseligkeit, nicht blos als Wohlbefinden, sondern auch als eine vernünftige Wirksamkeit, welche die sinnlichen Triebe als Bildungsstoff verwerthet, auf das rechte Mass zurückführt und überall die rechte Mitte einhält, deren letztes Ziel jedoch die Weisheit ist, als die edelste, in der Erforschung und in dem Besitze der göttlichen Wahrheit sich selbst genügende, äusserer Mittel nicht mehr bedürfende Vernunftthätigkeit. Unter den Tugenden erhält die Gerechtigkeit ihren unterscheidenden Charakter dadurch, dass sie wesentlich ein Verhältniss bezeichnet und eine zwiefache ethische Seite hat, indem sie nicht nur ein Gut dessen ist, der sie ausübt, sondern auch für den anderen, für den sie geübt wird. Die Gerechtigkeit bezieht sich zuerst auf das innere Verhalten (*καθ' αὑτόν*, wie sie besonders in der „grossen Moral“ behandelt wird), und Aristoteles erkennt daher, wie Platon, eine zunächst im inneren Leben in richtiger Ausübung aller Tugenden zu übende Gerechtigkeit, aber vorwaltend wird dieselbe von ihm auf die Verhältnisse der Menschen in der Gemeinsamkeit (**πρὸς ἕτερον**, wie sie besonders in der „Nikomachischen Ethik“ behandelt wird) bezogen und nach ihrem Grundcharakter, jedoch nach zwei verschiedenen Richtungen oder Functionen, bestimmt. Der Grundcharakter der Gerechtigkeit ist nach ihm die Gleichheit, nicht die formale mathematische der Pythagoräer, sondern die Gleichheit nach Verhältniss, wie es Jeder verdient.

Die Gerechtigkeit äussert sich als vertheilende, distributive, wornach ein Jeder von den Gütern, deren Werthmesser das Geld ist, so viel erhält, als ihm zukommt, und als ausgleichende, commutative, welche den Verkehr oder Güterumsatz regelt. Das Gerechte hat seine ursprüngliche Quelle in der Natur (τὸ φύσει δίκαιον), d. i. in der in allen Lagen des Lebens sich gleichbleibenden Wesenheit des Menschen; davon unterschieden ist das Gesetzes-Recht (τὸ νόμῳ δίκαιον), welches durch Anordnung des Staates entsteht; zwischen beiden vermittelt die Billigkeit (τὸ ἐπιεικές), welche das, durch die unbestimmte Allgemeinheit des Gesetzes nicht richtig getroffene, Individuelle berücksichtigt.

In der Staatslehre spricht Aristoteles den Grundgedanken des classischen Alterthums in dem Satze aus: der Mensch ist ein Staatswesen (ζῶον πολιτικόν), ausserhalb des Staates ist nur ein Thier oder ein Gott („ἢ θηρίον ἢ θεός"). Wenn in dem Platonischen Erziehungsstaate immer ein transcendenter, das irdische Leben überragender Zug sich kund gibt, so soll, nach Aristoteles, das menschliche Leben seine Befriedigung und seinen Abschluss in einem sich selbst genügenden autarkischen Staate finden. Für diesen Staat, in Bezug auf seinen Ursprung und das ganze Dasein, gewinnt Aristoteles eine, durch sein Naturstudium geförderte organische Auffassung. Wie die Entwickelung der organischen Naturwesen von einem ungetheilten Ganzen ausgeht, das früher ist, als die Theile, in die es sich gliedert, so ist auch der Staat, seiner Natur oder seiner Idee nach („ἡ πόλις φύσει πρότερον ἢ ἕκαστος"), ein höheres und früheres Ganzes, als die Glieder und Theile, in die er sich entwickelt. Der Staat ist nicht (wie der Sophist Lykophron gesagt hatte) ein Vertrag der Bürger zur Sicherung ihrer Rechte; denn wie eine Hand oder ein Fuss nicht sein kann ohne das Ganze, dem sie angehören, so ist der Einzelne nicht ohne den Staat. Der natürliche Trieb zur Staatsbildung liegt zwar in der Hilfslosigkeit der Einzelnen, welche Familien gründen, die sich zur Ortschaft erweitern, und der Staat ist daher, nach dieser natürlichen Seite, eine aus Geschlechtern und Ortschaften bestehende Gemeinschaft und hat sein natürliches Mass im Städte-Staate; aber sein Zweck ist ein doppelter, ein Endzweck, welcher im Wohlsein (εὖ ζῆν) Aller, und ein unmittelbarer Zweck, welcher in der Handhabung der Gerechtigkeit liegt, der auch Belohnung und Bestrafung verlangt, welche letztere die Besserung vor Augen behalten muss. Als Gemeinwesen darf der Staat jedoch die selbständigen Rechte der einzelnen Gliederungen nicht unterdrücken, daher keine Güter- und Frauengemeinschaft einführen. Gleichwohl erkennt auch Aristoteles die Nothwendigkeit eines innigeren, über die natürlichen Gestaltungen hinausgehenden allgemeineren, menschlichen Bandes und erblickt dasselbe in der, mit Wärme von ihm geschilderten Freundschaft, die auch noch gegen Sclaven als einen Menschen geübt werden könne (ein Band, welches später das Christenthum noch tiefer und inniger in der, das ganze Staatsleben erwärmenden und befruchtenden, allgemeinen Menschen- und Bruderliebe gründete). Der Staat besteht aber nur für Freie. Die Sclaverei ist eine natürliche Einrichtung, welche den in der Seele bestehenden Gegensatz zwischen dem niederen und höheren Theile, in den niederen Völkern, die zum Dienen und in den höheren, die zum Herrschen bestimmt sind, wiederspiegelt; der Sclave ist ein „beseeltes Werkzeug,“ das nur entbehrt werden könnte, „wenn das Webschiff von selbst hinüber und herüber ginge“; aber auch die Armen, so wie Handwerker, so lange sie nicht die erforderliche Bildung haben, sind wenigstens von der Theilnahme an der Regierung des Staates auszuschliessen, weil dessen Tüchtigkeit sich nur nach der geistigen und sittlichen Tüchtigkeit der Bürger bestimmt. Die Verfassung ist die Grundnorm des Staatslebens und prägt sich aus in den wesentlichen Staatsthätigkeiten (Staatsgewalten) und in den Herrschaftsformen; die ersteren sind: die oberste, über die allgemeinen Verhältnisse berathschlagende (τὸ βουλευόμενον περὶ τῶν κοινῶν), die verwaltende (τὸ περὶ τὰς αρχὰς) und die richterliche Thätigkeit (τὸ δικάζον). Die Herrschaftsformen werden von Aristoteles, in Rücksicht auf die Idee des Staates, in zweifacher Richtung, sowohl nach den Trägern der Staatsgewalt, als nach der Art und Weise bestimmt, wie dieselbe von ihnen ausgeübt wird. Als besten Staat bezeichnet Aristoteles im Allgemeinen denjenigen, in welchem der Tugendhafte regiert (der Weise Platon's), erörtert sodann einige äussere Erfordernisse (er soll nicht zu gross sein, die Bekanntschaft aller Bürger unter einander ermöglichen, fruchtbares Land, eine Lage am Meere haben u. s. w.). Nach der Zahl der Personen (Einer, Mehrere oder Alle), von welchen die Herrschaft und nach Art, wie sie von ihnen geübt wird, unterscheidet Aristoteles zwei Reihen; rechte Herrschaften, in denen die Herrschaft für das Wohl der

Gesammtheit, oder schlechte Herrschaften, gewöhnlich eine Ausartung der ersteren, in welchen die Regierung Alles zu eigenem Vortheile ausbeutet. Zu der ersten Reihe gehören: das Königthum (welches nach Aristoteles die beste Staatsform sein würde, wenn der König der Beste wäre, gleichsam als ein Gott unter den Menschen hervorragte, welche aber heute nur in der entarteten Form der Tyrannis auftritt), die Aristokratie, welche auf der Bildung und Tüchtigkeit einer Mehrzahl (Mehrerer oder einer Classe) ruht und die Politie (am besten wohl als „Bürgerstaat" zu übersetzen), in welcher die Herrschaft in der Gesammtheit, der Schwerpunkt jedoch in einem tüchtigen Mittelstande liegt und zum Wohle der Gesammtheit geübt wird. Die Ausartungen dieser drei Formen sind die Tyrannis, die Oligarchie und die Demokratie, welche letztere Aristoteles, in Hinblick auf die Wirklichkeit mit Demagogie gleichstellt, aber unter den Ausartungen doch als die minder schlechte betrachtet. Diese verschiedenen Herrschaftsformen werden nach ihren Bedingungen, Vorzügen, Mängeln, nach den Mitteln, einer Ausartung zu begegnen, erörtert und besonders wird der Weg der Umwandlungen von einer Form in die andere an der Hand der Geschichte der griechischen Verfassungen (von denen Aristoteles gegen 200 gesammelt hatte) näher dargelegt.

Die Staatslehre des Aristoteles kommt der griechischen Staatsidee am nächsten und kann in der Auffassung der „Politie" wohl als ein edler Nachklang der Solonischen Verfassung angesehen werden; aber auch diese Staatslehre leidet an den Härten des griechischen Staatswesens; die freie und allgemein-gleiche menschliche Persönlichkeit ist nicht begriffen; die „richtige Mitte," welche Aristoteles nicht auf richtigem Wege suchte, konnte nur in einer Erhebung über die Gegensätze, in einer Unterordnung des Niederen unter das Höhere, alles Menschlichen unter das Göttliche gefunden werden. Erst das Christenthum brachte diese Vermittlung.

Während Aristoteles das Verständniss des realen Lebens in den bestimmenden Ursachen und Kräften zu gewinnen strebte, tritt im Stoicismus (gegründet von Zenon gegen 310 v. Chr.) und sodann unter den Römern (besonders von Seneka 65 nach Chr.) verbreitet, einerseits das Streben hervor, sich von der Welt und dem Staat in sich selbst auf die subjective Persönlichkeit zurückzuziehen und ein persönliches Ideal der Vollkommenheit, „des Weisen," auszubilden, und anderseits wird auf Grund eines naturalistischen, Gott nur als die Weltseele und die Weltmacht auffassenden Pantheismus, dem Menschen die ethische Bestimmung angewiesen, in Uebereinstimmung mit der göttlichen Natur und Vernunft zu leben. In Folge dieses pantheistischen Identitätssystems wird sodann die Gleichheit aller Tugenden und die Gleichheit aller Laster gelehrt, die Gerechtigkeit darein gesetzt, dass die natürliche Gleichheit der Ansprüche geachtet, einem Jeden im richtigen Verhältnisse das Seine gegeben werde. Aus der gleichen Theilnahme aller Menschen an der göttlichen Vernunft wird aber auch die wichtige praktische Folgerung gezogen, dass die Sclaverei verwerflich, alle Menschen gleich frei und über die Besonderheit im Staate erhoben seien, der wahre Staat die ganze unter Gottes Regierung gestellte Welt sei.

Durch diese Lehren des Subjectivismus, Kosmopolitismus und allgemeinen Humanismus durchbricht der Stoicismus die Schranken des antiken Staatswesens. Auch der Stoicismus ist ein Vorläufer des Christenthums; aber während dieses die Subjectivität als gotterfüllte Persönlichkeit fasst und die Umbildung aller menschlich-geselligen Verhältnisse durch die Kraft des göttlichen Geistes sucht, ist der Stoicismus nur alternder, aller Lebensfrische und Lebenskraft entbehrender, abstracter Moralismus, der keine gründliche Besserung der antiken Lebensverhältnisse herbeiführen konnte.

Die philosophische Auflösung der antiken Welt vollzieht sich im Epicuräismus, in welchem das sinnliche Subject die Tugend nur im wohlberechneten Genusse suchte und im Scepticismus, in welchem der Zweifel alle Lebensgrundlagen zerstörte, im Widerspruche mit sich selbst zu Grunde ging, aber die Nothwendigkeit eines positiven Wiederaufbaues der gesammten menschlichen Lebensordnung um so klarer erkennen liess.

§. 8.

Die Rechtsphilosophie in Rom. [1])

Der römische Geist, der seine ganze Macht an die unmittelbare praktische Gestaltung und Fortbildung des Rechts- und Staatslebens setzte, ermangelte der höheren Freiheit, um eine über die

---

[1]) S. besonders Voigt: die Lehre vom *jus naturale, aequum et bonum* und *jus gentium* der Römer, 1856 ff.

Wirklichkeit sich erhebende philosophische Ansicht von Recht und Staat zu gewinnen. Cicero und die römischen Stoiker (Seneka, Epictet, Marc-Aurel) verpflanzten nur griechische Lehren auf römischen Boden, gaben ihnen jedoch nach einzelnen Richtungen eine grössere praktische Ausbildung und verschafften ihnen einen unverkennbaren Einfluss auf die Fortbildung des römischen Privatrechts.

Cicero, dessen umfassender, zum Höchstens trebender Geist aus den griechischen Systemen, in eklektischer Vermittlung, auch eine höhere Ansicht von Recht und Staat schöpfte und für die Wiederbefestigung der sittlichen Grundlagen des schon aus allen Fugen getriebenen römischen Staatswesens zu verwerthen suchte, hat besonders in zwei Werken, *de legibus* und *de republica* (Fragment), in dem ersten eine mehr ideale Lehre vom Recht, in dem zweiten eine mehr das alte römische Staatswesen idealisirende Lehre vom Staate entwickelt. Das Recht kann nach Cicero nur aus der innersten Natur des Menschen geschöpft werden (*ex intima hominis natura haurienda est juris disciplina*). Unter allen lebenden Wesen ist aber der Mensch allein der Vernunft theilhaftig und dadurch der Gottheit ähnlich. Es besteht daher zwischen Gott und dem Menschen eine uranfängliche Vernunftgemeinschaft, und da die Vernunft das natürliche Gesetz bildet (*lex est ratio summa insita in natura*[1]), so gibt es auch zwichen Gott und dem Menschen eine Gemeinschaft des Rechts, und das Weltall muss als ein gemeinsamer Staat Gottes und des Menschen angesehen werden (*unirersus hic mundus una civitas est communis Deorum atque hominum cxistimanda*).

Das *jus naturale,* als Inbegriff der Vorschriften der Vernunft, der *lex naturae,* bildet die Richtschnur für das positive Recht, welches in *jus gentium* und *jus civile* zerfällt. Der besondere Charakter der Gerechtigkeit ist indess von Cicero mehr negativ als positiv aufgefasst worden. Der erste Grundsatz soll sein, dass Niemand dem Andern schade, wenn er nicht durch Unrecht dazu herausgefordert wird (Nothwehr); dann, dass jeder die gemeinschaftlichen Sachen als gemeinschaftliche und die in seinem Privatrechte befindlichen als die seinigen gebrauche.[2]) Die Grundlage der Gerechtigkeit ist

[1]) S. über diese *lex* die schöne Stelle: *de republica III,* 22.

[2]) *De offic. I, cap. VII. Justitiae primum munus est, ut ne cui quis noceat, nisi lacessitus injuria, deinde ut communibus utatur pro communibus, privatis ut suis.*

der gute Glaube (*fides*) und treues Halten der Verträge. Doch erkennt Cicero eine noch tiefere positive Grundlage für das Recht in der Liebe der Menschen unter einander. [1])

Der Staat ist die durch Uebereinstimmung des Rechts und durch gemeinschaftliche Fürsorge für das Wohl gegründete gesellschaftliche Vereinigung von Menschen. Die Ursache der Entstehung der staatlichen Gemeinschaft ist nicht sowohl die Hilflosigkeit des Einzelnen, als ein gewisser natürlicher Gesellungstrieb. [2])

Die beste Staatsform erblickt Cicero in einer Mischung der Elemente des Königthums, der Aristokratie und der Demokratie [3]). Tacitus drückte später seinen Unglauben an den Bestand einer solchen Verfassung aus. [4])

Seneka (3 v. Chr. bis 65 n. Chr.) hat dem Stoicismus, mehr im Absehen von der pantheistischen Grundlage, eine vorzugsweise praktische Richtung gegeben und die Lehren der allgemeinen menschlichen Gleichheit und Freiheit in Anwendung auf die rechtlichen und staatlichen Verhältnisse besonders ausgebildet. [5])

Der Stoicismus hat, wenn auch nicht durch die Erzeugung neuer Rechtssätze, so doch durch die Förderung mehr humaner Sitte einen wohlthätigen Einfluss auf das römische Recht aus-

---

[1]) *Omnes inter se naturali quadam indulgentia et benevolentia, tunc etiam societatis jure continentur. Natura propensi sumus ad diligendos homines, quod fundamentum juris est.*

[2]) *De rep. I, lib. I, c. 25. Ist igitur res publica res populi; populus autem non omnis hominum coetus quoquo modo congregatus, sed coetus multitudinis juris consensu et utilitatis communione sociatus. Ejus autem prima causa coeundi est non tam imbecillitas quam naturalis quaedam quasi congregatio. — De rep. lib. I, c. 26, civitas est constitutio populi.*

[3]) *De rep. lib. I, c. 29. Itaque quartum quoddam genus reipublicae maxime probandum esse sentio quod est ex his, quae prima dixi, moderatum et permixtum tribus.*

[4]) *Tac. Ann. IV, 33. Cunctas nationes et urbes populus aut primores aut singuli regunt; delecta ex his et consociata reipublicae forma laudari facilius quam evenire; vel si evenit haud diuturna esse potest.*

[5]) Seneka *(de benef. III, c. 20)* bemerkt über die Sclaverei: „Die Sclaverei durchdringt nicht den ganzen Menschen; sein bester Theil bleibt davon frei. Der Körper mag unfrei sein und dem Herrn gehören, die Seele bleibt immer ihr eigener Herr *(sui juris)*.“

geübt, er hat mit Nachdruck das Dasein eines allen Menschen gemeinsamen natürlichen Rechts, *jus naturale,* hervorgehoben, den schon früh von den Prätoren genährten Zug der Milderung des harten, formellen Civilrechts durch die *aequitas* verstärkt, die sittlichen Wurzeln gekräftigt, welche in Treue und Glauben, in der Rechtlichkeit, in Abwesenheit von Irrthum und Betrug, in der Achtung sittlicher Verhältnisse, wie Dankbarkeit u. s. w., liegen und die allgemeine menschliche Freiheit und Gleichheit wenigstens als natürliches Recht zum Bewusstsein der Rechtsgelehrten gebracht. [1])

So hatte die Philosophie den antiken Geist über sich selbst hinausgeführt und für das Christenthum vorbereitet. Ein grosser geschichtlicher Bildungskreis war zum Abschluss gebracht. Griechenland und Rom waren beide an der einseitigen Durchführung eines, des vollen menschlichen Gütergehalts ermangelnden Lebensprincips untergegangen. Die Philosophie hatte die Auflösung unhaltbarer Lebensgestaltungen beschleunigt, den Polytheismus bekämpft, die Schranken des antiken Staates im Kosmopolitismus durchbrochen und wenigstens den Weg zur Ausgleichung der durch rohes Gewaltrecht herbeigeführten Unterschiede in einem gleichen menschlichen Rechte gezeigt. In der Platonischen Logosidee (welche zur Zeit vor Christi Geburt der platonisirende jüdische Alexandriner Philo, geb. um 25 v. Chr., weiter ausbildete, indem er den Logos schon als den Sohn, den Paraclet, und den Vermittler Gottes und des Menschen bezeichnete, *de vita Mosis II, 155*) und in dem Stoischen Ideale des Weisen hatte die griechische Philosophie, in der Messias-Idee der jüdische Geist auf das Christenthum vorbereitet, welches den früheren höheren Wahrheiten und Lebensrichtungen den Einigungspunkt in dem höchsten Lebensprincip der göttlichen

---

[1]) Ulpian §. 2. J. 1. 2. sagt: *Jus autem gentium omni humano generi commune est. Nam usu exigente et humanis necessitatibus, gentes humanae quaedam sibi constituerunt. Bella enim orta sunt, et captivitatis secutae et servitutes, quae sunt juri naturali contraria: jure enim naturali omnes homines liberi nascuntur. Ex hoc enim jure gentium et omnes paene contractus introducti sunt, ut emtio venditio, locatio conductio, societas, mutuum, depositum et alii innumerabiles.* Die formelle Gleichheit im Rechte wird von Ulpian hervorgehoben in den Sätzen: (D. II, t. II) „*Quod quisque juris in alterum statuerit, ut ipse eodem jure utatur,*" und (— de edicto III) *Quis adspernabitur idem jus sibi dici, quod ipse aliis dixit vel dici effecit.*

Persönlichkeit gab und das Heil brachte, welches, zur Heilung der tiefsten sittlichen Schäden, nur aus der ganzen und vollen, Gott und Menschheit in innigster Vereinigung erfassenden Lebenswahrheit entspringen konnte.

Dritte Periode.

Die Rechtsphilosophie seit dem Christenthum.

§. 9.

Ueber die Grundidee des Christenthums in praktischer Hinsicht.

Das Christenthum bildet nach allen wesentlichen Lebensrichtungen den durchgreifendsten Wendepunkt in der Geschichte und zugleich den höheren, durch die neue göttliche Lebensidee vollzogenen Einigungspunkt aller edleren Elemente des vorhergehenden orientalischen und occidentalischen Menschen- und Völkerlebens. Die Griechen und Juden, bei denen sich das Leben zweier grosser Stämme, der Aryer und der Semiten, in einen zwar kleinen, aber um so gehaltvolleren Bildungskreis zusammengezogen hatte, überliefern dem Christenthum zu höherer Verknüpfung zwei Principien, die ihrem Leben das auszeichnende Gepräge gegeben hatten. Glaube und höhere Wissenschaft sind es, welche durch das Band der Liebe den wichtigsten Bund des Lebens eingehen. Denn was die Geschichte des jüdischen Volkes, bei so vielen widrigen Zügen, abhebt von aller anderen Geschichte, das ist nicht blos die Erhaltung einer, vielfach anthropomorphistisch verzerrten und national gefärbten, monotheistischen Religion, sondern noch mehr der das ganze Leben durchdringende Glaube an ein in der Form eines Bundes aufgefasstes persönliches Verhältniss zu Gott, an eine unmittelbare göttliche Lebensleitung und an die Verheissung eines Erlösers. Gerade dieser in der Persönlichkeit wurzelnde, auf das persönliche göttliche Walten gerichtete Glaube hatte dem classischen Alterthume gefehlt. Platon hatte sich nur zur Ahnung einer allgemeinen Vorsehung (πρόνοια) erhoben und die Stoiker hatten für dieselbe in dem Satze: *dii magna curant, parva negligunt* sogar eine Grenze ziehen wollen. Dagegen war in Griechenland, während das jüdische Volk nur seine Festigkeit in der Erhaltung zeigte, durch eigene freie Geistesthat die höchste Stufe allgemeiner philosophischer Erkenntniss erreicht worden. Beide Culturelemente, die allgemeine Wissenschaft und der concret-persönliche Glaube, vereinigten sich jetzt im Christenthum, welches jedoch nicht einfach als ein Product, als ein blosser Synkretismus aus Judenthum und Hellenenthum, sondern vielmehr als ein neues Leben zu betrachten ist, das nur durch ein neues Princip, durch einen Einschlag von oben begreiflich wird, welcher allen Fäden in dem Culturgewebe der Menschheit die höchste Richtung zu Gott und dem Göttlichen gibt. Die Einigung Gottes und der Menschheit findet in dem Symbol des Gott-Menschen den entsprechenden Ausdruck; das persönliche, in das ganze Gemüth aufgenommene Lebensverhältniss zu Gott erzeugt die innigste, Gott und die Menschheit in höherer Einheit umfassende Liebe. Die Propheten hatten gemahnt und gedroht, Platon hatte mit Engelszungen geredet, aber sie hatten die Liebe nicht, die in dem Ergriffenwerden des ganzen Menschen von Gott und dem Göttlichen ihre Wurzel und die Quelle reichsten Segens findet.

Nach dem tiefsten Abfalle von Gott, nach der Verkehrung alles Strebens in die roheste Selbstsucht, wie sie sich besonders im römischen Volke ausgeprägt hatte, tritt eine, aus rein menschlichen Kräften unbegreifliche, höchste Erhebung ein. Wenn in der Bewegung der Erde nach nothwendigen Naturgesetzen auf die grösste Sonnenferne die Umkehr zur grössten Annäherung folgt, so trat in der von der Freiheit getragenen geistig-sittlichen Welt, zuhöchst durch eine unmittelbare That Gottes selbst, eine Wiedererhebung zur Gottheit ein. Es hat eine tiefe Bedeutung, dass die Geburt Christi in die kürzesten Tage unserer winterlichen Zeit gesetzt wird. Die Menschheit war von tiefem Winterfroste der Alles erstarrenden Selbstsucht ergriffen worden; da sprach Gott ein neues Lebenswort zur Menschheit und es ward Licht und neues Leben.

Auch in der Geschichte muss man Gott geben was Gottes ist; von welchem Standpunkte aus man auch das Verhältniss Jesu, als Menschen, zu Gott auffassen, welche Aufschlüsse auch etwa noch historische Forschung über die Urkunden des Christenthums bringen möge, Eine Wahrheit bleibt für jede unbefangene philosophisch-historische Betrachtung der damaligen sittlichen Lage der Völker unerschütterlich fest stehen, die Wahrheit, dass aus einem menschlichen pragmatischen Causalzusammenhange das Christenthum unerklärlich und nur durch den unmittelbaren Einschlag der göttlichen Causalität zu begreifen ist.

Aber das Christenthum ist Leben, und wie alles Leben ein Werdendes, wenn auch als solches zugleich ruhend und gehalten durch sein Lebensprincip und durch die Grundgesetze, welche alle Entwickelung bestimmen. Das Christenthum ist ein Glied in der Erziehung des Menschengeschlechts, welche das Zusammenwirken zweier Factoren, eines göttlichen und menschlichen voraussetzt, eine erziehende Macht, die in höchster weiser Selbstbeschränkung, der freien Aneignung und Selbstbildung des Zöglings Alles überlässt, was er durch eigene Kraft erreichen kann. Daher hat sich Göttliches und Menschliches (sicherlich schon in den verschiedentlich gefärbten Urkunden), Wahrheit und Irrthum mannigfach gemischt, aber die Eine Grundwahrheit, nach der auch alle Wahrheiten gemessen und vom Irrthum unterschieden werden können, die Gottes- und Menschenliebe im innigsten Bunde, strahlt im hellen Glanze als das erwärmende Licht hervor, welches, wenn auch vielfach getrübt, doch stets die Herzen durchdrungen und gehoben hat, und für die Zukunft, wenn das Christenthum weiter zur Frucht geführt wird, die reichste Quelle liebevollen, die Menschen wieder inniger verknüpfenden, alles Menschliche durch das Göttliche verklärenden Wirkens zu werden bestimmt ist.

Die Einheit Gottes führte zur Erkenntniss der Einheit der Menschheit und alles Menschlichen. Dem Alterthum hatte die Idee des Menschen gefehlt, und alle menschliche Cultur war bei den verschiedenen Völkern Bruchstück geblieben, weil der zusammenfassende Einheitspunkt für die gemeinsame menschliche Bildung nicht begriffen war. Das Bewusstsein und das Gefühl des gemeinsamen und gleichen göttlichen Ursprungs, der Gleichheit aller Menschen vor Gott musste die tiefsten geistigen und sittlichen Bande knüpfen. Der Stoicismus hatte diesem Gefühle die erste kräftige Anregung gegeben. Es wird berichtet, dass das römische Volk sich wie ein Mann im Theater bei den Worten des Dichters (Terenz) erhob: „Ich bin ein Mensch und nichts Menschliches ist mir fremd"; aber bei dem *„ecce homo"* des Christenthums erhob sich die Menschheit zu neuem Leben, erkannte sich wieder in ihrem göttlichen Ursprunge, um im Bewusstsein ihrer gemeinsamen Natur und Bestimmung zu einem höheren vollmenschlichen Leben zu gelangen und um aller auf die Gestaltung eines menschenwürdigen Güterlebens gerichteten Arbeit die ihr gebührende Ehre zu geben.

Das Christenthum hat in allen Völkern, die es aufgenommen haben, eine unversiegliche Quelle allgemeiner menschlichen Bildung erschlossen und ihnen, bei mannigfachen Abweichungen von der rechten Bahn, die Kraft steter Wiedererhebung mitgetheilt. Dies ist der tiefere Grund, weshalb kein christliches Volk mehr untergegangen ist.

Die Idee Gottes hatte im Alterthume, bei der Zersplitterung in das Weltleben, die Zersetzung des Menschen- und Völkerlebens nach sich gezogen und den tiefsten Fall herbeigeführt. Die Wiedererhebung der Menschheit aus der Verstrickung in die weltlichen Interessen und Genüsse, bei denen zuletzt die Menschen wie Faust sich sagen mussten, dass sie „von der Begierde zum Genusse taumelten und im Genusse vor Begierde verschmachteten", war nur möglich, wenn die Gottheit in ihrer Erhabenheit über der Welt nicht mehr als blos der Welt immanent, sondern als transcendent über ihr erkannt und dadurch der Menschheit, allem Weltlichen gegenüber, der nothwendige Rückhalt und Stützpunkt gegeben wurde. Archimedes hatte gesagt: „gebt mir einen Standpunkt ausserhalb der Welt und ich will die Welt bewegen"; das Christenthum brachte in sittlicher Hinsicht diesen Stützpunkt und wurde eine weltbewegende, alles Weltliche und Menschliche wieder zu Gott bringende Kraft. Der Schwerpunkt war versetzt, der Sinn, die ganze Lebensrichtung (μετανόησις) geändert worden. Die Auffassung des Daseins Gottes über der Welt musste der Ausgangspunkt für die christliche Lebensanschauung und für die Paulinische Wahrheit: „in ihm leben, weben und sind wir" der beherrschende Grundton werden.

Das Christenthum hat sich, wie alles Leben, in einem fortgesetzten Aneignungs- und Fortbildungsprocesse nach den allgemeinen Entwickelungsgesetzen entfaltet. Auch das Christenthum weist drei Epochen auf; die erste, gewöhnlich kürzeste, Epoche der vorwaltenden Einheit seiner Grundelemente, worauf zwei einen Gegensatz bildende Epochen folgen, der aber in einem neuen harmonischen Zeitalter auszugleichen ist.

Die erste Epoche, welche bis Constantin geführt werden kann, ist die Zeit der Befruchtung des Lebens mit neuen Keimen menschlicher Gesittung durch die, Göttliches und Menschliches in Einheit umfassende Liebe, der Bildung und Befestigung des Dogma's durch Hilfe der griechischen Philosophie und der Ausbildung einer neuen vom Staate unterschiedenen Lebensordnung in der Kirche. Das stärkste einigende Band in der ersten Zeit des christlichen Lebens, der Liebens-, Glaubens- und Hoffnungsgemeinschaft, war jedoch der Glaube an das mit der nahen Wiederkehr Christi erwartete, das Jenseits und Diesseits in Einheit befassende Reich Gottes. Was aber das erste christliche Gemüth als ein Wunder erfasst hatte, sollte die Menschheit in Jahrtausende langer allseitiger Arbeit in schweren und harten Kämpfen erringen. Nicht in der Welt- und Staatsflucht, der sich die ersten Christen in wohl erklärlicher Weise, gegenüber der vergötzten Welt und dem verderbten Staatswesen, hingaben, lag die Aufgabe, sondern in der Besitzergreifung der Welt, in der neuen Gestaltung und in dem Ausbau einer menschheitwürdigen Gesellschaftsordnung, in der Veredlung und Verklärung alles Natur- und Menschenlebens in dem Lichte der neuen Gottesidee.

Die zweite Epoche beginnt, als die christliche Religion durch Erhebung zur Staatsreligion einen weltlichen Charakter erhält und als nach der Verlegung des kaiserlichen Sitzes nach Byzanz die Kirche in Rom sich an die Stelle setzt, sich aber hier mehr und mehr von dem römischen Herrschaftsgeiste durchdringen lässt, auf die geistige Durchführung des christlichen Lebensprincips verzichtet, das Reich Gottes in das Jenseits verlegt und durch die unheilvolle Verknüpfung der religiösen mit der staatlichen Macht auch den Glauben und alle geistige Entwickelung unter eine staatliche Zwangsgewalt zu stellen unternimmt. Ein falscher und schroffer Gegensatz wird ausgebildet zwischen dem Jenseits und dem Diesseits, dem Ewigen und Zeitlichen, der Kirche und dem Staate. Hierzu gesellt sich das Wiedereindringen des jüdischen Elementes in einer formalistischen Gesetzes- und Werk-Religion, und zugleich machte der römische Geist sich geltend in dem Herrschaftsstreben und in dem äusserlichen Rechtsformalismus, in welchem man die wichtigsten religiösen und sittlichen Verhältnisse nach Analogie des römischen Rechts behandelte, das Verdienst

Christi als ein überschüssiges Vermögen, als einen Schatz ansah, von dem die Kirche zur Sündenvergebung gegen Buss-Leistungen der Gläubigen ablassen, diese Leistungen aber auch (nach dem römisch-rechtlichen, für äussere Handlungen angenommenen Geld-Surrogate durch die *aestimatio* und *condemnatio pecuniaria*) in Geldleistungen umwandeln könne. So ward der christliche Geist in den wichtigsten Beziehungen durch seine officiellen Träger wieder in äussern Formen erstickt, wenn auch in der grossen Gemeinde der Geist der Liebe und Barmherzigkeit unausgesetzt viele schöne Blüthen trieb. Während aber die Kirche Anweisungen auf die Schätze im Himmel gibt, war sie selbst um so emsiger bemüht, die grössten Schätze auf der Erde anzuhäufen und verfiel dadurch in allen ihren Gliedern in eine solche sittliche Verderbniss, dass, zur Rettung des Christenthums, der germanische Geist die verderbte kirchliche Hierarchie stürzen und die Religion auf ihren innersten Lebensgrund zurückführen musste, in ähnlicher Weise wie die Germanen das römische Kaiserthum gebrochen und sich zu den vornehmsten Trägern der christlichen Religion gemacht hatten.

Die dritte, durch die Reformation und die Wiederbelebung des classischen Alterthums eingeleitete, Epoche bringt alle wesentlichen, durch das hierarchische System zurückgedrängten Lebens- und Bildungselemente, wenn auch öfter in einseitiger Richtung, zur Anerkenntniss und zu immer vollständigerer Geltung. Die Reformation verlangt abermals Sinnesänderung, setzt an die Stelle des äusserlichen Formalismus und der Werkgerechtigkeit den Glauben, als den für das Göttliche und für die Lebensgemeinschaft mit Gott sich aufschliessenden Sinn des ganzen Gemüths, der organisch wie ein „gesunder Baum als Früchte die guten Werke von selbst“ hervorbringt, und betrachtet das Pristerthum nur als ein Amt der Gemeinde.

Durch die verschiedenen Mächte und Mittel der Cultur, durch die Religion, die Philosophie, die Wiederbelebuug des classischen Alterthums, durch den Aufschwung der Naturwissenschaft wird eine neue Lebensordnung hervorgerufen, in welcher die freie Persönlichkeit den Ausgangspunkt, die Humanität das allgemeine Ziel bildet. In dieser Bewegung treten jedoch Richtungen hervor, welche in einseitiger Weise den Menschen und das Menschliche als das sich selbst genügende Höchste ansehen und von Gott und dem

Göttlichen abzutrennen streben. Gleich im Anfange der Epoche nimmt der an die Wiederbelebung des classischen Alterthums sich ansetzende Humanismus, besonders in Italien, diesen Charakter an (s. §. 12), der sich mit Zuchtlosigkeit und Missachtung des Christenthums verband; und nach einer dreihundertjährigen Entwickelung ist gerade in unserer Zeit, in welcher die Epoche zum Ende neigt, in Folge einer einseitigen, sogar in den Materialismus hinüberleitenden Bewegung ein ähnlicher naturalistischer und abstracter Humanismus wieder aufgetreten; allein die, schon durch die vorhergehende Bildung gewonnenen und noch mehr zu stärkenden, idealen Kräfte gestatten die Hoffnung, dass auch diese Richtung überwunden und ein neues Zeitalter herbeigeführt werde, in welchem der christliche Geist sich mit der durch Philosophie und Naturwissenschaft vertieften und erweiterten Gott-, Welt- und Lebensanschauung vermittelt, die göttliche Transcendenz über der Welt wie die Immanenz Gottes in der Welt als zwei gleichwahre Seiten des göttlichen Wesens erkannt werden; alsdann wird auch das Erdenleben zugleich als Mittel und Zweck, das ewige Leben nicht blos als ein jenseitiges, sondern auch das gegenwärtige, im Jenseits nur in unendlicher Vervollkommnung fortzusetzende Leben als ein Glied der Ewigkeit, als eine Gestaltung der ewigen göttlichen Ideen des Wahren, Guten, Rechten und Schönen zu einem Gott und Menschheit würdigen Reiche begriffen werden.

§. 10.

Ueber die neue christliche Rechts- und Staatsordnung im Allgemeinen und ihre innige Verwandtschaft zur germanischen Rechts- und Staatsansicht.

Das Christenthum hatte, in der Erkenntniss Gottes über der Welt, die Religion als eine neue, über alles Weltliche und Staatliche hinausragende Macht begriffen. Wie Alles, was in das Bildungsleben der Menschheit eingeht, musste sich dieselbe ein entsprechendes Organ schaffen. Dieses Organ war die aus der religiösen Gemeinschaft sich entwickelnde Kirche, welche als organisirte Anstalt der neuen höheren Lebensrichtung allein den nöthigen gesellschaftlichen Rückhalt geben konnte. Wenn sich die Lebens- und Gesellschaftsordnung im classischen Alterthume in den einheitlichen Kreis des Staates zusammengezogen hatte, so entfaltete sie sich jetzt gewissermassen zu einer Ellipse mit zwei Brennpunkten, in zwei organisirten Lebensmächten mit unterschiedenen, keineswegs genau bestimmten Aufgaben. Mit dem Christenthum begann daher eine gesellschaftliche Bewegung, welche zunächst den Dualismus ausbildete und diesen nur dadurch zu mässigen suchte, dass sie das eine Glied über das andere zu stellen strebte, dass zuerst im Mittelalter die Kirche die Oberherrlichkeit über den Staat, dann in der neuern Zeit der Staat dieselbe über die Kirche in Anspruch nahm und die übrigen gesellschaftlichen Lebens- und Bildungselemente ihren Rückhalt vorzugsweise bald an der einen, bald an der anderen dieser Anstalten suchen mussten. Erst spät und gerade in unserer Zeit entwickelt sich zu immer grösserer Klarheit die Einsicht, dass der Gegensatz nur durch eine einseitige Entwickelung hervorgerufen ist, dass Kirche und Staat, welche in den göttlichen Lebensideen der Religion und des Rechts wurzeln, beide unmittelbar göttliche Lebensordnungen sind, aber auch beide in dem geschichtlichen Entwickelungsprocesse in mannigfache irrthümliche Richtungen gerathen sind, durch den Charakter der Nationalitäten verschiedentlich gefärbt werden und sich beide in der fortschreitenden allgemeinen Bildung zu läutern haben; aber es muss auch die weitere Erkenntniss gewonnen werden, dass alle menschlich-gesellschaftlichen, auf einer wesentlichen Culturidee beruhenden Kreise der Wissenschaft und der Kunst, des Unterrichts und der Erziehung der wirthschaftlichen Arbeit u. s. w. eine ihrem Wesen entsprechende freie Stellung und selbständige Organisation erhalten müssen und dass demnach die gesellschaftliche Organisation nicht in zwei Kreisen beschlossen ist, sondern so viele organisirte oder zu organisirende, durch das rechtlich-staatliche Band verknüpfte Lebenskreise zählt, als es gesellschaftliche, durch ethische Grundideen bestimmte Culturmächte gibt, so dass der frühere Dualismus durch alle anderen gesellschaftlichen Lebens- und Culturkreise auszugleichen ist.

Das Christenthum, welches in der Kirche einen entsprechenden ethischen Organismus gefunden hatte, bedurfte aber auch neuer kräftiger Volkselemente als Träger der neuen Wahrheit, für welche die alten Völker selbst die ausreichende Assimilationskraft verloren hatten (S. 34); der neue Wein konnte nicht in alte verderbte Schläuche gegossen werden. Platon hatte für das Gedeihen seines Idealstaates verlangt, dass die Kinder nach dem zweiten Jahre auf das Land geschickt würden, um nicht die verderbliche Luft des städtischen Lebens in sich aufzunehmen. Aber das classische Alterthum war überhaupt an der einseitigen Bildung von Städte-Staaten und an der hier sich concentrirenden, der frischen Land- und ländlichen Arbeitsluft ermangelnden und sittlich verpesteten Atmosphäre zu Grunde gegangen. Das Christenthum erhielt nun seine kräftigste Stütze in dem naturfrischen und kräftigen Land- und Agriculturvolke der Germanen.

Noch in anderer Hinsicht ist hier der geschichtliche Fortgang der Cultur hervorzuheben. Von den grossen Reichen des Orients zieht sich die Bildung im classischen Alterthume in Stadt-Gemeinden zusammen, gelangt aber im Christenthume zur innersten Lebensquelle durch Vertiefung in die göttlich-menschliche Persönlichkeit, um von dem Einzelnen und der Familie aus die neue Lebensgrundlage zu gewinnen und alsdann in Kräftigung der Gemeinde und durch das Genossenschaftsprincip in immer weiter aufsteigender Organisation sich zu einem Reiche göttlich-menschlicher Bildung zu entfalten und dereinst vielleicht zu einem alle Völker verbindenden Reiche der Menschheit zu gelangen. Gerade die Germanen unterstützten am kräftigsten diese Richtung des Christenthums durch das bei ihnen in rechtlicher Hinsicht ausgeprägte Princip der Persönlichkeit, durch ein noch unverdorbenes Familienleben und den sie auszeichnenden Genossenschaftstrieb. Das Christenthum erhielt dadurch eine eigenthümliche germanische Färbung. Das Christenthum ist zwar keine nationale Religion, sondern eine Religion der Menschheit; aber so wie diese kein Abstractum ist, sondern sich in Stämme und Nationalitäten gliedert und auch der Geist der Menschheit sich in typischen, geistig-sittlichen Charakteren der Völker ausprägt, so hat die christliche Religion auch in der Wirklichkeit bei den verschiedenen Völkern stets ein durch ihren Charakter bestimmtes Gepräge erhalten, ist mit der Bildung fortgeschritten und entzieht auch keinem Volke das Recht, seine kirchliche Ordnung für eine freie religiöse Entwickelung mit einer freien staatlichen Verfassung in Einklang zu setzen.

Die Germanen eröffneten nicht nur dem Christenthum eine neue Lebensquelle in einer gesunden Volkskraft, sie vollzogen auch die Auflösung des römischen Reichs, brachten den romanischen Völkern ein erfrischendes Blut, wurden die Begründer neuer Staaten auf neuen, vorwaltend agricolen Grundlagen und übernahmen im Anschluss an das Christenthum und in Umgestaltung der römischen Rechtsanschauung, die Fortsetzung der römischen Staats- oder vielmehr Reichsidee in dem heiligen römischen Reich deutscher Nation.

Die Rechts- und Staatsauffassung der Germanen hatte die nächste Verwandtschaft mit den religiösen Lehren des Christenthums. Das Princip der Persönlichkeit, welchem das Christenthum durch den Nachweis einer unsterblichen göttlichen Lebenskraft im Menschen die höhere Weihe gegeben hatte, war so sehr die Grundlage der germanischen Rechtsordnung, dass die Germanen auch die unterworfenen Völker, nach dem System des „persönlichen Rechts," nach ihrem eigenen Rechte zu leben gestatteten. Dieses Princip, der Urquell des Lebens und des Rechts, wornach der Germane sagen konnte „Selbst ist der Mann" und in allen Lebenskreisen und Verbänden zunächst selbstthätig seine persönliche Kraft einsetzte, wurde jedoch einem höheren Princip des Bandes und des Gesetzes, der Ewa, dem Ausdruck einer allgemeinen göttlichen Ordnung untergeordnet und dem Recht die Aufgabe gestellt, allen Personen in der Gemeinschaft Schutz zu gewähren, wo der Selbstschutz oder der freie Beistand, den Einer dem Andern leisten sollte (nach dem, besonders in den Gilden ausgesprochenen Grundsatze: *ut unus subveniat alteri tanquam fratri suo in utili et honesto*), nicht möglich oder nicht ausreichend war. So ging aus der germanischen Lebensanschauung eine neue folgenreiche Rechtsansicht hervor; das Recht wurde nicht, wie bei den Griechen, als ein Ordnungsbegriff, nicht, wie bei den Römern, als ein Machtbegriff, sondern als ein Schutzbegriff (*mundium*) aufgefasst, der sich nur ergänzend an das Grundprincip der Persönlichkeit anzuschliessen, in demselben das Ziel und das Mass zu suchen hatte.

Diesen Grundcharakter trug schon die älteste germanische Rechtsordnung, wie sie Tacitus gezeichnet hat; er tritt aber in der umfassendsten Weise hervor in der Reichsordnung Karls des Grossen als einer grossen Schutzordnung zunächst für die Kirche, sodann für alle anderen Lebenskreise.[1] Dieses aus dem innersten germanischen Volkscharakter hervorgehende, die Freiheit, Selbstbestim-

---

[1]) S. meine juristische Encyklopädie S. 429 ff.

mung, Selbsthilfe in allen Lebensverhältnissen und die Selbständigkeit in den abgestuften Lebenskreisen der Familie, der Gemeinde, des Stammes, in föderativer Gliederung des Volkes, wahrende Rechtsprincip bildet in wesentlicher Hinsicht den Gegensatz zum römischen Machtprincip, hat jedoch seinerseits, bei einseitiger Durchführung, in Lockerung des einheitlichen Bandes und durch Bildung vieler fast autonomer Sonderkreise in den Territorialgewalten wie in den Corporationen zu einer Schwächung des deutschen Staatslebens geführt, so dass zur Kräftigung der Staatsgewalt und zur Anerkennung eines gemeinsamen bürgerlichen Rechts ein Zurückgreifen zu dem römischen Rechte, eine Reception desselben beim Beginne der neueren Zeit nothwendig erschien. Dieses römischrechtliche Machtprincip ist in immer stärkerer Kraft in das moderne Leben eingedrungen und hat, gerade in der gegenwärtigen Zeit, in dem Einheits-, Macht- und Vergrösserungsstreben der Völker den höchsten Ausdruck gefunden; aber zugleich spricht sich in einer wachsenden Reaction das tiefe Bedürfniss aus, für das staatliche Leben die wahren Grundlagen in der Feststellung der Rechte der freien Persönlichkeit, in der Selbstverwaltung der Gemeinden und Provinzen und in der Anwendung des föderativen Princips auf ein grösseres Staatsganzes wieder zu gewinnen. Griechische, römische und germanische Rechts- und Staatsanschauung werden sich dann nicht in eklektischer Weise, sondern durch die höhere Auffassung des Rechts- und Staatslebens, als eines ethischen Organismus, in der Art vermitteln, dass in der gemeinsamen gesellschaftlichen Culturordnung die sittlich-rechtliche Persönlichkeit die Grundlage bildet, aber zugleich die höhere gesellschaftliche Macht des Ganzen über alle Theile und Glieder, zum Schutze und zur geordneten Wechselwirkung aller Lebens- und Culturkreise, in richtiger Begrenzung, einen segensreichen Wirkungskreis erhält.

Erste Epoche.
Die Rechtsphilosophie der Kirchenväter.

§. 11.

Das Christenthum hatte als unmittelbare Folgen aus seiner Lehre von Einem Gott, dem Schöpfer und Vater aller Menschen, die Gleichheit aller Menschen vor Gott, die Brüderlichkeit und die geistige Freiheit abgeleitet. Diese Principien wurden von den Kirchenvätern und im Mittelalter wesentlich nur für das innere geistige Leben und die religiösen Verhältnisse geltend gemacht; es könnte daher scheinen, als wenn die gewöhnliche Annahme, welche die grossen modernen Grundsätze allgemeiner Humanität, der bürgerlichen und politischen Freiheit und rechtlichen Gleichheit nur als eine Verpflanzung der entsprechenden religiösen Lehren auf das gesellschaftliche Leben betrachtet und auf das Christenthum als ihre letzte Quelle zurückführt, mit den wirklichen christlichen Lehren und ihrer geschichtlichen Entwickelung nicht im Einklange wären und jene Grundsätze aus einer andern Quelle, der Philosophie, abgeleitet werden müssten. [1]) Es ist allerdings anzuerkennen, dass sich bei den

---

[1]) Diese gewöhnliche Annahme, welche in neuerer Zeit in beredter Weise auch Guizot (*L'Eglise et la société chrétienne p. 150*) und Andere (z. B. Laboulaye, welcher gleichfalls erklärt, dass die Freiheit christlich sei) vertheidigen, hat neuerdings Laurent (*Histoire du droit des gens, t. IV, t. XIII et XIV*) in Rücksicht auf die Quellen und die geschichtlichen Thatsachen nach allen Seiten zu widerlegen unternommen, indem er darauf hinweist, einerseits dass den Kirchenvätern wie den grossen Lehrern des Mittelalters (z. B. Thomas von Aquino) der Gedanke einer Anwendung der religiösen Lehren auf das rechtlich-politische Gebiet so sehr fern gelegen habe, dass sie, wie schon Paulus (1 Corinther VII, 2), häufig die Knechtschaft als einen wünschenswerthen Zustand zur Ausübung der christlichen Tugenden, besonders der Demuth, dargestellt und für das äusserlich rechtliche Verhältniss nur die irrige, die Persönlichkeit vernichtende Lehre der Gütergemeinschaft verbreitet hätten, und dass anderseits, was die christkatholische Kirche betreffe, das ganze Alterthum keine Einrichtung kenne, welche die Quelle so gräuelvoller Verfolgungen und entsetzlicher Kriege zum Zwecke der Unterjochung des menschlichen Geistes durch Formeln und äussere Macht gewesen sei, wie diese Kirche. Laurent unternimmt es daher, durch die geschichtliche Darstellung der praktischen Grundlehren der philosophischen Systeme und der sich daran schliessenden Natur- und Staatsrechtslehren der drei letzten Jahr-

Kirchenvätern und bei den Lehrern des Mittelalters kein Verständniss für die rechtlich-politische Seite dieser Lehren und ihre zu erstrebende friedliche Einführung in das gesellschaftliche Leben findet; aber so wie im Christenthum der höhere göttliche Geist von den einseitigen Auffassungen und Entwickelungen, wie wir sie in einzelnen Richtungen schon bei den Aposteln und noch mehr in der späteren Zeit ausgeprägt finden, wohl zu unterscheiden ist, so hat sich derselbe göttliche Geist nicht blos im Glauben, sondern eben sowohl in dem allgemeinen, durch die philosophische Forschung stets verstärkten Lichte der Vernunft kund gegeben, und man wird daher begreifen, dass erst seit dem Ausgange des Mittelalters die Philosophie und insbesondere die Rechtsphilosophie aus den Grundideen des Christenthums die praktischen Folgerungen gezogen, die grossen Principien der freien Persönlichkeit und Rechtsgleichheit für die ganze staatliche Ordnung zur Geltung gebracht hat; man wird aber auch erkennen, dass ohne die Grundidee des Christenthums die Philosophie ebenso machtlos geblieben sein würde, als die Philosophie im Alterthum. Es ist Ein höherer göttlicher Geist, der seit dem Christenthum, unabhängig von den zeitlichen Trägern, die ihn lange Zeit nur von einer Seite begriffen haben, immer weiter und tiefer in alle Lebensverhältnisse einge-

---

hunderte den Nachweis zu führen, dass nur die neuere Philosophie die humane und freiheitliche Bewegung angefacht und bis jetzt unterhalten habe und dass für die freiheitliche Entwickelung nur dem germanischen Stamme ein grosser, auch durch die Reformation neu bethätigter, Einfluss zuzuschreiben sei. Ein jeder Kenner der Entwickelung der modernen Rechts- und Staatsprincipien wird allerdings einräumen müssen, dass die nächste directe Quelle in der Philosophie und insbesondere in der Rechtsphilosophie zu suchen ist, aber so wie Laurent selbst (t. XIII, S. 279) anerkannt, dass man in Jesus Christus den Begründer des neuen Zeitalters der Freiheit erblicken könne, wenn man in's Auge fasse, was G o t t durch das Organ von Jesus und der Apostel, auch unabhängig von manchen Aussprüchen, gewollt habe, so sind sowohl die religiöse als die gesellschaftliche Auffassung jener Principien als z w e i Entwickelungsstadien desselben göttlichen Geistes zu begreifen, der die Menschheit in alle Wahrheit zu dem höheren Ziele leitet; es ist aber auch für unsere Zeit die Forderung hervorzuheben, dass nicht, über der äusseren gesellschaftlichen Bedeutung dieser Principien, ihre letzte Quelle in Gott und der göttlichen Weltordnung verkannt und, an die Stelle der frühern einseitigen religiösen Betrachtung, eine des innersten Kernes entbehrende rechtlich-politische Auffassung gesetzt werde.

drungen ist, und durch die ganze geschichtliche Entwickelung muss immer klarer die Erkenntniss gewonnen werden, dass, so wie die gesellschaftliche Umgestaltung von einer höheren Gottesidee ihren Ausgang genommen hat, auch alle rechtlich-politischen Principien, wenn sie nicht kraftlos und hohl werden sollen, ihre letzte Stütze und Begründung in der ganzen sittlichen, in Gott gegründeten Lebensordnung erhalten müssen.

Bei der Beurtheilung der rechtsphilosophischen Lehren der Kirchenväter und des Mittelalters sind vor Allem drei wichtige Momente hervorzuheben, zuvörderst dass die ganze Rechtsauffassung durch eine, auf alle wesentlichen Lebensverhältnisse sich beziehende Pflichtenlehre ergänzt wurde, sodann dass besonders mehre Kirchenväter den Ansatz machten, den blos negativen römischen Rechtsbegriff durch eine positive Fassung zu erweitern, was freilich nicht nachhaltig gelang und erst in neuester Zeit durch die Philosophie (Krause) ausgeführt ist, und dass endlich, abgesehen von dem tieferen und höheren sittlichen Inhalte, den das Leben der christlichen Völker überhaupt gewann, der menschlichen Arbeit in allen Gebieten ihre Ehre vor Gott und den Menschen gegeben wurde.[1])

Was insbesondere das Rechtsprincip betrifft, so wurde dasselbe auf Gott selbst als die höchste Quelle zurückgeführt, mit der Religion inniger verknüpft und, im wesentlichen Unterschiede von der römischen Auffassung des Rechts, nicht blos als ein auf die äusseren Lebensverhältnisse, sondern auch auf das Innere zuhöchst auf das Lebensverhältniss des Menschen zu Gott gerichtetes Princip begriffen. Zugleich wurde, wie bemerkt, dem Recht sein blos negativer und begrenzter Charakter genommen und ihm eine positive Wirksamkeit zugewiesen, als einem Gesetze, welches zu allem Menschlichen in der Art verpflichtet, dass alle wie Glieder eines Leibes sich gegenseitig unterstützen sollen. (S. S. 64 Note 2, Ende.)

Als eine Folge einer solchen innigen Lebensgemeinschaft wurde vielfach die Gütergemeinschaft angesehen und gepriesen, aber der christliche Communismus, der sich, nach einigen praktischen

---

[1]) S. über diese religiöse und sittliche Auffassung der Arbeit bei den Kirchenvätern und im Mittelalter die zahlreichen Nachweise bei Kautz, Theorie und Geschichte der Nationalökonomie, Wien, 1860, Bd. II, S. 201 ff.

Ansätzen, bald von der Welt in das Klosterleben zurückzog, unterscheidet sich von jedem, staatliche Zwangsgewalt anrufenden Communismus wesentlich dadurch, dass er auf religiöse Ueberzeugung und sittliche Freiheit gestellt war.

Unter den Kirchenvätern waren es besonders Lactantius und Ambrosius, welche die Umgestaltung des antiken Rechtsbegriffs unternahmen, während Augustinus hauptsächlich den Gegensatz zwischen dem christlichen Gottesstaate und dem irdischen Staate darlegt und, schon an die mittelalterliche Auffassung anstreifend, die Kirche als Vermittlerin zwischen beiden Staaten bezeichnet.

Nach Lactantius († um 330) ist der wahre Begriff der Gerechtigkeit erst durch das Christenthum erschlossen worden, weil die Gerechtigkeit nichts anderes sei als die fromme und gewissenhafte Verehrung des einigen Gottes, [1]) von welcher die auf Anerkennung der wesentlichen Gleichheit der Menschen gerichtete Billigkeit der Ausfluss sei.

Ambrosius († 398) geht näher auf die Bestimmung der Gerechtigkeit und ihre Anwendung auf die menschliche Gesellschaft ein. Nicht eine blos negativ beschränkende, sondern eine positive Aufgabe soll die Gerechtigkeit in der christlichen Gemeinschaft erfüllen, welche nicht durch das alte Gebot: *neminem laede*, sondern durch das aus Gott entspringende natürliche, alle Menschen zu einem grossen Körper vereinende Gebot der Liebe geleitet wird. [2])

---

[1]) In seinen *Institutiones divinae, lib. V., c. 7* sagt er: *Deus ut parens indulgentissimus, appropinquante ultimo tempore, nuntium misit qui vetus illud seculum fugatamque justitiam reduceret, ne humanum genus maximis et perpetuis agitaretar erroribus. Rediit ergo species illius aurei temporis et reddita quidam terrae sed paucis assignata justitia est, quae nihil aliud est quam Dei unici pia et religiosa cultura.*

[2]) *De officiis ministrorum lib. I, cap. 211. Justitiae pietas est prima in Deum, secunda in patriam, tertia in parentes, item in omnes. — Hinc charitas nascitur, quae alios sibi praefert, non quaerens quae sua sunt, in quibus est principatus justitiae. — Justitia igitur ad societatem generis humani et ad communitatem refertur. — Sed primum ipsum, quod putant philosophi justitiae munus, apud nos excluditur. Dicunt enim illi, eam primam esse justitiae formam, ut nemini quis noceat nisi lacessitus injuria. Quod Evangelii autoritate vacuatur. Vult enim scriptura, ut sit in nobis spiritus filii hominis, qui venit conferre gratiam, non inferre injuriam. Deinde formam justitiae putaverunt ut quis communia, id est publica, pro publicis*

Augustinus (354—430), welcher den Hochpunkt in der Entwickelung der patristischen Philosophie bildet, wie Thomas von Aquino in der Scholastik, hält fest an einer höheren der Platonischen ähnlichen Auffassung der Gerechtigkeit. Auch für ihn ist sie das Band, welches alle Tugenden vereinigt; er deutet gleichfalls im Platonischen Sinne das *suum cuique*, wornach man auch Gott geben soll, was ihm gebührt (*de civit. XIX, cap. 21*), aber in grosser Schroffheit wurde der Gegensatz zwischen dem Gottesstaate und dem irdischen Staate aufgefasst, und geschichtlich durchgeführt in der Schrift: *de civitate Dei*, in welcher Augustinus die, alle Gemüther mit Schrecken erfüllende Einnahme Roms durch die Barbaren als ein durch die ganze Geschichte sich vorbereitendes göttliches Gericht über den irdischen, dem Bösen verfallenen, Weltstaat darstellen wollte und welche als die erste, vom kirchlichen, freilich noch sehr einseitigen, Standpunkte aus verfasste christliche, Philosophie der Geschichte betrachtet werden kann.

In ähnlicher Weise, wie die Götter des Alterthums zu Dämonen herabgesetzt wurden, unternimmt es Augustinus, den Staat, in dem das Alterthum sein Höchstes, die eigentliche Gestaltung der den Menschen über das Thier erhebenden idealen Natur (Aristoteles) erblickt hatte, als eine vom Princip des Bösen ergriffene, nur in Folge des Sündenfalls nothwendig gewordene Ordnung, als ein nothwendiges Uebel darzustellen, welches die vor der Verderbniss der Menschen durch die Sünde unbekannten Einrichtungen der Herrschaft, des Richteramts, des Eigenthums u. s. w. hervorgerufen habe, die mit der Wiederherstellung des Reiches Gottes wieder verschwinden sollen. Bis dahin soll aber diese staatliche Ordnung, unter die Leitung der Kirche gestellt werden, welche die Aufgabe habe, für den Frieden als das höchste Gut und das letzte Ziel des himmlischen Reiches, so auch für eine Ordnung des Friedens im irdischen Staate, für den Frieden zwischen der Obrigkeit und den Unterthanen und für die richtige Stellung aller Dinge in dieser Ordnung Sorge zu tragen.

Mit dieser schroffen Staatsansicht, welche zum Theil auch durch den erschütternden Einsturz der staatlichen Verhältnisse und

---

habeat, privata pro suis. Nec hoc quidem secundum naturam. — Haec utique lex naturae est, quae nos ad omnem stringit humanitatem, ut alter alteri tanquam unius partes corporis invicem deferamus.

durch den eigenen Lebensgang Augustins erklärt wird, der nach seiner Bekehrung vielfach den Glauben nach den härtesten Seiten ausbildete (Prädestination, die Strafe nicht als Besserungsmittel, die ewige Verdammniss der bei weitem grössten Zahl der Menschen u. s. w.), wurde dem hierarchischen Streben der Kirche nach der Herrschaft über den Staat ein gewichtiger Vorschub geleistet. Auch hier sollte, später im Mittelalter, der germanische Geist zuerst vom praktischen Standpunkte aus (durch die Erklärung des Churvereins von Rense, §. 12) den Staat, zunächst nach der Staatsgewalt, als eine der Kirche ebenbürtige Ordnung wieder erkennen; und nach der Reformation wird es die Aufgabe der Philosophie, obwohl die Augustinische Ansicht vom Staate als einem Uebel mehrfach wieder hervortritt, den Staat überhaupt als eine göttliche Ordnung und als ein, alle göttlich-menschlichen Güter schützendes und förderndes, Gut zu begreifen.

Zweite Epoche.

Die Rechtsphilosophie im Mittelalter.

§. 12.

Das Mittelalter führt seinen Namen mit Recht auch in mehr geistiger Bedeutung, indem es wesentlich durch das Streben charakterisirt ist, in Zurückdrängung der ursprünglichen Quellen des Lebens und der Wahrheit, überall Mittelglieder und vermittelnde Autoritäten einzuschieben. So stellte sich die Kirche, nach der von Augustinus vorbereiteten Auffassung, als Vermittlerin auf zwischen dem nun in's Jenseits verlegten Reiche Gottes und dem irdischen Staate, setzte zwischen die ursprünglichen schriftlichen Quellen und die eigene Erforschung und Einsicht die Tradition und kirchliche Auslegung, und die Philosophie wurde vornehmlich an die Autorität von Aristoteles gefesselt. In gleicher Weise hatten sich in der staatlichen Ordnung Mittelbarkeitsverhältnisse gebildet und verschiedentlich abgestuft. Das durch Erblichwerden der Lehen (zuerst in Italien, dann in Deutschland unter Karl dem Kahlen, 887) gefestigte Feudalwesen wies eine der geistlichen Hierarchie ähnliche Abstufung vom Kaiser bis zum letzten Baron auf, mit welcher diese Ordnung sich gegen den gemeinen, meistens unfreien Mann ebenso abschloss, wie sich die Hierarchie als eigentliche Trägerin der Kirche von dem gemeinen Gläubigen abtrennte. Dieses Streben, durch vermittelnde Bande alle Verhältnisse fester zu knüpfen, hing auf's engste zusammen mit dem mittelalterlichen Organisationstriebe, welcher für den überkommenen Gehalt feste Formen, bleibende Organe und organische Einrichtungen erstrebte und aus dem Grunde des germanischen Genossenschaftstriebes überall Corporationen, Innungen, Zünfte entstehen liess. Aber über den Gliedern, den Theilen, ging das Ganze verloren. Die beiden grossen Gliederungen, Kirche und Staat, standen im Gegensatze, und die ganze Gesellschaftsordnung war mehr ein äusserlicher Aggregatzustand, in welchem die Stände, die Corporationen und Innungen, ein jeder Theil den ganzen Menschen in sich aufzunehmen strebte. So wie im Oriente der Mensch in der Kaste, im classischen Alterthume im Staate untergegangen war, so wurde er im Mittelalter fast ganz vom Stande umschlossen.

Der grösste Gegensatz, der das Mittelalter durchzieht, ist aber der Kampf zwischen der Kirche und dem Staate. Während die griechische Kirche das Hauptgewicht auf die Feststellung des Dogma's legte, sich heute noch als die orthodoxe bezeichnet, sich mit dem Staate verquickte und dadurch in völlige Erstarrung gerieth, strebte die römische, vom altrömischen Herrschaftsgeiste ergriffene Kirche sich selbst als Staat zu organisiren, wurde aber dadurch in weltliche Interessen verflochten und musste, bei der falschen Gegenstellung des Göttlichen und Menschlichen oder Weltlichen, des Ueberirdischen und Irdischen, in einen unlösbaren Conflict mit dem wirklichen Staate gerathen. Das Reich Karls des Grossen hatte noch eine gewisse Einheit aufrecht erhalten, indem zwischen den beiden Oberhäuptern der Christenheit noch kein Unterordnungsverhältniss der einen Macht unter die andere anerkannt wurde, aber bald nachher (im Conc. ap. S. Macram a. 881, cap. 1) wurde die Kirche auf eine unmittelbare göttliche Einsetzung, die staatliche Gewalt nur auf eine durch den Papst vermittelte zurückgeführt und durch falsche Analogien von Seele und Leib, von den beiden Himmelslichtern, Sonne und Mond, und durch die, von dem christlichen Friedensgeiste verlassenen, Lehre von den beiden Schwertern (— Gegensatz zwischen dem, die kaiserliche Unabhängigkeit währenden Sachsenspiegel und dem Schwabenspiegel —) ausgedrückt.

Die Beilegung des Investiturstreits durch das Wormser Concordat 1122, wornach die von der Geistlichkeit frei gewählten Bischöfe und Aebte vom Papste in ihr Amt eingesetzt, jedoch vom Kaiser hinsichtlich ihrer weltlichen Besitzungen mit dem Scepter investirt werden sollten, war keine Lösung des zudem in viele andere Verhältnisse eingreifenden Kampfes. Die Prätention des Papstthums, über einen König (Ludwig den Bayer) den Bann auszusprechen (vergl. gegen diese Anmassung überhaupt den Sachsenspiegel III, 62, 2), rief von Seiten der Kurfürsten auf dem Kurvereine zu Rense 1338 die feierliche Erklärung hervor, dass die königliche Macht unmittelbar von Gott und nicht vom Papste komme und daher auch der Bestätigung und Krönung durch den letzteren nicht bedürfe. Unter diesen äusserlichen Kämpfen mussten die inneren Lebensquellen des christlichen Geistes mehr und mehr versiegen. Kann man auch in der Gestaltung der christlichen Kirche zu einer selbständigen kräftigen Organisation eine geschichtliche Nothwendigkeit erblicken, so hat doch in der Art, wie dieselbe ausgeführt wurde, das Christenthum tiefen Schaden gelitten und zu einem grossen Theile seine sittlichbildende Kraft eingebüsst.

Der christliche Geist wich mehr und mehr von den officiellen Trägern, fand aber eine bessere Pflegestätte bei dem Laienstande und rief hier die vielen Schöpfungen werkthätiger Liebe hervor, durch welche auch das Mittelalter sich ausgezeichnet hat. Wie wenig aber die Kirche für geistige, sittliche und humane Bildung gethan hatte, das sollten die, dem Alterthum in dieser Grösse unbekannten, Gräuel des dreissigjährigen Krieges offenbaren, welcher nach der entsetzlichsten Verheerung für mehr als ein Jahrhundert ein grosses Volk und Land zerrüttete. Und dennoch hat nur etwas mehr als ein Jahrhundert hingereicht, um durch die freier gewordenen geistigen Bildungskräfte, denen die Philosophie den Impuls und die Richtung gab, bessere humane und wahrhaft christliche Gesittung zu verbreiten, als es die alte hierarchische Kirche in einem Jahrtausend vermocht hatte.

Auch von dieser Kirche gilt, was vom römischen Reiche gesagt ist: sie war unfähig geworden, sich aus sich selbst zu reformiren;

ein Bruch wurde nothwendig, um die Religion auf ihre geistige Lebensquelle zurückzuführen und der freien geistigen Entwickelung neue Wege zu bereiten. Die Reformation ging aus dem deutschen Geiste und Gemüthe hervor, um das rechte unmittelbare Verhältniss zwischen Gott und dem Menschen wieder herzustellen, aus der Glaubensquelle die Werke in ihrem sittlichen Charakter hervorgehen zu lassen und durch Beseitigung der Hierarchie die Kirche wieder auf den Lebensgrund der Gemeinde zu stellen.

Die Philosophie im Mittelalter hatte, bei ihrer mehr formalistischen Aufgabe der Auslegung der Dogmen und bei der logischen, die Vordersätze als wahr annehmenden, Beweisführung, vornehmlich zu dem reichen Schatze formeller Begriffe der Aristotelischen Philosophie ihre Zuflucht genommen; in ähnlicher Weise wurde die Aristotelische Lehre vom Staate, besonders von den Staatsformen und ihren Bedingungen, ein Gegenstand näherer, aber meist nur formeller Erörterungen. Die inneren Conflicte, in welche der Herrschafts-Dualismus mit der einheitlichen Staatsansicht des Aristoteles gerieth, suchte man durch die falsche Analogie von Seele und Leib und die Unterordnung des letzteren unter die erstere zu beseitigen, und häufte nur die Ermahnungen an die weltliche Gewalt, nach christlichen Grundsätzen zu regieren.

Nach einem ersten grösseren politischen Werke, dem Polycraticus, von Johannes von Salisbury († 1180; *Joannis Sarisberiensis Polycraticus etc.*), unternahm Thomas von Aquino (1224 bis 1274; Sohn des normannischen Grafen Landolf) in mehr geordneter Weise die Staatslehre auf Grundlage Aristotelischer Principien zu entwickeln. Die Gerechtigkeit wird von ihm bestimmter in eine äussere und eine innere unterschieden; die erstere soll im Staate nur auf die Gesetzlichkeit (*legalitas*) der äussern Handlungen gehen, die innere darin bestehen, dass das Gerechte aus Liebe (*charitate*) gegen Gott als dem höchsten Gesetzgeber rein gewollt werde.

Den Staat lässt Thomas zwar aus der Hilfsbedürftigkeit und dem Geselligkeitstriebe des Menschen hervorgehen; da jedoch der Endzweck des Menschen, die Erlangung der ewigen Seligkeit durch ein tugendhaftes Leben, auch der Hauptzweck der Gesammtheit ist, dieses Ziel aber nicht durch des Menschen eigene Kraft, sondern nur durch göttliche Hilfe, für welche das Priesterthum als Organ bestellt ist, erreicht werden kann, so soll die, nur den menschlichen Verhältnissen vorstehende, weltliche Gewalt der geistlichen unterworfen sein. Bei der Besprechung der Staatsformen wird dann von Thomas das für grosse Staaten allein passende Fürstenthum näher betrachtet, im Wesentlichen jedoch nur die Theorie eines durch das christliche Lebensziel erleuchteten Absolutismus aufgestellt und das Amt des Fürsten im Staate wiederum in unpassender Analogie mit der Function der Seele im Leibe verglichen. — In dem Werke des Augustinermönchs Aegidius von Colonna aus Rom († 1316) *De regimine principum* werden dem Fürsten besonders die christlichen Tugenden eingeschärft.

Der Kampf gegen die mittelalterliche Ansicht von der Unterordnung der weltlichen unter die geistliche Macht wird eingeleitet von Dante Allighieri (1265—1321; *de monarchia*) und fortgeführt von dem Engländer (Franziskanermönch) Wilhelm von Occam († 1347; *Disputatio super potestate ecclesiastica etc.*). Beide sind Anhänger des Kaisers Heinrich von Luxemburg und Ludwigs von Bayern.

Die Grundsätze, welche in Bezug auf den Letzteren die Kurfürsten zu Rense in ihrer Erklärung aufgestellt hatten, waren kurze Zeit vorher von Dante entwickelt worden. Sein grosses Epos, die göttliche Komödie, hatte ja auch in der Schilderung der über schlechte Päpste verhängten Strafen in der Hölle und im Fegefeuer das deutlichere Bewusstsein verbreitet, dass auch das Papstthum in seinen Trägern den schlimmsten menschlichen Leidenschaften verfallen kann und auch deswegen nicht über die weltliche Macht gesetzt werden darf.

Eine entschiedene Hinüberleitung in die moderne Richtung gibt das Werk: *Defensor pacis* u. s. w. *ad Ludovicum Bavaricum* (1324) von Marsilius von Padua († 1328), welcher jede Zwangsgewalt (*potestas coactiva*) der Geistlichkeit verwirft, die Fürsten als Diener Gottes bezeichnet, denen auch die Geistlichen gehorchen sollen, für die wahre Monarchie jedoch auch Zustimmung der Unterthanen *consensus subditorum* verlangt und die gesetzgebende Gewalt entweder der Gesammtheit oder einem dieselbe vollständig repräsentirenden Theile (*pars valentior quae totam universitatem repraesentat*) beigelegt wissen will.

Von einem tiefen Gefühle von dem Verfalle der ganzen kirchlichen und staatlichen Ordnung ist Engelbert († 1331), Abt von Admont, durchdrungen, welcher in seinem, mannigfach an Augustinus sich anschliessenden Werke: *Liber de orte, progressu ut fine Romani imperii*, aus der Verderbniss der Geistlichkeit und Laien einen dreifachen Abfall, der Fürsten vom Reiche, der Kirchen vom römischen Stuhle, der Christen vom wahren Glauben (*ib. c. 22*) vorhersagt.

Die Gegensätze, welche das Mittelalter bewegten, waren falsch gestellt; die Lösung, welche die Kirche durch Beherrschung des Staates angestrebt hatte, musste an der selbständigen Macht und Würde der staatlichen Ordnung scheitern. Die nun folgende Epoche versucht die Lösung in der entgegengesetzten Richtung und strebt den Staat zum alleinigen Mittelpunkte der gesellschaftlichen Bewegung zu machen und die, gegen Ende der nächsten Epoche im Systeme Hegels aufgestellte, Apotheose des Staates, welcher alle Lebensgebiete, auch die Kirche, als Glieder in sich aufnehmen soll, bildet den Abschluss dieser entgegengesetzten Entwickelung. Aber die Philosophie, die in der nächsten Epoche überhaupt als die dritte ideale Lebensmacht sich über Staat und Kirche stellt und umbildend in dieselben eingreift, erkennt zuletzt in tieferer Erforschung des Lebens- und Gesellschaftsorganismus, dass beide, Kirche und Staat, eine göttliche und menschliche Seite haben, einander wesentlich nebengeordnet sind und dass die Gesellschaftsordnung überhaupt ein Föderativsystem von gleichwürdigen, sich wechselbestimmenden, auf das gemeinsame Ziel menschlicher Vervollkommnung gerichteten Lebens- und Güterkreisen ist, welche durch den Staat nur die rechtliche Regelung und Förderung zu erhalten haben.

Dritte Epoche.

Die Rechtsphilosophie der neuern Zeit seit dem Ausgange des Mittelalters.

§. 13.

Der Grundcharakter der Culturbewegung der neuern Zeit im Allgemeinen.

Die neue Epoche kündigt sich in der Grossartigkeit ihres Charakters und in ihrer weltgeschichtlichen Bedeutung dadurch an, dass der Umschwung des ganzen geistigen und sittlichen Lebens zusammentrifft mit den grossen, in der Himmelsordnung und auf der Erde gemachten Entdeckungen, welche, in Verbindung mit der Reformation und der Philosophie, eine neue Gott-, Welt- und Lebensanschauung herbeiführen. „Ein neuer Himmel und eine neue Erde“ eröffnen sich dem Blicke und verändern den ganzen Standpunkt des Menschen. Zuvörderst wird durch Kolumbus die Erde selbst in ihrer Vollständigkeit erkannt, der allseitige Verkehr unter den Völkern angebahnt und durch die massenhaftere Auffindung der Verkehrsmittel von Gold und Silber eine grosse wirthschaftliche Umgestaltung, die wichtige Ergänzung der Naturalwirthschaft durch die Geldwirthschaft und die dadurch erleichterte Arbeitstheilung, hervorgerufen; durch Kopernikus erhält die Erde ihre richtige Stellung im Sonnensystem, hört auf das Centrum der Himmelsordnung zu sein, wird „ein Stern unter Sternen“, und mit der Erkenntniss ihrer Bewegung scheint auch Alles auf ihr von einer mehr und mehr beschleunigten Bewegung ergriffen zu werden. Kepler findet darauf die Gesetze der Bewegung der Planetenbahnen und endlich führt Newton alle Bewegung auf eine höhere Einheit, auf das allgemeine Gesetz der Anziehung zurück.

Aber die ganze Lebensrichtung wird eine andere, indem die mittelalterlichen Gegensätze aufgehoben werden. Sowie in der neuen Naturanschauung die Erde als Stern unter Sternen in den Himmel aufgenommen wird, so nimmt die ganze sittliche Lebensbethätigung eine vorherrschende Richtung auf das Welt- und Erdenleben und übt gleich im Anfange der neuen Epoche eine grosse, wenn auch oft unbewusste, Macht über die Geister aus.

Gewissermassen vorbildlich für den neuen Bau der Gesellschafts- und Staatsordnung wird in Rom selbst der Dom von St. Peter nicht mehr wie die gothischen, in den Himmel strebenden Kirchen, sondern, in Erneuerung der Antike, als ein Bau aufgeführt, „der nicht durch den Zug von der Erde zum Himmel beherrscht wird, sondern vielmehr das Gefühl erweckt, als wäre der Himmel auf Erden“ (Luthardt, über kirchliche Kunst, S. 12, 1864).

Dieser Grundzug der neuen Bewegung, nach Möglichkeit den Himmel auf die Erde zu versetzen, ruft in allen Lebensgebieten eine grosse Bewegung und mächtige Umwandlung hervor. Die Welt, das Weltliche, welches so lange Zeit in der Wissenschaft bei Seite gestellt und in der Religion verworfen war, zieht mächtig und erfrischend die Geister an und wird ein Gegenstand der vielseitigsten Bestrebungen in allen auf die Natur sich richtenden Wissenschaften und Künsten. Der theocentrische Standpunkt des Mittelalters wird in einen kosmo- und anthropocentrischen verwandelt; und so wie die Philosophie zum Theil auf den Abweg gerieth, im Pantheismus Gott nur als das einheitliche Weltganze zu fassen oder gar, im Materialismus, an die Stelle Gottes und der Seele die ewige Materie zu setzen, so wurde auch bei der rastlosen Thätigkeit für den Erwerb der äusseren endlichen Güter der Blick für das Höhere vielfach verdunkelt und die Liebe der idealen Güter geschwächt; aber dessenungeachtet wird doch die ganze Epoche von dem edlen Streben der Verbesserung aller menschlichen Verhältnisse beherrscht.

Diese Verbesserung vollzog sich in ähnlicher Weise wie die Entdeckungen in der Naturwelt, durch die Gewinnung neuer Standpunkte, durch die Anbahnung neuer Wege, neuer Methoden, durch die Eröffnung der ursprünglichen Quellen, von denen das Mittelalter, durch Zwischenschiebung von Mittelgliedern und Autoritäten, durch mannigfache Bande und Unterbindungen, die Religion und die Wissenschaft, das Leben in Kirche und Staat abgetrennt hatte. Es war vor Allem die freie menschliche Persönlichkeit, die das Christenthum zuerst in seiner göttlichen Kraft erfasst, das Mittelalter aber nach allen Seiten gebeugt und gefesselt hatte, welche aus den alten Banden und Verschlingungen hervorgehoben und in unmittelbare Beziehung zu ihren Lebensquellen und Lebenszielen und zu den auf ihre Mitwirkung gestellten gesellschaftlichen Ordnungen und Gewalten gesetzt werden musste. Die Reformation hatte, in Beseitigung der Hierarchie und der Tradition, durch die Erschliessung der ursprünglichen Schriftquellen und durch die Zurückführung aller christlichen Werkthätigkeit auf den Glauben, aus welchem organisch „wie aus einem gesunden Baume die guten Früchte, die guten Werke von selbst hervorgehen“ (S. 54), die religiöse Persönlichkeit in unmittelbare Beziehung zu Gott und Gotteswort gesetzt und Christus als den alleinigen Vermittler anerkannt. Bald darauf gewann die Philosophie einen neuen Aufschwung durch die methodische unmittelbare Quellenforschung im Leben der Natur und des Geistes (Bacon, Cartesius).

Schwieriger und langsamer vollzog sich die Umgestaltung des mittelalterlichen Staates. Der vornehmste geistige Hebel wurde die Philosophie und das neu sich gestaltende Naturrecht. Aber so wie die Reformation erst nach einem dreissigjährigen Kriege sich ihre staatliche und völkerrechtliche Geltung verschaffte, so drangen die neuen philosophischen Rechts- und Staatslehren erst spät, in Folge der französischen Revolution und eines fünfundzwanzigjährigen Revolutions- und Kriegszustandes, in das bürgerliche Leben ein. Die Aufgabe für die neuen rechts- und staatsphilosophischen Lehren musste aber gleichfalls dahin gehen, die freie Persönlichkeit von den Banden des mittelalterlichen Staates zu befreien, welcher in dem abgestuften Lehnswesen ein Spiegelbild der kirchlichen Hierarchie geworden und, als ein Seitenstück für kirchliche Geisthörigkeit, die Leibhörigkeit immer weiter ausgedehnt, im Stände- und Zunftwesen schroffe Abgrenzung, künstliche Bande und Fesseln geschaffen, ausser den Reichsunmittelbaren kein allgemeines staatsunmittelbares Bürgerthum gekannt und durch die Unterbindung aller geistigen und gesellschaftlichen Lebensnerven überall Stockung in der Bewegung und Lähmung der Kräfte herbeigeführt hatte. Die vornehmste Aufgabe musste daher dahin gerichtet sein, durch die Hervorhebung des Princips der freien und gleichen Persönlichkeit und ihrer unmittelbaren Beziehung zum Staat, über den Standes-Rechten ein gleiches und gemeinsames Recht, über den Standes- und Zunftmenschen den allgemeinen Menschen und Bürger zu stellen. Durch die Reception des römischen Rechts, welches, in dem *civis romanus* wurzelnd, ein allgemeines Civilrecht war, wurde dem ersten Bedürfniss theilweise Abhilfe gewährt; einen tieferen Einfluss sollte aber das Naturrecht zunächst auf die Umgestaltung der politischen Anschauungen gewinnen.

In den Mittelpunkt dieser nach verschiedenen Richtungen sich ergiessenden Bewegung wird der Mensch gestellt, den das Mittelalter in den Ständen und Zünften zergliedert hatte und der jetzt als das Ganze über den Gliedern, als die einigende und zusammenfassende Kraft mehr und mehr erkannt wurde. Die Humanität, das Streben nach voller und allgemeiner menschlicher Bildung, nach Verbreitung derselben über alle Schichten der Gesellschaft, nach Gestaltung eines menschheitwürdigen Daseins wird das höhere Ziel aller Bestrebungen. Was Schiller (in seiner Antrittsrede zu Jena) als die Aufgabe des Geschichtsforschers bezeichnet, „das humane Jahrhundert herbeiführen zu helfen", das ist die mächtigste, wenn auch oft unbewusst treibende Kraft und das unverrückbar verfolgte Ziel der ganzen Epoche. In der Verfolgung dieses Zieles lassen sich jedoch mehrere Richtungen und Wege bezeichnen. Zuerst kündigt sich der Humanismus als moderne Geist- und Lebensrichtung auf dem mehr formellen sprachlichen Gebiete an, indem er das Alterthum, als ein in der Sprache und der Kunst hochgebildetes Glied der Menschheit, in sein culturgeschichtliches menschliches Recht wieder einsetzt, von der Sprache aber bald in den Gehalt tiefer eindringt, die höheren Geister des Alterthums als göttliche Genien betrachtet (Erasmus: *Vix mihi tempero quin dicam: Sancte Socrates, ora pro nobis*), aber auch schon früh, besonders in Italien, eine naturalistische Richtung einschlägt, die vom Christenthum sich abwendete, Gott und ein Jenseits läugnete (— das Lateranconcil von 1512 proclamirte deshalb den Unsterblichkeitsglauben —) und in Frivolität und Sittenlosigkeit ausartete.

Die Reformation setzte dieser verderblichen Richtung ein Ziel, indem sie das Gute des Humanismus in sich aufnahm. Aber der lange entsetzliche Krieg hatte auch die geistige Kraft des deutschen Volks gebrochen. Die Reformation lief Gefahr, in formeller Dogmatik zu erstarren und die höheren Schulen waren einem geisttödtenden Sprachformalismus verfallen. Da erstand in Leibniz ein neuer Genius, welcher durch die Philosophie die tiefsten geistigen Lebensquellen wieder erschloss, überall für das, aller Thätigkeit gestellte, höhere Ziel der menschlichen und gesellschaftlichen

Vervollkommnung neue Bahnen eröffnete. Der Humanismus betrat nun eine höhere Stufe.

In einem von ihm zuerst so genannten Theophilanthropismus wollte Leibniz alles Menschliche mit Gott und dem Göttlichen verbinden, und wenn auch das göttliche Element bald wieder verblasste, so behielt doch dieser eigentlich deutsche Humanismus seine Richtung zum Höheren, drang bald in die Literatur ein (Lessing, Herder) und erhielt durch Kant eine tiefe sittliche Grundlage. Während gleichzeitig in Frankreich der Materialismus den Menschen und das Gemein-Menschliche, Humane, nur von der niedrigen sinnlichen Seite erfasste und darstellte, brachte die Philosophie und Literatur in Deutschland die Humanität nach ihren wesentlichen idealen Seiten zu immer allgemeinerem Bewusstsein. In unserer Zeit ist zwar abermals eine Verflachung in der humanistischen Richtung eingetreten; es ist sogar, nach einer Periode des überspannten Idealismus (Hegel), als Rückschlag ein dem früheren französischen verwandter Sensualismus und Materialismus aufgetreten, welcher gleichfalls die Illusion nährt, eine bessere humane Staats- und Gesellschaftsordnung auf dem atomistischen Staube der Materie und auf der schlimmsten Art der Leibeigenschaft, derjenigen, welche den Geist zu einer Eigenschaft des Leibes macht, aufführen zu können; allein diese Richtung, welche zudem aus der Ablagerung mannigfacher Irrthümer und als ein Unkraut auf dem nicht gehörig gepflegten Boden der Wissenschaften des geistigen Lebens entstanden ist, kann nur als ein vorübergehendes Irrlicht angesehen werden, das vor dem Lichte wahrer Wissenschaft verschwinden muss. Das Bedürfniss der Weckung und Stärkung der idealen Kräfte wird wieder lebhafter gefühlt und in der philosophischen Bewegung ist das System Krause's hervorgetreten, welches, in ähnlicher Weise wie die Lehre von Leibniz, allen Humanitätsbestrebungen die zusammenfassende höhere Richtung auf Gott und das Göttliche gibt und mit dem göttlich-menschlichen Lebensgehalte erfüllt.

Die höhere ideale und reformatorisch forttreibende Kraft wird in dieser Epoche überhaupt die Philosophie. So wie an die Stelle des im Mittelalter vorherrschenden Glaubens das zu immer grösserer Macht sich erweiternde Wissen als geistige Besitzergreifung alles Seins und Lebens tritt, so vollführt die Philosophie in dieser Bewegung die umfassendere Aufgabe, immer neue oder höhere

Gesichtspunkte zu eröffnen und in den allgemeinen Principien den Rahmen und die Richtung für die ganze Bewegung vorzuzeichnen. In dieser philosophischen Entwickelung treten mannigfache Gegensätze in der Auffassung des Verhältnisses der Welt zu Gott sowie in der Hervorhebung der einen oder anderen Seite und Ordnung der Welt, bald der Natur bald des Geistes, hervor und das allgemeine Entwickelungsgesetz kommt dabei mehrmals in erweiterten Verhältnissen zur Anwendung.

So tritt zuerst in der Uebergangszeit und in den ersten Anfängen selbständiger Forschung eine das All zu einer höheren Einheit verknüpfende pantheistische Richtung hervor, welche einen ihrer vornehmsten Vertreter in Jordano Bruno (verbrannt in Rom 1600) findet, der auch zuerst die wichtigsten praktischen Folgen aus der von ihm mit Begeisterung erfassten Kopernikanischen Weltansicht zieht und die Erde als ein Glied und als eine niedere Bildungsstätte in der abgestuften Gliederung des Weltganzen darstellt. Bei der weiteren mehr methodischen Forschung prägt sich jedoch alsbald ein neuer Dualismus aus, indem vornehmlich in England seit Bacon (1561—1626) die Forschung mehr auf das Naturleben und die sinnliche Erscheinungsseite der Dinge, in Frankreich durch Cartesius (1596—1650) auf den in der Gewissheit des Selbstbewusstseins sich erfassenden Geist und auf die im vernünftigen Denken begriffene übersinnliche Seite der Dinge gelenkt wird, bis Spinoza (1632—1677) nochmals in einem Versuche strengster wissenschaftlicher Durchführung auf den Ausgangspunkt zurückgreift und im pantheistischen Monismus alles Natürliche und Geistige als relative Modalitäten in die göttliche Einheit aufgehen lässt.

Dagegen wird von Leibniz (1646—1715) in erster grossartiger Hindeutung auf die eigenartige Aufgabe, welche der deutsche Geist überhaupt zu erfüllen hat, zur Vermittlung der Gegensätze ein universeller Harmonismus aufgestellt, der in dem universellen göttlichen Sein und Leben auch der Individualität, der individuellen Persönlichkeit und ihrer unendlichen Vervollkommnung ihr Recht angedeihen lässt. Dieser erste Entwurf eines allseitigen Harmonismus wurde freilich in der Ausführung durch Wolff zu einem mehr äusserlichen Syncretismus abgeschwächt, und an die Stelle eines höheren Vermittlungsstrebens trat bald ein lähmender Eklekticismus. Aber während nach Frankreich die in England durch Locke (1632—1704) ausgebildete, den Sensualismus etwas mässigende, Reflexionsphilosophie übertragen und hier (von Condillac) zum Sensualismus und schliesslich (von Helvetius, Holbach und A.) in rohen Materialismus umgebildet wurde, feierte der ideale Geist der neuen Epoche in Deutschland eine glänzende Wiedererstehung in der Kantischen Philosophie.

In ähnlicher Weise wie Cartesius geht Kant von der Selbsterkenntniss aus, bringt aber vornehmlich die höheren sittlichen Anforderungen an den Willen zur vollen Geltung, macht die freie Persönlichkeit zur Trägerin aller gesellschaftlichen Ordnung; eine schnelle, grossartige philosophische Entwickelung tritt ein, welche zwar abermals in Gegensätzen auseinandergeht, aber gerade in unserer Zeit die Erkenntniss immer klarer werden lässt, dass in einer vertieften und vollständiger durchgeführten Wiederaufnahme der Kantischen Forschung auch die richtigen Principien einer harmonischen Vermittlung der Gegensätze von Idee und Erfahrung, von Natur und Geist, des Göttlichen und Menschlichen, zu suchen sind.

Dieser höheren, wahrhaft harmonischen Vermittlung ist dann auch die Aufgabe gestellt, in Ueberwindung der vorhergehenden einseitigen Richtungen des Mittelalters sowie der neuern Zeit, umfassendere Principien zur Verwirklichung zu bringen und zu diesem Zwecke die ganze Lebens- und Gesellschaftsordnung als einen ethischen Organismus zu begreifen, in welchem alles Menschliche vom Göttlichen durchdrungen werden, die freie Entwickelung in der Zeit sich nach der Richtschnur und in den Schranken der ewigen göttlichen Gesetze für die Gestaltung eines edleren Menschenlebens vollziehen soll. Zwar gewinnt es den Anschein, als wenn unsere Zeit durch den Abfall von den göttlichen Grundlagen des Lebens sich wieder mehr und mehr von diesem Ziele entfernte; allein wenn auch theils materialistische, theils andere Zeitströmungen die idealen Lebensmächte zurückzudrängen und in dem Macht- und Gewaltstreben ein schlimmes eisernes Zeitalter herbeizuführen scheinen, so ist doch einerseits nicht zu verkennen, dass dieses Streben sich nicht mehr wie früher als Selbstzweck, sondern im Dienste einer höheren, wenn auch einseitig aufgefassten, staatlichen und nationalen Idee geltend macht, und anderseits muss diese ganze Strömung ein Ansporn für den sittlichen Geist werden, sich in seiner ganzen

Kraft zusammenzufassen und die höheren Güter der Freiheit, der Bildung und des Wohlstandes wieder in ihr Recht, als Ziel, Richtschnur und Schranke für alle äusseren Machtbestrebungen einzusetzen.

Nach dieser allgemeinen Betrachtung der Culturentwickelung in der neueren Zeit ist die besondere Aufgabe näher zu bezeichnen, welche die Rechtsphilosophie zu lösen hatte.

§. 14.

Ueber die Aufgabe der Rechtsphilosophie seit der Reformation und ihren Entwickelungsgang im Allgemeinen.

Die wesentliche Veränderung, welche in der ganzen Lebensanschauung und Lebensrichtung durch die neuen Ideen, Kräfte und Bildungsmittel eingetreten war, hatte nothwendig zur Folge, dass der Staat in den Vordergrund der Entwickelung gestellt und der Mittelpunkt wurde, um den sich alle Lebenskreise und Bildungskräfte zusammenschliessen mussten. Die Reformation, welche wesentlich durch die selbständigere Macht der Städte und der Fürsten vollzogen und im langen Kampfe durchgeführt wurde, war genöthigt, zunächst ihren Anhalt am Staate zu suchen, sowie auch die Bildungsstätten, die Schulen jeder Art, durch welche sie sich geistig befestigte, Staatsschulen wurden. Aber der Staat in seinem ganzen öffentlichen und privaten Rechtszustande, wie ihn das Mittelalter überliefert hatte, konnte nur den ersten Stützpunkt abgeben und bedurfte in allen Theilen und Zuständen eben so sehr der Reform wie die mittelalterliche Kirche, schloss aber nicht wie diese die Reform grundsätzlich aus und verfolgte nicht die Wissenschaft, welche die geistigen Mittel und Wege für dieselbe zu entwickeln unternahm.

Diese Wissenschaft konnte jedoch erst selbständiger hervortreten, nachdem der geistige und sittliche Grund in der Reformation gelegt und genügend gesichert war.

Die neue Lebensrichtung, der überlieferte Zustand des öffentlichen und Privatrechts stellten der Rechtsphilosophie oder dem Naturrechte, wie sie sich nannte, eine dreifache Aufgabe. Gegenüber dem Mittelalter lagen die zwei nächsten Aufgaben darin, einerseits eine mehr einheitliche Ordnung durch Kräftigung der Staatsgewalt herzustellen und anderseits der Einzelpersönlichkeit, durch Lösung beengender corporativer Bande, in der Freiheit Licht und Luft zu schaffen; diese beiden Aufgaben sind bis jetzt in einseitigen Richtungen verfolgt worden; die dritte Aufgabe jedoch, die vornehmlich unserer Zeit vorbehalten ist und bei glücklicher Lösung auch das Irrige in den beiden ersten Richtungen beseitigen wird, besteht darin, den Staat als einen wahrhaften Organismus zu erkennen, in welchem die Staatsgewalt, das oberste Organ, nicht von dem Volke abgehoben, sondern auf die geordnete Mitwirkung der gegliederten Volksgesammtheit gestellt wird.

Die Einheitsrichtung wurde zunächst durch die, bei Wiederbelebung des classischen Alterthums in den gebildeten Kreisen sich verbreitende antike, Staat und Gesellschaft überhaupt identificirende, Staatsanschauung wesentlich genährt; sie wurde praktisch mehr und mehr durchgeführt durch die fürstliche Macht, die vornehmlich in der Reception römischen Rechts, welches schon vorher in Frankreich von den Juristen (Legisten) für den einheitlichen Absolutismus der Staatsgewalt verwerthet worden war, einen starken Rückhalt gewann; und endlich erhielt sie auch durch die Rechtsphilosophie eine wesentliche Unterstützung. Nicht nur die von der Leibniz-Wolff'schen Schule aufgestellte Theorie vom Wohlfahrtszwecke des Staates musste, bei der so grossen Erweiterung des Staatszweckes, der Staatsgewalt grössere Rechte und Mittel zuweisen, sondern auch die, von Anfang an (Grotius) zur Erklärung der Entstehung des Staates angenommene, Vertragstheorie führte in zwei entgegengesetzten Richtungen zur Centralisation der Staatsgewalt, einerseits zum Absolutismus des Fürsten (S. die Lehre von Hobbes §. 16), anderseits zum Absolutismus der Volkssouveränetät und der von ihr geschaffenen Staatsgewalt (S. die Lehre von Rousseau §. 9). Die Bildung einer kräftigeren, mehr selbständigen Staatsgewalt war zwar eine geschichtliche Nothwendigkeit, eine Grundbedingung einer höheren Culturentwickelung geworden; aber die Art und Weise, wie sie durchgeführt wurde, verschlimmerte im hohen Grade die Zustände und besonders die wirthschaftlichen Verhältnisse des Volkslebens. Statt einer Kräftigung der Staatsgewalt trat eine Abhebung von dem lebendigen Volksganzen ein und eine Ueberhebung über die, vielfach in Willkür durchbrochene, gesetzliche Ordnung. Das Schlechte der mittelalterlichen Ordnung blieb bestehen und ein neues Uebel gesellte sich hinzu. Die Staatsentwickelung nahm jetzt einen ähnlichen Entwickelungsgang, wie die mittelalterliche katholische Kirche. So wie diese sich von der Gesammtheit der Gläubigen, den Laien, abgehoben und sich zu einer Priesterkirche gemacht hatte, so schloss sich jetzt der Staat im Fürsten und seinen Beamten gegen das Volk ab, wurde ein Fürsten- und Beamtenstaat, in dem aber auch, wie früher schlechte Priester als Pfaffen die Religion für selbstsüchtige Zwecke missbrauchten, jetzt in ähnlicher Weise ein Juristen- und Staats-Pfaffenthum entstand, welches Recht und Staat als eine Domäne des Fürsten ansah und für denselben, mit guten Nebengefällen für sich, verwaltete. Gingen die Juristen auch in Deutschland nicht so weit wie in Frankreich unter Ludwig XIV., so befolgten sie doch auch im Allgemeinen als Richtschnur den absolutistischen Grundsatz des römischen Rechts: *quod principi placuit legis habet vigorem.* Die grosse Verwirrung aller Verhältnisse, welche der dreissigjährige Krieg zur Folge gehabt hatte, wurde nun zu Gunsten der grossen und kleinen Herren ausgebeutet. Die Landstände, die selbst keinen Rückhalt im Volke hatten, wurden leicht zur Ohnmacht herabgedrückt; neue Einnahmsquellen wurden geschaffen durch neue Steuern, insbesondere auch durch ungebührliche Anwendung des römischen Regalitätsprincips, in Folge dessen viele Handels- und Gewerbezweige als Regalien erklärt wurden (S. Roscher, die deutsche Nationalökonomik an der Grenzscheide des 16. und 17. Jahrhunderts, 1862). Der Bauernstand, der früher, in dem für ihn selbst so verhängnissvollen Bauernkriege, der Reformationsbewegung den Stempel einer socialen Revolution hatte aufdrücken wollen, erfuhr auch jetzt die schlimmste Behandlung; die früher gemessenen Dienste wurden jetzt meistens in ungemessene verwandelt; Bauern, die blos zinspflichtig waren, wurden in die Leibeigenschaft gestossen. Das Willkürregiment der Fürsten wurde durch die Willkür der Gutsherren, die sich in den verschiedenartigsten Belastungen alle Zügel schiessen liess, noch überboten. Die Gerichte, vor denen zuerst Klage anzubringen war, waren selbst abhängig von den Gutsherren, die höheren Landes- und Reichsgerichte schon wegen der Kosten schwer zugänglich und langwierig in der Urtheilsschöpfung. Eine kleine Erleichterung entstand nur, als die Landesherren, im eigenen Interesse, der Ueberbürdung einige Grenzen setzten und als die nationalökonomischen Schriftsteller die Bedingungen der wirthschaftlichen Wohlfahrt näher untersuchten. Die vornehmste Ursache dieser schweren Unterdrückung lag aber darin, dass hauptsächlich seit der Reception des fremden Rechts das Volk auch den mässigen Antheil, den es in den Schöffengerichten an der Rechtsprechung behalten hatte, verlor und nun, mit geringen Ausnahmen, gelehrte Juristen allein die Civil- und Criminalgerichte bildeten. Wo aber dem Volke das wichtigste Mittel der Wahrung seiner Rechte und der Bethätigung seines Rechtsbewusstseins genommen wird, wo es dem irrenden Gewissen und Wollen eines einzelnen Standes nicht die Nöthigung auferlegen kann, mit dem Gesammtbewusstsein in richtiger Vermittlung zu bleiben, da wird das Recht selbst stets eine grössere oder geringere Einbusse erleiden. Das Recht der Unterthanen lag in den Rücksichten der abhängigen Gerichte. Die Volksverachtung hielt gleichen Schritt mit der Verachtung seines Rechts; die herrliche Sprache, in welcher Luther der Reformation durch die Bibelübersetzung die festeste Volksgrundlage gegeben hatte, wurde verschmäht und musste gewissermassen in der Dichtung (Opitz) und später in der Rechtswissenschaft (Thomasius) wieder erweckt werden. Einen recht prägnanten Ausdruck erhielt die knechtische Lage des Volks und die Verrückung des Rechtssinns, in Folge der Abtrennung vom Volksbewusstsein, in der Criminalrechtspflege, wo der formalistische Sinn der Juristen in den Schrecken der Tortur (die im Alterthum nur bei den Sclaven zur Anwendung gekommen war) die Beweismittel suchte, die er nicht mehr im sittlich-rechtlichen Bewusstsein eines Schöffen- oder Geschwornengerichtes fand. Vor dieser scheusslichen Verirrung hat sich allein das englische Volk durch sein Geschwornen-Gericht bewahrt. Diese ganze Lage des Volks, wie sie durch unorganische Abtrennung des Rechts und Staates von der Gesammtheit eintrat, muss aber auch eine stete Mahnung bleiben, dass nicht blos in der Gesetzgebung und in der Verwaltung, sondern auch in Civil- und Criminalrechtspflege eine geordnete organische Mitwirkung der Volksgesammtheit hergestellt und bewahrt werde.

Die zweite Aufgabe, die Geltendmachung des Princips der freien Persönlichkeit, wurde fast ganz allein durch die Rechtsphilosophie und erst später nach der wirthschaftlichen Seite durch die nationalökonomischen Schriftsteller (Adam Smith, Quesnay u. A.) vollführt. Gebundenheits- und Corporationsverhältnisse hatten die freie Persönlichkeit im Mittelalter nicht zu ihrem Rechte kommen lassen. In der Corporirung hatte sich allerdings auch ein tiefer Grundzug des germanischen Sinnes nach Gliederung der Lebensverhältnisse ausgesprochen, und bei der Schwäche der Staatsgewalt hatte sich darin ein freier, frischer, selbständiger Bildungstrieb von unten auf durch die individuellen Kräfte bethätigt, und in reicher Fülle waren durch Zusammenschliessen der Einzelkräfte viele Genossenschaften und Corporationen entstanden, die, wie kleine Staaten, Selbstschutz und Selbstregierung übten. So wie noch die verwildertste Rotte der Landsknechte, wenn sie zu einem Fähnlein zusammenliefen, Disciplin feststellten und über sich selbst Gericht übten, so wurden Verbindungen für jedartige Zwecke gegründet, Innungen und Zünfte, Kunst-, Wissenschafts- und Lehrgenossenschaften, Einigungen gegen die Anmassungen der Landesherren, Städtebünde bis zu der, über das deutsche Reich sich hinaus erstreckenden, Hansa.

Aber in diesen Corporirungen hatten die Theile sich gegen das Staatsganze und gegen sich selbst unter einander abzuschliessen gesucht und die Bewegung der einzelnen Glieder, der Personen, nach allen Seiten unterbunden. Hier wurde nun das Naturrecht der bedeutendste Hebel, um diese Bande zu sprengen und die individuelle Persönlichkeit auf sich selbst zu stellen. Ausgehend von der Anschauung, dass die ganze Rechts- und Staatsordnung von Seiten der einzelnen Individuen, beim Heraustreten aus dem Naturstande, durch Vertrag geschlossen sei, vermochte dieses Naturrecht im Staate nur die Masse der Individuen und die von ihnen gegründete Staatsgewalt als bleibende feste Factoren zu erblicken und konnte der Staatsgewalt nur die isolirten, von allen organischen Verbänden abgetrennten, Individuen gegenüberstellen.

Man kann auch in dieser Einseitigkeit, die dem mittelalterlichen Extrem nur ein anderes entgegensetzte, eine Bedingung erblicken, damit einmal die Freiheit des Individuums in ihrer ganzen Macht nach allen Seiten begriffen wurde; aber auch diese noch vielfach vorherrschende atomistische Auffassung ist zu überwinden und die Erkenntniss zu gewinnen, dass die Einzelpersönlichkeit in den freien genossenschaftlichen Verbänden nicht nur eine wesentliche Ergänzung, sondern auch einen kräftigen Schutz zur Wahrung und Geltendmachung ihrer Rechte gewinnt.

Die Lösung der dritten Aufgabe, die Rechts- und Staatsordnung als einen wahrhaften Organismus in der vorhin bemerkten Weise zu begreifen und zu bilden, ist vornehmlich unserer Zeit vorbehalten und später nach ihren Grundzügen näher zu bezeichnen.

§. 15.

Uebersicht über die vornehmsten Richtungen und Schulen der philosophischen Rechts- und Staatslehre im Allgemeinen.

Seit dem Ausgange des Mittelalters wird die Entwickelung des Rechts- und Staatslebens von zwei Strömungen beherrscht, welche die grössten Kämpfe und in unserer Zeit den am schärfsten ausgeprägten, zur Entscheidung drängenden, Conflict hervorgerufen haben.

Diese beiden Strömungen können bezeichnet werden, die erstere als eine, von der römischen Macht- und Herrschaftsidee durchdrungene romanische und romanistische Rechts- und Staatsansicht, die andere als eine, mehr der idealen griechischen Auffassung verwandte und durch die Philosophie ausgebildete germanische Rechts- und Staatsanschauung, die zwar durch Aufnahme mancher romanistischer Elemente mehrfach getrübt worden ist, aber doch die grossen Principien einer sittlichen Rechts- und Staatsordnung aufrecht erhalten hat. Die erste Bewegung erhielt in der Wissenschaft ihren Impuls durch Machiavelli, die andere theilt sich abermals in eine, an die Platonische Staatslehre sich anlehnende socialistische, mit Thomas Morus beginnende Richtung, und in eine eigentliche, vornehmlich mit Hugo Grotius anhebende rechtsphilosophische Bewegung.

Man hat Italien den erstgebornen Sohn der neuern Zeit genannt, und in der That hat sich in Italien das Individuum am frühesten der mittelalterlichen Bande entschlagen, von denen es überhaupt hier nie so fest umschlungen war, und ein antik römischer Geist hat das ganze Staatswesen als einen Gegenstand des berechnenden Verstandes behandelt und in allen Formen der Macht gestaltet, als Waffen-Macht von Söldlingsanführern, Condottieri, als Uebermacht der List und des Verbrechens, als Macht des Capitals (Medici), welches die Macht und Gewalt des Staates an sich riss; hier in Italien, wo der moderne Geist zuerst, nicht in der Freiheit der politischen Persönlichkeit, sondern in der Frechheit des Individuums sich geltend machte, war es, wo Machiavelli (geb. zu Florenz 1469, † 1527 [1]) die antik-römische, modern-italienisch gefärbte Staatsansicht als Richtschnur für alle politischen Macht- und Herrschaftsbestrebungen aufstellte.

Nach seiner Entlassung aus dem Gefängnisse (1512), in das er als Mitglied der republikanischen Regierung und als ein eifriger Verfechter der Republik durch den neuen Gewaltherrscher, Lorenz von Medici, geworfen war, schrieb er zwei Schriften, seine Discurse über die ersten zehn Bücher des Livius (*Discorsi sopra la prima deca di Tito Livio*), in welchen er eigentlich seine wahre republikanische Gesinnung niederlegte, die er aber bei der allgemeinen Corruption aufgeben zu müssen glaubte, um in seinem Tractat über den Fürsten (*il principe*, der jedoch nur als Memoire zu einer neuen Bewerbung um einen fürstlichen Staatsdienst geschrieben und erst 1532 gedruckt wurde) die Lehre vom Wesen, von den Mitteln der Entstehung und der Erhaltung des fürstlichen Absolutismus zu entwickeln, und um das Bild eines, alle andern an Schlechtigkeit übertreffenden Fürsten zu zeichnen, der sie alle zu unterwerfen und Italien zur nationalen Einheit zu bringen vermöchte.

Durch zwei Grundzüge ist also diese Lehre gekennzeichnet; sie ist einerseits eine Wiederherstellung der antik-römischen, aber in schroffer Einseitigkeit durchgeführten Staatsidee, welche den Staat als Selbstzweck fasst und ihm alles Andere aus Zweckmässigkeitsgründen dienstbar macht, und anderseits stellt sie zuerst das Nationalitätsprincip auf, dem gleichfalls alle anderen rechtlichen und sittlichen Verhältnisse untergeordnet werden.

Gegen die päpstliche Hierarchie richtete Machiavelli die beiden Vorwürfe, dass sie in den schlechten Beispielen des römischen Hofes Italien um alle Gottesfurcht gebracht und in tiefes Verderben gestürzt habe, und dass sie das grösste Hinderniss für die nationale Einheit und Befreiung von der Fremdherrschaft sei.

In dem grossen Bösewichte, Cäsar Borgia, erblickt er den Fürsten, der alle Anforderungen in sich vereinige, um durch alle Mittel der List, des Verraths und der gut angewandten Grausamkeit

---

[1]) Siehe über die ausgedehnte Machiavelli-Literatur den kritischan Bericht von R. v. Mohl in der Geschichte der Literatur der Staatswissenschaften, III, S. 521.

eine Herrschaft, die sich nicht auf schwankende launische Liebe, sondern auf die sich stets gleich bleibende Furcht zu stützen habe, über ganz Italien zu gründen und zu behaupten. [1])

So stellt Machiavelli eine Theorie der Politik auf, welche dem, nur um einige Jahre später in Spanien gegründeten, Jesuitismus grundsätzlich verwandt ist. Beide Lehren stellen die Einheit und die Herrschaft auf dem politischen und religiösen Gebiete obenan; beide sind die schlimmsten, oft glücklichen Widersacher der freien religiösen und politischen Entwickelung des Völkerlebens gewesen.

Das Buch von Machiavelli wurde vielfach der Wegweiser für die Politik der Cabinette und für ihre Herrschaftsbestrebungen, welche heute wiederum in dem Princip der Nationalität ihre Rechtfertigung suchen.

Der Jesuitismus war es aber, [2]) welcher, zur Begründung der Oberherrschaft des Papstes über die weltliche Macht, nicht nur auf die mittelalterliche Ansicht von der unmittelbaren göttlichen Einsetzung der kirchlichen Macht zurückgriff, sondern, um noch tiefer die fürstliche Macht herabzusetzen, dieselbe als eine blosse Uebertragung von Seiten des Volkes hinstellte, das sich selbst die grössere Macht zurückbehalten und zu keiner Zeit das Recht verloren habe, auch eine Erbmonarchie zu ändern (Mariana a. a. O. I, 3, S. 4). Aus der Volkssouveränetät rechtfertigt dann der Jesuitismus für das Volk alle Mittel, welche Machiavelli dem Fürsten erlaubt hatte; das Volk soll sich des Tyrannen, der die Herrschaft nicht nach seinem Willen zu seinem Besten ausübte, auch durch Tödtung „nach Recht und zum Lohn und Ruhm des Thäters" entledigen dürfen.

---

[1]) Das Werk Machiavelli's liess sogar der Sultan Mustapha III. in's Türkische zum Unterrichte für sich und seine Söhne übersetzen; Karl IX. von Frankreich hatte es auswendig gelernt. Der Antimachiavelli von Friedrich d. Gr. beweist nur, welcher Gegensatz zwischen der schriftstellerischen Thätigkeit und dem eigenen Handeln bestehen kann.

[2]) Die hauptsächlichen Schriften sind die von Bellarmin (1524—1621), *de potestate summi pontificis etc*, 1610; der beiden Spanier, Juan Mariana (1537—1624), *de rege et regis institutione*, 1598, und Franz Suarez (1548 bis 1617), *Defensio fidei catholicae etc.* (— welche drei Schriften durch Parlamentsbeschluss in Paris vernichtet wurden. —)

In einer anderen bedenklichen Richtung, die sich fast nur auf römische Rechts- und Staatsanschauung stützte, unternahm es in Frankreich Bodin (1530—1596), in seinem alle Seiten des Staatslebens, auch das Steuerwesen, berührenden und ein reiches historisches Material verwerthenden Werke, *de la republique*, 1576 (von ihm selbst in's Lateinische übersetzt), die Lehre von der Einheit der Staatsgewalt und ihrer höchsten, Niemandem als Gott untergebenen Macht, von dem souveränen Willen, als der Quelle des Gesetzes, der selbst an die Gesetze nicht gebunden sei (*princeps legibus votatus*), zu entwickeln, obwohl er diese Macht ursprünglich bei dem Volke vorfand (*majestas populi*) und von dem Volke auf den Fürsten (nach Analogie der s. g. *lex legia* des römischen Rechts) übertragen denkt und diese Macht, besonders im Steuerwesen, durch das Privateigenthum beschränkt sein lässt, von dem nur mit Zustimmung der Eigenthümer, d. h. der Stände, Steuern erhoben werden sollen.

Auch dieses Werk liegt daher in der romanistischen Richtung, welche in Frankreich die verderblichste, schliesslich das Staatswesen zerrüttende Verwirklichung fand. [1])

II. Den Gegensatz gegen diese romanistischen, auf die Erhöhung der Macht und Gewalt gerichteten Bestrebungen bilden die Theorien, welche, in Anlehnung an Platons Republik, das gleiche Wohl aller Bürger in einem von allen Bedingungen der Wirklichkeit abgelösten Idealstaate, hauptsächlich durch Communismus, zu verwirklichen streben. Diese Bewegung, welcher Thomas Morus (1480—1535) in seiner Utopia den ersten Impuls gab, hat jedoch erst in neuerer Zeit eine grössere Bedeutung erlangt und wird später eine ausführliche Darstellung und Beurtheilung erhalten.

III. Bevor die eigentliche rechtsphilosophische Entwickelung begann, hatte die religiöse Reformbewegung aus der Quelle des germanischen Geistes, besonders in Schottland und England, politische Schriften hervorgerufen, welche nach dem Vorbilde der religiösen Freiheit die politische Freiheit und die Volksrechte, öfter in gleichfalls einseitiger Weise, gegen den fürstlichen Absolutismus verthei-

---

[1]) Ueber die Geschichte der neueren Rechtsphilosophie ist auch zu vergleichen: Bluntschli, Geschichte des Allgemeinen Staatsrechts und der Politik, 1864.

digten. Diese Schriftsteller wurden „Monarchenfeinde" (Monarchomachen) genannt.

In Schottland wurde der Kampf gegen den Despotismus der Stuarts begonnen von dem Historiker Buchanan (1506—1582; *de jure regni apud Scotos,* 1576), fortgesetzt von Languet (1518—1581; *Junius Brutus, vindiciae contra tyrannos,* 1577), wogegen der katholische Schotte Barclay auftrat (1543—1605; *de regno et regali potestate, adversus Buchananum et reliquos monarchomachos,* 1600). Heftiger entbrannte aber der Kampf in England, als mit Elisabeth's Tode (1603) das Haus Stuart mit Jacob I., dem Sohne der hingerichteten Maria, den Thron bestieg und dieser Fürst, obwohl in der presbyterianischen Kirche erzogen, noch mehr aber sein Sohn Karl I. seit 1625, den französischen Absolutismus sich zum Muster nahmen und damit die Begünstigung des Katholicismus verbanden. Als die dem Könige 1627 vorgelegte „Bitte um Recht" (*petition of right*), welche nur die Achtung wesentlicher in der *magna charta libertatum* garantirten Rechte verlangte, ungeachtet der Gewährung durch den König, vielfach verletzt wurde und die religiösen Kämpfe in Schottland, Irland und England die Leidenschaften entflammten, wurde, mit Hinrichtung des Königs, 1649, die Republik proclamirt.

Schon in den Parlamentsdiscussionen waren die Grundsätze von der allgemeinen Freiheit, Gleichheit u. s. w., jedoch mehr in christlich-religiöser Färbung, entwickelt worden, von denen die späteren Principien der französischen Revolution nur als der rein politische Wiederhall betrachtet werden können. Hervorragend unter den Schriftstellern dieser Zeit durch die Kühnheit der Gedanken und die Schärfe der Polemik entwickelte John Milton (1608—1674) aus dem christlichen Princip der Freiheit fast nach allen Richtungen die praktischen Folgerungen. Ausgehend von dem evangelischen Spruche: „Wo der Geist des Herrn ist, da ist Freiheit", verlangte er in verschiedenen Schriften die vollständige Durchführung der Reformation, die Rückführung der Kirchenverfassung auf die ursprünglichen Zustände der christlichen Gemeinschaft, die Pressfreiheit, weil das Verbot eines guten Buches schlimmer sei als der Todtschlag eines Menschen, die Freiheit der Eheschliessung und Ehescheidung, weil das eheliche Band nur von der Seele geknüpft und erhalten werden könne, endlich völlige Trennung von Staat und Kirche. Als Saumaise (*Salmasius*, *Defensio regia, 1651*) für den hingerichteten König und gegen die Republik in die Schranken trat, vertheidigte Milton dieselbe, als Staatssecretär der Republik, und rechtfertigte selbst die Hinrichtung des Königs in seiner Gegenschrift *defensio pro populo Anglicano, 1651,* in welcher er seine demokratischen Ansichten vom Staate und der Staatsgewalt näher darlegte. Als die Republik zerfiel und die Gefahr der Restauration näher rückte, verlangte er in seiner Schrift: „Der mögliche und leichteste Weg, ein freies Gemeinwesen herzustellen," die Umbildung Englands zu einem Bundesstaate auf Grundlage freier Gemeinden und Grafschaften nach dem Vorbilde der vereinigten Niederlande. — Nach Auflösung des Rumpfparlaments durch Monk und nach Zurückberufung Karls II. (1660—1685) wurde der Absolutismus abermals durch Filmer in seinem *patriarcha, 1665*, vertheidigt, und ungeachtet der schon im Munde des Volks verbreiteten Verse: „Als Adam ackerte und Eva spann, wo war denn da der Edelmann", auf Adam zurückgeführt.

Gegen diese Lehre trat, wiederum zur Vertheidigung der Volksrechte, Algernon Sidney (1622—1683) in seinen *discourses on government, 1683*, auf, wurde aber durch den bekannten, die Jury despotisirenden Richter Jeffreys zum Tode verurtheilt und hingerichtet.

Der Sturz der Stuarts erfolgte bald nachher durch die Vertreibung Jacobs II. nach Frankreich. Als mit der Thronbesteigung Wilhelms von Oranien, als Wilhelms III., 1689, nach dessen Annahme der „Erklärung der Rechte der englischen Nation" (*bill of rights*), eine Epoche gesetzmässiger Entwickelung eingeleitet wurde, wurden besonders von John Locke (1632—1704; *Two treatises on government, 1690*), allerdings schon mehr unter dem Einflusse der Naturstandstheorien, die Grundsätze eines auf Grundlage der wesentlichen Freiheiten errichteten constitutionellen Staates und die Lehre von der Theilung der Gewalt in eine gesetzgebende und eine, mit noch besonderen Befugnissen als Prärogative der Krone aufgestellte, executive Gewalt entwickelt, eine Lehre, welche auch in die praktische Behandlung des constitutionellen englischen Staatsrechts besonders durch Blackstone (*Commentaries on the laws of England 1765*) eingedrungen ist. Seit dieser Zeit ist in England das allgemeine

Staatsrecht wenig fortgebildet worden. Die Feststellung und Sicherung der politischen Grundlagen liess den praktischen englischen Geist bald die Richtung auf die nationalökonomischen Angelegenheiten und Fragen nehmen, für welche das Werk von Adam Smith (1723—1790) durch die „Arbeitstheorie“ eine neue Epoche herbeiführte.

IV. Die Entwickelung des eigentlichen Naturrechts oder der Rechtsphilosophie seit dem Ausgange des Mittelalters hat nach verschiedenen Richtungen und Stufen in verschiedenen Schulen einen Verlauf genommen, der als ein natürlicher geschichtlicher Fortgang betrachtet werden kann. Geht man von der richtigen Ansicht aus, dass die geschichtliche Durchbildung eines Princips oder einer umfassenden Lebensidee sich längere Zeit hindurch in der Art vollzieht, dass alle wesentlichen Seiten nicht zugleich, sondern eine nach der andern und oft in schroffer Gegensetzung aufgefasst und dargestellt werden, bis erst schliesslich das Princip in seiner Totalität erkannt und alle geschichtlich ausgebildeten Seiten als besondere Momente darin aufgenommen werden, so wird man auch die Geschichte der philosophischen Rechts- und Staatswissenschaft nicht als einen Irrgang, sondern als einen gesetzmässigen Fortschritt in der Entwickelung der stets nach neuen höheren oder ergänzenden Momenten aufgefassten Rechts- und Staatsidee begreifen.

Das volle Licht der Wahrheit wird erst zuletzt erkannt, wenn dem Geiste durch ein höheres Princip das Mittel gegeben ist, alle, in verschiedenen Farben gebrochenen Strahlen der Wahrheit zu einem Ganzen zusammenzufassen.

Der Ausgangspunkt und das erste Ziel war durch die geschichtlichen Verhältnisse gegeben. Erwägt man, dass die vornehmste Aufgabe der neueren Zeit dahin ging, den Staat in seiner Selbständigkeit als den eigentlichen dynamischen Mittelpunkt in der ganzen gesellschaftlichen Bewegung und dann erst in seinen verschiedenen Verhältnissen zu Religion und Kirche, zur Sittlichkeit u. s. w. zu begreifen, so musste das erste Streben dahin gerichtet sein, das Recht, welches das Grundprincip des Staates ist, vor Allem in seinem Unterschiede von der Religion festzustellen (Grotius); sodann etwas später musste auch das Recht gegen die Moral abgegrenzt (Thomasius) aber auch die höhere Einsicht gewonnen werden, dass das Recht in inniger Beziehung zu Religion und Moral steht (Leibniz-Wolf). Darauf beginnt dann die eigentliche Freiheitsbewegung in dem Streben, die ganze Rechts- und Staatsordnung auf den freien Willen des Subjects zu gründen. Sie gibt sich kund in zwei Richtungen, in einer französischen, von Rousseau eingeleiteten, ganz extremen Bewegung, und in einer von Kant begründeten, sittlichen Richtung, in welcher jedoch gleichfalls das von allen Verhältnissen abstrahirende Subject von sich aus das allgemeine objective Rechtsgesetz finden sollte. Gegen diese subjective Freiheitsbewegung, welche in der französischen Revolution alle Ordnung auflöste, wichtige Freiheitsrechte begründete aber sich ohnmächtig erwies, eine neue feste Staatsordnung zu schaffen, machte sich alsbald eine natürliche Reaction und Gegenströmung geltend, welche das Subject wieder einer höheren Lebensordnung zu unterwerfen unternahm. Diese Gegenbewegung wird nach drei Richtungen durchgeführt, von der historischen Schule (Burke, Savigny), welche Recht und Staat vom individuellen Subjecte abhebt und in den geschichtlichen Culturprocess stellt; von der theologischen Schule, welche, da die Geschichte selbst stetes Werden ist und keinen festen Halt in sich selbst trägt, die ganze Rechts- und Staatsordnung in ihrem Sein und geschichtlichen Werden, im Zurückgreifen auf mittelalterliche Anschauungen, auf die positive Religion zurückführen will, und endlich die speculative philosophische Schule (besonders von Hegel), welche die ganze sittlich-rechtliche Ordnung nur als einen Entwickelungsprocess des absoluten Geistes darstellt. In diesen Schulen hat sich die Entwickelung nach allen wesentlichen aber einseitigen Richtungen abgeschlossen und es stellt sich nun die schon bezeichnete höhere Aufgabe, in organisch-ethischer Auffassung des vollen Begriffs von Recht und Staat, auch die wesentlichen Wahrheiten der früheren Schulen in richtiger Stelle darin aufzunehmen.

Diese verschiedenen Richtungen sind in folgenden Epochen zur Ausbildung gelangt.

Zuvörderst ist eine Uebergangszeit hervorzuheben, in welcher die s. g. Vorläufer von Hugo Grotius auftreten, welche ihre naturrechtlichen Lehren noch mehr oder weniger auf theologische Ansichten stützen, ein doppeltes Naturrecht, vor und nach dem

Sündenfalle annehmen und den Staat nur als nothwendige Folge des Sündenfalles betrachten. Vor Allem ist hier Luther selbst zu nennen, welcher alle Menschensatzungen in der Religion, sowie das Eingreifen der weltlichen Macht in den Glauben verwarf, „weil über die Seele Gott Niemand regieren lassen kann und will als sich selbst", auch meint, dass das „weltliche Recht eine Wildniss geworden", dass es gut sein würde, wenn jedes Land, wie es seine eigene Art und Gaben hat, auch mit eigenen kurzen Rechten regiert würde; daher gibt er auch dem natürlichen Rechte vor allem geschriebenen Rechte den Vorzug und verlangt, dass man die geschriebenen Rechte unter der Vernunft halte, aus der sie geflossen sind, als aus dem rechten Brunnen und nicht umgekehrt die Vernunft mit Buchstaben gefangen halte; im Verein mit mehren anderen Theologen, darunter Melanchthon, erlässt er auch die wichtige Erklärung, „dass das Evangelium, wie es der Obrigkeit Amt bestätige, es auch natürliche und gesetzte Rechte bestätige," dass „kein Unterschied zwischen einem Privatmann und dem Kaiser bestehe, so er ausser seinem Amte unrecht Gewalt und besonders öffentlich oder *notorie* unrechte Gewalt vornehme, denn öffentliche *violatio* hebe alle Pflichten zwischen dem Unterthan und Oberherrn, *jure naturae*". So erschien denn nicht blos die Staatsgewalt, sondern die gesammte Rechtsordnung durch die christlich-religiöse Anschauung geheiligt. Melanchthon (*ethicae doctrinae elementa, 1578*) beginnt die Ansichten mehr zu ordnen, ohne über den Standpunkt Luthers hinauszugehen. Oldendorp (1480—1564, zuletzt Prof. in Marburg; *Juris naturalis, gentium et civilis εἰσαγωγή*) hebt mit mehr Nachdruck die Natur des Menschen als die Quelle alles Rechts hervor, sieht jedoch, wegen des Sündenfalls, in dem Dekalog die beste Erläuterung. Hemming (1513—1600; *de lege naturae etc.*), Alb. Bolognetus (1539—1585; *de lege, jure et aequitate*), besonders aber Winkler (1579—1648, Prof. zu Leipzig; *principiorum juris libri quinque etc., 1615*) beginnen eine mehr methodische Behandlung des Naturrechts. Der Letztere deutet schon an, dass das erste Naturrecht (im Paradiese) ewig und von Gott selbst unabhängig sei.

Die erste Epoche bezeichnet die Selbständigwerdung des, von der Religion unterschiedenen, Naturrechts und begreift die Lehren von Grotius (1583—1645), Hobbes und Pufendorf, welche, von der Annahme eines Naturstandes ausgehend, die Entstehung der Rechts- und Staatsordnung auf gewisse Triebe der menschlichen Natur, auf den uninteressirten Geselligkeitstrieb, oder den Egoismus, oder den interessirten Geselligkeitstrieb zurückführen.

Die zweite Epoche wird gewöhnlich mit Thomasius (1655 bis 1728) begonnen, allein sie ist durch einen Gegensatz charakterisirt, der sich in den Lehren von Thomasius und Leibniz kund gibt, indem der erstere eine schärfere Unterscheidung von Recht und Moral einleitet, der andere das Recht als ein Mittel für die höheren sittlichen Ziele, für die Vervollkommnung des Menschen und der menschlichen Gesellschaft betrachtet.

In diese zweite Epoche muss aber auch die Lehre von Rousseau gestellt werden, welcher aus der Naturstandstheorie und besonders aus den Ansichten von Grotius, Locke und Wolf für die Staatslehre die praktischen Resultate zieht.

Die dritte Epoche beginnt mit Kant (1724—1804), welcher aus dem Grunde der ganzen sittlichen Persönlichkeit, jedoch in abstract formeller Weise, im Absehen von allen Lebensverhältnissen und deren innerem Gehalte, die Rechts- und Staatsidee ableitet und dadurch seinerseits zur Bildung der oben bezeichneten Richtungen und Schulen (theologische, historische, speculative) beiträgt, welche eine Reaction und einen Gegensatz gegen die, das Gepräge eines abstracten Formalismus, Individualismus und Subjectivismus tragenden naturrechtlichen Lehren bilden.

Die vierte Epoche muss die ethisch-organische Auffassung des Rechts und des Staates, für welche Krause's System die vorzüglichsten Grundlagen gegeben hat, zur wissenschaftlichen Durchbildung für die praktische Gestaltung bringen.

Wir haben jetzt diese verschiedenen Schulen, jedoch wesentlich nach dem Masse ihrer Bedeutung für die Gegenwart, näher darzustellen.

Erster Zeitabschnitt.

Von Hugo Grotius bis Thomasius und Leibniz.

§. 16.

Das aus der gesellschaftlichen Natur des Menschen abgeleitete Naturrecht von Hugo Grotius.

Der Leichtsinn und die Rohheit, welche in der Unternehmung und Führung der Kriege die Oberhand gewonnen hatte, sowie die Schrecken, welche der dreissigjährige Krieg in seinen Grausamkeiten schon zu entfalten begann, riefen den Geist der Humanität wach, welcher zunächst die höhere Völkerrechtsordnung auf unwandelbare humane, auch im Kriege noch zu achtende, rechtliche Grundlagen stützen und dadurch der machiavellistischen Politik des Lugs und Trugs, der Gewalt und Grausamkeit entgegen treten sollte. Dieser Geist erhielt in Hugo Grotius den würdigsten Vertreter, welcher mit tief religiöser und echt menschlicher Gesinnung hohen sittlichen Muth verband und den ersten Impuls zu einer grossen, auf ein hohes gesellschaftliches Ziel gerichteten wissenschaftlichen Bewegung gab.

Hugo de Groot[1]) (geb. 1583 zu Delft, gest. 1645) hatte sich in seinem Werke (*de jure belli ae pacis, 1625*) die Aufgabe gestellt, dem Völkerrechte eine neue Grundlage zu geben, er-

---

[1]) Siehe meinen Art. Grotius im Staatswörterbuch; Hartenstein „Die Rechtsphilosophie des H. Grotius“ 1851, hebt bei Grotius in zu einseitiger Weise das Herbert'sche Rechtsprincip „das Missfallen am Streite“ hervor, ohne den tieferen humanen Grund aufzuweisen, aus dem es entsteht und der in den Grundlehren sehr bestimmt hervortritt. Grotius hatte schon in seiner Stellung als Generaladvocat von Holland u. s. w. sein erstes berühmtes Werk: *Mare liberum, seu de jure quod Batavis competit ad indică commercia* geschrieben. Durch die Verwickelung in die theologischen und politischen Parteikämpfe seines Vaterlandes, wo er auf Seiten der Arminianer und Föderalisten stand, kam er durch Moritz von Oranien in das Gefängniss, das lebenslänglich sein sollte, aus welchem er jedoch durch seine Gattin, Maria von Reigersberg, vermittelst einer Bücherkiste, durch welche sie sich selbst in's Gefängniss bringen und ihren Gatten hinausschaffen liess, gerettet wurde. In Paris, wo er Zuflucht fand, schrieb er sein grosses Werk: *de jure belli ac paces, Par. 1625*; 1634 trat er in schwedische Dienste, was schon Gustav Adolf, der das Werk *d. j. b. ac p.* immer mit sich geführt

kannte aber die Nothwendigkeit, auf die Grundprincipien des Rechts selbst zurückzugehen und unternahm es daher, in diesem Werke, in der Einleitung, das natürliche Recht selbst auf einem festen Grunde aufzubauen. Das Werk des englischen Lords Herbert von Cherbury († 1648), in welchem derselbe zuerst die Grundzüge einer, aus dem menschlichen Wesen abgeleiteten natürlichen Religion entwickelte, scheint auf seine ganze Richtung nicht ohne Einfluss gewesen zu sein. Nach der Sprengung des gemeinsamen kirchlich-religiösen Bandes musste das Streben der neuen Zeit vor Allem darauf gerichtet sein, ein gemeinsames Rechtsbewusstsein der Völker, unabhängig von allen religiösen Ueberzeugungen, aus dem Grunde des gemeinsamen menschlichen Wesens zu entwickeln. Diesem Streben gab Grotius den kräftigsten Ausdruck. Entgegen der vorherrschenden mittelalterlichen Auffassung, nach welcher sogar die Begriffe von Gut und Böse, Recht und Unrecht auf den Willen Gottes zurückgeführt wurden, sieht Grotius in dem Rechte ein unwandelbares, mit der menschlichen Natur gesetztes Princip, welches nicht nur vom Willen Gottes, sondern sogar vom Dasein Gottes unabhängig ist, und auch bestehen würde, selbst wenn angenommen würde, was jedoch ohne den grössten Frevel nicht angenommen werden dürfe, dass es keinen Gott gebe, oder die menschlichen Dinge seiner Leitung nicht unterständen (*et si daretur, quod sine summo scelere dari nequit, Deum non esse aut non curari ab eo negotia humana.*) Dieser Satz ist zwar in seiner scharfen Formulirung irrig, da es ohne Gott, den Realgrund aller Dinge und Verhältnisse, auch kein Recht geben würde, aber er bezeugt, wie das Bedürfniss einer selbständigen Rechts- und Staatsordnung auch von einem tief religiösen Geiste empfunden wurde. Zur Erkenntniss der menschlichen Natur, als der Quelle des Rechts, wird nun aus den früher (S. 82) bezeichneten Gründen ein Naturstand angenommen, als ein Lückenbüsser für die noch nicht wissenschaftlich entwickelte Lehre von der Natur des Menschen; Grotius nimmt auch noch einen doppelten Naturstand, vor

---

haben soll, gewünscht hatte. Während zehn Jahren bekleidete er den Gesandtschaftsposten für Schweden am französischen Hofe. Das Werk *d. j. b. ac p.* machte grosses Aufsehen, wurde aber von der römischen Kirche sofort verboten durch Decret vom 4. Februar 1627.

und nach dem Sündenfalle an, allein die, wenn auch getrübte, Vernunft soll doch die Kraft besitzen, durch gewisse allgemeine, ihr eingeborene, Grundsätze Rechte mit Gewissheit und, in gewissen Verhältnissen wenigstens, an der Hand der Erfahrung, mit Wahrscheinlichkeit zu erkennen und festzustellen. Das Naturrecht soll jedoch nicht, mit den römischen Juristen, auf die allgemeine thierische Natur (*jus quod natura omnia animalia docuit*), sondern auf die specifisch menschliche Natur gegründet werden, und diese erblickt Grotius in dem, in der gemeinsamen Vernunft und Sprache wurzelnden, Geselligkeitstriebe, der, über die Selbstsucht hinausgehend, der Rücksicht auf Nutzen fremd und an sich uninteressirt ist. Diese Geselligkeit ist ihm das Wesen, der Bildungstrieb und auch der bleibende Zweck des Rechts und der rechtlich-staatlichen Ordnung. Naturrecht ist also, was durch die Vernunft als übereinstimmend mit der vernünftigen und geselligen Natur erkannt wird (I, 10, 1 und 12, 1).

Zur Wahrung dieser friedlichen Gemeinschaft gehört die Enthaltsamkeit von fremdem Gute, die Zurückgabe dessen, was einem Anderen gehört, die Pflicht, das Versprochene zu erfüllen, den zugefügten Schaden zu ersetzen und die Verschuldung der Strafe. Kraft des im Wesen des Menschen gegründeten Naturrechts gibt es angeborene Rechte, als Leben, Freiheit, Integrität, Besitzergreifung herrenloser Sachen und die Heiligkeit der Verträge.

In dem ersten Naturstande vor dem Sündenfalle gab es zwar kein Eigenthum, und auch nachher hätte man in der ursprünglichen Gütergemeinschaft bleiben können, wenn die Menschen in Sitteneinfalt und ausgezeichneter Menschenliebe fortgelebt hätten (*si aut in magna quadem simplicitate perstitissent homines aut vixissent inter re mutua quadam eximia caritate II, 2, 2*); allein die vorherrschend werdende Selbstsucht hat das Eigenthum, wie die Verschiedenheit der Völker und Staaten, die Sclaverei und den Krieg geschaffen. Die Menschenliebe soll jedoch die höhere Richtschnur bleiben, auch in dem Feinde, ja im Tyrannen und Räuber noch den Menschen erkennen lassen und auch die Fürsten bestimmen, nicht blos auf das ihrer Leitung anvertraute Volk, sondern auf das ganze menschliche Geschlecht Rücksicht zu nehmen (*non unius sibi creditae gentis habere rationem, sed totius humani generis; Prol. 24 S. III, 19, 1, 2*).

Man hat in diesen Ansichten von Grotius gewöhnlich nur eine Vermischung von Moral und Recht erblickt, aber Grotius hat sich nur von der tieferen Ueberzeugung leiten lassen, dass das Menschliche das gemeinsame Band und Ziel für Moral und Recht ist, wenn er auch die besondere Wirkungsweise eines jeden dieser Principien für dieses Ziel noch nicht genauer bestimmt hat.

Der Staat wird nach Aristotelischer Weise als eine vollkommene, allen Bedürfnissen genügende Vereinigung angesehen, aber die Entstehung des Staates wird auf den freien Willen der Glieder zurückgeführt, und zwar, wie Grotius hervorhebt (ohne jedoch diese Auffassung festzuhalten), der Familien, welche in ihrer Sonderung sich nicht genügen konnten. Durch den Staat wird nun positives oder Willensrecht (*jus voluntarium*) eingeführt, durch welches jedoch das natürliche Recht nicht beseitigt, sondern nur schärfer bestimmt und ergänzt werden darf. Dennoch wird dem Einzelnen von Grotius das Recht beigelegt, sich freiwillig in Privat-Knechtschaft zu begeben (I, 3, 8), und auch eine Gewaltherrschaft soll durch Zustimmung (auch stillschweigende) zu Recht bestehen können. Bei der Vereinigung zum Staate unterwerfen sich die Contrahenten der Majorität, weil (wie Grotius ohne tiefere Auffassung sagt) die Unterwerfung unter die Minorität widersinnig wäre. Der erste Act ist die Bestellung einer obersten Gewalt, die jedoch nur, als das Organ der Gemeinschaft, dem Staate als Ganzen zukommend anzusehen ist. Grotius tritt dadurch der organischen Auffassung näher und will sie auch erläutern durch den menschlichen Körper, bei dem man sagen könne, das gemeinsame Subject des Gesichts sei der Körper, das besondere das Auge (*ut visus subjectum commune est corpus, proprium oculus, ita summae potestatis subjectum commune est civitas, I, 3, 7*); das besondere Subject kann nun Einer oder Mehrere sein; fällt jedoch das besondere Subject weg, stirbt z. B. eine Dynastie aus, so geht die Gewalt an das Volk zurück. Der Staat bleibt, wie das Volk, immer derselbe, wenn auch die Regierungsformen oder Subjecte sich ändern, und daher bleiben auch die Verbindlichkeiten bestehen, welche durch öffentliche Handlungen des Regenten eingegangen sind (II, 9, 8 und 141, 12). Die Seele des Staates als des gesellschaftlichen Körpers soll das Gesetz sein (*Rectius Dion Chrysostomus, qui leges dicit esse in civitate ut mentem in corpore humano, III, 3, 2*).

Der Zweck des Staates ward mit Cicero in den Genuss des Rechts und in die gemeinsame Wohlfahrt freier Menschen gesetzt (*coetus perfectus liberorum hominum juris fruendi et communis utilitatis causa sociatus*); ein doppelter Zweck, welchen die spätere Rechtsphilosophie theils auf ein einziges Moment zurückzuführen oder nach den beiden Momenten richtiger zu bestimmen oder zu vermitteln suchte.

Das Völkerrecht beruht auch auf den geselligen Beziehungen der Staaten; es ist ein natürliches, insofern es unmittelbar daraus sich ergibt; es verlangt insbesondere den friedlichen, geselligen Verkehr, offenen Durchgang durch Meere, Flüsse, Canäle, wo eine gerechte Ursache dazu vorhanden ist; es ist ein positives, insofern es durch den Willen der Völker, insbesondere durch Verträge, festgestellt ist. Der Krieg ist aus gleichen Gründen wie Selbsthilfe des Einzelnen zu rechtfertigen; er soll aber nur zum Schutze der Rechte unternommen werden, und in der Führung des Krieges sind gewisse Grundsätze der Humanität und der Moralität zu beobachten (wovon das ganze zweite Buch handelt). Ueberhaupt ist nach Möglichkeit im Feinde noch der Mensch zu achten. Die Uebel, welche nach Kriegsrecht zugefügt werden, glaubt Grotius auch nur durch einen organischen Verband zwischen Obrigkeit und Untergebenen erklären zu können, so dass auch die Verbrechen als gemeinschaftlich betrachtet und auch die Untergebenen für die Obrigkeit zur Rechenschaft gezogen werden können.

So wurde Grotius der Begründer der modernen Rechtsphilosophie und des Völkerrechts durch eine Lehre, welche, sich anschliessend an die humanistische Richtung, auch im Rechte den Sinn der Humanität zu beleben, die humanen Grundsätze durch die Aussprüche der classischen Schriftsteller, durch das alte und neue Testament zu unterstützen und überhaupt den, alle Confessionen überragenden, göttlichen Geist der Menschenliebe fruchtbar zu machen suchte.

Die von Grotius gegründete naturrechtliche Schule nannte man die sociale, ihre Anhänger Socialisten.

Den Gegensatz zu der aus dem germanischen Geiste geschöpften Lehre von Grotius bildet die Theorie von Hobbes, welche in romanistischer Weise den Staat vom Volke abhebt, in die Staatsgewalt verlegt und diese absolut über die Unterthanen herrschen lässt.

§. 17.

Die materialistisch-absolutistische Lehre von Hobbes, die pantheistische Lehre von Spinoza und die Lehre von Pufendorf.

Thomas Hobbes (1588—1679 [1]) unternimmt es, ebenfalls von der Fiction des Naturstandes und des Vertrags ausgehend, jedoch in einer materialistischen Auffassung des menschlichen Wesens, den Absolutismus der Staatsgewalt zu begründen. Er ist aber ein moderner Denker, der den Absolutismus nicht auf fremdartige theologische Principien stützen, sondern als die nothwendige logische Consequenz einer wissenschaftlichen Anschauung von der Natur des Menschen begreifen will. Und gerade dadurch erhält die Lehre nicht nur ihren inneren festen Zusammenhang, sondern sie liefert auch einen unwiderleglichen Beweis, dass jeder Sensualismus und Materialismus, wenn er nicht schon das Denken seiner Anhänger zerrüttet und zu logischen Verknüpfungen unfähig gemacht hat, nothwendig zum politischen Absolutismus führen muss.

Der Mensch ist, nach Hobbes, nur ein materielles Wesen, ein Körper, alle Philosophie ist nur Körperlehre, für den natürlichen Körper und für den künstlichen Körper, den Staat. Was über den Körper und das Endliche ist, wie Gott (dessen Dasein Hobbes nicht zu läugnen wagte), ist kein Gegenstand wissenschaftlicher Betrachtung. Der Mensch ist aber durch seine sinnliche Natur nur von der Selbstsucht getrieben und alles ursprüngliche Recht ist Recht der Selbsterhaltung. Die Selbstsucht des Einen kommt nothwendig mit der Selbstsucht des Andern in Conflict und in Kampf. Daher ist der Naturstand der selbstsüchtigen Menschen ein Kampf Aller gegen Alle (*bellum omnium contra omnes*), und, wie Epicur in seinem

---

[1]) Er war längere Zeit Secretär und Freund von Bacon, dessen naturalistische Richtung von ihm zu völligem Sensualismus und Materialismus verkehrt wurde. Als Anhänger des Königthums hatte er mit tiefstem Widerwillen die freiheitliche und demokratische Bewegung seines Vaterlandes wahrgenommen und in Aengstlichkeit und Liebe zur Ruhe dasselbe 1640 verlassen, sich nach Frankreich gewandt, wo er seine beiden Werke: *de cive, 1642*, und *Leviathan, sive de civitate ecclesiastica et civili*, *1651*, schrieb. Unter der kräftigeren Regierung Cromwells war er zurückgekehrt und von der Restauration Karls II. zu einem höheren Amte befördert worden.

Materialismus den Glauben an die Götter aus der Furcht ableitet (*timor fecit Deos*), so lässt Hobbes aus der gegenseitigen Furcht (*homo homini lupus*) den Staat von dem Momente an entstehen, wo der berechnende Verstand den Menschen sagt, dass es zur Herbeiführung eines Friedenszustandes besser sei, übereinzukommen und durch Vertrag auf die jedem Einzelnen auf Alles zugestehende natürliche Gewalt zu verzichten, um eine Allgewalt im Staate herzustellen, und diese an Einen oder Einige zu übertragen, in Zurückbehaltung von so viel Freiheit für einen Jeden, als zu einem guten und ruhigen Leben hinreichend sei (*de cive X, 1*).

Diese Gewalt ist absolut, unbeschränkt und untheilbar (*de cive, 12, 5*), da sie die Eine und höchste Einheit und Macht darstellt; sie hat ein Recht auf Alles, stellt die Gesetze auf über das Mein und Dein, über das, was gut und böse, auch über den religiösen Glauben, duldet keinen Widerspruch einer Kirche gegen ihre Satzungen. Religion ist nur Furcht vor den unsichtbaren Mächten, welche der Staat anerkennt, andere Furcht ist Aberglaube. Der Staat selbst ist Kirche, insofern die Bürger Christen sind. Durch die Uebertragung der Einen und absoluten Herrschaft wird der Staat eine juristische Person (*persona civilis*), „jener grosse Leviathan (das unüberwindliche Ungeheuer bei Hiob, 41) oder (um würdiger zu reden) der sterbliche Gott (*mortalis Deus*), dem man allen Frieden und Schutz unter dem unsterblichen Gott verdankt" (*Leviathan, c. 17*).

Das Verhältniss der Staatsgewalt zum Staate ist nicht, wie häufig geschieht, zu vergleichen mit dem des Hauptes zum Körper, weil die Staatsgewalt vielmehr als die Seele des Staatskörpers aufzufassen ist. Die Staatsgewalt kann die drei verschiedenen Formen der Demokratie, Aristokratie und Monarchie annehmen, aber gemischte Formen sind verwerflich und Ausartungen gibt es nicht, weil, was die Staatsgewalt thut, wohlgethan ist. Der Gewalthaber soll zwar auch nach dem Grundsatze: *salus publica suprema lex esto*, für das Wohl des Volkes sorgen; worin aber das Wohl bestehe, hat er allein zu bestimmen; die Einzelnen haben nur die Pflicht zu gehorchen (*de cive, 13*).

Der Lehre von Hobbes gebührt das Verdienst, aus zwei Grundanschauungen die strengen Consequenzen gezogen zu haben; sie hat einerseits (auch zu Nutz und Frommen der modernen Materialisten) den Beweis geliefert, dass jeder Materialismus, der in dem Menschen kein geistiges, unsterbliches, aller irdischen Macht enthobenes Princip anerkennt, die Freiheit vernichten und den Absolutismus, sei es des Einzelnen oder der demokratischen Masse, aufstellen muss, und anderseits lässt sie klar erkennen, dass eine blos äusserliche mechanische Auffassung der Staatsgewalt als Willenseinheit den Staat zu einer juristischen Person, im römischen Sinne des Wortes, macht, alle innere wesentliche Gliederung zerschlägt und gleichfalls zum Absolutismus führt. Die historische Wahrheit von Hobbes' Lehre hat sich zudem mehrfach in der Thatsache ausgesprochen, dass wenn Revolutionen das Staatswesen auflösen, die egoistischen Leidenschaften entfesseln und Unsicherheit in alle Verhältnisse bringen, die grosse Masse der Bürger es vorziehen wird, wenn auch oft mit kurzsichtigem Verstande, sich zur Wiedergewinnung eines gesicherten Zustandes einer absoluten Gewalt zu unterwerfen.

Die Gegensätze berühren sich. Der Materialismus lässt das geistige Princip der Persönlichkeit und Freiheit in der ewigen Materie untergehen, der Pantheismus in dem alleinigen absoluten Gott. Spinoza, ein consequenter Denker, liefert den Beweis, dass auch für den Pantheismus (siehe hierüber den Allg. Theil, Grundlegung) das Recht sich in Macht auflöst, wenn dieselbe auch, in demokratischer Richtung, dem politischen Pan, der Menge, beigelegt wird.

Benedict von Spinoza (1632—1677) führt, wie Alles, so auch das Recht zuhöchst auf Gott zurück, welcher als Substanz aller Dinge auch die höchste Macht, und, da Sein und Denken Eins, zugleich die höchste Vernunft ist.

Auch für Spinoza ist alles Sein und alle Macht auf Selbsterhaltung gerichtet. Für das Recht gibt es keine andere Quelle als diese Macht; alle endliche Wesen, welche nur Accidenzen der göttlichen Substanz sind, haben nur so viel Recht als sie Macht haben, da zu sein und zu handeln. So ist das Recht der Fische, zu schwimmen, und das der grossen Fische, die kleinen zu verschlingen. Die Macht und das Recht des Einzelnen im isolirten Naturstande ist aber etwas Unsicheres, daher ist Geselligkeit und die Gründung eines Staates das beste Mittel, diese Unsicherheit aufzuheben und durch gemeinsame Uebereinstimmung gemeinsames Recht festzustellen, dem jeder sich unterordnen muss. Durch Vertrag wird das

Recht der Menge Staatsgewalt, welche auch am besten demokratisch von der Menge ausgeübt wird, deren vereinigte Kräfte stärker sind als die jedes Einzelnen. Diese Staatsgewalt soll sich jedoch nach Spinoza auf das beschränken, was allein der Macht und willkürlichen Lenkung untersteht. Wie sich Spinoza von Hobbes dadurch unterscheidet, dass er ein vom Körper unterschiedenes geistiges Leben und ein, wenn auch nur accidentell, Unendliches in demselben annimmt, so verlangt er auch, dass die Staatsgewalt nicht in das Gebiet des freien Denkens, Fühlens und Glaubens eingreife. (Spinoza's Hauptwerk über staatliche Gegenstände ist der *tractatus theol.-politicus.)*

Samuel Pufendorf[1]) (1632—1694) vereinigte in eigenthümlicher Weise die Ansichten von Grotius und Hobbes, indem er den Menschen als ein durch Selbstliebe bestimmtes Wesen betrachtet, welches aber der Beihilfe Gottes und Anderer bedürfe, und daher auch, der Selbsterhaltung wegen, in seinem Interesse zur Geselligkeit getrieben werde. Aus den Pflichten dieser Geselligkeit fliessen nach Pufendorf die Rechte; aber den letzten Grund des Rechtes erblickt er wieder in dem Willen Gottes, der den Menschen zur Achtung des Naturgesetzes verpflichtet habe.

Dieser Wille soll jedoch nicht aus einer positiven Offenbarung, sondern aus der natürlichen Vernunft erkannt werden, und die natürliche, von den verschiedenen Confessionen unabhängige, Religion ist daher die Grundlage der gesellschaftlichen Ordnung.

Pufendorf beginnt auch, wenn auch nur in äusserlicher Weise, die Moral und das Naturrecht nach dem inneren Gerichts-

---

[1]) Sohn eines Pfarrers in Sachsen (zu Flöha bei Chemnitz), erhielt nach Veröffentlichung seiner ersten Schrift: *elementorum jurisprudentiae universalis libri II, 1660,* einen Ruf an die Universität Heidelberg, wo ein eigener Lehrstuhl für Natur- und Völkerrecht für ihn gegründet wurde, folgte, wegen kleinlicher Anfeindungen von Seiten seiner Collegen, einem Rufe nach Schweden an die Universität Lund 1670, wurde hier durch theologischen Fanatismus beunruhigt, darauf, als Lund von den Dänen besetzt wurde, vom Könige nach Stockholm gerufen und mit dem Amte eines königlichen Historiographen betraut. Seine historischen Werke verschafften ihm durch den Kurfürsten Friedrich Wilhelm den Ruf nach Berlin. Kurz vor seinem Tode wurde er vom Könige von Schweden in den Freiherrnstand erhoben.

hofe (*forum internum*) und dem äusseren Gerichtshofe (*forum externum*) zu unterscheiden. Das hauptsächlichste Verdienst Pufendorfs in Bezug auf das Naturrecht besteht jedoch darin, dass er demselben zuerst in allen Theilen eine systematische Form gegeben, das Privatrecht und das öffentliche Recht verscharf gesondert hat und dadurch auch einem immer reger werdenden Bedürfnisse im deutschen Rechts- und Staatsleben entgegengekommen ist. An dem vielfach übersetzten und commentirten Naturrecht hat sich auch die positive Jurisprudenz mehr zu wissenschaftlicher Behandlung und Systematik herangebildet. (*De jure naturae et gentium libri octo*, Lund 1672 und im Auszuge *de officio hominis ac civis*, Lund 1673.)

Ein nicht minder grosses Ansehen als durch das Naturrecht gewann Pufendorf durch das unter dem Namen *Severinus de Monzambano* herausgegebene Werk: *de statu Imperii Germanici* (zuerst Genf 1667), in welchem er, vom Standpunkte seiner naturrechtlichen Staatsansicht, die Verfassung des deutschen Reichs einer strengen Kritik unterwirft. Das deutsche Reich, erklärt Pufendorf, keine Fortsetzung des römischen Reichs, da der Papst in der unselbständigen Stadt Rom kein Kaiserthum zu verschenken hatte, ist im Verlaufe der Zeit durch die Verwandelung der alten Reichsämter in erbliche Patrimonien, durch die weltliche Machtvergrösserung der Geistlichkeit und durch die fast gänzliche Selbständigkeit der grossen Städte, ein Staatswesen geworden, das auf keine Aristotelische Staatsform zurückzuführen, ein monströses Zwittergebilde von Monarchie und Bund ist, die Nachtheile beider an sich trägt und sich immer mehr dem Staatenbunde nähert; durch den Zwiespalt der Religion noch mehr verwirrt, wird es von den Fürsten, besonders aber von dem habsburgischen Oesterreich ausgebeutet, das sich nur in günstigen, nicht aber in ungünstigen Lagen des Reichs als Glied desselben benimmt. Zur Heilung dieser Gebrechen verlangt Pufendorf, dass an der Spitze die Einheit, der einheitliche Wille, gestärkt werde. Doch warnt er, dem, von einem früheren Schriftsteller, Philipp Chemnitz, unter dem Namen *Hippolithus a Lapide* (*dissertatio de ratione status in imperio nostro Romano-Germanico, 1640*) gegebenen Rechte zu folgen, Oesterreich zu zertrümmern und ein neues, auf eine fürstliche Bundesaristokratie sich stützendes, Wahlkaiserthum aufzurichten, da

Oesterreich nur mit Hilfe des Auslandes (Frankreichs und Schwedens) zerstört werden könne, welches sich seine Hilfe sicherlich auf Kosten des Reichs werde bezahlen lassen. Pufendorf wünscht zwar, dass Oesterreich auf die Beherrschung der deutschen Länder verzichten möge, verlangt jedoch zunächst und vor Allem nur einen bleibenden Bundesrath (*perpetuum consilium*), welcher nach vorgängiger Behandlung aller äusseren Angelegenheiten und nachdem an die einzelnen Bundesgenossen referirt worden, die allgemeine Beschlussfassung zu nehmen habe. Aber diese mässige formelle Reform wollte Pufendorf, im Geiste humaner Bildung, auf gründlichere Verbesserung der staatlichen Zustände stützen, durch Gleichstellung der Confessionen in jedem Staate und durch Hebung des Schulwesens, das nicht von Zeloten geleitet werden dürfe, und empfiehlt schliesslich die Säcularisirung der geistlichen Fürstenthümer, Aufhebung der Klöster und die Vertreibung der Jesuiten.

So war zuerst der moderne rechtsphilosophische Geist an die klärende Prüfung des verwickeltsten Staatsgebäudes herangetreten; Pufendorf hatte zwar den eigentlichen föderativen Grundcharakter des deutschen Staatswesens nicht begriffen, jedoch Manches vorausgesehen, was erst in unseren Tagen vor sich geht, aber auch zugleich eine Warnung ausgesprochen, die auch heute noch ihre volle Beachtung verdient.

Die erste Phase in der Entwickelung des Naturrechts war in den Gegensätzen von Grotius und Hobbes und einem gewissen Syncretismus von Pufendorf beendet; Recht und Staat waren in ihrer Selbständigkeit begriffen und der Staat vor Allem als ein Product freier Uebereinkunft begriffen worden. Es konnte nicht fehlen, dass diese verschiedenen neuen Lehren vielfältige Widersprüche erfuhren. So traten Widersacher auf, welche das Recht und den Staat in strengerer oder gemässigter Weise wieder vom göttlichen Willen abhängig machen wollten; [1]) allein die neue Richtung blieb vorherrschend.

---

[1]) Zu diesen Widersachern gehören hauptsächlich: Selden, die beiden Coccoji (Vater und Sohn); *Henr. de Coccejo: Grotius illustratus 3 voll.* (später vom Sohn herausgegeben, 1744–1747); *Sam. de Coccejo: tractatus juris gentium etc., 1699;* (gegen Pufendorf besonders) Alberti, *compendium*

Zweiter Zeitabschnitt.

Von Thomasius und Leibniz bis Kant.

Unter dem Einflusse der Revolution in England und den Nachwirkungen des verheerenden dreissigjährigen Krieges in Deutschland hatte das Naturrecht bei Hobbes wie bei Pufendorf dem Rechte und der ganzen rechtlich-staatlichen Ordnung als das oberste Ziel nur die Bewahrung des Friedens und der Sicherheit gestellt. Als der öffentliche Geist wieder freier aufzuathmen, eine frischere Lebensthätigkeit in der Wissenschaft wie im Gewerbe und Handel sich zu entfalten begann und der Sinn sich wieder auf Zwecke des Wohlseins zu richten wagte, drang dieser Geist auch in die Rechtsphilosophie, welche demnach, auch unter diesem Antriebe, dem Rechte und dem Staate einen umfassenderen Zweck in der Beförderung des Wohls anzuweisen unternahm. Diese Richtung erhielt einen verschiedenen Ausdruck in der Glückseligkeitslehre des Thomasius, in dem Vervollkommnungsprincip, sowohl nach der reinen Leibnizischen als nach der mehr eudämonistischen Wolfischen Auffassung, sowie in der Lehre Rousseau's von der gemeinsamen Glückseligkeit (*bonheur commun*).

Als praktische Folge stellte sich dabei heraus, dass durch Erweiterung der Aufgabe des Staates, auch die Staatsgewalt mit entsprechenden grösseren Befugnissen ausgerüstet, das Wohl vielfach über das Recht gestellt und dass schliesslich durch Rousseau der Staat und der Staatszweck mit der Gesellschaft und dem Gesellschaftszwecke in einer, die wahre Freiheit vernichtenden, Weise identificirt wurde.

---

juris naturae, orthodoxa theologia confirmatum, Lipsiae 1648; v. Seckendorf, Christen-Staat, in drei Büchern abgetheilt, Leipzig 1686. — Dagegen wurden die Lehren von Grotius und Pufendorf weiter entwickelt von Cumberland (1632—1709), der in seinem Werke: *De legibus naturae etc. edit. tertia 1694,* gegen Hobbes, im Geiste von Grotius, das Princip des Wohlwollens fortbildete; besonders aber Barbeyrac durch seine französische Uebersetzung der Werke von Pufendorf (*le droit de la nature et des gens*, Amsterdam 1706, und *des devoirs de l'homme et du citoyen*, Amsterdam 1709, letzte Ausgabe Paris 1830).

Die einzelnen Lehren werden diese verschiedenen Richtungen näher charakterisiren.

§. 18.
Das Naturrecht in strengerer Unterscheidung von Recht und Moral, Thomasius.

Christian Thomasius [1] (1655—1728), ein muthiger Kämpfer für Alles, was er als Wahr, Gut und Recht erkannt hatte, war zuerst in seinen Vorträgen als Vertheidiger der Lehre Pufendorfs aufgetreten (*Institutiones jurisprudentiae divinae, 1688*), die gerade von Leipzig aus die grössten Anfechtungen erhalten hatte, aber später stellte er (sehr wahrscheinlich unter dem Einflusse der von Leibniz, s. §. 19, entwickelten Auffassung und Eintheilung) eine Lehre auf in den *Fundamenta juris naturae et gentium, 1705*, in welcher einerseits das Recht mit dem Guten und der Glückseligkeit in nächste Beziehung gesetzt, dagegen anderseits von der eigentlichen Moral schärfer abgegrenzt wird.

Thomasius beginnt mit der Untersuchung über die menschliche Natur in ihren Seelenkräften und Trieben, bezeichnet die Glückseligkeit als den Zweck des menschlichen Lebens und als die Aufgabe des Naturrechts im weitesten Sinne (— das man heute

[1] Siehe ausführlich über ihn, sowie über Leibniz und Wolf, Bluntschli, Geschichte des allgemeinen Staatsrechts S. 181—223. Er war der Sohn von Jacob Thomasius, Professor der Beredsamkeit in Leipzig, wurde hier Lehrer der Rechte und war der erste, der 1688 in deutscher Sprache juristische Vorträge hielt; durch Vertheidigung des Professor Franke und der Mischehe von Herzog Moritz Wilhelm zu Sachsen-Zeitz kam er in Conflict mit dem Universitätsgericht, sah sich genöthigt nach Halle zu gehen, wo er durch den Kurfürsten Friedrich III. (wahrscheinlich durch Vermittlung von Pufendorf) eine Anstellung erhielt und durch den Erfolg seiner Vorträge den Kurfürsten in dem Entschlusse bestärkte, in Halle eine Universität zu gründen. Hier in Halle, wohin sich auch Franke wandte und im Pietismus die von dogmatischer Erstarrung bedrohte Religion wieder zu einer Sache des lebendigen Gefühls machte, freilich zu sehr in Abtrennung von der vernünftigen Erkenntniss, entwickelte Thomasius, dessen religiöser Sinn sich zuerst dieser Richtung angeschlossen, aber bald die Einseitigkeit erkannt hatte, seine Thätigkeit im Sinne wahrer Aufklärung. Den Ruf zur Rückkehr nach Leipzig nahm er nicht an und starb in Halle als Kanzler der Universität.

Ethik nennen würde —), welches überhaupt die Lehre vom Guten und Bösen sein soll, unterscheidet dann aber drei besondere Arten und Gebiete des Guten, nämlich das Ehrbare (*honestum*, als Gegenstand der Ethik) mit dem Princip: „Was du willst, dass Andere sich thun sollen, das thue auch dir", das Wohlanständige (*decorum*, als Gegenstand der Politik) mit dem Princip: „Was du willst, dass Andere dir thun sollen, das thue du ihnen", und das Gerechte mit dem Princip: „Was du nicht willst, dass dir geschehe, das thue auch Anderen nicht." (*Fund. I, 6, 40.*)

Im Leben des Weisen sind diese drei Grundsätze vereinigt; sie sind jedoch überhaupt und insbesondere ist das Recht von den übrigen sittlichen Gebieten dadurch zu unterscheiden, dass die sittlichen Pflichten den Endzweck bilden, das Recht nur ein Nebenzweck, ein Corelat der moralischen Verpflichtung ist, deren Sphäre daher eine weitere ist, die innere und äussere Pflicht zugleich umfasst, während das Recht immer zwei Personen voraussetzt, ein äusseres Verhältniss bestimmt, indem Niemand sich selbst Unrecht thun kann und das Recht daher, wenn nöthig, den Zwang zulässt. Die Rechtspflichten sind deswegen vollkommene, die sittlichen Pflichten unvollkommene (*Fund. I, 5, 21: Obligatio juri correspondens semper externa est, metuens coactionem aliorum hominum*).

Auch im Naturstande gibt es angeborene Rechte, wozu die Freiheit und die ursprüngliche Gütergemeinschaft gehören. Thomasius erhob sich hierbei zu der höheren Einsicht, dass der Vertrag nicht der Grund des Rechts sei, sondern zu seiner Verbindlichkeit eine massgebende Rechtsnorm voraussetze, die nur in einem höheren, der menschlichen Natur von Gott eingepflanzten, Gesetze ihren Grund haben könne; diese Ansicht blieb jedoch ohne weitere Entwickelung sowie ohne berichtigenden Einfluss auf die Lehre, welche den Staat aus einem Vertrage entstehen lässt. Eine wichtige Folgerung wurde dagegen aus der schärferen Bestimmung des Rechts für die Begrenzung des Zweckes des Staates und der Staatsgewalt gezogen. Der durch einen doppelten Vertrag, den Vereinigungs- und Unterwerfungsvertrag, entstandene Staat, welcher, nach dem Rechtsprincip, nur den äusseren Frieden zu bewahren hat, soll in dem inneren sittlichen und religiösen Gebiete keinen Zwang zur Anwendung bringen, und von dieser Anschauung aus gab Thomasius die naturrechtliche Begründung des s. g. Territorialsystems (im Gegensatz zu dem in Leipzig von Carpzow verfochtenen, das Kirchenregiment als ein Annex des weltlichen Regiments begreifenden s. g. Consistorialsysteme), nach welchem die staatliche, blos das *jus circa sacra* übende, Kirchengewalt nur den äusseren Frieden unter allen Religionsgemeinschaften bewahren soll. Dies war die wichtigste praktische Folgerung, welche Thomasius durch die schärfere Unterscheidung des Rechts von der Moral für die freiere Entwickelung auf dem religiösen Gebiete zog.

Aber auch nach anderen Richtungen entwickelte Thomasius in besonderen Schriften für wahre Aufklärung und Humanität einen edlen sittlichen Muth.

In der „göttlichen Freiheit, die allem Geiste das rechte Leben gibt und ohne welche der menschliche Verstand gleichsam todt und entseelt zu sein scheint“, erblickt er den mächtigsten Hebel, um sein theures Deutschland, England und Holland ebenbürtig zu stellen, hofft, dass edle Gemüther sich um die Wette bemühen werden, den bisher ihrer Nation angeklebten Schandfleck, als ob sie unfähig wären, etwas Gutes und Tüchtiges zu erfinden, auszuwaschen, da auch hohe Häupter immer mehr und mehr anfangen, diese bisher unterdrückte Freiheit empor zu heben und derselben den ihr gehörigen Glanz zu geben (s. Zuschrift an den Kurfürsten Friedrich III. von Preussen von 1692). Bald darauf (1697) erhob er sich gegen „das Verbrechen der Ketzerei“ und das Recht der Fürsten gegen die Ketzer (zwei Abhandlungen, s. Kleine deutsche Schriften, 3. Aufl., Halle 1721), indem er nachwies, dass die Ketzerei dem Rechtsbegriffe fremd und nur ein Product pfäffischer Unduldsamkeit und Herrschsucht sei; sodann wurde der Hexenglaube und der noch stark betriebene Hexenprocess (Carpzow in Leipzig hatte unter der Masse von Todesurtheilen — die gewöhnlich angegebene Zahl von 20,000 ist gewiss übertrieben — auch viele über Hexen gefällt) ein Gegenstand genauer Untersuchung (vom Verbrechen der Zauberei, 1701), wobei Thomasius erklärte, dass er zwar auch an einen Teufel glaube, dass aber der Teufel mit Pechkelle und seine Mutter dazu eine Erfindung der Pfaffen sei, dass Christus und die Apostel kein System gebaut, in welchem der Teufel der Eckstein sei, dass der Hexenprocess nichts tauge, da er auf der falschen Vorstellung eines Bundes mit dem

Teufel beruhe. Nach dem Ausspruche Friedrichs II. (der fast nur Leibniz und Thomasius hochstellte) hatte dadurch Thomasius den alten Frauen wieder das Recht gewährleistet, in aller Sicherheit alt werden zu dürfen; um so heftiger wurde aber Thomasius von Theologen und Juristen als Atheist angefeindet. Endlich eilte er fast um ein Jahrhundert seiner Zeit voraus, indem er sich gegen die Tortur erklärte, „eine traurige Erfindung, durch welche der noch nicht für schuldig erkannte Angeklagte einer härteren und grausameren Strafe ausgesetzt wird, als ihn treffen könnte, wenn er verurtheilt wäre, und ein ganz unsicheres Mittel, die Wahrheit an den Tag zu bringen".

In diesen Schriften hat sich Thomasius ein bleibendes Denkmal in der Culturentwickelung Deutschlands gesetzt. Auch in seiner philosophischen Auffassung des Rechts ist die Bedeutung einer strengeren Unterscheidung von Moral und Recht anzuerkennen; aber die ganze Auffassung des Rechts als einer blos negativen, durch Zwang vollziehbaren, Norm für die Regelung blos äusserlicher Verhältnisse führte besonders auch in die positive Rechtswissenschaft einige bequeme, leicht verständliche Schlagwörter ein, die nun wie gut geprägte Münze in den juristischen Verkehr gesetzt wurden, aber in Wahrheit lange Zeit einen Verschlag gegen jede tiefere Rechtsauffassung gebildet haben. Besonders wurde die Lehre vom Zwange, die doch nur in einzelnen Fällen ein subsidiäres Mittel und gar nicht den wesentlichen Charakter des Rechts bestimmen kann, mit besonderer Vorliebe, als wenn dadurch das innerste Wesen des Rechts getroffen würde, nach allen Richtungen ausgebildet, so dass wohl der Glaube hätte entstehen können, als wenn die ganze Rechts- und Staatsordnung eine grosse Zwangsanstalt sei, welche zur Regelung der äusseren Bewegungsverhältnisse und zur Erhaltung der richtigen Schranken für den gesellschaftlichen Körper bestehe. Die Einwendungen von Leibniz gegen die Zwangstheorie blieben unbekannt oder doch ohne entsprechende Würdigung.

Die Lehre von Thomasius wurde mehr systematisirt und besonders die Unterscheidung der vollkommenen Zwangs- und unvollkommenen Tugendpflichten noch weiter ausgeführt durch Gerhard (*Delineatio juris naturalis sive de principiis juris etc., Jenae 1712*), Gundling (*Jus naturae, et gentium, 1714*), Fleischer

(*Institutiones juris naturae et gentium, Hallae 1722*), Köhler (*Juris naturalis, ejusque imprimis cogentis exercitationes, Jenae 1729 et 1783*).

§. 19.

Das Naturrecht in seiner harmonischen Beziehung zu Religion und Moral und zum höchsten Lebenszwecke des Menschen; Leibniz.

Leibniz,[1]) der erste philosophische Denker in Deutschland, welcher in selbständiger Forschung entscheidend in den Entwickelungsgang der neueren Philosophie eingreift und sich das hohe Ziel setzt, in einem Systeme des universellen Harmonismus alle in den verschiedenen grossen Systemen enthaltenen theilweisen Wahrheiten durch ein höchstes Grundprincip zu verknüpfen, tritt als ein Gestirn erster Grösse am geistigen Himmel der europäischen Menschheit auf, und breitet auch sofort das Licht seiner neuen Lehre über alle gebildeteren Völker Europa's aus. Leibniz hat diese Lehre nicht zu einem zusammenhängenden Systeme methodisch abgeschlossen, aber überall wichtige Grundsätze aufgestellt, grossartige Gesichtspunkte geöffnet, neue Wege und Methoden gezeigt und einen reichen Samen der gehaltvollsten Ideen in allen Wissenschaften ausgestreut.

Im Unterschiede von seinen grossen Vorgängern, Cartesius und Spinoza, betrachtet Leibniz die unendliche Ordnung des Seins und Lebens weder, wie Cartesius, nach einem dualistischen Gegensatze

---

[1]) Ueber das vielbewegte Leben von Leibniz (geb. am 7. oder 9. Juli 1646 zu Leipzig, als Sohn des früh verstorbenen Professors der Moralphilosophie, gest. zu Hannover 1716) und über die hauptsächlichsten Schriften müssen wir auf die reiche Literatur über Leibniz verweisen. (S. Ueberweg, Grundriss der Geschichte der Philosophie, 3. Theil, 1868, S. 98 ff.) Für die philosophische Rechtslehre Leibniz's sind hervorzuheben: *Nova methodus discendae docendaeque jurisprudentiae* (auf einer Reise im Gasthause verfasst, einige wichtige Gesichtspunkte hervorhebend, jedoch selbst der methodischen Entwickelung ermangelnd); *Observationes de principio juris; Epist. ad Kestnerum; Monita ad Pufend.* und Vorrede zum *Codex diplomaticus; Definitiones ethicae, opera, ed. Erdmann, p. 670.* S. auch Heinrichs, Geschichte der Rechts- und Staatsprincipien t. III und R. Zimmermann, das Rechtsprincip bei Leibniz, 1852.

von Geist und Materie, der auch durch die höchste Substanz keine wahre Vermittlung erhält, auch nicht, wie Spinoza, als die Eine und all-einige Substanz, sondern er erblickt in ihr eine abgestufte Ordnung einheitlicher, stets wirksamer Kraftwesen (Monaden), von der niedrigsten Stufe bis zum höchsten Wesen, Gott. Das Verhältniss der Urmonade, Gott, zu allen andern Monaden, welche als Ausstrahlungen, Fulgurationen derselben angesehen werden, ist zwar nicht methodisch bestimmt, aber es sind zwei grosse Principien, welche Leibniz in die Philosophie einführt, das Princip des Individuellen und der Individuation, durch welches, an die Stelle der Spinozistischen Substanz, eine Unendlichkeit ewiger Einzelwesen tritt, und das Princip der Kraft, Potenz und Potenzialität, wornach jede Monade, der Möglichkeit nach, Alles enthalten, eine jede das Universum auf einer bestimmten Stufe repräsentiren und wiederspiegeln soll. Die vernünftigen Geister sind jedoch nach Leibniz nicht blos Spiegelbilder des Weltalls, sondern der Gottheit selbst, stehen in Gesellschaft mit Gott und sollen in der Naturwelt den Gottes-Staat als die höhere sittliche Welt bilden (Monadologie 83—86).

Auch in der Rechtsphilosophie eröffnet Leibniz neue Gesichtspunkte und fasst die Hauptfäden des nach verschiedenen Seiten auseinander gegangenen rechtsphilosophischen Gewebes zu höherer Einheit zusammen, überragt durch seine Grundansicht vom Rechte die ganze spätere Epoche bis auf unsere Zeit, wo erst eine verwandte Lehre (Krause) die tiefere Wahrheit darin erkennen lässt. Diese Grundansicht zeigt sich dadurch, dass sie das Recht auch auf das innere Leben bezieht, in theilweiser Verwandtschaft mit der Platonischen Lehre, jedoch von dem christlichen Geiste der Liebe durchdrungen ist; sie wird vornehmlich von Leibniz polemisch in Opposition gegen die vorhergehenden Ansichten, besonders Pufendorfs, jedoch auch hie und da in kurzen, nicht streng gegliederten Sätzen vorgetragen. Diese Grundansicht lässt sich in folgenden Momenten zusammenfassen.

Der Begriff des Gerechten ist nicht minder als der des Wahren und Guten auf G o t t zu beziehen. Die Gerechtigkeit ist aber in dem W e s e n Gottes begründet, ist ein essentielles Attribut der Gottheit und es ist falsch, dieselbe, wie manche Scholastiker und wie Pufendorf thun, auf den W i l l e n Gottes zurückzuführen.

Die Gerechtigkeit mit ihren Gesetzen der Gleichheit und Billigkeit ist nicht minder in dem unveränderlichen Wesen der Dinge und der sittlichen Principien begründet als die Geometrie und Arithmetik. Gott selbst kann so wenig Recht zu Unrecht machen, wie er den Satz, dass das Dreieck drei Seiten habe, zu ändern vermag. Das Recht, welches seine Quelle nicht in der Willensmacht hat, ist daher auch kein Machtbegriff. Denn nach dieser Theorie, bemerkt Leibniz, würde es gar keine Pflichten geben, wo kein Oberherr wäre, also kein Völkerrecht und keine Pflichten des Regenten.

Durch diese Auffassung hat Leibniz das Recht auf seinen ewigen unänderlichen Grund in Gott gestellt und dasselbe in seinem Grundprincip aller Willkür entrückt.

Das Recht bezieht sich überhaupt auf Handlungen (nicht auf die Triebfedern oder die Gesinnung), jedoch nicht blos auf äussere, sondern auch auf innere. Pufendorf (den Leibniz, ohne richtige Würdigung, als *vir parum juris consultus et minime philosophus* bezeichnet) bleibt an der Oberfläche haften, wenn er in Unterscheidung des *forum internum et externum* blos die äusseren Handlungen dem Rechtsgebiete zuweist, denn auch im Gerichte muss man oft auf das Innere zurückgehen und es zu erforschen suchen und den Eidschwur zur Entdeckung des Inneren anwenden. Wer nicht vom Geiste des Rechts im Inneren beseelt ist, wird seine Pflichten, wenn nicht offenbar verletzen, doch vielfach versäumen. Ethik und Jurisprudenz hängen eng zusammen; Sache der Ethik ist es, die Tugend zu lehren, der Jurisprudenz, ihren Gebrauch zu zeigen. Auch die Erzwingbarkeit ist kein charakteristisches Merkmal des Rechts. Es gibt Recht und Unrecht, wo kein Zwang stattfinden kann.

Die Erkenntnissquelle des Rechts ist die Vernunft, als der göttlichen Kraft in uns; der Vernunft gehorchen und Gott gehorchen ist das Nämliche. Gerechtigkeit ist eine Norm des Handelns und bezieht sich sowohl auf Gott als auf den Menschen. Das Recht ist ein gewisses moralisches Vermögen oder Möglichkeit (*potentia moralis agendi*), die Verpflichtung eine moralische Nothwendigkeit. Die Gerechtigkeit stammt aus der Liebe, sie ist aber die regelnde Tugend der Liebe, welche die Griechen Philanthropie nannten, also die durch Weisheit geregelte Liebe; die Liebe aber ist, sich der Glückseligkeit (*felicitas*), des Wohls Anderer zu freuen, oder das fremde Wohl zu dem seinigen zu machen; Gerechtigkeit überhaupt ist die der Weisheit gemässe Vollkommenheit, insoferne eine Person im Verhältniss zum Wohl oder Wehe Anderer steht (*Est justitia perfectio sapientiae conformis quatenus persona se habet erga bona malaque aliarum personarum*).

Der Zweck des Rechts ist also das Wohl, und wer die wahren Elemente der Jurisprudenz geben wollte, müsste mit der Wissenschaft des Wohls (also Güterlehre, wie wir heute sagen würden) beginnen. Der blosse Schutz kann nicht der Zweck der Gerechtigkeit sein, denn wir sind auch in Gesellschaft mit Gott. Jedoch kann man als Recht bezeichnen, was die Gesellschaft der vernünftigen Wesen vervollkommnet (*Sed tamen putem, justum esse, quod societatem ratione utentium perficit*).

In der Gemeinschaft liegt Hilfe zum Wohle der Menschen; was daher zur Vervollkommnung der Gemeinschaft führt, gehört auch zum Naturrecht. Von dem Naturrechte gibt es aber drei Grade, das stricte Recht, entsprechend der Aristotelischen commutativen Gerechtigkeit, nach dem Gebote, Niemanden zu verletzen (*neminem laedere*), damit nicht der Frieden gestört werde und das Kriegsrecht eintrete; die Billigkeit, mit dem Gebote, Jedem das Seine zu geben (*suum cuique tribuere*), wodurch die Harmonie und der allgemeine Nutzen positiv hergestellt wird; die dritte Stufe ist die der Ehrenhaftigkeit oder vielmehr Frömmigkeit (*honeste, vel potius pie vivere*), welche die beiden anderen Grade umfasst und sie vervollkommnet. Wir müssen nämlich einsehen, dass wir in einem vollkommensten Staate unter einem Monarchen, Gott leben, durch dessen Macht und Vorsehung das Recht verwirklicht wird.

In dieser Lehre Leibnizens waren wichtige Momente des Rechtsbegriffes, und besonders die innige Beziehung des Rechts zu dem Endzwecke des Lebens, der Vervollkommnung, dem Wohle oder der Glückseligkeit hervorgehoben; dagegen blieb die Unterscheidung zwischen Moral und Recht unklar und Beides wurde oft vermischt. Der Grund der mangelhaften Unterscheidung in allen diesen Theorien, welche, wie schon die Lehre von Pufendorf und Thomasius und noch später die von Wolf, eine Anknüpfung des Rechts an das Gute, die Glückseligkeit u. s. w. suchen, ist darin zu suchen, dass sie nicht den obersten Theil der Ethik (im heutigen Sinne), die Güterlehre, als die gemeinsame Grundlage und Ausgangspunkt für die eigentliche Moral oder Tugendlehre und für die Rechtslehre aufstellen, indem in beiden das Gute und die Güter nur nach zwei verschiedenen Beziehungen erscheinen, nach den subjectiven sittlichen Triebfedern und nach der objectiven Verwirklichung in der Gesellschaftsordnung. (S. Allg. Theil, Grundlegung.)

Noch nach einer anderen kirchlichen und staatlichen Seite sucht Leibniz das Princip einer höheren harmonischen Vermittlung zur Ausführung zu bringen. Bekanntlich hatte er sowohl eine Union der Lutheraner und der Reformirten zu betreiben gesucht, als auch mit dem Plane einer Wiedervereinigung des Katholicismus und Protestantismus sich näher beschäftigt, wobei er jedoch sehr richtig erkannte, dass eine solche Ausgleichung nicht auf dem Gebiete der Dogmen, sondern nur durch eine Vertiefung in das, den Harmonismus am besten wiederspiegelnde, Princip der Liebe gewonnen werden könne. Im gleichen Geiste trat er schon früh (1670) mit Vermittlungsvorschlägen zur Reform des deutschen Reiches hervor, in einer von Pufendorf wesentlich unterschiedenen Richtung. Er hebt hervor, „dass Deutschland der Kampfplatz gewesen, darauf man um die Meisterschaft von Europa gefochten, dass Deutschland nicht aufhören werde, seines und fremden Blutvergiessens Materie zu sein, bis es aufgewacht, sich recolligiret, sich vereinigt und allen *procis* die Hoffnung, es zu gewinnen, abgeschnitten habe"; aber diese Reform sollte nicht durch Schöpfung eines kaiserlichen Einheitsstaates erstrebt werden. So wie Leibniz schon früher (*nova methodus* §. 65) dagegen geeifert hatte, dass die deutsche Jugend mit falschen Staatsdoctrinen aus dem römischen Recht genährt und das deutsche Reich irrthümlich als eine Fortsetzung des römischen Reiches angesehen werde, so ging auch sein wahrhaft organischer und echt germanischer Grundgedanke dahin, dass im deutschen Reiche Gliederung und möglichste Freiheit der Glieder mit der möglichst kräftigen Einheit des Ganzen bestehen solle, und er nimmt daher auch für die, diese Frage erörternde, Schriften (*de jure supremalus*) den Namen *Caesarinus Fürstenerius* an, welcher anzeigen sollte, dass er beiden Richtungen gleichmässig gerecht werden wolle.

Aber noch höher erhebt Leibniz seinen Blick. Er möchte die ganze Christenheit als eine grosse auch rechtlich zu ordnende Friedensgemeinschaft betrachten, welche durch ein immerwährendes Concilium oder durch einen von diesem bestellten Senat regiert würde.

Leibnizens Grundansicht von der Vervollkommnung, als dem Endzwecke alles Rechts, wurde in mehr eudämonistischer Richtung, jedoch in gemeinfasslichster Weise, nach allen praktischen Seiten bis in's Einzelnste ausgebildet von Wolf, welcher überhaupt Leibniz's philosophische Lehre, in Umänderung und in Aufgabe mancher wichtiger Grundsätze zu einem abgeschlossenen System methodisch zu gestalten unternahm.

Christian Wolf[1]) (1679—1754) stellt sofort an die Spitze des Naturrechts das Princip der Vervollkommnung, um aus demselben in fortgesetzter Abfolgerung Alles zu deduciren, was in das Gebiet des Rechts gehört. Dieses Princip wird von ihm in der Formel ausgedrückt: „Thue, was dich und deinen eigenen, sowie deiner Mitmenschen Zustand vollkommener macht, unterlass, was ihn unvollkommener macht."

Ist es nun aber Pflicht des Menschen, sich und Andere zu vervollkommnen, so darf man es auch, und es erzeugt daher die eigene moralische Pflicht eines Jeden das Recht desselben, und die Pflicht geht sohin allem Rechte voran. (*Jus naturae etc.* §. 23: *Jus*

---

[1]) Wolf (auch die Schreibart Wolff ist häufig), geb. zu Breslau 1679, war 1707—23 Professor in Halle, wurde, als die theologische Facultät daselbst auf Anstiften des Professor Lange um Einsetzung einer königlichen Commission „zur Untersuchung der Irrlehre des neuen Weltweisen" gebeten hatte, durch Cabinetsordre vom 3. November 1723 aufgefordert, binnen 48 Stunden Halle und die königlichen Lande bei Strafe des Stranges zu räumen. Wolf wandte sich darauf nach Marburg, wohin er schon vorher einen Ruf erhalten hatte. Von Friedrich II. wurde er 1740 nach Halle zurückberufen und bald darauf in den Reichsfreiherrn-Stand erhoben. — Das Naturrecht ist von Wolf behandelt in dem: *jus naturae methodo scientifica pertractum 1740—49* (mit dem Völkerrechte 9 Quartbände; ein guter Auszug daraus: *Institutiones jures naturae et gentium 1752*) und in den populären Werken: Vernünftige Gedanken von der Menschen Thun und Lassen, Halle 1720, und: Vernünftige Gedanken von dem gesellschaftlichen Leben der Menschen, Halle 1721, 6. Aufl. 1747.

oritur ex obligatione, obligatio prior est jure, et si nulla esset obligatio, nec ullum jus foret.)

Nun steht aber fest, dass kein Mensch für sich allein seine Vollkommenheit befördern kann, vielmehr Einer des Anderen bedarf; daher verlangt das Naturgesetz, dass die Menschen sich und ihren Zustand mit vereinigten Kräften vervollkommnen und dass Jeder verpflichtet ist, so viel als möglich zur Vollkommenheit der Anderen beizutragen, insoweit die eigene Verpflichtung gegen sich selbst nicht darunter leidet und der Eine des Anderen Hilfe bedarf, dagegen jene Handlungen zu unterlassen, durch welche der Andere oder dessen Zustand unvollkommener gemacht wird. Da ein Jeder seine Pflicht erfüllen soll, so muss er auch das thun dürfen, wodurch er seiner Pflicht genügen kann. Das Recht ist demnach, in Bezug auf solches Handeln, eine sittliche Macht oder Vermögen. Der Mensch hat aber ein Recht zu Allem, was er moralisch thun soll. Aus dem Sollen der Pflicht fliesst das Dürfen des Rechts. So haben wir ein Recht auf Nahrung, weil wir die Pflicht der Selbsterhaltung haben. Wenn daher das Naturgesetz zu einem Zwecke verpflichtet, gibt es das Recht auf solche Mittel, die allein dazu führen können. (*Quodsi ergo lex naturae obligat ad finem, jus quoque dat ad media; consequenter si medium non nisi unicum fuerit, jure eodem utimur.*) Das Naturrecht, welches sich überhaupt auf Alles, was *honestum* ist, bezieht, ist das Gesetz der Moral, insofern es zum Handeln oder Unterlassen verpflichtet, also befehlend als Präceptiv- und Prohibitivgesetz auftritt, und das Recht dagegen der Inbegriff der Erlaubniss-Gesetze. Da nun das Wesen der Menschen ein gemeinsames, die natürliche Verpflichtung gleichfalls eine allgemeine ist, so besteht, bei gleicher moralischer Verpflichtung, eine ursprüngliche Rechtsgleichheit.

Es gibt daher angeborene, unwandelbare Pflichten und Rechte.

Die Pflichten, die aus dem menschlichen Wesen entspringen, sind Humanitätspflichten im Allgemeinen. Wolf unterscheidet aber zwei Arten von Pflichten, und ebenso zwei Arten von Rechten; die Pflichten sind vollkommene, erzwingbare, und unvollkommene. Man kann nämlich nur zu Pflichten verhalten oder gezwungen werden, insoweit ihre Erfüllung in unserer Macht steht und ein Anderer hierin sich nicht selbst Genüge leisten kann. Wolf nimmt also die von Thomasius gemachte Unterscheidung von vollkommenen Zwangspflichten und unvollkommenen Pflichten an, bestimmt jedoch die Erzwingbarkeit besser nach einer genauer charakterisirten Art von Pflichten, und unterscheidet zudem auch vollkommene und unvollkommene Rechte, welche letztere für ihn das Gebiet der Billigkeit bilden. Der Mensch hat ein angeborenes Recht auf Alles, was ein nothwendiges Erforderniss zur Erfüllung seiner natürlichen Verbindlichkeit, daher das Recht auf Erfüllung der allgemeinen Humanitätspflichten, ferner das Recht der Gleichheit, Freiheit, auf Sicherheit und ebenso das Vertheidigungs- und Strafrecht.

Der Staat ist durch eine Vereinigung, nicht der Einzelnen, sondern der sich nicht hinlänglich selbst genügenden, häuslichen Gesellschaften entstanden. Die Einigungsform ist der Vertrag, der eine Verbindlichkeit erzeugt, durch welche sowohl der Einzelne dem Ganzen, wie das Ganze dem Einzelnen verpflichtet wird, dem Staatszwecke gemäss thätig zu sein. Der Staatszweck besteht in dem Genusse aller die Wohlfahrt bestimmenden Güter.

Diese Wohlfahrt oder das Gemeinwohl ist das höchste Gesetz des Staates: *salus publica suprema lex est;* zur Erstrebung desselben bedarf aber jeder Staat der allgemeinen Zustimmung (*consensus*) seiner Glieder oder wenigstens der Majorität.

Auch die Grundgesetze entstehen durch Vertrag, durch welchen das Volk die Regierungsgewalt, die ursprünglich bei ihm ist, überträgt und die Regierungsform bestimmt. Der Fürst ist zur Beobachtung der Grundgesetze verpflichtet und es darf keine Aenderung ohne Zustimmung des anderen vertragschliessenden Theils vorgenommen werden.

Die Völker stehen unter einander in gleichen Verhältnissen des Naturstandes wie die Einzelnen und haben ein gleiches Naturrecht. Die Natur selbst hat unter ihnen für ihr Gemeinwohl eine Societät als grössten Staat geschaffen, der gleichsam (*quasi*) durch Vertrag entstanden ist. Alle Völker sind ursprünglich gleich und frei; wegen erlittenen Unrechts haben sie ein Recht zum Kriege; auch der Völkerstaat muss das Naturrecht beobachten.

Durch diese Leibniz-Wolf'sche Vervollkommnungstheorie war das Naturrecht auf eine höhere Stufe gehoben worden. Nicht auf der Geselligkeit wird dasselbe aufgebaut, da diese nur ein natürlicher Trieb und ein Mittel zu einem Gesellschaftszwecke sein kann, sondern der höchste menschliche Lebenszweck wird zur Richtschnur für das Recht genommen. Der gewöhnliche Vorwurf gegen diese Auffassung, dass sie Moral und Recht vermische, ist nur nach einer Seite gegründet. Wie schon bemerkt (S. 113), liegt der Fehler darin, dass nicht die Güterlehre als die gemeinsame Grundwissenschaft (Ethik) für die beiden relativen Gegensätze der Moral und des Rechts begriffen wurde; aber es war ein bedeutender Fortschritt, dass das Recht in innige Beziehung zur gesammten sittlichen Lebensordnung gesetzt und stets darauf hingewiesen wurde, dass Rechte nicht abstract für sich selbst, sondern zur Erfüllung sittlicher Pflichten, oder richtiger für alle menschlichen Lebenszwecke bestehen, deren freie Erstrebung durch das Recht ermöglicht werden soll. In der Staatslehre erhielt das Vervollkommnungsprincip als Wohlfahrtstheorie den gefährlichsten Charakter. Wolf hatte eine Schutzwehr dadurch gezogen, dass er die Verfolgung des Wohlfahrtszweckes an die Zustimmung der Gesammtheit band und dadurch die Staatsgewalt verhinderte, blos nach ihrer Auffassung und gegen die Ansicht der Mehrheit das Wohl zu verfolgen und dasselbe über das Recht zu setzen. Dennoch leistete die Wolf'sche Theorie wesentlichen Vorschub für das Emporkommen des s. g. aufgeklärten Absolutismus (Friedrich II., Josef II.), der nur das Princip erfasste und die Bedingung der Ausführung zur Seite schob. So wie aber dieser Absolutismus das Staatswesen in mancher Hinsicht zu klären, zu lichten und in der Verwaltung zu verbessern unternahm, so hat das Wolf'sche Naturrecht überhaupt wesentlich dazu beigetragen, den Sinn für Verbesserung, das Streben nach Wohlfahrt in einem edlen, freisinnigen und humanen Geiste zu wecken und zu verbreiten.[1])

---

[1]) Es ist dies besonders in Deutschland durch die beiden (S. 114, Note 1) bezeichneten, gemeinverständlichen deutschen Schriften geschehen, in denen von allen gesellschaftlichen und Wohlfahrtsangelegenheiten gehandelt wird, von der Einsetzung der Obrigkeit, wie von der „Einrichtung der heimlichen Gemächer, damit sie nicht stinken". Man kann darin vieles Triviale, Naive und, anstatt einer rechtlichen Auffassung, mehr nur eine wohlmeinende Gesinnung erblicken, z. B. wenn den Studirenden der Rath ertheilt wird, „keine Ergötzlichkeit im Lärmen mit Schreien und Singen u. s. w., sondern lieber in einem Spaziergange in einem Garten mit einem

Das Wolf'sche Naturrecht fand in ganz Europa den meisten Anklang und die weiteste Verbreitung; es entsprach einem tiefen Bedürfnisse der Zeit, dem Streben nach Vervollkommnung, Verbesserung aller socialen Verhältnisse. Im Auslande ist diese Naturrechtslehre auch fast bis auf die Gegenwart die herrschende geblieben, und erst in der neuesten Zeit, theils durch die Kant'sche, noch mehr durch die Krausesche Rechtsphilosophie ersetzt worden.

Im Auslande wurde diese Lehre verbreitet besonders von Formey (*Principes du droit de la nature et de gens, 4. t. 1858*), Postel (in Leiden) *Fundamenta jurisprudentiae naturalis, 1773*, 5. Aufl. (vom Sohne veranstaltet) 1806, Lüzac u. A.; sie wurde vorzüglich auf das Völkerrecht angewandt durch den Genfer Vattel, dessen Werk: *Droit des gens, 1758,* bis auf den heutigen Tag eine wissenschaftliche Autorität im praktischen Völkerrechte geblieben ist.

In Deutschland wurde das Wolf'sche Naturrecht weiter verbreitet, jedoch mit der vorherrschenden Tendenz, eine strengere Unterscheidung von Moral und Recht festzustellen und zu diesem Zwecke die Wolf'schen Lehren zum Theil mit den Ansichten von Thomasius zu verbinden, von Nettelbladt (Halle), Daries (Frankfurt a. O.; *Institutiones jurisprudentiae universalis etc., 1740,* in vielen Auflagen), Achenwall (*Jus naturae, 1750; prolegomena juris nat., 1774*), Höpfner, Naturrecht, 1780, 6. Aufl. 1795, Martini (besonders für Oesterreich) *de jure naturale positiones, Viennae 1772,* in mehreren Auflagen.

Freunde zu suchen, mit dem man erbauliche Discurse führen kann u. s. w." Allein man darf doch den Werth nicht verkennen, den solche populäre, auf Besserung der Sitten und aller geselliger Verhältnisse gerichteten Schriften oder „Vernünftige Gedanken" (ein Lieblingsausdruck Wolf's) für das ganze Aufklärungs- und Vervollkommnungsstreben im achtzehnten Jahrhundert haben mussten. Wolf erblickte eine grosse Verwandtschaft zwischen seiner Lehre und der Chinesischen Lehre des Confucius (Vorrede zu den V. G. v. d. gesellschaftl. Leben) und er selbst würde vielleicht ein recht guter Mandarin geworden sein, so weit dies für eine deutsche Natur — der man bekanntlich viel zumuthen kann — möglich ist; aber es war nothwendig, dass einmal der Wohlfahrtsgesichtspunkt nach allen Seiten zur Geltung gebracht wurde.

Den Einfluss des Wolf'schen Naturrechts auf das Preussische Landrecht hat Degenkolb (im Artikel Preussisches Landrecht im Staatslexikon, 3. Aufl.) dargelegt.

Eine mehr polemische Richtung gegen die neue Lehre nahmen ein Homburgh († 1719), Schmauss, der anstatt eines Vernunftrechts ein „Instinctrecht" aufstellen wollte (*dissertationes juris naturalis, 1740*), Flatt (Versuche u. s. w., 1785).

§. 20.

Die philosophische Rechtslehre in ihrer vorwaltend praktischen Richtung in Frankreich. Montesquieu und Rousseau.

Frankreich bietet seit Ludwig XIV. das unerfreuliche Schauspiel einer, in mehr oder minder schroffen Gegensätzen verlaufenden, Entwickelung dar, in welcher ein Extrem das andere ablöst und die höhere Vermittlung bis jetzt noch nicht gefunden ist. Während unter den römischen Ländern Spanien, bei der grösseren Selbständigkeit der Provinzen, eine mehr germanische föderative Grundlage bewahrt hat, Italien sie sich zu geben bemüht, ist in Frankreich, wesentlich mit Hilfe des römischen Rechts und der Legisten (S. 79), mehr und mehr, am vollständigsten unter Ludwig XIV., das römische Princip der einheitlichen und absoluten Machtfülle der Staatsgewalt zur Geltung gekommen.

Wie aber ein Extrem das andere hervorruft, so kam auch die Zeit, wo, nachdem dieser Absolutismus von oben den Staat zerrüttet hatte, das Bedürfniss eines Wiederaufbaues von unten zu der Vertragstheorie greifen, den Staat aus dem Volke hervorgehen liess, und nun das Volk in seiner Souveränetät die fürstliche vernichtete. Diese Entwickelung wurde durch mehrere Umstände herbeigeführt.

Frankreich hatte die Reformation von sich gewiesen, hätte aber nicht minder einer tiefgreifenden Reform bedurft, um das Grundprincip der neueren Zeit, die freie Persönlichkeit in ihrer innersten Wesenheit, im freien Selbstdenken und in der freien Selbstbestimmung, zur Geltung zu bringen.

Cartesius hatte in seiner philosophischen Lehre diese innerste Wurzel erfasst und hätte durch seinen Spiritualismus den Geistern eine edlere Richtung geben können; aber einerseits wurde diese Bewegung durch den Unverstand der römischen Kurie erstickt und anderseits ist darauf hinzuweisen, dass die Lehre des Cartesius den praktischen staatlichen Fragen ganz aus dem Wege gegangen war. Frankreich sah sich daher von dem eigenen Genius verlassen und musste seine Blicke nach England richten, wo durch die Revolution selbst, sowie durch die Schriften, welche sie hervorgerufen hatte, eine nachhaltige freie Bewegung angefacht war. In England waren aber auch, hauptsächlich in Reaction gegen den heuchlerischen Fanatismus und die Sittenlosigkeit, welche die restaurirten Stuarts vom französischen Hofe nach England übertragen hatten, mehrere freigeistige Schriften von verschiedener Richtung erschienen (Toland, „Christenthum ohne Mysterien", 1690, und „Pantheistikon", Collins, „über die Freiheit des Denkens", 1713, Wollaston, „Umrisse der natürlichen Religion", 1729, Tindal, „Das Christenthum so alt als die Welt", 1739, u. A.), in welchen insbesondere der Offenbarungs- und Wunderglaube angegriffen und ein reiner Deismus, wenn auch meistens mit sittlicher Grundlage, gelehrt wurde.

Aber nicht nur die Blicke hatten sich von Frankreich nach England gewandt, auch zwei der grössten Schriftsteller begaben sich dahin, Voltaire und Montesquieu, der erste, um sich im Umgange mit den englischen Freigeistern noch mehr in der gleichen Richtung zu bestärken; der zweite, um die Englische Verfassung kennen zu lernen, in welcher er bald ein wahres politisches Musterbild zu entdecken glaubte.

Aber die politische Bewegung, welche nur in den gebildeteren Kreisen angefacht war, erhielt einen mächtigen Impuls nicht nur durch Montesquieu, sondern auch eine neue, viel tiefer gehende Richtung durch Rousseau. Montesquieu und Rousseau bilden in den Ausgangspunkten und nach dem Ziele ihrer Bestrebungen einen wesentlichen Gegensatz; in der praktischen Entwickelung wurde das Grundprincip Rousseau's vorherrschend.

Montesquieu (Baron de la Brède, 1689—1755) hatte mit umfassenden Geiste die Gesammtbeziehungen des gesellschaftlichen und Völkerlebens zur Natur und zu allen geistigen, sittlichen und historischen Zuständen zu erforschen und durch viele Reisen (nach Oesterreich, Italien, Schweiz, Holland, England) seine Kenntnisse zu erweitern gesucht. Nach der Rückkehr von England bearbeitete er sein grosses Werk: *Esprit des lois* (welches erst 1748 erschien), nachdem er schon in seinen *Lettres persones*, 1721, eine bittere

Satyre über die politischen, sittlichen und religiösen Zustände Frankreichs ausgegossen hatte. Jenes grossartige Werk bildet zwar kein in sich abgerundetes Ganzes, dringt nicht ein in die inneren Lebens- und Bildungsgesetze der Staaten, stellt die hauptsächlichsten Materien äusserlich neben einander und verbreitet darüber nur einen Schatz geistreicher Reflexionen; bei der Aufgabe, welche sich Montesquieu stellte, ist er jedoch von der Grundanschauung geleitet, dass die gesammten gesellschaftlichen und staatlichen Verhältnisse nicht sowohl ein Product der Willkür und willkürlichen Satzungen, als vielmehr ein Ergebniss der Natur- und Culturverhältnisse und der ganzen historischen Entwickelung eines Volkes sind, die menschliche Vernunft jedoch auch die Aufgabe hat, mit Berücksichtigung aller dieser Verhältnisse gewisse allgemeine Principien der Humanität, der Freiheit, der bürgerlichen Gleichheit u. s. w. zur Anerkennung zu bringen. Gerade in Folge dieses Charakters erzielte jedoch dieses Werk, wenn es auch eine grosse Verbreitung unter den Gebildeten fand (durch 20 Auflagen im Verlauf weniger Jahre), praktisch geringe Erfolge. Der Geist der Zeit wollte nicht an das Historische gemahnt sein, mit dem er zu brechen vor hatte, nicht an die Gesetze und Bedingungen, die dem Wollen und Handeln Schranken setzten, er verlangte nicht Berücksichtigungen, sondern rücksichtslose, einfache, durchschlagende Principien, wie sie kurz darauf von Rousseau aufgestellt wurden.

Die Grundgedanken Montesquieu's lassen sich in folgenden Punkten zusammenfassen.

Das oberste Princip ist in dem ersten Satze seines Werkes ausgesprochen: „Die Gesetze in ihrer weitesten Bedeutung sind die nothwendigen Verhältnisse, welche aus der Natur der Dinge fliessen (wie Plutarch sagt, ist das Gesetz die Königin aller Sterblichen und Unsterblichen); die Gottheit hat ihre Gesetze, die materielle Welt, die höheren Geister, die Thiere und die Menschen haben ihre Gesetze. Es gibt eine Ur-Vernunft (*raison primitive*), die Gesetze sind die Verhältnisse, welche zwischen ihr und den besonderen Wesen und unter diesen letzteren selbst bestehen. „Die besonderen Vernunftwesen (*lex êtres particuliers intelligens*) können Gesetze haben, die ihr Werk sind, sie haben aber auch Gesetze, die sie nicht gemacht haben.“ Bevor es menschliche Gesetze gab, gab es Verhältnisse der möglichen (ideellen) Gerechtigkeit.

Behaupten, dass es nichts Gerechtes und Ungerechtes gebe, als was die positiven Gesetze befehlen oder verbieten, heisst so viel als behaupten, dass, bevor man einen Kreis gezogen, die Radien nicht gleich waren."

Von diesem Gesichtspunkte aus unternahm es nun Montesquieu, den bestimmenden Einfluss und die Macht der in den Verhältnissen selbst liegenden Gesetze in den positiven menschlichen Gesetzen nachzuweisen. In der Ausführung hat er sich mannigfach geirrt, er hat, wie längst erkannt, den Naturverhältnissen, besonders dem Klima, einen zu grossen Einfluss, selbst auf die Religion, eingeräumt; er hat überhaupt die umbildende Kraft der Vernunft und des dadurch geleiteten Willens, er hat das: *mens agitat molem* nicht nach Gebühr gewürdigt und hervorgehoben, aber vielfach sind von ihm tiefe Blicke in das gesellschaftliche und Culturleben der Völker gethan und Ansichten von grosser Tragweite aufgestellt.

Unter den historischen Entwickelungen nimmt bekanntlich die Darstellung der Englischen Verfassung (welche die Anregung wurde für die tiefer eingehende Schrift des Genfers Delolme über „die Englische Verfassung", zuerst in englischer Sprache 1775) den hervorragendsten Platz ein. Auch bei dieser Erörterung hat sich Montesquieu in Hauptpunkten geirrt, indem er nämlich in dieser Verfassung die Dreitheilung der Gewalten erblickte, welche in der Trennung, wie er sie denkt, gar nicht besteht, und indem er bei der Jury eine Theilung der Functionen nach dem falschen Gegensatze von Thatfrage und Rechtsfrage annahm, während sie nur in Bezug auf Schuld und Strafe besteht; ein Irrthum, der verderblich für die ganze Organisation des Schwurgerichts, zuerst in Frankreich, dann in den anderen Staaten des Continents gewirkt hat; aber mit richtigem Blicke hat er, zugleich auf „das bewunderungswürdige Werk von Tacitus über die Sitten der Germanen" verweisend, erkannt, „dass die Engländer von ihnen die Idee ihrer politischen Verfassung bekommen" haben und dass „dieses schöne System zuerst in den deutschen Wäldern erfunden" sei. Trotz des Spottes von Voltaire, dass der Reichstag von Regensburg den deutschen Wäldern näher liege, und obwohl die tiefere historische Forschung in der Englischen Verfassung eine glückliche, wahrhaft organische Verbindung eines romanischen Einheits- und Herrschaftsprincips mit den freiheitlichen und föderativen germanischen Grundlagen erkennen lässt, so wies doch Montesquieu auf die vornehmste Quelle hin, und diese Weisung bleibt bis auf den heutigen Tag eine Mahnung für den französischen Geist, sich auch wieder auf die, durch Absolutismus und abstractes Naturrecht zerrütteten, freiheitlichen germanischen Grundlagen seines staatlichen Lebens zu besinnen.

Wir können hier nicht die wenig glückliche Eintheilung der Staatsformen in Monarchie, Republik (Demokratie und Aristokratie) und Despotie näher würdigen, auch nicht den tieferen, wenn auch zu einseitig durchgeführten Gedanken Montesquieu's, die innerste Triebfeder einer jeden dieser Formen in einem bestimmten ethischen Princip aufzusuchen (für die Monarchie in der Ehre, für die Demokratie in der Tugend, für die Aristokratie in der Mässigung, für die Despotie in der Furcht); dagegen müssen wir hervorheben, dass Montesquieu zuerst in der Wissenschaft auf das Repräsentativsystem als auf das politische Ideal hingewiesen hat, während das eigentliche Naturrecht diese praktische Gestaltung des Staatslebens fast gar nicht erkannte oder nicht erörterte.

Seinen Seherblick bewährte Montesquieu auch dadurch, dass er bei Betrachtung des Steuerwesens (*liv. XIII, ch. 17*) „die neue Krankheit“ erkennt, welche sich über Europa verbreitet, die Fürsten ergriffen hat, sich stets verschlimmert, nothwendig ansteckend ist, Europa ruinirt und darin besteht, dass die Fürsten eine so übermässige Truppenzahl unterhalten, als sie etwa haben könnten, wenn die Völker in Gefahr wären, vernichtet zu werden (*d'être exterminés*); und, ruft Montesquieu aus, einen solchen Zustand der Anspannung Aller gegen Alle nennt man Frieden! Bei dieser Anstrengung Soldaten zu haben, setzt er hinzu, werden wir bald nur noch Soldaten haben und wie die Tartaren sein (*et nous serons comme des Tartares*).

So hatte Montesquieu auf eine neue Barbarei hingewiesen, die jetzt in einem hohen Grade über uns hereingebrochen ist.

Das Werk Montesquieu's lag nicht in der Strömung der mehr und mehr sich aufregenden politischen Leidenschaften. Nicht Betrachtungen, Reflexionen über historische Zustände, über den Geist der Gesetze verlangte man, sondern Hebel, um das Veraltete umzuwerfen und Besseres an die Stelle zu setzen. Der Absolutismus hat ja in der Regel die schlimme Folge, dass er eine Reaction erzeugt, die gleichfalls durch einen entgegengesetzten Absolutismus der Principien den ersteren zu stürzen sucht. Nicht eine Lehre konnte tieferen Anklang finden, welche die Relativität, die gegenseitige Bedingtheit aller gesellschaftlichen, rechtlichen und politischen Einrichtungen anschaulich machen wollte, sondern eine einfache durchschlagende Theorie, welche in absoluten Sätzen, mit dem Glauben der Unfehlbarkeit den kräftigsten Impuls für das Wollen und Handeln gab. Eine solche Lehre brachte Rousseau.

Jean Jacques Rousseau (geb. zu Genf, 1712—1778, dessen Leben selbst, wie die *confessions* es der erstaunten Welt enthüllten, ein Spiegelbild des Gemeinsten in den gesellschaftlichen Zuständen und zugleich der hochgehendsten Bestrebungen war) hat seine grosse Macht über die französische Gesellschaft nur dadurch ausgeübt, dass seine Lehre ein wahrer und tiefer Schmerzensschrei eines geknechteten und bis in's innerste Mark ausgesogenen Volkes, eine energische Protestation gegen einen abgelebten übertünchten Despotismus war, gegen alle über das gemeine Recht sich erhebenden Privilegien, gegen die ganze gesellschaftliche Ordnung, welche ganz abgetrennt von ihren natürlichen Wurzeln in der Volksgesammtheit, der völligen Fäulniss entgegen ging.

Auf diese innerste Wurzel und Quelle griff Rousseau zurück, nicht um für Alles wieder die rechte Anknüpfung zu finden, sondern um durch tiefste Aufwühlung des Grundes das bestehende Gebäude umzustürzen und an die Stelle des absoluten fürstlichen Selbstherrschers das Volk in seiner absoluten Selbstherrschaft zu setzen.

Rousseau zieht jedoch nicht blos die extremsten Consequenzen aus mehreren Grundsätzen des früheren Naturrechts; zum erstenmale wird von ihm ein neues Princip, welches einen der wichtigsten Ausgangspunkte in der neuen Bewegung gebildet hatte, in den Vordergrund gestellt. Es ist die Natur, durch welche er die auf die grössten Abwege gerathene Cultur zu den einfachsten Ausgangspunkten zurückführen und zugleich für die, durch rohe Willkür zerrüttete, durch liederliche Sitte und Wirthschaft verdorbene und künstlich verzerrte, Gesellschaft das rechte Vorbild zeichnen wollte. Der Verstand war irre geworden, der Naturinstinct sollte an die Stelle treten.

In dieser Richtung ging er Hand in Hand mit der französischen nationalökonomischen Schule der Physiokraten (Quesnay). Auch der Begriff des Naturrechts selbst erhielt bei Rousseau einen anderen Sinn. In den früheren Schulen war die ganze Auffassung, der Richtung nach, eine ethische gewesen, indem man aus dem ethischen Wesen des Menschen das Recht abzuleiten unternommen hatte; aber Rousseau nimmt die Lehre von einem Naturzustande, wenigstens im Anfange, ernstlich und verlangt, dass die verbildete Gesellschaft zu demselben umkehre, und der naturalistische Zug bleibt noch in seinen späteren Anschauungen vorwaltend. Die grosse Anregung, welche Rousseau durch seinen Emile für eine mehr naturgemässe Erziehung der Kinder, die er von vielen Banden befreite, gegeben hat, wird in der Geschichte des Erziehungswesens verzeichnet bleiben.

Rousseau hat sich mit den wichtigsten Grundansichten der Naturrechtslehrer, Grotius, Hobbes, Pufendorf, Wolf bekannt gemacht; es sind aber insbesondere die, allerdings viel tiefer gehenden, Schriften von Locke, über Erziehung (*Education of children*), 1693 (in's Französiche übersetzt von Coste 1708), über bürgerliche Regierung 1689 (*on civil government*), und über die Vernunftmässigkeit des Christenthums 1695 (*on natural religion*), die ihm am meisten zum Sporn und Vorbilde für die drei ähnlichen Schriften: *Emile, ou de l'Education 1762*, *Contrat social 1762* und *Lettres écrites de la Montagne* gedient haben.

In der frühesten, von der Akademie von Dijon 1753 gekrönten und mit grossem Beifall aufgenommenen Schrift „über den Ursprung der Ungleichheit unter den Menschen“ (*De l'origine et des fondaments de l'inégalité parmi les hommes*), entwickelt er in leidenschaftlicher und vielfach sophistischer Beredsamkeit den Grundgedanken, dass Künste und Wissenschaften der Grund des Verderbens der Gesellschaft, der Ungleichheit geworden und dass daher die Menschen zu dem ursprünglichen einfachen Naturzustande zurückkehren müssten.

In der zweiten und vornehmsten Schrift über den „Gesellschaftsvertrag“, *Contrat social*, hat sich Rousseau mit dem gesellschaftlichen Zustande mehr ausgesöhnt, legt seiner inneren Leidenschaft mehr die straffen Zügel einer geordneten logischen Entwickelung an, und begründet die politische Lehre, welche so verhängnissvoll für Frankreich und ganz Europa werden sollte, in folgenden einfachen aber gewichtigen Sätzen.

Der Mensch, so lautet die Lehre, wird frei geboren und überall ist er in Ketten. Wie ist diese Aenderung vor sich gegangen! Es muss eine rechtmässige Begründung gesucht werden. Die gesellschaftliche Ordnung ist ein geheiligtes Recht und die Grundlage für alle anderen; sie entsteht jedoch nicht durch die Natur und beruht daher auf Verträgen; die Familie ist zwar die älteste und die allein natürliche aller Gesellschaften, allein wenn die Kinder selbständig werden, löst sie sich wieder auf. Man kann in der Familie wohl ein Vorbild für die bürgerliche Gesellschaft erblicken, aber die Analogie bleibt ungenügend. Auch die Gewalt oder das Recht der Stärkeren kann diese Gesellschaft nicht begründen, „der Stärkste ist nie stark genug, um stets Herr zu bleiben, wenn er nicht seine Stärke in Recht und den Gehorsam in Pflicht verwandelt“. Die Gewalt begründet kein Recht, man ist nur verpflichtet, einer gesetzlichen Macht zu gehorchen. Diese kann nur durch freie Zustimmung aller Glieder der Gesellschaft, also durch Vertrag, geschaffen werden.

Der Vertrag kann jedoch nichts feststellen, was den angebornen Rechten zuwider ist. Kein Mensch kann auf seine Freiheit verzichten (Polemik gegen Grotius), weil er damit seine Eigenschaft als Mensch aufgeben würde, und kein Volk kann blos Gehorsam versprechen, weil, wenn es sich blos einen Herrn setzte, es aufhören würde, ein Volk zu sein, einen politischen Körper zu bilden. Ueberhaupt kann kein Wille eine Zustimmung zu dem geben, was dem Wohle (*bien*) des wollenden Wesens zuwider ist (ein dem Wolfschen Naturrecht entlehnter Satz, der, wenn ihn Rousseau in seiner Bedeutung ergriffen hätte, zuvörderst die von Leibniz verlangte Wissenschaft von dem objectiven Guten und dem Wohle als Richtschnur für alle Verträge gefordert haben würde).

Zur Wahrung der Freiheit bei einer gemeinsamen Macht geht das hauptsächlichste Problem dahin: „eine Form der Verbindung zu finden, welche mit gemeinsamer Kraft die Person oder die Güter aller Verbundenen vertheidigt und schützt und in welcher Jeder, indem er sich mit Allen einigt, doch nur sich selber gehorcht und ebenso frei bleibt wie zuvor.“ (I, 6.) Die Lösung dieses Problems gibt der Gesellschaftsvertrag, durch welchen Jeder alle seine Rechte ohne Vorbehalt an die Gemeinschaft hingibt (*aliène*) und eben so viel zurückerhält, als er hingegeben hat, demnach die Lage Aller gleich ist, ein Jeder den Anderen nichts überlässt, was er nicht von ihnen erhielte, aber nur mehr Macht zur Erhaltung dessen, was er hat, gewinnt.

Durch den Gesellschaftsvertrag wird demnach ein Allgemein-Wille (*volonté générale*) geschaffen, der (wohl zu unterscheiden von dem Willen Aller, *volonté de tous*) als ein Gesammt-Ich (*moi commun*) und als ein moralischer oder politischer Körper erscheint, der Staat heisst, wenn man ihn als ruhende Ordnung auffasst, Souverain, wenn er handelt, und Macht, wenn man ihn mit anderen gleichartigen Körpern vergleicht.

Durch den Gesellschaftsvertrag tritt nun eine grosse Aenderung ein; an die Stelle des natürlichen Instincts tritt die Gerechtigkeit und die Stimme der Pflicht; der Einzelne verliert seine natürliche Freiheit und sein Recht auf Alles, um die bürgerliche und moralische Freiheit und das Eigenthum an Allem, was er besitzt, zu gewinnen, und an die Stelle so mancher physischer Ungleichheit, welche die Natur erzeugt, tritt die moralische und rechtliche Gleichheit, die, ungeachtet der Ungleichheit der Kraft und des Genies, Alle vertragsmässig und von Rechtswegen gleich macht (I, 9). Der Allgemein-Wille des Collectivkörpers ist die Souveränetät; diese ist unveräusserlich; die Gewalt ist zwar übertragbar, jedoch nicht der Wille; sie ist untheilbar (gegen Locke und Montesquieu), weil der Allgemein-Wille Einer und keine blosse Summe aller Einzelwillen ist.

Hier sucht nun Rousseau diesen wichtigen Unterschied zwischen dem Allgemein-Willen und dem Willen Aller näher zu begründen, jedoch in einer gänzlich verfehlten Weise. Mit Recht bemerkt er, dass oft zwischen beiden ein Unterschied bestehen kann, indem der erstere sich auf das Gemein-Interesse, der andere, der nur eine Summe der Einzelwillen ist, auf das Sonderinteresse bezieht; aber, ohne irgend tiefer auf diese Unterscheidung an sich und in ihren praktischen Folgen einzugehen, meint er, durch eine arithmetische Gleichung die Frage abthun zu können. Man soll, verlangt er, von den Einzelwillen diejenigen, die sich am meisten und am wenigsten unter einander aufheben, abziehen, und es bleibe dann, als Summe der Differenzen, der Allgemein-Wille (*ôtez des volontés particulières les plus et les moins qui d'entredétruisent, reste, pour somme des differences, la volonté générale, II, 3).* Ein Jeder soll jedoch an der Abstimmung theilnehmen und Rousseau meint, dass trotz der Sonderwillen, der Ausdruck des Allgemein-Willens gefunden werde, wenn es im Staate nur keine besonderen Gesellschaften gebe und jeder Bürger nach seiner eigenen Ansicht stimme.

Die Souveränetät ist aber nach Rousseau auch unvertretbar, und das Volk kann daher nur in den Urversammlungen Gesetze geben; die Idee der Repräsentation gehört dem Feudalstaate an; Gesetze, die das Volk nicht gegeben oder nicht genehmigt hat, haben keine Geltung. Es gibt zwar eine von der gesetzgebenden Gewalt unterschiedene vollziehende Gewalt, eine Regierung, da es dem Volke unmöglich ist, in seiner Gesammtheit das Gesetz im Einzelnen auszuführen. Das Verhältniss zwischen dem souveränen Volke und der Regierung ist jedoch kein Vertragsverhältniss; das Volk bezeichnet einfach durch einen Wahlact die Personen, die es damit beauftragen will. Die Magistrate, Fürsten (König, Senat) sind daher blos Bedienstete des Souveräns (*simples officiers du souverain*), die ihrerseits den Auftrag nicht niederlegen dürfen, wohl aber einfach entlassen werden können. Es gibt daher kein Recht zur Insurrection, da die Beauftragten blos aus dem Dienste zu entlassen sind.

Endlich ist die Souveränetät auch unbeschränkt. Der Souverän kann nicht irren und nicht Unrecht thun, er hat zwar seine natürlichen Grenzen an dem Leben und der Freiheit der Bürger, er entscheidet jedoch allein, in wie weit ein Verzicht auf dieselben durch das Interesse der Gemeinschaft geboten ist (II, 4).

In diesem Sinne hat Rousseau in anscheinend strengstem logischem Zusammenhange, wie es auch vorher nicht versucht worden war, seine neue Staatslehre aufgestellt, die wir in ihrem innersten Principe noch kurz zu prüfen haben.

Das Grundprincip und die Grundkraft in dieser Lehre ist der Wille, und zwar der empirische sinnliche, nicht der höhere, Vernunftgesetzen unterworfene, Wille; aber eine jede Rechts- und Staatslehre, die blos vom Willen ausgeht und nicht sofort die Unterordnung desselben unter höhere vernünftige und sittliche Gesetze hervorhebt, führt, da der Wille überhaupt das Machtprincip oder herrschaftliche Vermögen im Geiste ist, stets zur Omnipotenz der Staatsgewalt, sei es im Absolutismus des Einzelnen oder des Volkes. Die wahre Consequenz ist jedoch der Absolutismus einer Einzelpersönlichkeit, da der Wille das Individuellste im Geiste ist; daher trieb auch der von der Willensherrschaft ergriffene römische Volksgeist zum Imperatorenthum, und auch Hobbes sah den Absolutismus der Staatsgewalt am besten im Absolutismus des Fürsten gewahrt.

Rousseau hat dieser Consequenz dadurch entgehen wollen, dass er sich in den mystischen Nebel des Allgemein-Willens hüllte und an die Stelle des Fürsten die souveräne Gesammtpersönlichkeit des Volkes setzte; allein der Wille ist stets ein einzelner, individueller, und durch kein Rechenexempel wird man durch einen Extract aus der Summe aller zu befragender Einzelwillen einen Allgemein-Willen finden. Ein wahrhaft Allgemeines kann nur durch allgemeine, aus dem vernünftig-sittlichen Wesen des Menschen geschöpfte und unantastbare, die wesentlichen Güter und Rechte der Menschen verbürgende, Principien festgestellt werden. Es ist anzuerkennen, dass Rousseau, bei schärferem politischen Blicke, das tiefere Bedürfniss fühlte, über der Einzelwillkür ein höheres Band in einem Allgemeinen zu suchen; er hat wohl selbst empfunden, dass es nichts als Sclaverei ist, wenn ein Mensch blos dem Willen eines Menschen unterworfen sein soll, ohne dass dieser Wille sich zugleich als Träger eines Vernunftgebotes, eines sittlichen Gesetzes oder einer Pflicht ankündigt, aber obwohl Rousseau auch in einem Schreiben an den Marquis von Mirabeau auf die Nothwendigkeit eines solchen höheren Gesetzes hinzuweisen scheint, indem er als das grosse Problem in der Politik bezeichnet: eine Regierungsform zu finden, die das Gesetz über den Menschen stellt, so hat er dieses Problem, das er zudem mit der Quadratur des Zirkels vergleicht, in keiner Weise gelöst, und bei der vollen praktischen Ausführung hätte seine Lehre nur eine grosse Staatssclaverei erzeugen können. In höchst verderblicher Weise hat auch seine Lehre die despotischen Ansichten von der Omnipotenz des Staats und des Staatswillens verbreitet und selbst dem Wahnsinn Vorschub geleistet, dass es für den Staatswillen nur darauf ankomme, etwas durch das Gesetz zu befehlen, um es sofort zur Realität zu bringen. Als in der Revolutionszeit St. Just erklären liess, „dass die Tugend auf der Tagesordnung stehe", oder als Robespierre „das Dasein eines höchsten Wesens" decretiren liess, zogen sie nur die praktischen Consequenzen aus der Theorie des Alles beherrschenden Staatswillens. Rousseau selbst hatte ja auch dem Staate die Aufgabe zugewiesen, ein rein bürgerliches Religionsbekenntniss aufzustellen, nicht sowohl in religiösen Dogmen, als in gesellschaftlichen Principien, ohne welche Niemand ein guter Bürger sein könne, im Uebrigen jeden Glauben zu dulden, der nicht selbst unduldsam sei; aber auch hier war keine Grenzlinie zwischen dem Staate und dem Glauben des Einzelnen gezogen.

Was das Willensprincip selbst betrifft, so liess sich die reale geschichtliche Entwickelung durch das Rousseau'sche Nebelgebilde von einem Allgemein-Willen nicht von ihrem, durch das Grundprincip bestimmten, geraden Wege ablenken. Mag auch ein Volk in der ersten Zeit eines politischen Enthusiasmus sich der Illusion eines souveränen demokratischen Allgemein-Willens hingeben und sich eine kurze Zeit der jungen Souveränetät erfreuen, so wird doch, wenn nicht andere Grundlagen für die Demokratie in der Sitte und allmählicher geschichtlicher Heranbildung u. s. w. gegeben sind, die Souveränetät der Willens-Mehrheit, in welche der Allgemein-Wille praktisch sofort übergehen muss, genug Gelegenheit geben, um in den Bestrebungen für das, was sie als ihr Wohl ansieht, Furcht und Schrecken dem gebildeten und wohlhabenden Theile der Gemeinschaft einzuflössen und einem, als Retter der Gesellschaft begrüssten, Absolutismus die Wege zu bereiten, der seine einheitliche Willensmacht als oberste Gewalt einsetzt und dem souveränen Volkswillen nur noch etwa die Illusion gönnt, durch allgemeine Abstimmung den Absolutismus sanctioniren und (nach der Vertragsauffassung von Grotius, S. 96) sich freiwillig in die Knechtschaft begeben zu dürfen.

Zweimal ist in Frankreich auf diese Weise die Demokratie in den Schlingen ihrer eigenen falschen Principien gefangen worden, und der bisherige Kreislauf, der eigentlich schon mit dem Frevelworte Ludwigs XIV. *l'Etat c'est moi* begonnen hatte, kann sich noch öfter wiederholen, so lange nicht das, an sich rohe Willensprincip, höheren unverrückbaren, auch im Rechts- und Staatsleben unantastbaren Vernunftprincipien unterworfen und der souveräne Staatswille, nicht als die Quelle, sondern nur als der von rechtlichen Schranken umzogene Träger und Vollstrecker des Rechts erkannt wird.

Ein anderer gefährlicher Grundirrthum Rousseau's lag in der völligen Vermischung von Recht und Wohl und der daraus sich ergebenden Identificirung von Staat und Gesellschaft. Auch Wolf hatte das Wohl als Endzweck für Recht und Staat aufgestellt, aber doch verschiedene Unterschiede hervorzuheben und Grenzen zu ziehen gesucht. Für Rousseau ist das Wohl der unmittelbare Zweck des Staates, und er kennt keine gesellschaftlichen Kreise, die selbständig ihr Wohl nach verschiedenen Richtungen zu erstreben haben. Wird aber der Staat die unmittelbare Wohlsgesellschaft, hat er das Wohl selbst zu verwirklichen und nicht blos die Erstrebung desselben Allen möglich zu machen, so führt dies zu der Consequenz, dass alle Bürger bei gleichem Rechte auch das gleiche Wohl vom Staate verlangen können, und dass der Staatscommunismus eine Forderung des Rechts wird. Auch diese Consequenz wurde in der Revolution durch die Verschwörung von Babeuf 1796 (s. Schlusscapitel über den Socialismus) gezogen.

Der letzte, auf die Entstehung und formelle Gestaltung des Staates sich beziehende, Irrthum Rousseau's, den er mit allen früheren Naturrechtslehrern theilt und nur consequent entwickelt, liegt in der ganz atomistischen Auffassung, welche den Staat und die Staatsgewalt, von dem Individuum aus, in äusserlicher Aggregation, vermittelst des Vertrags, gründen und bilden lässt. Nicht in der Lehre vom Staatsvertrage als solchem liegt der Irrthum, weil der Vertrag eine der rechtlichen Formen der Entstehung des Staates sein kann (s. das öffentliche Recht), sondern darin, dass Rousseau eine Entstehungsform mit dem Rechtsgrunde des Staates verwechselt und nur Individuen kennt, auch ausdrücklich verlangt, dass es im Staate nur Individuen gebe, keine gesellschaftlichen Kreise, worin das Sonderinteresse einen Rückhalt finden könnte. Diese Rousseau'sche Ansicht hat, nebst den gleichzeitigen nationalökonomischen Theorien, wesentlich dazu beigetragen, dass alle Corporationen, Zünfte u. s. w. aufgelöst, die Vernichtung der Standesunterschiede gefordert und selbst die Gemeinde nur als eine räumliche Conscription des Territoriums aufgefasst wurde. Die mittelalterliche ständische und corporative Ordnung war mit Recht dem Untergange verfallen; aber die Vernichtung alles selbständigeren

Gemeinde- und Provinziallebens hat Frankreich in den Schlund der Centralisation gestürzt, die stets im Absolutismus zur Spitze und zum Abschluss drängt. Aus der Natur der Verhältnisse geht das Gesetz hervor, dass, wenn der Einheit der Staatsgewalt nur die aufgelöste Masse der isolirten Individuen entgegensteht, diese demnach keinen Rückhalt an organisirten inneren Verbänden finden, die ganze Macht des Staatswesens, die sich nicht organisch über die inneren Gliederungen vertheilen kann, im Centrum sich zusammenfassen, die Individuen zur Ohnmacht niederdrücken muss und nur durch einen plötzlichen revolutionären Wirbel, der die Individuen massenhaft zusammentreibt, umgestossen werden kann. Die Centralisation lässt alle Säfte und Kräfte aus dem politischen Körper zum Haupte strömen, ruft die Schlagflüsse hervor, die hier Revolutionen heissen, und erzeugt den Kreislauf der Gegensätze, die wir als fürstlichen und Massen-Absolutismus bezeichnet haben.

Rousseau's Lehre ist nicht die Ursache, wohl aber lange Zeit der Leitstern der französischen Revolution und zugleich der Zauberkreis geworden, in welchem die französische Staatsentwickelung bis jetzt gebannt geblieben ist. In dem Privat- und bürgerlichen Leben hat die in Frankreich zuerst sanctionirte freie individuelle Bewegung, besonders auf den wirthschaftlichen Gebieten, diesem Lande zu grossem Segen gereicht und lässt noch immer die reichlichen Finanzquellen fliessen, ohne welche keine Staatsgewalt bestehen könnte; aber abgesehen von dieser wichtigen, durch die freie Bethätigung des Individuums gegebenen Grundlage, ermangelt der politische Bau des grossen starken Mittelbaues, der nur durch eine kräftige Selbstverwaltung der Gemeinden und Provinzen geschaffen werden kann. Diese Ueberzeugung beginnt jetzt in Frankreich sich zu verbreiten, und es scheint dadurch der Zeitpunkt näher zu rücken, wo der centralistische Mechanismus zu einer, nach innen ausgeführten, wahrhaften Organisation übergeleitet werden kann.

Rousseau's Lehre war auf den Principien der Staatsallmacht, des Individualismus, des Mechanismus und der Volkssouveränetät aufgebaut worden. Die Lehre vom Allgemeinwillen erhielt später in Deutschland eine tiefere Begründung in subjectiv-rationalistischer Weise durch Kant, in pantheistischer Weise durch Hegel; der darin liegende Irrthum selbst kann nur überwunden werden durch Unterordnung jedes Sonder- oder Allgemeinwillens unter höhere Vernunftgesetze.

Die anderen Principien Rousseau's wurden weiter entwickelt und zum Theil wesentlich umgebildet durch Sièyes (1748—1836), der durch seine Schrift: „Was ist der dritte Stand" (*Qu'est ce que le tiers état 1748*) die Vereinigung der Stände in der Nationalversammlung einleitete, die „Erklärung der Menschen- und Bürgerrechte" (*déclaration des droits de l'homme et du citoyen*) abfasste, den Allgemein-Willen zum Willen Aller umschuf, jedoch im Unterschiede von Rousseau die Nothwendigkeit der Repräsentation und eines Repräsentativkörpers hervorhob. Nach dem Sturze der Republik wurde er von Napoleon zur Entwerfung verschiedener Verfassungen verwandt, hatte jedoch bei dem Entwurfe der ersten Verfassung die Absichten Napoleons noch nicht errathen und bekam daher von diesem wegen der Stellung, die ihm darin zugedacht war, die derbe Antwort, dass er sich nicht zu der Rolle eines Mastschweins (*cochon à l'engrais*) erniedrigen lassen wolle (S. Mignet, *revol. franc. chap. XIV*).

Die tiefere Umbildung der Rousseau'schen Principien erfolgte später, als die Grundsätze des Repräsentativsystems allmählich, bei näherer Bekanntschaft mit der englischen Verfassung, klarer begriffen wurden. Dieses Repräsentativsystem war schon während der Revolutions- und Napoleonischen Zeit von Benjamin Constant (1767—1831) in mehreren Schriften (gesammelt in dem *Cours de politique constitutionelle*, neue Ausgabe von Ed. Laboulage 1861) mehr in mechanischer Auffassung vertheidigt worden; die historische Schule (Guizot) suchte tiefer in das innere Wesen einzudringen; aber eine wirkliche organische Auffassung des Staatslebens ist auch von dieser Schule nicht gewonnen worden und bleibt der neueren Zeit aufbehalten.

§. 21.

Die philosophische Rechtslehre in England.

England hat seit der Thronbesteigung Wilhelms III. aus den bezeichneten Gründen (S. 88) fast gar keinen Antheil an der Ausbildung der philosophischen Rechts- und Staatslehre genommen. So wie in der Philosophie überhaupt die psychologischen Betrachtungen vorherrschend blieben, so hat man sich auch meistens in Bezug auf den Rechtsbegriff mit der Untersuchung der Frage begnügt, ob derselbe aus der sinnlichen Erfahrung stamme oder nicht, und aus welchem Triebe er abzuleiten sei.

Da nun in der Regel alle sogenannten moralischen Begriffe, insbesondere Recht, Sittlichkeit auf denselben Trieb zurückgeführt wurden, so konnte man von dieser gemeinsamen subjectiven Quelle aus zu keiner genauen Unterscheidung von Recht und Sittlichkeit gelangen. So erblickte Schaftesbury (1631—1731) in einem dem Menschen angeborenen Gemeinsinn die Quelle aller moralischen Begriffe, Hutcheson (1694—1747) wie schon früher Cumberland (1672—1718) im Gegensatz gegen Hobbes, leitet sie aus dem Triebe des Wohlwollens ab, macht jedoch einen Versuch, zwischen den Liebes- und Rechtspflichten zu unterscheiden; der Skeptiker Hume (1711—1776) sieht in der Gerechtigkeit nur einen Ausdruck und Massstab des Nutzens; Ferguson (1724—1816) geht von dem Grundgesetz der Geselligkeit aus, um daraus für einen Jeden das Recht abzuleiten, an den Wohlthaten derselben theilzunehmen; andere, wie Samuel Clarke (1675—1729), und Wollaston (1659—1724), wollen mehr objectiv das Recht nach der Angemessenheit (*fitness of things*) oder nach der Wahrheit der Verhältnisse bestimmen; endlich die neueren Vertreter der schottischen Philosophie (welche durch Royer Collard und Th. Jouffroy in Frankreich verbreitet wurde, bis Cousin die philosophische Entwickelung an die neueren deutschen Systeme seit Kant anknüpfte), Reid (1710—1796) und Dugald Stewart (1753—1828), führen das Urtheil über Recht und Pflicht auf einen ursprünglichen moralischen Sinn zurück, dessen Aussagen dieselbe Evidenz besitzen sollen, wie die Aussagen unserer Sinne.

Der vornehmste Repräsentant des englischen, praktisch-verständigen, Alles wohl berechnenden Geistes ist Jeremias Bentham (1747—1832 [1]), welcher, vom sensualistischen Standpunkte aus, als

[1]) In den früheren französischen und deutschen Ausgaben dieses Werkes war die Lehre Benthams, wegen der grossen Bedeutung, welche man ihr in England und Frankreich gab und auch in Deutschland mehr hervorhob, ausführlich dargestellt und gewürdigt worden. Ich konnte ihr diese Bedeutung nicht zugestehen. Auf dem Continente ist jetzt von Bentham noch wenig die Rede. Die Schriften Benthams wurden vortrefflich französisch bearbeitet von Dumont (Genf) in den *Traités de législation, 2 vol. 4.* Die Gesammtausgabe der *Works of Jeremy Bentham* in 22 Bänden, Edinburgh 1843, ist von John Bowring veranstaltet worden.

Zweck aller menschlichen und staatlichen Bestrebungen das Princip des Nutzens aufstellte. Nicht in dem Princip des Nutzens selbst (welches schon im Alterthum der Epicureische Sensualismus durch den Mund Horazens in dem: *Atque ipsa utilitas justi prope mater et aequi* formulirt und auch dem römischen Rechte als Eintheilungsgrund des Rechts in öffentliches und Privatrecht — *sunt enim quaedam publice utilia, quadam privatim* — gedient hatte), sondern in der Art und Durchführung, in der rein nach Lust und Schmerz bestimmten sensualistisch-moralischen Arithmetik, welche berechnen soll, wie die Summe des Wohlbefindens vergrössert, die Summe des Uebelbefindens verringert werden kann, liegt das Neue und Eigenthümliche der Bentham'schen Theorie.

Aber gerade diese Arithmetik, die rein subjective Empfindungen als Elemente der Berechnung behandelt, ist als gänzlich verfehlt anzusehen. Der Nutzen, als die relative Seite des Gutes und der Güter, wird stets auch ein relativer Massstab für das Recht bleiben, das in dieser Hinsicht auch Nützliches anstrebt. Aber vor Allem kommt es darauf an, nicht nach den, von Subject zu Subject änderlichen und oft verkehrten, Empfindungen, sondern nach den bleibenden Grundverhältnissen des menschlichen Wesens eine Lehre von den Gütern und Güterzwecken als Richtschnur für das Recht aufzustellen, und die richtige Prüfung wird dann ergeben, dass das Gute und das Recht als der höhere Grund auch stets die wahrhaft nützlichen Folgen und Wirkungen haben wird.

In neuester Zeit sind besonders durch John Stewart Mill, wenn auch in theilweisem Anschluss an Bentham, einzelne Hauptfragen des Staatslebens (der Rechtsbegriff in: *on liberty, 1859*, und die Repräsentationsfrage in: *Considerations on representative government, 1861*) tiefer erörtert worden.

Dritter Zeitabschnitt.

Von Kant bis auf die neueste Zeit.

Die durch Kant eröffnete neue Epoche bildet einerseits den Hochpunkt und den würdigsten Abschluss der, von der Idee der subjectiven Persönlichkeit und Freiheit getragenen, rechtsphilosophischen Entwickelung, anderseits umfasst sie die früher (S. 90) bezeichneten Schulen, die historische, theologische und speculative Schule, welche, im Gegensatze gegen die abstracten und subjectiven Freiheitslehren sowohl in der französischen als deutschen Auffassung (durch Kant und Fichte), den Menschen in seiner Subjectivität einer höheren objectiven Seins- und Lebensordnung und ihren, vom menschlichen Willen unabhängigen, Gesetzen unterzuordnen strebten.

Capitel I.

Die Rechtsphilosophie Kant's und Fichte's als Vernunftrecht der Freiheit.

§. 22.

Die aus dem Grunde der sittlichen Persönlichkeit entwickelte freiheitliche Rechts- und Staatslehre Kants (1724—1804).

Das philosophische System Kants, aus dem sich die Rechtslehre consequent entwickelt, erscheint zunächst als eine eigenthümliche Vermittlung der Gegensätze des Empirismus und des Idealismus, indem es sowohl der Erfahrung als den ursprünglichen Begriffen und Ideen ihr Recht widerfahren lassen will; aber seine ganze Bedeutung für das deutsche Geistesleben wird aus den Bildungszuständen begriffen, wie sie vornehmlich durch die Verbreitung des Wolfischen Systems und durch den stärker werdenden Einfluss englischer und französischer Schriften entstanden waren.

Die „Vernünftigen Gedanken" Wolfs hatten überall einem verständigen Rationalismus die Wege geöffnet, Aufklärung nach allen Richtungen verbreitet, aber Leibnizens moralisches Vervollkommnungsprincip war mehr und mehr in eine egoistische Glückseligkeitslehre und der grossartige Harmonismus in einen subjectiven Eklekticismus umgewandelt worden.

Der Individualismus, der auf das eigene Selbst seine Sorgen und Bestrebungen concentrirte, machte sich nach allen Richtungen geltend. Der Einfluss des französischen Sensualismus und Materialismus führte noch zu tieferer Erschlaffung. Wieland predigte in Prosa und Versen ein wohlberechnetes, epikureisches Genussleben. Anderseits trat an die Stelle des ernsten Denkens und Forschens eine zum Theil durch englische Schriften angefachte Empfindelei, ein Schwelgen in süssen und frommen Gefühlen, welche nach allen Seiten dem Geiste die Spannkraft nahmen und das Bewusstsein der freien Selbstbestimmung verdunkelten. Wiedererstarkung und Erhebung des deutschen Geistes war Grundbedingung eines ferneren Fortschritts. Der lebenskräftige deutsche Genius suchte sich auch aus dieser Erschlaffung aufzuraffen. Zuerst trat eine Sturm- und Drangperiode ein, in welcher der Geist nach neuen Bahnen suchte. Die leitenden Genien erschienen in Lessing, Klopstock, Herder, überragt in dem grossen Doppelgestirn Göthe und Schiller, und gaben dem Leben neue Impulse in verschiedener Richtung und Stärke. Der Geist aber, der alle höheren lebenskräftigen Richtungen auf ein Grundprincip zurückführte, das edlere Streben des ganzen Jahrhunderts erfasste, der Humanitäts- und Freiheitsrichtung in der sittlichen Grundlage den geläuterten Ausdruck gab, war der Philosoph von Königsberg.

Kants Lehre bringt das, die ganze dreihundertjährige Epoche beherrschende, Princip der Subjectivität in den wesentlichen Richtungen zu ihrem vollständigen Abschlusse, indem sie es unternimmt, das Subject, den seiner selbst bewussten Geist als das bestimmende Princip für die ganze Objectenwelt, die Gesetze und Formen seines Denkens und Wollens als die massgebenden Normen für alle Gebiete der Erkenntniss und des Handelns darzustellen. Ein Kopernikus will Kant für die Philosophie werden, durch Aenderung des Standpunktes eine durchgreifende Reform herbeiführen; aber dies ist von ihm, wie man behaupten darf, in umgekehrter Weise geschehen; denn, während Kopernikus die Erde mit dem winzigen Menschen sich um das höhere Centrum der Sonne kreisen lässt, will Kant von dem beschränkten Subjecte die unendliche Objectenwelt bestimmen lassen. Freilich ist hierbei hervorzuheben, dass der Subjectivismus der Kant'schen Lehre einen höheren idealistischen Charakter annimmt, indem Kant, vom Subjecte ausgehend und dasselbe in den verschiedenen Stufen der Erkenntniss durchforschend, sowohl für das Denken als das Wollen auf einen Punkt hinweist, wo die Verbindung der Sinnenwelt mit einer Idealwelt beginnt, das individuelle Subject über sich selbst hinaus geführt und mit einem Absoluten verknüpft wird; aber in dem Momente, wo das Absolute seine Kraft bethätigen könnte, um das Subject zu sich zu erheben, wendet sich die theoretische Denkkraft, welche für diesen höheren Lichtglanz nicht hinlänglich gestärkt erscheint, von der Idee des Absoluten, Gottes, als ob es eine Illusion fürchtete, ab, hält dagegen mit der praktischen Willenskraft das Absolute (im kategorischen Imperativ) fest und schwingt sich durch sie in die Idealwelt auf. Gerade dieses Ringen des edeln, ernst und ehrlich forschenden Geistes Kants nach dem Höchsten, Absoluten, gewissermassen dieser Kampf des Subjectes mit sich selbst, um durch die in ihm liegende höhere Vernunftkraft den realen Verbindungspunkt mit dem Absoluten, Gott, zu finden, verleiht dem Kantschen Systeme auch das höhere sittliche Interesse, das jedoch nur dann vollkommen gewürdigt werden kann, wenn dieses System als ein Durchgangspunkt für eine höhere Lehre betrachtet wird, welche nicht nur dem sittlichen Willen, sondern auch der vernünftigen Erkenntniss ihren realen Grund und ihr letztes Ziel in dem Dasein Gottes und einer göttlichen Seins- und Lebensordnung gibt.

Für das Verständniss der philosophischen Rechts- und Staatslehre Kants bildet eine Kenntniss, wenigstens der äusseren Umrisse des ganzen Systems, eine nothwendige Voraussetzung.

Alle unsere Erkenntniss, sagt Kant, hebt mit der Erfahrung an, allein sie entspringt doch nicht aus der Erfahrung. In jeder Erkenntniss sind zwei Bestandtheile zu unterscheiden, der Stoff und die Form; der Stoff, der Gehalt wird durch die Erfahrung gegeben, und wenn er sich nicht darin als ein wirklicher oder möglicher findet, so fehlt ein Bestandtheil und eine Grundbedingung der Erkenntniss; die Form der Erkenntniss liegt in dem denkenden Geiste; besässe derselbe nicht ursprünglich gewisse Formen und Begriffe, wodurch der Erfahrungsstoff erfasst und gebildet würde, so wäre gleichfalls keine Erkenntniss möglich. Die Erfahrung, sowohl die innere als die äussere, weist jedoch blos Erscheinungen auf; das Wesen der Erscheinung, das Ding an sich, bleibt stets unbekannt.

Es gibt drei Stufen der Denk- und Erkenntnissthätigkeit: 1) die sinnliche Anschauung, in den *a priori* gegebenen Formen; des Raums, in der die Erscheinungen ausser uns und nebeneinander, und der Zeit, in welcher Alles in uns und die inneren Vorstellungen des Aeusseren nach einander erfasst werden; 2) die Thätigkeit des Verstandes, welche durch ihre ursprünglichen Begriffe, die Kategorien, die sinnlichen Anschauungen beurtheilt und zu einer höheren Einheit zusammenfasst; 3) die Vernunft, welche über die Verstandeserkenntniss, die am Empirischen, am Endlichen und Bedingten haften bleibt, zum Unbedingten hinauszugehen strebt. Der Vernunft eröffnet sich die Welt der Ideen, die jedoch auch nur Formen der Erkenntniss sind, den Gehalt nicht in sich tragen, und, da aller Gehalt nur in einer Erfahrung liegt, gar keine gewisse Erkenntniss gewähren; die Vernunftideen, die sich auf die Seele, die Welt und auf Gott beziehen, vereinigen sich zuhöchst alle in der Idee Gottes, als des allerrealsten Wesens (*ens realissimum*), welches das Ideal der Vernunft ist, jedoch, als ein Object ausser aller Erfahrung, keine, auch durch keinen Beweis zu erlangende, Gewissheit gewährt. Diese Lehre vom Ideal der Vernunft bildet den Hoch- und Glanzpunkt der Kant'schen Philosophie und bleibt auch das höhere Licht, welches trotz des Schleiers, der vor das Auge gezogen wird, seine leuchtenden und wärmenden Strahlen in alle Gebiete des geistigen Lebens sendet. Der theoretischen Vernunft wird demnach von Kant die Idealwelt verschlossen, aber er gelangt dahin von einer anderen Seite; die praktische Freiheit wird die Schwungkraft, wodurch der Geist sich in die ideale Welt versetzt, sich von ihrer Realität überzeugt und Besitz davon ergreift.

Die Vernunft, bemerkt nämlich Kant, ist nicht blos theoretisches Denk- und Erkenntnissvermögen, sie ist auch das praktische Vermögen vernünftigen Wollens und Handelns, welches als Ursachlichkeitsvermögen Wirkungen hervorruft, Wirklichkeit bezeugt; aber das vernünftige Wollen und Handeln unterscheidet sich von dem, blos nach sinnlichen Motiven und Trieben sich bestimmenden, Handeln, dass das Gewebe oder die Reihe der daraus hervorgehenden Handlungen, durch einen Einschlag aus der idealen Vernunftwelt, durch Vernunftideen, insbesondere durch die Ideen des Wahren, Guten, Gerechten durchbrochen und eine neue Reihe von Handlungen in der Sinnenwelt begonnen werden kann. In dieser Macht der Einwirkung der Vernunftideen auf das in der Sinnenwelt sich vollziehende Handeln liegt die Freiheit, durch welche die Ideen in der Verwirklichung und Wirklichkeit erscheinen. Die Freiheit ist daher der reale Verbindungspunkt der übersinnlichen und sinnlichen Welt, sie verknüpft das durch die Vernunftprincipien gebotene Sollen mit dem Wollen; sie ist auch der reale Anhaltspunkt, um eine praktische Gewissheit von allen denjenigen Ideen, von Gott und Unsterblichkeit, zu erhalten, welche die theoretische Vernunft nicht erlangen konnte; und hier unternimmt es auch Kant, den sogenannten moralischen Beweis für das Dasein Gottes aufzustellen.

Die Freiheit bildet in Kants System die Grundlage für die Tugendlehre (Ethik) und für das Recht und ist daher noch etwas näher zu erörtern.

In der Freiheit gibt sich zunächst das oberste Vernunftgebot kund, das Gute rein um des Guten selbst willen zu thun. Es ist überall nichts in der Welt zu denken möglich, sagt Kant, was ohne Einschränkung für gut gehalten werden könnte als allein ein guter Wille; das Vernunftgebot ist unbedingt, ist ein kategorischer Imperativ. Durch dieses freie gute Handeln gehört der Mensch einer höheren sittlichen Weltordnung an. Sehr schön sagt Kant (Kritik der praktischen Vernunft, am Ende): „Zwei Dinge erfüllen das Gemüth mit immer neuer und zunehmender Bewunderung und Ehrfurcht, je öfter und anhaltender sich das Nachdenken damit beschäftigt: der bestirnte Himmel über mir und das moralische Gesetz in mir; das Erste fängt von dem Platze an, den ich in der äusseren Sinnenwelt einnehme und erweitert die Verknüpfung, darin ich stehe, in's unabsehlich Grosse mit Welten über Welten und Systemen von Systemen, überdies noch in grenzenlose Zeiten ihrer periodischen Bewegung, deren Anfang und Dauer. Das Zweite fängt von meinem unsichtbaren Selbst, meiner Persönlichkeit an und stellt mich in einer Welt dar, die wahre Unendlichkeit hat, aber nur dem Verstande spürbar ist und mit welcher (dadurch aber auch zugleich mit allen jenen sichtbaren Welten) ich mich nicht, wie dort, in blos zufälliger, sondern allgemeiner und nothwendiger Verknüpfung erkenne.“ Der kategorische Imperativ, der auf die Vernunftideen hinweist, bezeugt daher, dass in jedem Erscheinungs-

Menschen (*homo phenomenon*) ein höherer Vernunft-Mensch (*homo noumenon*), in dem empirischen Selbst ein ideales Selbst lebendig und wirksam ist, der das Sollen für das Wollen bestimmt. Aber auch dieses kategorische Vernunftgebot, welches sich in der Form der Freiheit ausdrückt, muss sich gleichfalls aus der sinnlichen Erfahrung mit einem Gehalte erfüllen, der, im sittlichen Gebiete, durch das sinnliche Begehrungsvermögen gegeben ist. Dieses würde jedoch, der freien Selbstbestimmung, der wahren Autonomie des Willens gegenüber, die Heteronomie des Willens bilden, wenn es nicht dem höheren Gesetze der Freiheit unterworfen würde. Aus dem niederen Begehrungsvermögen stammen die materiellen Bestimmungsgründe, die in den besonderen Zwecken liegen, welche ein Mensch verfolgt und Maximen heissen. Diese Maximen sind jedoch mit dem höheren Vernunftgebot in Einklang zu setzen, und nur diejenigen Maximen sind statthaft, welche zu einem Gesetze verallgemeinert, zum Princip einer allgemeinen Gesetzgebung erhoben werden können. Demnach lautet der oberste Grundsatz der Moral: „Handle so, dass die Maxime deines Willens zugleich als Princip einer allgemeinen Gesetzgebung gelten könne.“ Auf diese Weise soll, nach Kant, das Subject, durch blosse logische Prüfung hinsichtlich der Verallgemeinerungsfähigkeit seiner Maxime, das Gesetz für sein praktisches Handeln in allen Lebensverhältnissen finden, ohne in eine sachliche Untersuchung über das Gute und die Güterzwecke einzugehen.

Die praktische Philosophie gliedert sich, nach Kant, in einen obersten Theil, die Moral oder Sittenlehre (heute Ethik genannt), welche als Lehre von dem Sittengesetze, der Freiheit und der Pflichten die gemeinsame grundlegende Wissenschaft sowohl für die Tugendlehre oder Ethik (heute Moral genannt), als auch für die Rechtslehre bildet. Insbesondere ist aber die Freiheit der gemeinsame Ausgangspunkt und das Endziel für beide. Die Freiheit ist nämlich in doppelter Beziehung zu betrachten, nach der inneren Triebfeder oder den Motiven und nach ihrer äusseren Bethätigung als Handlung.

Allgemeine sittliche Vernunftforderung ist, dass die Freiheit überhaupt herrsche in der Selbstbestimmung des Menschen. Diese Selbstbestimmung wird aber gefährdet sowohl von innen durch das niedere sinnliche Begehrungsvermögen, als von aussen durch störende Eingriffe in unseren Freiheitsgebrauch. Beides ist mit dem Vernunft-Gesetze im Widerspruche, der durch die Entfernung der störenden Hindernisse gehoben werden muss. Im Innern werden diese überwunden durch Selbstzwang, indem der Mensch im Kampfe der sittlichen Pflicht mit den sinnlichen Trieben diese beherrscht; in der äusseren Sinnenwelt dagegen, wo die Freiheit überhaupt als Willkür äusserlich erkennbar wird und in ihren Aeusserungen nicht unbeschränkt sein kann, müssen die störenden Eingriffe möglicherweise durch einen äusseren Zwang gehoben werden. Auf die letztere Art des Freiheitsgebrauchs bezieht sich das Recht, welches der Inbegriff der Bedingungen ist, unter denen die Willkür des Einen mit der Willkür des Anderen, nach einem allgemeinen Gesetze der Freiheit, zusammen bestehen könne. Während die Tugendlehre Gesetze für die Triebfedern der Handlungen gibt, bezieht sich das Rechtsgesetz nur auf die Handlungen selbst; das Tugendgesetz richtet die Gesinnung, das Rechtsgesetz die That. Die Tugendlehre stellt eine Handlung in Beziehung zu dem Gewissen; der Rechtsbegriff bezieht sich nur auf das äussere Verhältniss einer Person gegen Andere, d. h. auf ihre gegenseitigen Handlungen, ohne dabei auf die Absicht, den Zweck der Handlungen einzugehen. Das Recht verlangt daher nur Uebereinstimmung der Handlung mit dem Rechtsgesetz, Legalität, während die Moralität darin liegt, dass die Idee der Pflicht die Triebfeder der Handlung ist. Bei den äusseren Handlungen kann daher ein störender Eingriff durch Zwang beseitigt werden. Es geschieht Niemand Unrecht, wenn er zur Unterwerfung unter das Rechtsgesetz gezwungen wird. Die Tugend beruht auf Selbstzwang, das Recht auf möglichem äusseren Zwang. Doch stehen Tugend und Rechtslehre sowohl durch ihre gemeinsame Grundlage als durch ihren letzten Zweck in inniger Beziehung. Die Tugendlehre geht überhaupt auf Alles, was Pflicht ist, auch auf die Rechtspflichten, indem sie gebietet, das, was das Recht fordert, auch in freier Selbstbestimmung, aus Pflicht zu thun; die Ethik nimmt daher in einer Beziehung die Rechtspflichten in sich auf, sie ist also von weiterem Umfange als die Rechtslehre. Aber Tugend- und Rechtslehre stimmen auch in dem letzten Zwecke, in dem Bestehen und in der Wahrung der Freiheit überein. Auch die Rechtslehre muss daher als oberstes leitendes Princip anerkennen, dass der Mensch, welcher durch die Vernunftfreiheit eine Person ist, stets als Selbstzweck geachtet und nie als blosses Mittel gebraucht werde. Hierauf bezieht sich das angeborne Urrecht der Freiheit, in welcher die angeborne formelle Gleichheit schon enthalten ist.

Das Recht fordert zu seiner Verwirklichung den Staat und bildet den Zweck und die Schranke seiner Wirksamkeit. Der Staat soll Rechtsstaat sein. Wie aber das Recht nur den Gebrauch der Freiheit regelt, so ist der Staat eine Vereinigung einer Menge von Menschen, um durch allgemeine bindende Normen, durch Rechtsgesetze, die Freiheit Aller zu verbürgen. Der Staat ist eine Idee und Forderung der Vernunft; es gibt daher auch einen rechtlichen Zwang der Einzelnen gegen Einzelne, um den Staat zu gründen, sowie es ein Zwangsrecht der gebildeten gegen die ungebildeten Völker gibt, um sie zu nöthigen, in einen rechtlichen Völkerverkehr zu treten. In der Idee wird aber für die Entstehung des Staates die Willenseinigung Aller, ein Urvertrag, gefordert, welcher, wenn auch nicht geschichtlich nachweisbar, doch ein Postulat der Vernunft ist, zum Zwecke der Erklärung der wichtigsten öffentlichen Verhältnisse.

In der Organisation des Staates unterscheidet Kant richtig, ähnlich wie Aristoteles, zwischen der Staatsform als Form der Beherrschung, nach dem Unterschiede der Personen, welche die oberste Staatsgewalt besitzen, und der Regierungsart des Volks durch das Oberhaupt, es mag sein, welches es wolle. Als die drei Formen der Beherrschung bezeichnet Kant die Autokratie, Aristokratie und Demokratie.

Die Form der Regierung betrifft die auf die Constitution, d. h. auf den Act des allgemeinen Willens, wodurch die Menge Volk wird, gegründete Art, wie der Staat von seiner Machtvollkommenheit Gebrauch macht, und die Regierungsform ist in dieser Beziehung entweder republikanisch oder despotisch. Zu bemerken ist, dass Kant unter Republikanismus nur das Princip der Absonderung der ausübenden Gewalt von der gesetzgebenden versteht. Eine republikanische Regierungsart hält er allein in dem repräsentativen System für möglich. Unter den drei Staatsformen erscheint ihm die Demokratie nothwendig als ein Despotismus, weil Alle Herr sein wollen; bei den zwei anderen Staatsformen erachtet er es wenigstens als möglich, dass sie eine, dem Geiste eines repräsentativen Systems gemässe, Regierungsart annehmen. In dem Mangel eines Repräsentativsystems erblickt er den Grund des Untergangs aller alten Republiken und ihre Auflösung in den Despotismus, „der unter der Obergewalt eines Einzigen noch der erträglichste unter allen ist“. Im Staate nimmt Kant, nach den drei Sätzen in einem logischen Schlusse, drei Gewalten an, d. i. den allgemeinen vereinigten Willen in dreifacher Person, die Herrschergewalt (Souveränetät) in der des Gesetzgebers, die vollziehende Gewalt in der Person des Regierers (gemäss dem Gesetze) und die rechtsprechende Gewalt in der Person des Richters.

Die wesentlichen Attribute eines Staatsbürgers sind gesetzliche Freiheit, d. h. keinem andern Gesetze zu gehorchen, als zu welchem er seine Beistimmung gegeben hat, bürgerliche Gleichheit und bürgerliche Selbständigkeit, welche letztere besonders Bedingung der Ausübung des Wahlrechts ist. In Bezug auf die Freiheit verwirft Kant die väterliche Regierung, welche die Unterthanen als unmündige Kinder und nicht als freie Menschen behandele, und verlangt eine vaterländische Regierung auf dem väterlichen Boden des Landes und in dem mütterlichen Schoosse des gemeinen Wesens, in welchem Rechte durch Gesetze des gemeinsamen Willens geschützt werden, und in Bezug auf die Gleichheit verwirft er alle erbliche Prärogative, durch welche gewisse Menschen als eine besondere Species gesetzt werden. Der Herrscher im Staate hat gegen den Unterthanen lauter Rechte und keine (Zwangs-)Pflichten. Daher gibt es auch gegen das Organ des Herrschers, den Regenten, wegen Zuwiderhandeln gegen das Gesetz, wohl das Recht der Beschwerde aber nicht des Widerstandes. Es gibt kein Recht des Aufstandes, noch weniger des Aufruhrs, weil dieses Recht gar nicht durch die oberste Gesetzgebung, die sich dadurch selbst widerspräche, geregelt sein kann. Es gibt nur einen negativen Widerstand durch Weigerung des Volkes im Parlamente. „Das einzige Palladium der Volksrechte“ ist, nach Kant, „die Freiheit der Feder“, wodurch auch der Herrscher Kenntniss von dem erhält, was ihn von verkehrten Anordnungen abhalten muss. Zur Erhaltung des Staates gehört aber auch das Recht der Aufsicht, dass ihm nämlich keine Verbindung, die auf's öffentliche

Wohl der Gesellschaft Einfluss haben kann, verheimlicht und die Bekanntmachung ihrer Verfassung nicht verweigert werde. Der Staat hat endlich das Strafrecht (nebst Begnadigungsrecht), für welches Kant, gemäss seinem ganzen Rechtsformalismus, nach dem Princip der Gleichheit (dass Jeder nach der Maxime seines Handelns auch bestraft werde), den Grundsatz, nicht des materiellen, sondern des formellen Wiedervergeltungsrechts zur Anwendung bringt.

Ein grösserer Werth als dieser, doch nur formalistischen, Staatslehre ist dagegen auch heute noch den völkerrechtlichen Ansichten Kant's beizulegen, wie sie besonders in der geistreichen Schrift „zum ewigen Frieden", 1795, entwickelt sind, in welcher sich überhaupt ein noch viel frischerer Lebensblick kund gibt, als in der späteren Staatslehre. Wird auch sicherlich der ewige Friede nicht durch blosse rechtliche Formen und Einrichtungen, wie sie Kant in Vorschlag gebracht hat, sondern nur als ein Resultat der ganzen höheren Culturentwickelung erzielt werden können, so verdient doch der Weg alle Beachtung, den Kant, als zu diesem stets anzustrebendem Ziele führend, in einigen Grundsätzen bezeichnet hat, in welchen besonders die so wichtige innige Wechselwirkung zwischen der inneren Staatsorganisation und der äusseren Kriegs- und Friedenspolitik erkannt und ausgesprochen ist.

Zunächst von minderer Wichtigkeit sind die von ihm sogen. Präliminarartikel zum ewigen Frieden, wie: „Es soll kein Friedensschluss für einen solchen gelten, der mit dem geheimen Vorbehalte des Stoffes zu einem künftigen Kriege gemacht worden; es soll kein für sich bestehender Staat von einem andern durch Erbung, Tausch, Kauf oder Schenkung erworben werden können; stehende Heere sollen mit der Zeit ganz aufhören; es sollen keine Staatsschulden in Beziehung auf äussere Staatshändel gemacht werden; kein Staat soll sich in die Verfassung und Regierung eines andern Staates einmischen; es soll sich kein Staat im Kriege mit einem andern solche Feindseligkeiten erlauben, welche das wechselseitige Zutrauen im künftigen Frieden unmöglich machen, wie Anstellung der Meuchelmörder, Giftmischer, Anstiftung des Verraths im bekriegten Staate." Von grösserer Bedeutung sind die, einen Kernpunkt der Frage betreffenden, sogenannten drei Definitivartikel, wie: „die bürgerliche Verfassung in jedem Staate soll repräsentativ", „das

Völkerrecht soll auf einem Föderalismus freier Staaten gegründet sein" und „das Weltbürgerrecht auf Bedingungen der allgemeinen Hospitalität eingeschränkt werden". Bei der Erläuterung des ersten Satzes zeigt Kant, wie schwer eine Volksrepräsentation ihre Zustimmung zu einem nicht nothwendig gebotenen Kriege geben würde; hinsichtlich der Ausführbarkeit der Föderation meint Kant, dass, „wenn das Glück es so füge, dass ein mächtiges und aufgeklärtes Volk sich zu einer Republik (die ihrer Natur nach zum ewigen Frieden geneigt sein müsse) bilden könne, diese einen Mittelpunkt der föderativen Vereinigung für andere Staaten abgebe, um sich an sie anzuschliessen und sich durch mehrere Verbindungen dieser Art immer weiter auszubreiten". Jedenfalls ist es eine Aufgabe der Rechtsphilosophie, auf die vor Allem sittlichen Bedingungen zur Herbeiführung eines mehr gesicherten Friedenszustandes hinzuweisen. Die philosophische Wissenschaft, wenn sie auf dem rechten Wege sich befand, ist immer eine Macht des Lebens geworden, und es kann daher in der einen oder anderen Weise der Wunsch in Erfüllung gehen, den Kant etwas ironisch als „geheimen Artikel zum ewigen Frieden" aussprach, „dass die Maximen der Philosophen über die Bedingungen der Möglichkeit des öffentlichen Friedens von den zum Kriege gerüsteten Staaten zu Rathe gezogen werden".

Das System Kant's ist zwar durch einen scharf ausgeprägten formellen Rationalismus charakterisirt, bildet aber zugleich den Uebergang vom Subjectivismus zu einer höheren objectiven und absoluten Speculation, indem in dem Subjecte selbst ein Absolutes nachgewiesen wird. Der Schwerpunkt bleibt jedoch im Subjecte liegen. Daher steht Kant auf dem praktischen Gebiete des Rechts und Staates unter dem Impuls des achtzehnten Jahrhunderts, nimmt auch eine nachhaltige Anregung englischer und französischer Schriftsteller, besonders von Montesquieu, Rousseau und den Physiokraten in sich auf, wenn er gleich der ganzen Richtung einen höheren sittlichen Charakter zu geben sucht. Schon im Beginne seiner philosophischen Laufbahn hatte ihn Montesquieu's Werk „vom Geist der Gesetze" sehr gefesselt. Noch mehr beschäftigte sein Nachdenken Rousseau's Werk vom Gesellschaftsvertrage. Doch war ihm die ganze französische Aufklärung, welche durch Materialismus und Atheismus die Wege zu einer neuen Ordnung bahnen wollte, im Innersten zuwider, und er sah in der grossen „Encyklopädie“ nur ein alphabetisch geordnetes Register der Versündigungen des menschlichen Geistes; aber obwohl er sich später von der, auch von ihm lebhaft begrüssten, französischen Revolution, als dem Kampfe des Vernunftrechts gegen unhaltbare historische Zustände, mit Abscheu vor der gräuelhaften Verletzung aller Menschlichkeit abwandte, blieb doch sein Glaube an die Freiheit, an den Sieg der Vernunft und des vernünftigen Rechts unerschütterlich.

Die Rechts- und Staatslehre wird von Kant aus dem Grunde der sittlichen Persönlichkeit auferbaut und der Freiheit selbst, im Unterschiede von der Rousseau'schen Theorie, eine sittliche Grundlage gegeben. Das von Rousseau aufgestellte Problem des Allgemein-Willens wird, wie gezeigt, von Kant dadurch zu lösen unternommen, dass er in dem empirischen Menschen und Willen, bei dem Rousseau allein stehen bleibt, einen höheren Ideal-Menschen und ein unbedingtes Vernunftgebot erkennt, welches gesetzgebend für die empirischen Willensbestimmungen sein soll. Während in Rousseau's Lehre das empirische Selbst, in zweifacher Richtung, zugleich Herr und Diener ist, Jeder, indem er dem Allgemein-Willen unterthan, nur sich selbst gehorcht, will Kant das empirische Selbst dem idealen Selbst, der Vernunftgesetzgebung, unterordnen. Freilich wird auch diese Vernunftgesetzgebung von Kant blos formell logisch, das Gute nur subjectiv als guter Wille aufgefasst, das Absolute, welches im sittlichen Willen sich kund gibt, entbehrt seines höchsten Grundes in Gott, und Kant selbst erkennt, dass der kategorische Imperativ eigentlich zwischen Himmel und Erde schweben bleibe, ohne dass er in seinem Systeme den Weg findet, ihn auf das unendliche absolute Wesen, als den obersten Realgrund, zurückzuführen. Daher mangelt aber auch dem Kant'schen Systeme eine objective Güterlehre, ohne welche jede Rechts- und Staatslehre sich in Formalismus verlieren muss. Die Freiheitslehre Kant's kann jedoch als ein nothwendiges Stadium in der rechtsphilosophischen Entwickelung betrachtet werden; sie liess das Recht aus der innersten Grundkraft der Persönlichkeit entstehen, stellte der, ohne den Pulsschlag der Freiheit erschlaffenden und der Staatsallmacht grossen Vorschub leistenden, Wohlfahrtslehre Wolf's das Princip der Selbstbestimmung entgegen, verlangte vor Allem Freiheit, durch welche dann ein Jeder selbst nach eigenem Ermessen sich sein Wohl bereiten und, um mit Friedrich II. zu reden, nach seiner Façon selig werden könne. Der Polizeistaat, welcher Wolf's Ideal gewesen war, sollte durch den Rechtsstaat ersetzt werden, der nur das Recht zu verwirklichen, d. i. das Coexistenzverhältniss der Freiheit aufrecht zu erhalten habe. Aber gerade diese Staatslehre Kant's erlitt den ersten Schiffbruch in der Wissenschaft. Es musste sich bald die Unmöglichkeit herausstellen, den Zweck des Staates auf das (so eng aufgefasste) Recht zu beschränken. Anstatt jedoch den Irrthum in dem zu eng und zu einseitig aufgefassten Rechtsbegriff zu suchen, griff man zu der leichten und unwissenschaftlichen Aushilfe, den Rechts- und Wohlfahrtszweck äusserlich zu verbinden und dem Staate einen doppelten Zweck beizulegen.

Die eigentliche Rechtslehre Kant's ist dagegen bis auf den heutigen Tag, namentlich für das positive Privatrecht, vorherrschend geblieben. Und doch leidet dieselbe an grossen Mängeln. Das Grundgebrechen liegt in dem abstracten Formalismus, der ganz absehen lässt von den sachlichen Lebensverhältnissen und Güterzwecken, für welche die Freiheit, die überhaupt nur ein Werkzeug für vernünftige Zwecke ist, sich zu bethätigen hat. Ein anderer wesentlicher Mangel liegt in dem blos beschränkenden und negativen Charakter des Rechtsprincips, nach welchem das Recht in der Freiheit eines Jeden nur die, zum Zwecke der Coexistenz der Freiheit Aller nothwendigen, Grenzen ziehen soll; allein die Rechtswissenschaft bedarf, wie schon Feuerbach (Kritik des natürlichen Rechts 1806) hervorgehoben, eines Rechtsbegriffs, der eine positive Berechtigung gewährt; denn mag dies auch von manchen Lehrern des positiven Rechts nicht scharf genug erkannt werden, das positive Moment ist das *prius*, und das negative nur eine nothwendige Folge, indem z. B. in dem Eigenthumsrechte dem Eigenthümer eine positive Macht und, nur folgeweise, auch das Recht auf Nichtgestörtwerden oder auf Ausschliessung Anderer gegeben ist. Dennoch ist diese beschränkte Rechtsauffassung Kant's die vorherrschende geblieben und am meisten in der positiven Rechtswissenschaft verbreitet worden, weil sie mit den Principien des römischen Rechts den nächsten Zusammenhang hatte. So kommt z. B. selbst Savigny, obwohl er die Quelle des Rechts über das individuelle

Subject hinaus in dem gemeinsamen Volksgeiste, in dem Gesammtwillen sucht (System d. h. r. R. Bd. I, S. 114), „der insofern (?) auch der Wille des Einzelnen ist", da, wo es sich um eine wissenschaftliche Bestimmung des Begriffs handelt, der nun einmal nicht aus der Geschichte zu entnehmen ist, über die Kant'sche Auffassung nicht hinaus, wenn er das Recht als „die Regel bezeichnet, wodurch die unsichtbare Grenze bestimmt wird, innerhalb welcher das Dasein und die Wirksamkeit jedes Einzelnen einen sicheren freien Spielraum gewinnt" (a. a. O. S. 331). Selbst Stahl, der jedenfalls den Fortschritt gemacht hat, den inneren Zweck oder die Bestimmung (τέλος) der Lebensverhältnisse als das oberste Princip oder vielmehr als die Richtschnur für das Recht zu erkennen, stellt diesem gleichwohl nur die Aufgabe, diesen inneren Zweck als die sittliche Idee eines jeden Instituts „in ihrer äussersten Grenze zu wahren", so dass auch hier das Recht nur als grenzregulirendes Princip aufgefasst ist. Aber es liegt darin nur eine Seite der Aufgabe des Rechts, welches nicht nur die Grenzen und Coexistentialverhältnisse zu regeln, sondern auch die Normen für die öffentliche und private Förderung der Lebenszwecke zu normiren hat.

Kant's Lehre, eine der reinsten Quellen der freiheitlichen Strömung auf allen Lebensgebieten, hat in der Wissenschaft den Beweis geführt, welchen das praktische Leben in allen Richtungen bestätigt, dass äussere rechtliche und politische Freiheit nicht ohne innere sittliche Freiheit bestehen kann, dass diese die innerste Quelle ist, und wo sie versiecht, alle äussere Freiheit in ein hohles leeres Treiben für niedere Zwecke der Selbstsucht ausarten muss. Die tiefste Wirkung erzielte auch diese Lehre durch die Wiederbelebung und Kräftigung des sittlichen Princips. Es gibt Zeiten, wo höhere Geister erscheinen müssen, um ein durch Genusssucht und Selbstsucht entartetes Geschlecht wieder zum Bewusstsein höherer Pflichten und Ziele zu führen. Kant's Philosophie war eine solche Stimme aus der übersinnlichen Welt, die durch das erhabene Wort: „das Gute um des Guten, die Pflicht um der Pflicht willen geübt", die unsauberen Geister verscheuchte und wie ein Blitz reinigend in die dumpfe Atmosphäre einschlug. [1])

---

[1]) Siehe über den Grundcharakter der Philosophie Kant's und besonders über die Rechtsphilosophie meinen ausführlichen Artikel „Kant" im

§. 23.

Die Rechtsphilosophie Fichte's.

Kant's philosophisches System erhielt durch Fichte (1762 bis 1814) eine wesentliche Umbildung in einen subjectiven, später objectiven und absoluten Idealismus, der, in Bezug auf die philosophische Rechtsanschauung, die im Kant'schen Rechtsbegriffe innig verbundenen Elemente der Sittlichkeit und des Rechts in schroffe Gegensätze herauskehrte.

In der ersten Periode seiner Speculation wurde das Recht auf die sinnliche Seite des Ich (wie von Hobbes), die Moral auf das übersinnliche Ur-Ich bezogen, beide Seiten scharf getrennt, das Gewicht wieder auf die Erzwingbarkeit der Rechtshandlungen gelegt, die Selbstsucht als die Triebfeder für dieselben angenommen und in den Rechtsverhältnissen die wechselseitige Bedingtheit der Rechte in dem Rechtsgesetze hervorgehoben: dass „Jeder seine Freiheit durch den Begriff der Möglichkeit von des Anderen Freiheit beschränke unter der Bedingung, dass dieser das Gleiche thue", so dass, wer diese Bedingung nicht erfülle, sofort selbst rechtlos werde. Die Moral soll zwar fordern, die Pflicht rein um der Pflicht willen zu üben; die Maxime des Rechts dagegen soll lauten: Liebe dich selbst über Alles und deine Mitbürger um deiner selbst willen. In ähnlicher Weise wird der Staat aufgefasst; auch er sieht ab von dem guten Willen, geht aus von der Voraussetzung der Selbstsucht der Menschen, „ist auf das allgemeine Misstrauen gebaut, und es wird ihm selbst nicht getraut und ist ihm auch nicht zu trauen", weshalb dann Fichte in dieser Staatsverfassung für die Staatsgewalt ein Gegengewicht in dem Ephorate sucht, und, wenn Staatsgewalt und Ephorat sich gegen die Freiheit des Volkes verbinden, dem

---

„deutschen Staatswörterbuche". — Die Anhänger der Kant'schen Rechtsphilosophie sind nach allen Gebieten der Rechts- und Staatswissenschaft sehr thätig gewesen. Unter ihnen sind besonders hervorzuheben: G. Hufeland, Feuerbach, Gros, Schmalz, Zeiller, Bauer, Krug, v. Droste-Hülshof, v. Rotteck, dessen „Lehrbuch des Vernunftrechts und der Staatswissenschaft", 4 Bde., 1829—34, in letzterer Zeit wohl den bedeutendsten Einfluss ausgeübt hat. Die Formeln lauten bei diesen Schriftstellern öfter etwas verschieden, aber enthalten den Kant'schen Grundgedanken.

Volke und jedem Einzelnen aus dem Volke das Recht auf Empörung geben will. (Naturrecht II, §. 21.)

In der zweiten Periode seiner Speculation (von 1800 an) erhebt sich Fichte von der subjectiv-idealistischen Ich-Lehre zu der Anerkenntniss des absoluten Ich, Gottes, als der absoluten Vernunft und Vernunftwelt, und dem Geiste wird als das höhere Ziel die fortschreitende „Sichtbarmachung des göttlichen Ebenbildes“ angewiesen; aber der Rechts- und Staatsbegriff erhält in sich selbst keine Umbildung, sondern Recht und Staat werden nur dadurch in eine positive Beziehung zum sittlichen Leben gesetzt, dass sie die Bedingungen und Anstalten zur Erscheinung der Sittlichkeit sein und ihre Rechtmässigkeit dadurch beweisen sollen, dass sie die sittliche Freiheit als letzten Zweck vor Augen haben; das Recht wird daher nur als ein äusseres Mittel, als eine künstliche Einrichtung bezeichnet, die ausserhalb des sittlichen Reiches falle, da innerhalb desselben das Recht sich von selbst gebe. Daher soll auch der Staat blos der Zuchtmeister auf die Sittlichkeit sein (als wenn wahre Zucht von einem Wesen ausgehen könnte, das nicht die innere sittliche Zucht in sich selbst besitzt). Da jedoch ein blosses Zwangsrecht und ein Zwangsstaat mit der wahren Sittlichkeit unverträglich ist, und da die Sittlichkeit die ganze und volle Lebensmacht werden soll, so wird nun dem Staate von Fichte die Aufgabe gestellt, sich und jede äussere Regierung überflüssig zu machen. Eine Vermittlung ist freilich nöthig; diese soll durch Bildung, durch Gründung von Bildungsanstalten von Seiten des Staates gewonnen werden. Fichte gelangt jetzt zu der Ueberzeugung, dass Alles, auch im Staate und bei den Regierenden, auf die gute Gesinnung, die sittlichen Motive ankommt, die Schlechtigkeit alle Formen durchbricht, und er hat daher auch das Vertrauen zu den künstlichen Staats- und Regierungsformen verloren; seine früheren Ansichten über das Ephorat nimmt er zurück; er erkennt richtig ein viel wirksameres Ephorat in einer sich bildenden und gebildeten öffentlichen Meinung.

Da der Lehrer der Bildner ist, so soll, nach Fichte, der Lehrerstand auch wahrer Regiererstand sein. Wie aber überhaupt in dieser Weise, bei der jetzigen Lage der Dinge, wo die Schlechten die Majorität bilden, eine solche Ordnung entstehen soll, das bezeichnet Fichte als eine Aufgabe, die durch menschliche Freiheit gar nicht, sondern allein durch die göttliche Weltregierung (Nachgelassene Werke Bd. II, S. 636) zu lösen sei. Diese werde irgend einmal den gerechten Herrscher senden, um dann durch geeignete Mittel die Succession des Besseren fortzuleiten bis zu der Zeit, wo der wahre, unsichtbare, aber lebendige, in der Vernunft und in dem Sittengesetze sich kund gebende Gott die Herrschaft in dem wahren Gottesstaate erhalte, in welchem dann auch die sittlichen Principien des Christenthums ihre vollständige Durchführung finden, der letzte Glaubensartikel aufgenommen werde in die höhere Form der lichten Erkenntniss, und das menschliche Geschlecht, wie es begonnen habe mit der auf Vernünftigkeit und Glauben gegründeten Theokratie, sich constituiren werde als Gottesstaat aus klarer Einsicht, in reiner Freiheit, als absolut vernünftiges Reich — ein Reich, dessen Aufbau, nach Fichte, von der deutschen Nation ausgehen soll.

So endet Fichte's Staatsanschauung mit einem Ideal- und Gottesstaate, der noch in viel höherem Masse als der Platonische Staat allen Bedingungen des realen Lebens entrückt ist und auch nirgends wahrhafte Uebergänge und bleibende Anhaltspunkte für das wirkliche Leben darbietet. Fichte's Rechts- und Staatslehre prägt in den zwei hauptsächlichsten Stellungen, die sie in den beiden Perioden zur Sittlichkeit und sittlichen Welt einnimmt, den Gegensatz aus, der in der ganzen geschichtlichen Entwickelung hervorgetreten ist: Abtrennung des Rechts von der Moral oder positive Beziehung zu ihr; aber bei Fichte ist die letztere nur eine äusserliche, dualistische geblieben, und daher musste er auch, um zu einer höheren Einheit zu gelangen, Recht und Staat von der sittlichen Ordnung ganz abzustreifen suchen.

Das wahre Wesen des Rechts und des Staates wurde daher nicht erkannt, da diese nicht ein vorübergehender Zustand und ein Uebel, sondern selbst wesentliche Güter der sittlichen Güterordnung sind. Diese Erkenntniss sollte erst später (Krause) erlangt werden.

Die grosse Bedeutung, welche Fichte für die Kräftigung des sittlichen und nationalen Geistes, im Kampfe gegen die Napoleonische Gewaltherrschaft, erlangt hat, wird auch in der politischen und Culturgeschichte Deutschlands verzeichnet bleiben. In der ersten Periode hatte er selbst zur Zeit, als das Urtheil so vieler edlen Geister wie Kant, Klopstock, Schiller u. A. über die französische Revolution sich schon gewendet, in seiner Schrift: „Beiträge zur Berichtigung der Urtheile des Publicums“, 1793, noch seinen Glauben an einen Ausgang zum Besseren aufrecht erhalten, aber seit der, mit der zweiten Periode seiner Speculation zusammenfallenden, Erscheinung Napoleons an der Spitze der Regierung in Frankreich war er über den Kern und die innerste Triebkraft der grossen Bewegung zur Klarheit gelangt, wie er es auch aussprach (Berliner Reden vom Winter 1804—1805: „über die Grundzüge des gegenwärtigen Zeitalters“), dass es ein Kampf sei des germanischen Geistes gegen das neue Römerthum, welches in Napoleon die höchste Potenzirung erhalten habe und welches nur überwunden werden könne durch die möglichste Steigerung der idealen göttlichen Kräfte im menschlichen, im deutschen Geiste. [1])

---

[1]) Die verschiedenen Stadien der Entwickelung der philosophischen Rechts- und Staatslehre Fichte's, welche in bemerkenswerther Weise, in steigender Opposition, parallel laufen mit den hauptsächlichsten Epochen der französischen Revolution, habe ich näher bezeichnet in einer Festrede: „Fichte's politische Lehre, in ihrer wissenschaftlichen, culturgeschichtlichen und allgemeinen nationalen Bedeutung“ (Leipzig, Veit, 1862); die Gefahr, die ich damals bezeichnete, ist zur Wirklichkeit geworden, meine Schlussworte bleiben aber auch eine Wahrheit für die Zukunft; sie lauten (S. 39): „Abermals geht durch Europa ein Geist der Gewaltthätigkeit, ein Gelüste der Herrschaft, der Vergrösserung der Macht, wie es das Kennzeichen des Napoleonischen Geistes war. Abermals wird Frankreich, das den Zauberkreis der Rousseau'schen Principien noch nicht durchbrochen hat, von einem mächtigen Willen beherrscht, der für Frankreich wiederum die erste Rolle und die Initiative in allen politischen Dingen in Anspruch nimmt........ Auch Deutschland hat eine wichtige politische Aufgabe zu lösen, und es begreift sich, dass in der allgemeinen Richtung nach Vergrösserung der Macht, nach kräftigerem Zusammenfassen des politischen und nationalen Lebens eine ähnliche Bewegung auch in unserem Volke hervorgetreten ist und sich schwerlich nochmals wird zurückdrängen lassen. Aber hier kann der Geist der Fichte'schen Lehren an alle Gutdenkende den Warnungsruf richten, nicht in dem Streben nach Macht die Grundlagen und Grundbedingungen der Freiheit zu verkennen, nicht selbst den Geist der Gewaltthätigkeit in sich zu hegen, keinen Bund einzugehen mit Gewalten, die nur die äussere Macht und Herrschaft im Auge, kaum eine Ahnung von der sittlichen freien Bestimmung der Menschen und Völker haben, nicht abermals der so oft getäuschten Hoffnung sich hinzugeben, dass sie der Macht, die sie gründen geholfen haben, die Zwecke und die Wege der Freiheit bezeichnen können, während alle Macht, die nicht auf dem Wege des Rechts

Die Lehre Fichtes bildet den Wendepunkt und den Uebergang der subjectiven, von der Betrachtung des individuellen Menschen ausgehenden, Rechts- und Staatsauffassung zu der objectiven Anschauung, welche Recht und Staat mit der universellen und göttlichen Seins- und Lebensordnung in innige Beziehung setzt. Vorher hatte nur Leibnizens System eine solche Beziehung angebahnt, aber nur in einigen ungenügenden Grundzügen bezeichnet.

Die ganze Entwickelung des Naturrechts in der subjectiven Richtung hatte, im Gegensatze zum Mittelalter, die ihr durch die Gesammtlage der Verhältnisse vorgezeichnete Aufgabe erfüllt. Im Grossen und Ganzen war, abgesehen von Meinungsverschiedenheiten im Einzelnen, der Mensch in seiner eigenberechtigten Persönlichkeit und Freiheit anerkannt, sein Wille als die vornehmste, meistens sogar als die einzige, Entstehungsursache der Rechtsverhältnisse aufgefasst, die gesammte Rechtsordnung, der Staat, auf Willensübereinstimmung, Vertrag, zurückgeführt worden, so dass überhaupt der Wille, als die Grundkraft der Persönlichkeit, in der Form des Einzel-Willens oder des Allgemein-Willens, die innerste Triebfeder in diesem Naturrechte bildete. Ein wesentlicher Fortschritt lag darin, dass dem Willen eine Schranke sowohl in der Anerkennung der ursprünglichen Rechte, die der Willensverfügung entgegen sein sollen, als in dem Princip des Wohls gezogen wurde, dem das Recht gemäss sein solle. Vom Gesichtspunkte des Individuums aus wurden, ausser dem allgemeinen Staatsverbande, alle Verbindungen, Corporationen, insofern sie nicht durch Vertrag entstanden und erhalten seien, verworfen; und sowie man alle obligatorische Verhältnisse auf Vertragsverhältnisse zurück-

---

sondern der Gewalt zur Herrschaft gelangte, stets die Freiheit vernichtete... Möge daher Fichte's Lehre dazu mitwirken, dass diejenige politische Form, welche die freie Bewegung, den Frieden im Innern, die in der Gleichheit wurzelnde Achtung und Liebe aller Stämme unter einander am besten verbürgt, auch als die kräftigste erkannt, dass nicht das germanische Staatsleben in eine romanische Strömung, in den Geist des Napoleonismus getrieben werde..... Möge aber Fichte's Lehre und Leben in hellerem Lichte die höchste Quelle aller sittlichen Tapferkeit, des hohen Lebensmuthes, der im Streben zum Besseren unwandelbaren Gesinnung in der ewigen Wahrheit erkennen lassen:

„Von dem der Geist kommt, von dem kommt die Freiheit."

führt (*nulla obligatio nisi ex contractu, sive* — wie man wohl noch hinzusetzte — *ex delicto*), so fand auch im Erbrechte nur das Vertrags-Erbrecht (die schlechteste Art) Gnade vor den Augen dieses Naturrechts. Von dem Individuum aus, welches, abgelöst von allen Sonderverhältnissen, nur Mensch ist, wurde dann folgerichtig ein allgemeines menschliches Recht aufgestellt, welches für alle Völker gleich geltend sein, auch im Völkerrechte die Grundlage für die zu bewahrenden allgemein menschlichen Beziehungen bilden sollte; aber, bei aller Beachtung, welche diese allgemein menschliche Seite verdient, wurde nicht nur im Wesentlichen der individuelle Mensch mit der Menschheit identificirt, sondern auch die natürliche Gliederung der Menschheit in Stämme und Völker und ebenso der grosse Culturorganismus und die geschichtliche Entwickelung der Völker fanden keine rechtliche Berücksichtigung. Es mangelte diesem, von allen wichtigen geschichtlichen und ethischen Verhältnissen abstrahirenden, Naturrechte insbesondere diejenige Wissenschaft, auf deren Nothwendigkeit Leibniz zuerst hingewiesen hatte (S. 112), die Wissenschaft vom Guten und den Gütern als der objectiven ethischen Grundlage sowohl für die Tugendlehre als auch für die Rechts- und Staatslehre. Diese ethische Wissenschaft wurde auch von den früher bezeichneten (S. 90) und jetzt näher darzustellenden Schulen nicht gewonnen, die in ebenso einseitiger Weise, dem subjectiven Naturrecht gegenüber, ein, die menschliche Freiheit in der Wurzel antastendes oder niederdrückendes, objectives Princip zur Geltung zu bringen suchten. Wir betrachten unter diesen Schulen zunächst die theologische (obwohl sie der Zeit nach etwas später erscheint als die historische Schule), welche das Recht wieder in ein Unterordnungsverhältniss zur positiven Religion oder Confession zu bringen unternahm.

Capitel II.

Von den, im Gegensatze zu den subjectiven Naturrechtslehren gebildeten, objectiven Richtungen in der Rechts- und Staatslehre.

§. 24.

Die theologisirende Rechts- und Staatslehre in der katholischen und protestantischen Form.

Das neuere Naturrecht hatte seinen Bruch mit der mittelalterlichen Anschauung durch einen Act der Unabhängigkeitserklärung des Rechts von jeder positiven Religion, selbst vom Dasein Gottes, verkündet (S. 94) und diesen Charakter abstracter Selbstständigkeit bewahrt, ohngeachtet der Einsprache, welche vom positiv-christlichen Standpunkte (Cocceji u. A.) wie von einem höheren philosophischen Gesetzpunkte aus (Leibniz) erhoben worden war.

Auf rein menschlicher Grundlage sollte das natürliche Recht aufgerichtet werden. Aber die Verschiedenheit der Auffassungen des menschlichen Wesens hatte oft zu sehr entgegengesetzten Ansichten über die rechtliche und staatliche Ordnung geführt. Als nun die, von den zerstörenden Rousseau'schen Principien getragene, französische, Revolution nicht nur den Staat, sondern auch die ganze kirchliche Ordnung umstürzte, konnte eine Reaction nicht ausbleiben, welche für das verletzte religiöse Gefühl den wissenschaftlichen Ausdruck suchte, die Ursachen der, Furcht und Schrecken um sich verbreitenden, Umwälzung in der Abtrennung der bürgerlichen und politischen Ordnung von der Religion und Kirche erblickte und die Wiederanknüpfung des Rechts und des Staates an die positive, von Gott geoffenbarte, Religion als den festen Punkt und die unwandelbare Grundlage für die, immer in die engsten Schranken einzuschliessende, Bewegung der menschlichen Freiheit bezeichnete. Diese theologische Reaction musste, nach der Lage der Verhältnisse, zuerst in der katholischen Richtung auftreten und verbreitete sich später von Frankreich nach Deutschland; aber die fortschreitende Ausdehnung, welche, nach der französischen Restauration, die, mannigfach an französische Ansichten sich anlehnende, liberale Rechts- und Staatslehre in Deutschland gewann (Rotteck), sowie die Gefahr, welche das bedeutendste speculative System (Hegels) sowohl dem Glauben bereitete, der in philosophisches Wissen umgesetzt und aufgehoben werden sollte, als auch der Kirche, die in den Staat aufgehen sollte (s. §. 25), rief zuletzt auch in der protestantischen Richtung eine entschiedene Opposition und Reaction hervor, die in der Rechts- und Staatsphilosophie von J. Stahl ihren vornehmsten Ausdruck fand.

Wir betrachten zuerst die katholische Richtung.

Fast gleichzeitig hatten nach Umsturz des Königthums de Bonald[1]) (1764—1840) und der savoyische Graf Joseph de Maistre[2]) (1764—1821, sardinischer Gesandter in Petersburg) für alle staatliche Ordnung den festen Anknüpfungspunkt in der Autorität der katholischen Kirche gesucht. Während der erstere, zur Zeit der Restauration Mitglied der Pairskammer, mit seiner, auf die Analogie der Trinität gestützten, Staats- und Gesellschaftslehre in einer abgestuften Reihe von Dreiheiten (König, Adel, Unterthanen; Vater, Frau, Kinder u. s. w.) auch in Frankreich wenig Anklang fand, ist der geistig weit überlegene de Maistre bis auf den heutigen Tag der eigentliche Repräsentant des schroffsten Ultramontanismus geblieben. Den Hauptirrthum aller politischen Bestrebungen der letzten Jahrhunderte sieht de Maistre

---

[1]) Die hieher gehörenden vornehmsten Werke sind: *Théorie du pouvoir politique et religieuse dans la société civile*, zuerst 1796, und *Législation primitive*, zuerst gegen 1805; s. überhaupt *Oeuvres de M. Bonald*, 4. Ausg. 1840.

[2]) Die Schriften sind: *Considérations sur la France, 1806; Essai sur le principe générateur des constitutions politiques, 1810; du Pape* (geschrieben nach der Gefangennehmung des Papstes, jedoch erst 1817 herausgegeben). Die philosophischen Schriften sind: *Soirées de St. Petersbourg*, die eine vorzügliche und geistreiche Kritik des Materialismus und Sensualismus enthalten, und: *Examen de la philosophie de Bacon, 2 voll.*, worin die (in neuerer Zeit in Deutschland zuerst von Liebig bekämpften) Ansichten über Bacon, als angeblichem Restaurator der inductiven Methode, gründlich widerlegt werden. S. auch: *Mémoires politiques et correspondance de J. de Maistre, par A. Blanc, Paris 1858.* Artikel über de Maistre von L. Binaut in der *Revue des deux-mondes 1. Dec. 1858 et 1. août 1860*, und v. Sybel in der historischen Zeitschrift, Bd. 1. — Den Weg de Maistre's betraten in neuerer Zeit in Spanien Balmès († 1843) und Donoso Cortes († 1851).

darin, dass der Mensch, das Geschöpf, sich selbst zum Schöpfer machen wolle, sich einbilde, Staaten und Verfassungen nach Willkür schaffen zu können, während ihm selbst die Reform derselben nur auf untergeordnete Weise und noch dazu unter schrecklichen Beschränkungen (*sous des restrictions terribles*) zustehe. Der Mensch soll daher die falsche Ansicht von der Autonomie, Selbstbestimmung und Selbstgesetzgebung aufgeben und sich gänzlich der höheren, durch Gottes Gesetz und Willen gegründeten, Ordnung, von welcher die irdische staatliche Ordnung ein sichtbares Abbild ist, unterwerfen und die göttliche Leitung der menschlichen Angelegenheiten derjenigen Autorität anheimgeben, welche von Gott über alle Obrigkeiten gesetzt ist, dem Papste. In der Unfehlbarkeit des Papstes, welche er hauptsächlich zu begründen unternimmt, sieht de Maistre den festen Punkt, den sicheren Hort gegen alle liberale Bewegung und jede Umwälzung. Aber wenn die Kirche, die zu einer Zeit, als ihr überall der weltliche Arm zu Gebote stand, die geistige Bewegung nicht hat hemmen können, so hat sie sich heute selbst durch stetes Negiren jedes Fortschrittes in eine geistige Ohnmacht versetzt, aus welcher sie kein blos formales Princip erlösen wird. Ein solches, jedes realen Gehaltes entbehrendes, Princip ist aber die Unfehlbarkeit. So wie durch Rousseau der formalistische Aberglaube an das Princip der Volkssouveränetät und ihre Unfehlbarkeit verbreitet wurde (S. 128), so hatte sein savoyenscher Nachbar alles Heil von der Unfehlbarkeit des Papstes erwartet.

In mehr gemässigter Richtung suchte längere Zeit hindurch Abbé de Lamennais (*Essai sur l'indifférence*) in der katholischen Religion selbst die vornehmste Grundlage aller socialen Ordnung nachzuweisen, sagte sich aber, als seine Lehre in Rom verworfen wurde, von der hierarchischen Kirche los und suchte einen extremen politischen Radicalismus aus einzelnen Sätzen des Evangeliums abzuleiten (*Paroles d'un croyant 1833; livre du peuple 1835*).

In Deutschland wurde eine katholisch-theologische Richtung eingeschlagen von Adam Müller, [1]) Friedrich Schle-

---

[1]) Müller's Werke sind: „Die Elemente der Staatskunst; öffentliche Vorlesungen, gehalten zu Dresden von 1808 -- 1809. 3 Bde. 1812.“ „Vermischte Schriften über Staat, Philosophie und Kunst; 1812.“ „Von der Nothwendigkeit einer theologischen Grundlage der gesammten Staatswissen-

gel[1]) und Jarke,[2]) von denen die beiden ersteren, in Verwerthung einiger Grundbegriffe der Schelling'schen Naturphilosophie, der eine vorzüglich das organische und religiöse Element in der Nationalökonomie hervorhob, der andere für die Weltgeschichte die Umkehr von einer falschen Bahn zu ihrem Ausgangspunkte verlangte, der dritte, eigentlicher Jurist, obwohl er die „Liebe" als das wahre Princip des Rechts und als Ergänzung des seit dem Sündenfalle eingetretenen egoistischen Rechts betrachtete, gleichwohl „qualificirte" Todesstrafen vertheidigte, alle drei aber Recht und Staat in theologischer Weise nur als eine Folge des Sündenfalles betrachteten.

Als ein selbständiger Forscher trat dagegen Franz v. Baader,[3]) der zwar gleichfalls sich gegen die Lehren des abstracten und irreligiösen Liberalismus, aber nicht minder gegen die Reactionstheorien und Restaurationsversuche des Alten erklärte, vor Allem eine Evolution auf Grundlage eines, nach der Analogie einer tieferen Naturphilosophie, und im Anschluss an Jacob Böhme, aufgefassten Christenthums verlangte, jedoch über mehrere rechtliche und staatliche Verhältnisse nur einige anregende Andeutungen gab, ohne schärfere massgebende Begriffe aufzustellen.

Die unterste Stelle in dieser Richtung nimmt (der zum Katholicismus übergetretene) L. v. Haller ein, welcher zwar die göttliche Ordnung als den wahren Naturstand der Menschen bezeichnet, aber in dieser Ordnung es als eine „höhere Schickung" betrachtet, dass der Stärkere über den Schwächeren herrscht. Diese Herrschaft fasst nun Haller als ein Privateigenthum auf,

---

schaften und der Staatswirthschaft insbesondere; 1819." Ueber Müller's Verdienste um die Nationalökonomie s. Hildebrand: „Die Nationalökonomie der Gegenwart und Zukunft, 1848", wo jedoch einigen Ansichten Müller's ein zu grosser Werth beigelegt wird.

[1]) Von Schlegel's Werken gehören hieher: „Vorlesungen über die Philosophie des Lebens, 1828", „Philosophie der Geschichte in 18 Vorlesungen, 2 Bde. 1829.

[2]) Vermischte Schriften von Jarke, 4 Bde. 1839.

[3]) Von Baader's Schriften gehören hieher: „Grundzüge der Societätsphilosophie, 1837", und dann die von Professor Hoffmann herausgegebenen „Franz Baader's kleine Schriften, aus Zeitschriften zum ersten Male gesammelt, 1847."

betrachtet alle Staatsbeamten als Diener des Herrschers, verkehrt in dieser Weise alles öffentliche Recht in Privatrecht, sieht im Staate nur „die höchste Gradation natürlicher Dienst- und Societäts- oder sogenannter Privatverhältnisse, die sich von anderen Privatverhältnissen nur durch die Unabhängigkeit oder höhere Macht und Freiheit ihres Oberhauptes unterscheiden", eifert daher gegen alles Naturrecht, weil es ein öffentliches Staatswesen schafft und besonders gegen die Theorie des Staatsvertrages, will aber an dessen Stelle eine Masse einzelner Verträge setzen, und löst überhaupt den Staat selbst, in mittelalterlicher Weise, in ein Aggregat von Herrschaftsverhältnissen auf.[1])

Die protestantische Richtung in der theologisirenden Rechts- und Staatslehre ist in neuerer Zeit, auf philosophischer Unterlage und in inniger Beziehung zur (christlichen) Ethik, ausgebildet worden durch J. Stahl (1802—1861), welcher vorwaltend der theologischen, und nicht der historischen, Schule zuzuzählen ist, weil das historische Element, so bedeutungsvoll dasselbe auch von dem Standpunkte Stahls erscheinen musste, doch der positiven christlich-religiösen Anschauung untergeordnet wird.

Die Lehre Stahl's[2]) lässt sich in der Kürze in folgenden Punkten zusammenfassen.

An die Spitze seiner Lehre stellt Stahl als höchstes Princip die Persönlichkeit Gottes, als das Ursein und die einheitliche Fülle alles Seins, im Gegensatze zu dem modernen, vorzüglich von Hegel durchgebildeten, dialektischen Pantheismus, der die Persönlichkeit Gottes wie des Menschen vernichtet. In der Persönlichkeit erkennt Stahl zugleich die göttliche Causalität und Freiheit, die freie Schöpfung der Welt, durch welche ein Zug nach Persönlichkeit geht, die Schöpfung selbständiger und freier Wesen, die

---

[1]) S. die seiner Zeit über Gebühr viel besprochene „Restauration der Staatswissenschaft, oder Theorie des natürlich-geselligen Zustandes, der Chimäre des künstlich-bürgerlichen entgegengesetzt," 6 Bde., 1816.

[2]) „Die Philosophie des Rechts auf der Grundlage christlicher Weltanschauung". 1. Aufl. 1830—1833, 3. Aufl. 1854—1856. 3 Bde. Der erste Band, die Geschichte der Rechtsphilosophie befassend, wird als kritische Aufdeckung der Schwächen der vorherrschenden Systeme einen bleibenden Werth behalten.

göttliche Providenz, welche die Unzahl der in dem Sonderwesen liegenden Ursachen nach einem Plane und Zwecke zu einem Resultate verknüpft und die Weltgeschichte, obwohl sie ein in sich vollendetes Ganzes bildet, auch als ein Mittel für einen jenseits liegenden Zweck, das Gottesreich, behandelt. In diesen Sätzen, die jeder metaphysischen Begründung entbehren, nur auf einige, oft kernige, Reflexionen sich stützen, hat Stahl allerdings dem tiefen Bedürfnisse Ausdruck gegeben, die menschliche Persönlichkeit und Freiheit, die, wie die Geschichte aller pantheistischen Systeme beweist, mit der göttlichen zugleich steht und fällt, wieder in ihr Recht einzusetzen und aus den erdrückenden Banden, des in logischen Formen mit Nothwendigkeit sich entwickelnden, Weltgeistes zu befreien. Aber Stahl wendet sich nur zu dem anderen Extrem, obwohl er durch gewisse, an sich unhaltbare, Einschränkungen sich der Nöthigung entziehen will, dasselbe bestimmt und klar hinzustellen. Schon die scholastische Philosophie hatte die Frage erörtert, ob das Wesen Gottes, oder ob der göttliche freie Wille der Grund der Wahrheit und aller Ideen des Guten, Sittlichen und Rechten sei, und Leibniz (S. 111) hatte mit Nachdruck die praktisch-sittliche Bedeutung des ersten, allein wahren Satzes hervorgehoben. Stahl scheut sich, mit Bestimmtheit das Gegentheil zu behaupten, allein da er in der Persönlichkeit, die doch immer nur eine bewusste Rückbeziehung eines Wesens zu sich und für sich selbst ist, die göttliche Substantialität selbst erblickt, also keinen Urgrund der Persönlichkeit und des freien Willens in dem W e s e n Gottes anerkennt, so hätte Stahl consequent auch alle Wahrheit und die ganze sittliche Ordnung nicht auf das Wesen und die ewigen Wesensbestimmtheiten Gottes (ewige göttliche Wesensbegriffe), sondern auf den freien Willen zurückführen müssen; allein Stahl will grundsätzlich nicht in Abrede stellen, dass es für Gott solche ewige, unänderliche Grundbegriffe (logische Kategorien im Hegel'schen Sinne) gibt, behauptet aber, dass der Mensch sie nicht zu erkennen vermöge und sich daher an den geoffenbarten Willen Gottes halten müsse. Wird aber in einer ethischen Lehre der Wille Gottes in der einen oder anderen Weise an die Spitze gestellt, so ist der Absolutismus in der Rechts- und Staatslehre die Consequenz, welche alle grundsätzlichen Schranken, die man aufstellen möchte, durchbricht. Daher ist auch Absolutismus der innerste Kern von Stahls Staatslehre, indem alle von ihm aufgestellten Schranken, wie insbesondere eine (nach etwas modificirten alten Ständen gebildete), nur mit äusserst geringen Befugnissen ausgestattete, ständische Vertretung, an sich machtlos sind. Auch in Stahls Lehre tritt die alte Wahrheit wieder recht klar hervor, dass der Mensch, bewusst oder unbewusst, nach der Art, wie er Gott auffasst, auch sich selbst und die ganze gesellschaftliche Ordnung begreift und behandelt. Mit einer, an jüdische und mohamedanische Vorstellungen anstreifenden, mittelalterlichen,[1] Gott vorwaltend als Willensmacht erfassenden Lehre war Stahl einer Grundrichtung der modernen Zeit entgegengetreten, welche in der Naturordnung die unwandelbaren Gesetze, und in der sittlichen Ordnung höhere Vernunftgesetze als Richtschnur für den Willen zu erforschen und aufzustellen unternahm, und welche in den nothwendigen Seins- und Denkkategorien im Pantheismus Hegels nur den schärfsten, den freien Willen gänzlich aufhebenden, Ausdruck gefunden hatte. Aber die Gefahr liegt für das menschliche und gesellschaftliche Leben immer mehr in der Behandlung der gesellschaftlichen Ordnung als einer Willens-Ordnung, als in der Ueberzeugung, dass alle menschliche Lebensgestaltung unabänderlichen Gesetzen, einer objectiven Vernunft unterworfen ist.

Die mittelalterlich-theologische Anschauung Stahls tritt noch bestimmter in der Ansicht hervor, dass Recht und Staat eine Folge des Sündenfalles seien, und dass die Erbsünde alle, wenn auch

---

[1]) Ich habe in dem Artikel „Grotius" im Staatswörterbuche (1859) darauf hingewiesen, dass das mittelalterliche Princip des persönlichen Willens Gottes, welches Stahl (besonders in seiner Geschichte der Rechtsphilosophie Bd. 1, S. 68) als das neue ethische Princip hervorhebt, wornach die Begebenheiten der Weltgeschichte Ausdruck des göttlichen Willens sein und staatsrechtliche Fragen nach dieser Bekundung entschieden werden sollen, darauf hingewiesen, dass die Lehre, welche in Gott keine ewige Wahrheit, sondern nur den Willen annimmt, streng nach allen praktischen Consequenzen in dem mittelalterlichen orthodoxen mohamedanischen Systeme der Motakhallim's (Ritter, Gesch. der Phil. Bd. 7, S. 716) ausgebildet ist, zugleich als eine Warnung für die Philosophie im Allgemeinen, welche, in Gott und dem Menschen, den Willen über die Vernunft setzen, und insbesondere für jede Rechts- und Staatslehre, welche das Recht zu oberst nicht als eine ewige Idee und Forderung der Vernunft, sondern nur als einen Willensbegriff und als ein Princip der Willensmacht aufzufassen geneigt wäre.

in ihren Motiven noch so edlen, Bestrebungen, um schon im gegenwärtigen Leben „die völlige Einigung der Menschen zu einem sittlichen Reiche und die völlige Freiheit und Selbstbestimmung der Einzelnen zu erreichen“ zur Unwahrheit werden lasse.

Nach dieser Ansicht werden Recht und Staat in innige Beziehung gesetzt und aus der (theologischen) Ethik abgeleitet. Diese ist nach Stahl die Wissenschaft der Gesetze oder Anforderungen für den menschlichen Willen und begreift die Kreise der Religion, der Moral und des Rechts. In dem Reiche Gottes, das der christliche Glaube erwartet, sind diese Sphären in völliger Einheit und Wechseldurchdringung, aber im empirischen Zustande, in welchem der Mensch sich ausser Gott befindet, sind auch diese Sphären aus ihrem einigenden Centrum gewichen und erscheinen daher in ihrer Trennung. In diesem Zustande sind zunächst zwei Sphären zu unterscheiden, von denen die eine die ethischen Beziehungen des Einzelnen, in der Religion, als des Bandes des Menschen zu Gott, und in der Sittlichkeit (oder Moral), als die Vollendung des Menschen in ihm selbst, von Seite des Willens, befasst, die andere die ethischen Beziehungen der Gemein-Existenz, als Recht und Staat begreift. Abgesehen von der Kirche, welche sich als Gottesgemeinde organisirt, ist daher die Moral das Ethos des Einzelnen, das Recht das Gemeinethos oder objective Ethos.

Diese Unterscheidung von Recht und Moral beruht jedoch auf einer sehr oberflächlichen, hier gar nicht massgebenden, Gegensetzung des Einzelnen und der Gemeinschaft. Jede etwas näher eingehende Untersuchung erweist sofort, dass das Recht ebensowohl auf die Einzelexistenz, wie die Moral, wenn sie auch ihre Quelle in den Triebfedern der Einzelnen hat, auf Verhältnisse der Gemeinschaft sich bezieht, in denen sittliche Principien gewahrt werden sollen.

In der Bestimmung des Rechtsprincips selbst kommt Stahl, schon in Folge seiner ganzen Lebensauffassung nicht über Kant hinaus; durch die höhere Anschauung von einem sittlichen Reiche, welchem Gott Ziele und Zwecke gesetzt hat, erhalten jedoch Recht und Staat eine positive Richtung auf alle, den Lebensverhältnissen inwohnende, ethische Zwecke oder Ideen, die durch Beobachtung der Lebensverhältnisse, durch Untersuchung der „Natur der Sache“ erforscht werden sollen, und Stahl verlässt dadurch den formalen Subjectivismus Kant's, um dem Rechte die Richtung auf die objective Realität zu geben.

Das Recht, an sich selbst betrachtet, hat, nach Stahl, nur die Aufgabe, in Folge der sündhaften Natur des Menschen „den objectiven Bestand der sittlichen Welt, in Uebereinstimmung mit ihrer ursprünglichen Bestimmung, jedoch nur nach den äussersten Grenzen zu wahren", also sich auf das Negative zu beschränken, nicht selbst die ethischen Ideen positiv zu realisiren, sondern nur dahin zu wirken, dass die in einem Institute ausgeprägte Idee oder der Zweck so weit gewahrt bleibe, dass nicht das Entgegengesetzte eintrete. Moral und Recht stehen demnach in inniger Beziehung; beide haben die Richtung auf ethische Ideen, die erstere in positiver, das Recht in negativer Weise. Aber das Recht, welches über den subjectiven, oft üblen, Willen, erhaben ist, bedarf auch einer vom Einzelwillen unterschiedenen Macht, welche sich dem Widerstrebenden gegenüber als Zwang äussert, der zwar nicht der erste aber nothwendige Charakter des Rechts ist.

Bei der wichtigen Frage, was, als erzwingbar, in das Gebiet des Rechts und des Staates gehöre, zeigt sich die grosse Gefährlichkeit der oben gerügten oberflächlichen Unterscheidung von Moral und Recht, indem Stahl unter die rechtliche Zwangsgewalt Alles stellen will, „was den Charakter einer Wirksamkeit auf das Ganze hat"; aber bei der innigen Wechselwirkung, welche zwischen dem Einzelnèn und dem Ganzen besteht, wird die Feststellung der Grenzen immer vom subjectiven Ermessen abhängig sein. Abgesehen davon, dass das Recht kein blosser Grenzwächter ist, kann die Grenze selbst nur nach einer objectiv erkennbaren Norm gezogen werden, in welcher allein der positive Charakter des Rechts zu suchen ist. Die ganze, seit Kant beliebt gewordene, von Stahl wie auch von Savigny (s. §. 24) beibehaltene, Anschauung des Rechts als eines Grenzregulirungsprincips, beruht auf einer Verkehrung des rechten Verhältnisses, indem die Grenze, welche nur eine Folge der Rechtsbestimmung ist, zum Princip des Rechts selbst gemacht wird.

Der Staat ist, nach Stahl, nicht blos Rechtsstaat (er würde ja auch als blosser Grenzhüter eine traurige Figur machen), sondern ein sittliches Reich, in welchem nicht nur Recht gehandhabt, sondern auch das Leben des Volkes gefördert und Gottes (zehn) Gebote aufrecht erhalten werden. Nach dem Zuge der Persönlichkeit, der durch alles Leben geht, ist die Monarchie die vollkommenste Form. Jeder Staat beruht auf drei Principien, auf der Autorität, als Legitimität, auf einem sittlich-verständigen und geschichtlich überkommenen Gesetze oder Constitution und auf der Anerkennung der Nation als sittlicher Gesammtheit in der Repräsentation. Der Staat entsteht nicht durch Vertrag, weil es bei Verträgen überhaupt stets auf den Inhalt ankommt, in welchem die bindende Kraft liegt, dieser Inhalt aber beim Staate durch göttliche Anordnung gegeben ist. Ein bestimmter Staat wird zwar mittelst des menschlichen Willens aber nicht durch denselben gebildet. Stahl hat hier zwar richtig den Inhalt der Verträge von der Form unterschieden und schärfer hervorgehoben, dass das Wesen des Staates nicht durch den Staat bestimmt wird, aber doch übersehen, dass der Vertrag selbst, durch welchen eine Staatsgewalt und selbst ein Staat rechtlich entstehen kann, das eigentliche Band ist, dem Treue bewahrt werden soll.

Die Staatsgewalt kann nach Stahl in den verschiedensten Formen, durch Geburt, Gaben, Uebermacht, allmähliche Gewöhnung, freiwillige Unterwerfung oder Bewältigung geschehen; nur muss eine „Fügung Gottes“ obwalten, durch welche auch eine illegitime Dynastie zur legitimen werden kann, wenn „Gott sie zugelassen und durch die Zeiten (wie lange?) erhalten hat“.

Diese theologische Theorie macht es demnach jeder Staatsgewalt möglich, sich sofort durch Berufung auf eine Fügung Gottes zu legitimiren.

Wie die Legitimität zuoberst auf den höheren göttlichen Willen zurückgeführt wird, so wird dann im Innern des Staates der Wille des Herrschers als zuhöchst massgebend betrachtet, und die ständische Repräsentation ist eine Schranke, die jeder selbständigen Kraft und Würde ermangelt.

Betrachtet man die Lehre Stahls im Ganzen, so kann man ihr das Verdienst zuschreiben, viele Fragen wieder in ihrem tieferen Grunde und nach einer höheren Seite aufgefasst und besonders auf den ethischen Inhalt aller, durch das Recht zu regelnden, Lebensverhältnisse hingewiesen zu haben. Aber die Lehre ermangelt jeder festen Grundlage, lässt alle Gebiete in einander fliessen und bildet ein Arsenal, aus welchem jeder, mit dem Mantel der Religion sich umgebende, Absolutismus und Schein-Constitutionalismus seine Waffen nehmen kann.

Die theologische Schule überhaupt kann das Verdienst in Anspruch nehmen, die Nothwendigkeit einer innigen Beziehung des Rechts und des Staates zu Gott und zur gesammten göttlichen Lebensordnung erkannt zu haben; aber ihr Grundirrthum liegt darin, dass sie im Wesentlichen nur zu einer mittelalterlichen Anschauung zurückgekehrt ist, welche Alles auf Gottes Willen zurückführt und consequent auch die ganze Staatsordnung einer kirchlichen oder staatlichen Macht preisgibt, welche sich als das Organ des göttlichen Willens betrachtet.

Endlich ist es als eine gänzliche Verkennung des Wesens des Christenthums zu betrachten, wenn dasselbe in jüdischer oder heidnischer Weise wieder mit dem Staate oder bestimmten Staatsformen verquickt wird. Das Christenthum will keine National- und keine Staatsreligion sein, sondern eine Religion der Menschheit; und man darf erwarten, dass seine positive, das ganze gesellschaftliche Leben durchdringende und erhebende Kraft um so grösser werden wird, als es sich selbst als eine freie, alle Mittel der Bildung in sich aufnehmende, geistige Macht in der Gesellschaft entfalten wird. Man soll aber unterlassen, bei dem grossen Schwanken der Glaubenssätze der verschiedenen Confessionen auch noch politische Dogmen an diese Sätze zu knüpfen. Die Staatsordnung bedarf fester, objectiv-erkennbarer Grundlagen in Verfassung und Gesetz, um Freiheit, Sicherheit, geordneten Fortschritt möglich zu machen und um allen Confessionen in der äusseren gemeinsamen Ordnung die Mahnung zu geben, sich, in den Unterschieden, auch der gemeinsamen religiösen Principien wieder mehr bewusst zu werden.

§. 25.

II. Die historische Schule. Burke, Savigny.

Das Naturrecht hatte den Ausgangspunkt von dem Menschen *in abstracto* genommen, ihn von allen lebendigen Beziehungen zu Gott, zu den grossen Gliederungen der Menschheit in Stämme und Völker und zu der ganzen geschichtlichen Culturentwickelung abgetrennt. Das Naturrecht war unlebendig, ungeschichtlich, ein

System starrer Formen geworden. Das Recht ist jedoch ein Lebensbegriff, und Leben ist Werden, Entwickelung, Vorwärtsstreben; die lebendige, geschichtliche Seite ist daher eine wesentliche Seite des Rechts und musste besonders in ihrer hohen Bedeutung begriffen werden, als in der französischen Revolution, unter der Wucht der starren unbeugsamen Principien des Naturrechts, die an sich schon morschen Zustände und Verhältnisse zusammenbrachen und als nach dem unverrückbaren naturrechtlichen Plane ein neues Rechts- und Staatsgebäude aufgeführt werden sollte, welches mit allen Bedingungen der geschichtlichen Entwickelung, mit Gewöhnung und Sitte und mit überlieferten, starken, widerstrebenden Lebenselementen und Verhältnissen in Conflict und Kampf trat.

Die historische Schule reicht, was die blos geschichtliche Behandlung des positiven Privatrechts betrifft, in viel frühere Zeiten hinauf. Schon Cujas, der grosse französische Romanist († 1590), hatte die Rechtsgeschichte seine „goldene Angel" genannt. In einer höheren, das gesammte Recht umfassenden Ansicht hatte Vico [1]) (geb. zu Neapel 1668, † 1744) in seinem Werke: *De universi juris uno principio et fine* (1720), wenngleich bei grosser Unklarheit über das Rechtsprincip selbst, sehr richtig drei Theile der Rechtswissenschaft, die Rechtsphilosophie, das geschichtliche Recht und die Kunst der Anwendung der Philosophie auf die geschichtlichen Thatsachen (d. i. die Politik, vergl. 16), unterschieden. Einige Zeit nachher hatte Montesquieu (S. 120), wohl nicht ohne Kenntniss von Vico's Schriften, in seinem „Geist der Gesetze" noch einen tieferen Einblick in die geschichtlichen Verhältnisse der Völker zu gewinnen gesucht. In Deutschland hatte Justus Möser (1720—1794, „Einleitung in die Osnabrück'sche Geschichte" und „patriotische Phantasien") vom deutschen Gesichtspunkte aus, obwohl nicht ohne manche Vorurtheile, geschichtliche Verhältnisse tiefer zu erforschen gesucht und die Wiederbelebung guter alt-germanischer Institute (Geschwornengerichte mit Hinweis auf England) verlangt. Aber das volle Bewusstsein von der Bedeutung des geschichtlichen Princips in der Auffassung und Behandlung alles Rechts- und Staatslebens und

---

[1]) S. Näheres über Vico in Bluntschli's Geschichte des allgemeinen Staatsrechts. Eine neue Ausgabe von Vico's Werken ist: *Opere di G. Vico ordinate et illustrate du G. Ferrari. Vol. I—VI (1858)*; eine ältere Uebersetzung ist von Weber, Leipzig 1822.

seines nothwendigen Kampfes mit den bisherigen Ansichten kam erst im Gegensatze zu der französischen Revolution zur völligen Klarheit.

Auf dem politischen Gebiete trat in England zuerst Edmund Burke auf (1730—1797), welcher in seinen Parlamentsreden und in seiner Schrift „über die französische Revolution" (*Reflections on the revolution in France, 1790*) die Grundideen entwickelte, welche einen wesentlichen Einfluss auf die in Deutschland sich bildende historische Schule ausgeübt hat.

Burke, vor der Revolution ein rüstiger Kämpfer für die Reform (besonders Wahlreform) und ein muthiger Vertreter der Sache der Unterdrückten, der amerikanischen Colonien gegen das Mutterland, Ostindiens gegen den Gouverneur Warren Hastings, erkannte sofort die ganze politische Tragweite der abstracten Freiheits- und Gleichheitslehren der französischen Revolution, sagte mit wahrhaft politischem Seherblicke die, aus den treibenden Kräften dieser Bewegung sich ergebenden, Phasen und den Endausgang in die Gewaltherrschaft eines glücklichen Feldherrn voraus und trat nun im Parlamente, freilich auch vielfach in leidenschaftlicher Verblendung über die tief liegenden Ursachen und über die edleren Ziele dieser Bewegung, an die Spitze des weltgeschichtlichen Kampfes, den England gegen Frankreich begann.

Es war im Grunde der, abstracten Principien abgeneigte, englische Volksgeist, welcher in Burke sich aussprach, als derselbe der apriorischen Construction des Staates nach abstracten Begriffen das Princip einer stetigen organischen Entwickelung, welche eine Reform nur in Beobachtung aller gegebenen historischen Verhältnisse gestatte, entgegenstellte. [1])

---

[1]) Burke sagt: *A disposition to preserve and a ability to improve, taken together, would be my standard of a statesman.* Seine ganze Bitterkeit richtete Burke gegen den eigentlichen Verfassungsfabrikanten der Revolution, Abbé Sièyes (s. S. 133): „Der Abt Sièyes, sagt er, hat ganze Nester voll Verfassungen fertig, bezettelt, sortirt und numerirt, jeder Jahreszeit, jedem Einfalle angemessen. Einige, wo das Unterste oben, andere, wo das Oberste unten steht, einige ausgezeichnet durch Einfachheit, andere durch Verwickelung, einige mit Blut, andere mit *boue de Paris* befleckt, einige mit, andere ohne Directoren, einige mit Räthen von Alten, einige mit Räthen von Jungen, andere ohne allen Rath; einige, wo die Wähler die Repräsentanten, andere, wo die Repräsentanten die Wähler ernennen — so dass kein

In Deutschland wurde die historische Schule, vorwaltend in privatrechtlicher Hinsicht, begründet durch Hugo [1]) (1768—1844); es bleibt aber das Verdienst Savigny's [2]) (1779—1861), später die Principien dieser Schule mehr systematisch entwickelt zu haben, in unverkennbarer Anlehnung an mehrere Grundansichten, welche früher Schelling nicht nur über den organischen Charakter des Staatslebens, sondern auch über das, in den ursprünglichen Schöpfungen der Kunst und der Sprache sich kundgebende, unbewusste Wirken des Menschen- und Volksgeistes ausgesprochen hatte. Die leitenden Grundgedanken Savigny's sind ausgedrückt in der Auffassung des Rechts als eines Princips, welches aus der Quelle des Volksgeistes und Volksbewusstseins entspringt, eine besondere organische Function im Volksorganismus bildet, sich mit demselben geschichtlich fortbildet, Stetigkeit in der Entwickelung verlangt; Bedingungen, welche Savigny in Rom verwirklicht fand, weshalb auch, nach ihm, das römische Recht einen berechtigten Eingang bei den neueren Völkern erhalten habe. Der Staat wird dann später (System des röm. Rechts I, S. 20) von

---

Constitutionsträumer unbefriedigt von seiner Bude geht.“ S. Raumer, Geschichtliche Begriffe u. s. w., S. 108. — Burke's Schrift über die franz. Rev. wurde in's Deutsche übersetzt 1793 von Fr. Gentz, der nun gleichfalls ein eifriger Bekämpfer der französischen Revolution und der napoleonischen Herrschaft, später jedoch in seiner ganzen Persönlichkeit ein trauriges Spiegelbild des innerlich zerfallenen österreichischen Staatswesens wurde. — Dagegen folgten Brandes besonders und Rehberg in Hannover der Anregung, welche Burke gegeben, aber ohne die Augen für die grossen gesellschaftlichen Missstände zu verschliessen.

[1]) Hugo hatte seine Ansicht bereits in einer Beurtheilung von J. G. Schlossers Briefen über das allgemeine preussische Landrecht in den Gött. Gel. Anzeigen Nr. 110, 1789, ausgesprochen und bestimmte sie in den folgenden Jahrgängen noch genauer.

[2]) Besonders in den Werken: „Beruf unserer Zeit zur Gesetzgebung“, 1815, und „System des heutigen römischen Rechts“ Bd. I. Die erstere Schrift war bekanntlich hervorgerufen durch die Schrift Thibaut's: „Ueber die Nothwendigkeit eines allgemeinen bürgerlichen Gesetzbuches für Deutschland.“ Die Ansicht Thibaut's wurde für die damalige Zeit wohl mit Recht von Savigny bekämpft, weil besonders die tiefere wissenschaftliche Durchbildung des Rechts mangelte, aber die gegenwärtige Zeit hat in ihren Codificationsbestrebungen grundsätzlich der Ansicht Thibaut's Recht gegeben.

Savigny als „die leibliche Gestalt der geistigen Volksgemeinschaft“, oder als „die organische Erscheinung des Volks“, „die Erzeugung des Staates als die höchste Stufe der Rechtserzeugung“ bezeichnet.

Das Recht, führt Savigny etwas weiter aus, ist, seinem ersten Ursprunge nach, nicht eine bewusste und willkürliche Schöpfung des Menschen oder der Gesellschaft, sondern entsteht bei einem Volke, gleichwie seine Sprache, seine Sitte, seine ganze Verfassung durch inneren (Vernunft) Instinct, durch ein tiefes Bedürfniss, das sich unmittelbar durch gleichartige, meistens symbolische, Handlungen kund gibt. Das Recht hat, wie die Sprache und Sitte, kein abgesondertes Dasein, vielmehr sind alle diese Erscheinungen zu einem Ganzen verbunden durch die gemeinsame Ueberzeugung des Volkes, durch das gleiche Gefühl innerer Nothwendigkeit (*opinio necessitatis*). Das Volk ist ein Naturganzes und seine Ueberzeugung ist der in allen Einzelnen gemeinschaftlich wirkende Volksgeist; in dem einzelnen Volke offenbart sich der allgemeine Menschengeist auf individuelle Weise, und die Erzeugung des Rechts ist eine gemeinschaftliche That. „Das Recht hat also, nach Savigny, sein Dasein in dem gemeinsamen Volksgeiste, in dem Gesammtwillen, der insofern (?) auch der Wille jedes Einzelnen ist“ (Syst. d. r. R. I, S. 24).

Die Entwickelung des Rechts verläuft in verschiedenen Stadien. In der ältesten Zeit entsteht das Recht als Gewohnheitsrecht durch Sitte, Volksglauben, durch symbolische Handlungen, wird später durch Sprache und Schrift fixirt, ist aber stets das Product stillwirkender Kräfte, nicht der Willkür eines Gesetzgebers. In einer späteren Periode, wo bei steigender Cultur die verschiedenen Thätigkeiten sich immer mehr sondern, und, was sonst gemeinschaftlich betrieben wurde, einzelnen Ständen anheimfällt, bildet sich nun ein besonderes Organ, der Stand der Juristen, von welchem das Volk in seiner Rechtsbildung repräsentirt wird, so dass das Recht nun ein doppeltes Leben führt, als Theil des ganzen Volkslebens und in der besonderen Wissenschaft der Juristen. Diese Stadien einer organischen Entwickelung zeigen sich besonders in der Geschichte des römischen Rechts bis zur classischen Zeit. Es kann aber auch eine Periode des Verfalls eintreten, wo die innere Bildungskraft erlischt oder in hohem Grade abgeschwächt wird, und wo dann der Gedanke sich aufdrängt, wie ihn in Rom schon Cäsar gehabt haben soll und Justinian zur Ausführung brachte, das gesammte Recht zu sammeln und in Rechtsbüchern zu fixiren. Die Rechtsbildung wird aber dadurch gehemmt. Die neueren Völker sollen sich vor einer solchen fixirenden Codification hüten und die Rechtsquellen in dem Gewohnheitsrechte, welches besser ist als die Gesetzbücher, lebendig erhalten. Die neueren Völker besitzen auch nicht mehr den ruhigen Sinn der Stetigkeit und Fortbildung wie die Römer, ihr Sinn ist universeller, kosmopolitisch, sie haben ein grösseres Aneignungsvermögen, und daraus erklärt es sich, dass sie, ebenso wie sie das kosmopolitische Christenthum angenommen, so auch das römische Recht recepirt haben. Deutschland hat keine so stetige Entwickelung gehabt wie Rom, daher ist es angewiesen, das römische Recht beizubehalten und die Verbesserungen, die man verlangt, weniger auf die Gesetzgebung als auf das gerichtliche Verfahren zu richten.

So endete diese Theorie, als wenn sie von vorne herein darauf angelegt wäre, mit einer Lobrede auf das römische Recht, als das eigentliche musterbildliche Recht für die neueren Culturvölker, denen die Bedingungen einer heilsamen rechtserzeugenden Thätigkeit abgesprochen wurden.

Die historische Schule hat das Verdienst gehabt, dass sie das Recht lebendig erfasste, für die richtige Erkenntniss des Rechts und die weise Behandlung aller rechtlichen und staatlichen Zustände auf den innigen Zusammenhang zwischen der Gegenwart und der Vergangenheit hinwies und die Bedeutung der Sitte und des Gewohnheitsrechts, in welchem sich die Stetigkeit der Entwickelung und die mehr unbewusst und unmittelbar schaffende Kraft der Rechtsidee kund gibt, gegen die vorbedachte, mehr willkürliche, von oben ausgehende Gesetzgebung und Gesetzmacherei hervorhob, welche sich so oft von dem rechtlichen Bewusstsein und Bedürfnisse des Volkes entfernte; man kann in dieser Theorie auch einen gewissen demokratischen Zug der guten Art bemerken, wodurch sie sich mit der ganzen, trotz aller Reaction nicht zurückzudrängenden, Zeitrichtung, die in so vielen Gebieten, in Sprache, Dichtung, besonders in der Volkspoesie, in der Geschichte, auf den Geist und Genius der Völker zurückging, in Einklang setzte. Aber bei dieser wohlthätigen Bewegung, welche die historische Schule auch in der Rechtswissenschaft anfachte, sind die bedeutenden Schattenseiten, die grossen Mängel nicht zu verkennen, welche hauptsächlich in der ganz einseitigen Auffassung und Durchführung einiger an sich richtiger, aber keineswegs genügender, Principien ihren Grund haben und unter denen der Mangel an philosophischer Bildung die oberste Stelle einnimmt.

Das philosophische System Schellings hatte, wie bemerkt, nachgewiesen, dass die ursprüngliche Bildung auf allen Culturgebieten eine unbewusste ist, und dass überhaupt alles Bewusste eine Voraussetzung und Grundlage an einem Vorbewussten hat. Die historische Schule bemächtigte sich dieses Gedankens, hob den Vorzug des Gewohnheitsrechts hervor, in welchem das mehr instinctive Element vorherrscht, und gab dadurch den vornehmsten Haltpunkt der einst mächtigen Reaction, welche auf dem Gebiete des bürgerlichen Rechts alle allgemeine Gesetzgebung und, im öffentlichen Rechte, alle geschriebenen Verfassungen verdammte und in Friedrich Wilhelm IV. ihren letzten königlichen Vertreter und die Formel in dessen Worten fand: „Zwischen mir und meinem Volke soll kein Blatt Papier stehen.“ Mag nun auch die neuere Zeit bewiesen haben, dass manche Verfassungen nur ein Blatt Papier sind, so tritt doch diese Ansicht nicht nur in Widerspruch mit aller Geschichte, welche bei allen Culturvölkern auf einer vorgeschrittenen Stufe ihrer Bildung das Bedürfniss erkennen lässt, gerade für die wichtigen Rechtsverhältnisse feste und für alle Theile bindende und erkennbare Normen in einem geschriebenen Rechte zu besitzen (die zwölf Tafeln, die verbrieften Rechte, auf welche die Deutschen hielten), sondern verkennt überhaupt den Bildungsgang der Völker, welcher zwar mit einem mehr instinctiven Zustande anhebt, aber ihnen als Ziel anweist, ihr gesammtes Culturleben zu einem frei bewussten zu gestalten, und auch ihren Rechtszustand in Klarheit zu erfassen und festzustellen. So wie der Gedanke selbst erst durch Fixirung in der Sprache zur Klarheit gebracht wird, so kann auch der Rechtsgedanke eines Volkes im Privat- und öffentlichen Rechte nur durch Fixirung in der objectiven Schriftsprache zur Klarheit für die weitere bewusste Fortbildung gebracht werden.

In grellen Widerspruch mit der eigenen Lehre vom Ursprunge des Rechts im Volksbewusstsein trat die historische Schule durch die Zumuthung an die neueren Völker, das römische Recht als das

Normalrecht anzuerkennen. Wird man auch gern zugeben, dass die neueren Völker, hauptsächlich in Folge ihrer mehr allgemeinen humanen Bildung, eine grössere Aneignungskraft für die fremden Culturelemente besitzen, und dass sich dieses Vermögen bei dem deutschen Volke im hohen Grade, besonders in Bezug auf die Literatur aller Völker zeigt, so wird man doch behaupten müssen, dass jedes Culturvolk, wenn auch in Verwerthung mancher fremden Rechtselemente, sein Recht vor Allem aus seinem Genius und Charakter und nach seiner ganzen Lebensanschauung zu gestalten hat. Grundverkehrt ist die Analogie zwischen der Aufnahme des Christenthums und der Reception des römischen Rechts. Die Religion hat an sich eine, über das Nationale hinausgehende, Richtung, welche die vollendete Ausprägung im Christenthum erhielt; das Recht dagegen, das nicht auf das Unsichtbare, Unendliche geht, sondern innigst mit der, jedem Volke eigenthümlichen, Anschauung und Gestaltung der Lebensverhältnisse zusammenhängt, kann von dem Volksgeiste nicht abgetrennt werden; und daher begreift es sich auch, dass der germanische Rechtssinn das römische Recht in wesentlichen Punkten so modificirt hat, dass ein wiedererstandener Römer, wenn er das *jus romanum in foro germanico* erblickte, sicherlich sein *quantum mutatum ab illo!* ausrufen würde. Die historische Schule hat das engherzige Ziel verfolgt, die Rechtsbildung in den beschränkten Kreis der römischen Rechtsbegriffe festzubannen, und, wenn sich auch die tiefere historische Forschung gleichfalls dem Gebiete des deutschen Rechts zuwandte, so hat sie selbst dieses Recht meistens nach der Schablone des römischen Rechts zu construiren gesucht. Aber schliesslich hat sich doch die richtigere Einsicht Bahn gebrochen, dass das römische Recht wohl ein wichtiges Bildungsmittel, aber nicht die Grundlage unseres praktischen Rechtes sein kann. Schon der wesentliche Unterschied zwischen dem Genius und der ganzen Lebensgestaltung des römischen und deutschen Volkes steht dem entgegen. Das römische Volk war nach seinem Charakter (S. 32) kein Arbeitsvolk und deswegen war auch sein Recht im Wesentlichen kein Arbeitsrecht, sondern nur ein, aus dem Streben nach Macht- und Vermögensvergrösserung hervorgegangenes Vermögens- und Vermögensverkehrs-Recht. Dagegen treten die Germanen als ein Agriculturvolk auf und bildeten in weiterer Entwickelung ein, durch die Lage der Verhältnisse bedingtes, Agricultur-, Lehn- und

Gewerberecht aus, welches, wie das vornehmste geistige Arbeitsrecht, das Autorrecht oder s. g. Eigenthum an Geisteswerken, nach römisch-rechtlichen Kategorien gar nicht begriffen werden kann. Gerade in unserer Zeit bedürfen wir vor Allem auf dem wirthschaftlichen Gebiete eines neuen Arbeitsrechts für die Gewerbe wie für den Ackerbau, das nur in genauer Kenntniss der wirthschaftlichen Verhältnisse und in Hinblick auf billige Ausgleichung unter den verschiedenen Factoren festzustellen ist. Auf dem Gebiete der positiven Jurisprudenz selbst ist schon der Ruf erschollen: durch das römische Recht über das römische Recht hinaus (Ihering, Bedeutung des römischen Rechts, 1865, S. 18); aber diese Bewegung der Wissenschaft kann nur einen gedeihlichen Fortgang gewinnen, wenn sie, in engerem Anschluss an die Rechtsphilosophie, tiefer in die treibenden Kräfte und die Ziele der ganzen Culturentwickelung eindringt und zu erforschen sucht, wo das Leben selbst hinaus will. Die historische Schule hat sich um die wichtigsten Lebensfragen der Gegenwart fast gar nicht bekümmert, sie hat ebenso wenig einen allgemeinen historischen Gesichtspunkt gewonnen, der die Rechtsentwickelung der vornehmsten Culturvölker, wenigstens in den Grundzügen, auch in vergleichender Jurisprudenz erfassen müsste. [1]

[1] Schon Thibaut bemerkte in seiner späteren Schrift gegen die historische Schule: „Unsere Rechtsgeschichte, um wahrhaft pragmatisch zu werden, muss die Gesetzgebungen aller alten und neuern Völker umfassen; zehn geistvolle Vorlesungen über die Rechtsverfassung der Perser und Chinesen werden mehr wahren juristischen Sinn wecken, als hundert über die jämmerlichen Pfuschereien, denen die Intestat-Erbfolge von August bis Justinian unterlag.“ Bekanntlich verfasste etwas später einer der geistvollsten Schüler Hegels, Gans, eine solche allgemeine rechtsgeschichtliche Behandlung eines bestimmten Stoffes in dem mannigfach anregenden Werke: „Das Erbrecht in welthistorischer Entwickelung“, 4 Bde., 1822 bis 1835. In mehr allgemeiner Hinsicht habe ich einen (selbstverständlich nur unvollkommenen) Versuch einer allgemeinen rechtsgeschichtlichen Entwickelung gemacht in meiner „juristischen Encyklopädie“, 1857, und ich habe mich nur in der Ansicht bestärkt, dass entweder am Ende der jurist. Encyklopädie oder der Rechtsphilosophie eine Uebersicht über die Grundanschauungen von Recht und Staat der vornehmsten Culturvölker gegeben werden sollte, in ähnlicher Weise, jedoch in weiterer Ausführung, wie ich dies sehr kurz in meiner „rechtsphilosophischen Einleitung“ zu der, von v. Holzendorf herausgegebenen „Encyklopädie der Rechtswissenschaft“ (S. 10—16) gegeben habe und glaube, dass dadurch auch der geschichtliche Blick des Studirenden mehr gebildet und erweitert werden würde.

Die Lehre vom Volksbewusstsein oder Volksgeiste, als der Quelle des Rechts, hat den sachlichen Grund, die wahrhaft objective Quelle des Rechts ebenso wenig aufgedeckt, als die subjectiven Naturrechtstheorien. Das Volksbewusstsein ist nur eine Verallgemeinerung des Individualbewusstseins, und selbst wenn man den Volksgeist als eine lebendige, von den Individuen unterschiedene Realität auffassen wollte, so würde auch dadurch nur eine höhere Sphäre realer Persönlichkeit, aber kein höheres objectives Princip gewonnen werden. Das Recht ist kein blosser Bewusstseinszustand, weder des Einzelnen noch der Volksgesammtheit, sondern objectiv in den sachlichen Lebensverhältnissen selbst begründet (s. Allg. Theil), die jeder Volksgeist nur in eigenthümlicher Weise erfasst und gestaltet, von der Wissenschaft aber an sich selbst in ihrer Allgemeinheit begriffen werden sollen. Wird das Recht nicht vor Allem in dieser Objectivität erfasst, so fehlt jede Grundlage und Richtschnur, um das Recht in der besonderen Form einer volksthümlichen Gestaltung zu erkennen und zu würdigen, und, bei allem Berufen auf den Volksgeist, wird ein Jeder das Volksbewusstsein nach seinem Bewusstsein interpretiren. Vielfach hätte man auch den Anhängern der historischen Schule zurufen können: Was ihr das Volksbewusstsein heisst, das ist im Grunde der Herren eigener Geist, der nur im Volksgeist sich bespiegelt; indem es wohl schwerlich eine grössere Verkennung eines Volksgeistes geben kann, als die Zumuthung an denselben, durch bleibende Reception eines fremden Rechts seine eigene Geist- und Charakterlosigkeit zu bezeugen. Im Wesentlichen steht die Theorie des Volksbewusstseins auf gleicher Stufe wie die Lehre Rousseau's vom Allgemein-Willen, wie auch Savigny (s. oben S. 170) beide Begriffe identisch fasst. Es besteht zwar der Unterschied, dass Rousseau den Versuch einer wissenschaftlichen Begründung machte (S. 127), während Savigny sich einfach mit der Hinstellung gewisser Sätze begnügt; die Folgen waren aber die gleichen, indem der Allgemein-Wille sich in den Willen aller Einzelnen und das Volksbewusstsein sich in das Bewusstsein eines besonderen Standes, oder vielmehr der einzelnen Juristen auflöste. Aber jedes Bewusstsein und jeder Wille muss, wie bemerkt, sein Licht und seine Richtschnur von dem höheren Princip und Gesetze des Rechts selbst erhalten.

Gegen die historische Schule ist aber auch der schwer wiegende Vorwurf zu richten, dass sie den wichtigen Lebensbegriff des Organismus ganz einseitig aufgefasst, nur für ihre engherzige Ansicht verwerthet hat und, bei der Anwendung desselben auf die geschichtliche Entwickelung, auf halbem Wege stehen geblieben ist. Mit der blossen Auffassung des Rechts als einer organischen Function des Volkslebens ist wenig gewonnen, wenn nicht der unterscheidende Charakter dieser Function und ihr Verhältniss zu anderen Functionen genau bestimmt wird. Wir wollen hier davon absehen, dass die historische Schule, noch mehr wie Schelling, den Begriff des Organismus, anstatt ihn für das ganze ethische Leben als einen sittlich freien zu begreifen, naturalistisch fasste, die organische Entwickelung des Rechts- und Staatslebens als eine „naturwüchsige" hinzustellen beliebte und den edlen, in bewusster Arbeit und unter manchen harten Kämpfen sich vollziehenden, freien Geisteswuchs verkannte und verdammte, müssen aber die Verkümmerung des Begriffs in der seltsamen Ansicht hervorheben, welche den organischen Charakter der Rechts- und Staatsentwickelung nur darin erblickte, dass sich ein besonderes Organ des Rechts in dem Juristenstande (bez. in der Staatsgewalt) bilde und eine solche Organs-Bildung als den eigentlichen Abschluss der Rechtsentwickelung betrachtete. Gerade das wichtigste d r i t t e Stadium in einer dritten Bildungsperiode wurde darin übersehen. Jeder natürliche oder sittlich-freie Organismus verlangt nämlich, dass, nachdem sich aus dem ursprünglichen Ganzen besondere Organe für bestimmte Functionen herausgebildet haben, diese mit dem Ganzen wiederum durch besondere organische Veranstaltungen in lebendiger Beziehung und Wechselwirkung erhalten werden. Im physischen Organismus des Menschen wird diese Verbindung und Wechselwirkung hergestellt durch das organische Nervensystem; im ethischen Organismus des Rechts- und Staatslebens muss, wie wir schon öfter hervorgehoben haben, eine Veranstaltung getroffen werden, wodurch die besonderen Organe, der Stand der Rechtsgelehrten wie die Staatsgewalt, mit volksthümlichen Elementen für alle öffentlichen Functionen, für die Gesetzgebung, Verwaltung und Rechtspflege, nicht vermischt, sondern in der Gemeinsamkeit nach unterschiedenen Verrichtungen, verbunden werden. Das Recht hat daher nicht blos ein „Doppelleben" zu führen, im Volksganzen und in den besonderen Organen, sondern verlangt auch eine besondere organische Verbindung, welche für die Gesetzgebung durch das Repräsentativsystem, in der Rechtspflege durch eine wahrhafte Jury (in englischer Form) durchgeführt wird. Gerade gegen die Jury hat die historische Schule lange Zeit erfolgreich gekämpft, obwohl die Jury, bei früherer Einführung, den mehrfachen politischen Reactionen gegenüber, einen für die Regierungen selbst sehr heilsamen, mässigenden Einfluss hätte ausüben können. [1])

Schliesslich brauchen wir nicht näher darzulegen, dass das Princip des Rechts nicht aus der stets fliessenden Geschichte geschöpft werden kann. Savigny hat dies später selbst erkannt, als er einen, dem Kant'schen Princip nachgebildeten, nur unbestimmter gehaltenen, Rechtsbegriff aufstellte (S. 149), und Puchta, der im römischen Rechte ein „Weltrecht" erblickte, jedoch in Anlehnung an einige Stahl'sche Sätze eine Entwickelung des Rechtsprincips versuchte, ist in einer Tautologie stecken geblieben. [2])

---

[1]) Bekanntlich trat G. Beseler in seiner Schrift: „Volksrecht und Juristenrecht", 1843, der einseitigen historischen Auffassung entgegen und wies, auch für die Rechtspflege, auf die Nothwendigkeit einer innigen Wiedervereinigung zwischen den einzelnen Organen und dem Volksganzen hin, wurde freilich längere Zeit deswegen, sowie wegen des von ihm aufgestellten, wahrhaft germanischen Princips der „Genossenschaft" als ein nicht voller Jurist angesehen. In gleicher Weise habe ich von der zweiten französischen Auflage meines Naturrechts an, 1843 (in's Deutsche übersetzt 1846) die Nothwendigkeit einer solchen organischen Verknüpfung hervorgehoben.

[2]) Es kommt zwar in der Wissenschaft öfter vor, dass bei Begriffsbestimmungen, ganz abgesehen von ihrer sachlichen Richtigkeit, die ersten formell-logischen Vorschriften nicht erfüllt werden, und es ist dies bisweilen ohne weiteren Belang; allein die Rechtswissenschaft, die sich seit Leibniz so gern mit der Mathematik vergleicht, muss auch auf formell-richtige Begriffe halten, und wenn ein so angesehener Rechtslehrer, wie Puchta, nicht in einer Auflage, sondern in allen von ihm besorgten Auflagen, bei der Aufstellung des obersten Rechtsbegriffs selbst den übelsten Fehler einer Kreisdefinition begeht, so muss das im Interesse der Wissenschaft gerügt werden. So sagt Puchta, nachdem er im „Cursus der Institutionen" den allgemeinen Willen nach seiner Weise bestimmt hat, in den „Pandekten" §. 10: „Das Recht ist eine gemeinsame Ueberzeugung der in rechtlicher Gemeinschaft Stehenden." Aber man will ja erst erfahren, was Recht ist, um darnach den Charakter der Rechtsgemeinschaft, im Unterschiede von der

Die historische Schule fand andere berühmte Vertreter: für das deutsche Recht in Eichhorn, und schon früher, auf dem Felde der Geschichte selbst, in Niebuhr, der seine Ansicht in dem einfachen und doch gehaltvollen Satze aussprach, dass „man die Geschichte als etwas Geschehenes verstehen müsse", aber, ohngeachtet seiner historischen Auffassung, in der Denkschrift: Preussens Recht gegen den sächsischen Hof, 1814, die Annexion Sachsens durch Preussen vertheidigte, — ein neuer Beweis, dass blos vom geschichtlichen Standpunkte aus kein Rechtsprincip gefunden wird.

Die historische Schule hat das, lange Zeit in der Wissenschaft und im Leben verkannte, geschichtliche Element wieder zur Geltung gebracht, sie hat insbesondere die Geschichte möglichst aus sich selbst zu verstehen gesucht; allein die weitere Entwickelung hat gezeigt, dass die historische Auffassung der tieferen philosophischen Forschung nicht entbehren kann.

§. 26.

III. Die speculative Rechts- und Staatslehre. Schelling und insbesondere Hegel.

Seit der Revolution und nach der letzten Kant'schen Rechtslehre war das Bedürfniss immer dringender geworden, eine, über die Subjectivität und die subjectiven Freiheitslehren hinausgehende, Anschauung von Recht und Staat zu gewinnen. Was die theologische Schule durch Anknüpfung an den Willen Gottes, die historische Schule durch Hervorhebung des geschichtlichen Gesichtspunktes versucht hatte, wurde, in Fortbildung der streng philosophischen Richtung, von Schelling und Hegel durch Ueberleitung der ganzen Subjectivitätsrichtung in die Sphäre des Absoluten und des absoluten Geistes unternommen.

religiösen, sittlichen, wirthschaftlichen Gemeinschaft u. s. w. zu bestimmen. Im „Cursus der Institutionen" erkennt man zwar, dass Puchta im Wesentlichen das Recht in die, durch den „allgemeinen Willen", „das objective Recht (?)", einer Person eingeräumte Macht- und Herrschaft (subjectives Recht) über einen Gegenstand setzt; aber wie man die Theorie des allgemeinen Willens auch wenden und deuten möge, sie unterliegt grundsätzlich in der praktischen Anwendung denselben Einwürfen wie bei Rousseau (S. 129).

Die neuere philosophische Rechts- und Staatslehre in Deutschland seit Kant hat jedoch eine nachhaltige Anregung von den in Frankreich zur Herrschaft gelangten Principien erhalten; man hat deswegen sogar die ganze rechtsphilosophische Entwickelung mit den hauptsächlichsten Phasen der politischen Bewegung in Frankreich seit der Revolution in Parallele stellen wollen; [1]) aber bei einer gewissen Aehnlichkeit tritt doch bei den deutschen Systemen der Unterschied insbesondere in dem Bestreben hervor, den französischen Principien tiefere sittliche Grundlagen zu geben. So wie der Idealismus Fichte's, der die Natur sammt ihrer Materie aus einer Thätigkeit des Geistes erklären wollte, den schneidenden Gegensatz gegen den französichen Materialismus bildete, der den Geist nur als ein Product der Materie, als eine Secretion des Gehirns darstellte, so ist auch das Bestreben in der Rechtsphilosophie

[1]) So Stahl in der ersten Ausgabe seiner Rechtsphilosophie S. 170; Edgar Quinet in der *Revue des deux mondes, 1833, tom. V, p. 12;* später mehrfach auch in der Hegel'schen Schule. Die Parallelisirungen sind jedoch nicht gleich. Stahl sagt in der 2. Aufl., 1. Bd., S. 240: „Es ist eine gleich in die Augen fallende und daher längst anerkannte Parallele zwischen dem Naturrechte und der französischen Revolution. Die Parallele besteht aber nicht blos im Allgemeinen, sondern selbst in den Abstufungen. Die Republik entspricht (zwar nicht in der Entstehung durch das Gericht über den König, wohl aber in den Grundsätzen ihres Bestehens) dem Kant'schen Standpunkte. Hier wird zwar Alles, was nicht aus dem Begriffe der Freiheit folgt, zerstört; aber es ist doch noch der Gedanke der Freiheit und Gleichheit eine Nothwendigkeit (das allgemeine Naturgesetz der Freiheit Kant's), die über allen Individuen steht, von der sie ihr Recht erst erhalten. Vernunft, die unpersönliche, hält den Scepter. Allein sie hatte, wie die Kant'sche, keine reelle Macht, sich zu behaupten, — da entstand das System des reellen persönlichen Ich, Napoleons, der keinen anderen Gedanken mehr über sich hat, als seine eigene Freiheit, der sich nur beschränkt, wenn er will, und nur für seine Macht." Es ist sodann das Welt setzende Ich Fichte's mit dem zur Weltherrschaft strebenden Ich Napoleon's verglichen worden. Man hat die Parallele fortgesetzt, Schelling's Philosophie mit der Restauration verglichen und in Hegel's System Aehnlichkeit mit dem durch die Juli-Revolution zur Herrschaft gelangten System finden wollen. Ich habe in der S. 153 citirten Festrede auch die wichtigen Unterschiede und Gegensätze hervorgehoben, die schon in der zweiten Epoche der Speculation Fichte's entscheidend hervortreten. Die Analogien sind, besonders auf den von der Freiheit beherrschten Gebieten, nie durchgängig zutreffend, wenn auch der allgemeine Entwickelungsgang derselbe ist.

dahin gegangen, das Willensprincip, welches durch Rousseau das Grundprincip geworden war, sei es mehr in sittlicher Weise (Kant), oder in seinem letzten Grunde, Gott, dem Absoluten und in der wahren Allgemeinheit aufzufassen. Freilich ist die Lehre Rousseau's vom Allgemein-Willen der Grundton in der ganzen späteren Bewegung geworden, und in allen grossen Schulen, in der historischen bei Savigny und Puchta, wie in der speculativen, insbesondere bei Hegel, vorherrschend geblieben. Es erklärt sich diese Thatsache daraus, dass Rousseau das Princip des Willens, der eigentlich praktischen Kraft der Persönlichkeit, zuerst mit voller Klarheit und Bestimmtheit in die Rechts- und Staatslehre eingeführt hat. Und dennoch muss das blos subjective Willensprincip der Einzel- oder Gesammtpersönlichkeit einer objectiven, rechtlich-sittlichen Lebensordnung unterworfen werden.

Betrachten wir jetzt näher die Lehre Schelling's und Hegel's.

Die Lehre Fichte's bildet den Uebergang von Kant's subjectivem und formalem Rationalismus zum Systeme Schelling's (1775—1854). Fichte hatte in der späteren Epoche seiner Speculation erkannt (S. 152), dass das Ich, welches die Natur, die ganze Objectenwelt ursprünglich aus sich producire, nicht das individuelle, sondern das absolute Ich, Gott, sei. Schelling, welcher sich, schon in Folge eines tieferen Studiums der Naturwissenschaft, mit dem einseitigen subjectiven oder absoluten Idealismus nicht bleibend befreunden konnte, stellte ein System des Absoluten auf, in welchem er die Naturwelt und die Geistwelt als die beiden Seiten der Offenbarung des Absoluten auffasste, nach dem Vorwalten des realen oder idealen Princips bestimmte, und in der inneren Entwickelung des Weltorganismus den Menschen als die höchste Stufe bezeichnete, welcher nach der Naturseite die Krone des Naturorganismus sei, nach der idealen Seite aber durch Freiheit einen, der Natur ähnlichen, Organismus im S t a a t e bilden und in der Weltgeschichte, der successiv sich entwickelnden Gottesoffenbarung, zur vollendeten Darstellung bringen solle. Der Staat, als die Harmonie von Freiheit und Nothwendigkeit in festen realen Formen (während die Kirche diese Harmonie im Idealen sein soll), wird von Schelling als ein Kunstwerk bezeichnet, welches die Schönheit des öffentlichen Lebens um ihrer selbst willen darstellt, nicht M i t t e l ist für den einen oder andern Zweck, möge man diesen Zweck in die allgemeine Glückseligkeit, in die Befriedigung der socialen Triebe oder in etwas rein Formales, wie das Zusammenleben freier Wesen unter den Bedingungen der möglichsten Freiheit, setzen, sondern welches das unmittelbare und sichtbare **Bild** des **absoluten Lebens** ist, und, wenn es als solches erfasst wird, von selbst **alle** Zwecke erfüllen wird.

Auf diese Weise wurde von Schelling der Staat, den die früheren Theorien, wegen seiner in alle endliche irdische Verhältnisse tief eingreifenden Thätigkeit, nach allen Seiten zu bestimmen gesucht hatten, einfach in die Sphäre des Absoluten gehoben und ihm eine, alle Lebenszwecke umfassende, Aufgabe zugewiesen. Es begreift sich, dass Schelling bei dieser Richtung auf das Absolute und auf das öffentliche Leben dem ganzen, vorwaltend für die Sonderinteressen und Sonderzwecke bestehenden, Privatrechte abhold sein musste. Er erblickt darin nur einen todten, starren Formalismus, aus dem sich, in irriger Absonderung, der öffentliche Geist zurückgezogen habe. In dem Platonischen Staate allein erkennt er das Urbild und Muster eines wahren Staates. Man kann in dieser Auffassung zwar das höhere Streben erkennen, allem Endlichen und Bedingten, aller menschlichen Lebensordnung den letzten Grund und Halt im Absoluten zu geben; aber Recht und Staat wurden dadurch, wiederum einseitig, den Bedingungen des wirklichen Lebens entrückt, und in der pantheistischen Richtung, welche den, aus dem Absoluten hervorgehenden und dahin zurückkehrenden, Sonderexistenzen kein selbständiges Daseinsprincip gibt, musste, noch mehr wie bei Platon, das Privatrecht dem öffentlichen Recht geopfert und, wenn weiter consequent ausgeführt, der Staatssocialismus aufgestellt werden. Als bleibende Errungenschaft kann nur der von Schelling wieder klarer erkannte und, wegen ihrer Ebenbildlichkeit mit der Natur, auch auf die sittliche Welt übertragene, Begriff des **Organismus** betrachtet werden (S. 176), welcher, wenn auch öfter in der Wissenschaft wieder zurückgedrängt oder nur einseitig aufgefasst (wie bei der historischen Schule), sich immer wieder geltend gemacht und zuletzt im Systeme Krause's, in richtiger Unterscheidung der Natur- und der ethischen Organismen, eine allseitige Anwendung erhalten hat.

Die Lehre Schelling's konnte bei ihrer höheren idealen und organischen Auffassung des Staates nicht verfehlen, eine tiefe

Anregung den höher strebenden Geistern zu geben, und wir haben gesehen, dass auch die theologische und die historische Schule aus dieser Quelle ihre vornehmsten Principien geschöpft haben, während die Anhänger der französisch - deutschen Freiheitslehren (Rotteck) diese, den menschlichen Freiheitskreis durch das Walten und Wollen des absoluten Geistes so sehr beschränkende, Lehre als eine naturalistische, absolutistische und als die gefährlichste Handhabe aller Reaction, der sie allerdings nicht unwesentlich Vorschub leistete, leidenschaftlich bekämpften. Die wissenschaftliche Durchgestaltung erhielt die Lehre Schelling's vom Absoluten und vom absoluten Staate, in eigenthümlicher Verbindung mit Fichte's Lehre, von Hegel.

Das System Hegel's kann als der Endausgang einer grossen philosophischen und der letzten rechtsphilosophischen Epoche betrachtet werden, die beide in subjectiver Richtung in Frankreich mit Cartesius und Rousseau anheben und in Deutschland durch Potenzirung im absoluten Geiste ihren Abschluss finden. So wie Hegel das Denken (*cogitare*), welches Cartesius zum ersten, in sich gewissen, Ausgangspunkte genommen hatte, als absolutes Denken fasst und in der Welt den Denkprocess des absoluten, im menschlichen Geiste zum Selbstbewusstsein gelangenden, göttlichen Geistes erblickt, so wird auch der Rousseau'sche Allgemein-Wille [1]) aller

[1]) Der bewusste Anschluss Hegel's an das Rousseau'sche Princip ist „Philosophie des Rechts", S. 314, ausgesprochen: „In Ansehung des Aufsuchens des Begriffes hat Rousseau das Verdienst gehabt, ein Princip, das nicht nur seiner Form nach (wie etwa der Socialitätstrieb, die göttliche Autorität), sondern dem Inhalte nach Gedanke ist, und zwar das Denken selbst, den Willen als Princip des Staates aufgestellt zu haben. Allein, indem er den Willen nur in bestimmter Form des einzelnen Willens (wie nachher auch Fichte), und den allgemeinen Willen nicht als das an und für sich Vernünftige des Willens, sondern nur als das Gemeinschaftliche, das aus diesem einzelnen Willen als bewusstem hervorgehe, fasste, so wird die Vereinigung der Einzelnen im Staate zu einem Vertrage, der somit ihre Willkür, Meinung und beliebige ausdrückliche Einwilligung zur Grundlage hat und es folgen die weiteren, blos verständigen, das an und für sich seiende Göttliche und dessen absolute Autorität und Majestät zerstörenden, Consequenzen. — Gegen das Princip des einzelnen Willens ist an den Grundbegriff zu erinnern, dass der objective Wille das an sich in seinem Begriffe Vernünftige ist, ob es von Einzelnen erkannt und von ihrem Belieben gewollt werde oder nicht."

Form der Einzelheit entkleidet und zum Willen des Weltgeistes erhoben, der in der Rechts- und Staatsordnung, in sichtbarer Objectivität, im wahrhaft allgemeinen Willen und in den Grundverhältnissen und Einrichtungen sich offenbart. Es können hier von diesem oft dargestellten und weit bekannten Systeme nur die zum Verständniss der Rechtsphilosophie nöthigen Grundlehren hervorgehoben werden.

Hegel (1770—1831) geht, wie Schelling, vom Absoluten aus, welches jedoch nicht als ewiges Sein, sondern, nach Fichte'scher Methode, als absolutes Werden der Idee, des höchsten göttlichen Denkprincips, aufgefasst wird. So wie Fichte die Aufgabe der Philosophie in die methodische Construction des Selbstbewusstseins gesetzt hatte, welches entstehen sollte durch ursprüngliche Setzung des Ich an sich, Gegensetzung gegen ein Anderes und durch Zurückgehen von diesem „Anstosse" oder Nicht-Ich zu sich und für sich im Selbstbewusstsein als synthetischer Verknüpfung des Ich und Nicht-Ich, so wird von Hegel ein ähnlicher methodischer Process für das absolute göttliche Denken angenommen. Auch dieses soll in einer fortgesetzten Reihe dreigliedriger, abgestufter Operationen des Setzens, des Uebergehens in ein Anderes oder in das Entgegengesetzte und der Verknüpfung beider Momente in einer höheren Einheit sich offenbaren; zu oberst in drei grossen Gebieten und Stufen: als Idee an sich, oder als Gott in seinen ewigen Wesenheiten, den höchsten Kategorien der göttlichen (und menschlichen) Vernunft, welche die Logik zu entwickeln hat; als Idee in ihrem Anderssein und in ihrer Aeusserung, als Natur; und als Idee in der Rückkehr aus der Natur zu Sich und für Sich, in dem Geiste. Der Geist (um bei diesem hier stehen zu bleiben) entwickelt sich gleichfalls in drei Stufen: 1) als subjectiver Geist (*a.* als Seele oder Naturgeist; *b.* Bewusstsein — Bewusstsein, Selbstbewusstsein, Vernunft —; *c.* als sich selbst bestimmender Geist, theoretisch als freie Intelligenz, praktisch als Wille); 2) als objectiver Geist, der die Einheit des theoretischen und praktischen Geistes ist, als freier Wille; 3) als absoluter Geist, der sich in den drei Stufen der Religion, der Kunst und der Philosophie offenbart. Die Rechtsphilosophie beginnt mit der Sphäre des objectiven Geistes und verläuft darin gleichfalls in drei Stufen; *a.* der Sphäre des Rechts, *b.* der Moralität, *c.* der Sittlichkeit. Der Wille, welcher Ausgangspunkt des Rechts ist, ist aber, wie wohl zu bemerken, der universale, objective Wille der absoluten Idee, welche zu dieser Entwickelungsform gelangt ist. Dieser Wille ist allein wahrhaft; das Individuum und der Einzelwille, der sich in Trieben, Begierden, Neigungen und den darauf sich gründenden Bedürfnissen äussert, sind nur Zufälligkeiten, haben kein wahrhaftes Sein. „Das Recht ist nun dies, dass ein Dasein überhaupt Dasein des freien Willens ist; es ist somit überhaupt die Freiheit als die Idee; es ist die Verwirklichung der Freiheit."

Das Recht entwickelt sich nun in drei Stadien. Das unmittelbare Dasein, welches sich die Freiheit gibt, ist *a.* der Besitz, welcher Eigenthum ist. Die Person steht aber im Verhältniss zu einer anderen Person; aber beide haben nur als Eigenthümer für einander Dasein. Ihre Identität in diesem Verhältnisse erhält Existenz durch den Vertrag, in welchem das Eigenthum des Einen in das des Anderen mit gemeinsamem Willen, und mit Erhaltung des Rechts — welches Identität fordert — übergeht. Ist aber *c.* der besondere (individuelle) Wille dem an und für sich seienden (objectiven) Willen entgegengesetzt, so entsteht das Unrecht und das Verbrechen.

Im dritten Abschnitt der Rechtslehre wird besonders die Strafe, nach dem Identitätsprincip, als Wiedervergeltung, als die Negation der (durch das Verbrechen begangenen) Negation (des Rechts) bestimmt, und dieses, auf einen überwundenen rohen Gesellschaftszustand zurückweisende, Princip als ein absolutes dargestellt. Auf der zweiten Stufe des objectiven Geistes erscheint die Moralität als der in sich reflectirte subjective Wille, der das Gute, den Ausdruck der vernünftigen Freiheit, als gebietende Pflicht, als kategorischen Imperativ fasst. Aber das Gute soll auch durch den allgemeinen vernünftigen Willen, der in den einzelnen Subjecten die Gesinnung bestimmt, in der objectiven Sitte seine Verwirklichung erhalten. Dadurch erscheint die dritte Stufe des objectiven Geistes, welche Hegel, verschieden von dem Sprachgebrauche, die Sittlichkeit nennt, d. h. das in objectiven Institutionen, in äusserer Sitte sich verwirklichende Recht. Diese Stufe begreift wieder in sich drei Sphären: *a*) die Familie, *b*) die bürgerliche Gesellschaft (das System der Bedürfnisse, die Rechtspflege, die Polizei und die Corporation) und

c) den Staat (α. inneres Staatsrecht, β. äusseres Staatsrecht, γ. die Weltgeschichte). Der Staat selbst ist die Wirklichkeit der sittlichen Idee, der substantielle Wille, in dem das Selbstbewusstsein des Einzelnen sich zur Allgemeinheit erhebt, und daher das an und für sich Vernünftige. Diese substantielle Einheit ist absoluter Selbstzweck, in welchem die Freiheit zu ihrem Rechte kommt, sowie dieser Endzweck das höchste Recht gegen die Einzelnen hat, deren höchste Pflicht ist, Mitglieder des Staates zu sein. Der Staat an und für sich ist das sittliche Ganze, die Verwirklichung der Freiheit, und es ist absoluter Zweck der Vernunft, dass die Freiheit sei. Bei der Freiheit ist jedoch nicht von der Einzelnheit, vom einzelnen Selbstbewusstsein auszugehen, sondern nur vom Wesen des Selbstbewusstseins des höheren Geistes, der göttlichen Vernunft, welche, die Einzelnen mögen es wissen oder nicht, eine selbständige Gewalt ist, in der die einzelnen Individuen nur Momente sind; es ist der Gang Gottes in der Welt, dass der Staat ist; sein Grund ist die Gewalt der sich als Wille verwirklichenden Vernunft. Bei der Idee des Staates muss man nicht besondere Staaten vor Augen haben, man muss vielmehr die Idee, diesen wirklichen Gott, für sich betrachten. Da Gott, als absolute Vernunft, sich selbst in dem Staate verwirklicht, so gilt der Satz: „Was vernünftig ist, das ist wirklich, und was wirklich ist, das ist vernünftig."

Der Staat befasst in bestimmten Stufen Alles; auch Kunst, Religion und Kirche sind im Staate, sie sind nur eine niedere, der Anschauung, dem Gefühle und der Vorstellung angehörende, Form des Göttlichen, während der Staat die über allen besonderen Kirchen stehende Allgemeinheit, göttlicher Wille als gegenwärtiger, sich zur wirklichen Gestalt und Organisation einer Welt entfaltender Geist ist.

Der Staat erscheint nach innen als Verfassung oder inneres Staatsrecht. Es sind drei Gewalten zu unterscheiden: die gesetzgebende, welche das Allgemeine bestimmt und festsetzt; die Regierungsgewalt, welche die besonderen Sphären und einzelnen Fälle unter das Allgemeine subsumirt; die fürstliche Gewalt, welche die letzte Willensentscheidung hat und in welcher die unterschiedenen Gewalten in Einheit zusammengefasst sind. Die Ausbildung des Staates zur constitutionellen Monarchie ist das Werk der neueren Zeit.[1]) Darauf bespricht Hegel, in äusserst dürftiger Weise, das äussere Staatsrecht und den Ausgang desselben in die Weltgeschichte. Diese ist das Schauspiel des göttlichen Processes, in welchem der Weltgeist den unendlichen Reichthum seiner Gegensätze entfaltet und über die Völkergeister das letzte Gericht hält. Ein jedes Volk repräsentirt ein Princip, welches in der Geschichte des sich entwickelnden Selbstbewusstseins des Weltgeistes einmal zur Herrschaft kommt. Dieses Volk ist dann in der Weltgeschichte, für diese Epoche, — und es kann in ihr nur Einmal Epoche machen, — das herrschende. Es übt dann sein absolutes Recht aus, Träger der gegenwärtigen Entwickelungsstufe des Weltgeistes zu sein, gegen welches die Geister der anderen Völker rechtlos sind, und sie, wie die, deren Epoche vorbei ist, zählen nicht mehr in der Weltgeschichte (§. 347). Der Weltgeist durchläuft vier Entwickelungsepochen in vier durch verschiedene Principien bestimmten welthistorischen Reichen, dem orientalischen, griechischen, römischen und germanischen Reiche. In dem germanischen Reiche ist die wahrhafte Versöhnung objectiv geworden, welche den Staat zum Bilde und zur Wirklichkeit der Vernunft entfaltet.

So bleibt Hegel in der Geschichte plötzlich bei der nächsten Gegenwart, als am Ende der Welt, stehen und erregt schon dadurch den Verdacht, dass die von ihm apriorisch bestimmten Evolutionen des Weltgeistes in der Weltgeschichte nur die, der Empirie ent-

---

[1]) In einem „Zusatze“ aus den Vorlesungen (in der von Gans besorgten Ausgabe der Philosophie des Rechts, 1833) heisst es (§. 280): „Es ist bei einer vollendeten Organisation nur um die Spitze formellen Entscheidens zu thun, und man braucht zu einem Monarchen nur einen Menschen, der „Ja“ sagt und den Punkt auf das I setzt; denn die Spitze soll so sein, dass die Besonderheit des Charakters nicht das Bedeutende ist.“ Es ist zu bemerken, dass in den Zusätzen aus den Vorlesungen überall mehr, dem erdrückenden objectiven Weltgeiste gegenüber, das Moment der Subjectivität betont wird. So heisst es auch in Bezug auf die Staatsformen (§. 283): „Das Princip der neueren Welt überhaupt ist Freiheit der Subjectivität. Von diesem Standpunkte ausgehend, kann man kaum die müssige Frage aufwerfen, welche Form, die Monarchie oder die Demokratie, die bessere sei. Man darf nur sagen, die Formen aller Staatsverfassungen sind einseitig, die das Princip der freien Subjectivität nicht in sich zu ertragen vermögen und einer ausgebildeten Vernunft nicht zu entsprechen wissen.“

nommenen, wenn auch vielfach scharfsinnigen, Auffassungen des eigenen Geistes sind. Eine höhere sittlich-humane Betrachtung und Würdigung der Völkerentwickelung wird aber zugleich erkennen lassen, dass die Theorie der Vorherrschaft oder Hegemonie eines Volkes über die anderen, eines Stammes über andere Stämme, wenn sie auch einer bestimmten, jetzt noch nicht vollständig überwundenen, Epoche der Völkerentwickelung entnommen ist, ebenso wie die Theorie einer Universalmonarchie, mit der rechtlichen Gleichheit, Freiheit und der sittlichen Würde der grossen Gesammtpersönlichkeiten der Völker und Stämme in einem tief verletzenden Widerspruche steht.

Werfen wir vom rechtsphilosophischen Standpunkte aus [1]) einen prüfenden Blick auf die Lehre Hegel's, so liegt das Grundgebrechen in ihrem pantheistischen Charakter, der kein vom göttlichen Geiste unterschiedenes, substantielles Geistprincip im Menschen und deswegen auch keine wahrhafte Persönlichkeit, Freiheit und Verantwortlichkeit zulässt. Daher können auch alle, auf das Princip der Subjectivität sich beziehende, Behauptungen Hegel's nur vorübergehende Erscheinungen in der Evolution des Weltgeistes berühren, aber keinen realen Rückhalt an der Substantialität des Menschengeistes haben. Es ist dadurch der früheren subjectiven freiheitlichen und rationalistischen Richtung nur ein anderes Extrem entgegengesetzt worden; es wurde zwar eine höhere Anschauung der Verhältnisse durch die Erkenntniss gewonnen, dass, wie in der Welt überhaupt, so auch in der Entwickelung des Rechts-, Staats- und Völkerlebens das Walten einer allgemeinen göttlichen Vernunft in einer objectiven, den Dingen und Verhältnissen selbst inwohnenden, Logik sich kund gibt, dass die Verhältnisse gewissermassen ihren eigenen Kopf haben, an dem sich die Köpfe der Einzelnen öfter zerschellen, wenn sie nicht suchen den darin wohnenden Sinn und Geist zu begreifen und in sich aufzunehmen; allein die menschliche Freiheit wurde durch diese Theorie dem Absolutismus des Weltgeistes geopfert.

Ein anderer, praktisch schwer wiegender, Irrthum lag in der Lehre von der dialektischen Entwickelung des Weltgeistes. Hegel's

---

[1]) Die gründlichste Beurtheilung des philosophischen Systems Hegel's überhaupt bleibt noch immer diejenige, welche Krause in seinen „Grundwahrheiten der Wissenschaft, Göttingen 1828" S. 411–471 gegeben hat.

System kam zwar dadurch, in speculativer Richtung, demselben Bedürfnisse entgegen, welches in der positiven Rechtswissenschaft in der historischen Schule ausgesprochen war; aber die Gefahr, Alles nur im Werden, im Flusse zu begreifen, Alles nur nach Zeiten, Culturstufen und Völkern zu bestimmen, musste, bei der Macht des absoluten Geistes, eine viel grössere werden. Hegel hat zwar eine innere ideelle Gliederung in die Entwickelungsphasen durch die Kategorien zu bringen gesucht, welche gewissermassen momentan fixirende Knotenpunkte bilden; aber die Kategorien selbst sind in Bewegung, die eine schlägt in die andere um, so dass nirgends ein fester bleibender Punkt für die praktische Lebensgestaltung gewonnen wird. Gerade die Rechts- und Staatslehre, welche für die Persönlichkeit ursprüngliche, in Bezug auf das Vermögen auch wohlerworbene, Rechte und überhaupt feste, durch die Verhältnisse selbst gegebene Normen und Formen verlangt, musste durch eine solche Theorie in ihren innersten Principien erschüttert werden. Die Evolution des Weltgeistes konnte auf diesem Gebiete nur als fortgesetzte Revolution erscheinen. Hegel's conservativer Sinn hatte zwar dem Gange dieser Evolution selbst den Stempel seines Geistes aufdrücken wollen; aber das Princip selbst ist in seiner Einseitigkeit verwerflich. Bei grossen Systemen kommt zudem in der Regel immer eine Zeit, wo gewisse Grundprincipien zu ihren vollen Consequenzen entwickelt werden. Diese Zeit ist auch für das Evolutionsprincip eingetreten.[1]) Die daraus fliessenden grossen Irrthümer sind nur durch die Erkenntniss zu überwinden, dass alle Bewegung auf einer festen Grundlage vor sich gehen muss. Wie Platon die Zeit das bewegliche Bild der Ewigkeit nannte, so ist auch alle Rechts- und Staatsentwickelung im Flusse der Zeit auf den ewigen Grundlagen des Rechts zu begreifen.

Was näher das Princip des Rechts selbst betrifft, welches als „die Idee der Freiheit, als Verwirklichung der Freiheit überhaupt" bestimmt wird, so hat, abgesehen davon, dass diese Freiheit, im Sinne des Systems, eine fatalistische ist, mit Nothwendigkeit von

---

[1]) Vornehmlich in Lassalle's Werke: „System der erworbenen Rechte, 2 Bde., 1861", in welchem das Princip der erworbenen Rechte selbst aufgehoben und alle Rechte in den Heraklitischen Fluss gestellt werden. Der zweite Band enthält eine geistvolle Betrachtung des römischen Erbrechts.

der göttlichen Vernunft verwirklicht wird, die Kant'sche Auffassung eine wesentliche Aenderung dadurch erfahren, dass das Recht nicht mehr eine blosse Schranke für die Freiheit, sondern die Freiheit selbst in der Idee sein soll; allein, wenn der Begriff des Rechts bei Kant zu eng war, so ist er von Hegel zu weit gefasst und dabei übersehen, dass das Recht nicht selbst die Freiheit, als ein sittliches Vermögen, sondern nur eine Norm für die Bethätigung der Freiheit sein kann; eine Richtschnur, die von Hegel gar nicht bestimmt wird.

Die Staatslehre Hegel's ist, wie schon bemerkt, die höchste Potenzirung der einseitigen Richtung, welche die neuere Gesellschaftsentwickelung seit dem Mittelalter dadurch eingeschlagen hat, dass sie den Staat als den dynamischen Mittelpunkt der ganzen gesellschaftlichen Bewegung erfasste und ihn mit der Gesellschaft meistens identificirte. So wird auch von Hegel der Staat als die einheitliche, die gesammte Gesellschaft in allen ihren Kreisen befassende, Ordnung und Spitze aufgefasst, und wenn eine Forderung des germanischen Geistes, wie sie zuerst der Kurverein zu Rense (1338; s. S. 67) und bestimmter Luther stellte, dahin ging, dass der Staat als eine unmittelbare göttliche Ordnung begriffen werden solle, so wird von Hegel, in einer, die göttliche und menschliche Seite des Staates verwischenden, Lehre eine Apotheose des Staates gegeben, in welcher nur die antike Auffassung des Staates ihre Verherrlichung erhielt und die tiefere Wahrheit der, durch das Christenthum begründeten, Auffassung, welche den Staat nicht als Selbstzweck, sondern als ein Mittel für die höheren Zwecke des, den Staat überragenden, Menschen begreift, verloren ging. Der Weltpantheismus Hegel's erhielt seinen praktischen Abschluss im Staatspantheismus. Es ist aber schon oft nachgewiesen, dass jeder Pantheismus, indem er die menschliche Persönlichkeit in ihrem substantiellen Princip verkennt, auch alle Rechte, die in der Persönlichkeit ihre Wurzel haben, und darunter wesentlich das Eigenthumsrecht, consequent aufheben und zum Communismus führen muss. Kommt nun noch dazu, dass der Staat als die einheitliche Macht über alle inneren Ordnungen und Kreise, über die wirthschaftlichen Gebiete wie über Religion und Kirche gesetzt und das Verhältniss des Staates zu diesen Gebieten nicht nach festen Principien normirt wird, so muss aus der Verwischung fester

Grenzen zwischen Staat und Gesellschaft nothwendig ein Staats-Socialismus sich ergeben, der nicht nur in gefährlichster Weise in die Bewegung der verschiedenen socialen Lebens- und Culturgebiete eingreift, sondern auch von Seiten einzelner Kreise die masslosesten Zumuthungen an den Staat wach ruft. Hegel's Geiste lag diese Richtung fern, er hat es auch wohl nicht für möglich gehalten, dass sie sich auf seine Lehre stützen könnte; aber in den Principien, die ein System aufstellt, liegt eine selbständige Macht, die immer zu den vollen Consequenzen treibt.

So ist jetzt auch auf dem volkswirthschaftlichen Gebiete eine Bewegung eingetreten und noch im Wachsen begriffen, welche den bedeutendsten Impuls durch Hegel's Staatsprincip erhalten hat (Lassalle; s. auch §. 27).

In der Wurzel wird endlich das Rechtsprincip selbst durch die Theorie des Weltgeistes angetastet, welcher nach Hegel die Staaten, Völker und Individuen als „bewusstlose Werkzeuge und Glieder seines inneren Geschäfts" (§. 344) verwendet. Das Recht ist demnach nur die Willensmacht des Weltgeistes, und der pantheistische Charakter des Systems bezeugt sich auch darin, dass ebenso wie bei Spinoza (S. 100) die Macht zum Rechte gestempelt wird.

Hegel's System hat dadurch den jetzt vorherrschenden politischen Anschauungen und Bestrebungen grossen Vorschub geleistet; es ist aber auch bemerkenswerth, dass ebenso, wie es durch eine staatssocialistische Neigung sich der, von Thomas Morus (S. 86) angebahnten, Richtung annäherte, auch die Strömung in sich aufnahm, welche im Beginne der neueren Zeit von Machiavelli [1]) eingeleitet wurde, so dass das Hegel'sche System nach den wichtigsten Seiten

---

[1]) Den bekannten §. 345 der Rechtsphilosophie hätte ebenso gut Machiavelli schreiben können. Er heisst: „Gerechtigkeit und Tugend, Unrecht, Gewalt und Laster, Talente und ihre Thaten, die kleinen und die grossen Leidenschaften, Schuld und Unschuld ..... haben in der Sphäre der bewussten Wirklichkeit ihre bestimmte Bedeutung und Werth und finden darin ihr Urtheil und ihre, jedoch unvollkommene, Gerechtigkeit. Die Weltgeschichte fällt ausser diesen Gesichtspunkten." Aber, so gross auch thatsächlich heute noch der Gegensatz ist, so muss doch das Streben der Völker dahin gerichtet sein, die öffentliche Moral mehr und mehr mit der privaten Moral in Einklang zu setzen, weil es überhaupt nur Eine Moral gibt.

als der wissenschaftliche Culminationspunkt der ganzen neueren Epoche betrachtet werden muss. Die grossen Verdienste, die sich das System um die Kräftigung des deutschen Geistes erworben hat, der in den schwächlichen, das Kant'sche System verflachenden, Lehren zu erschlaffen drohte, sind stets anzuerkennen, aber die grossen Irrthümer enthalten zugleich die dringendste Aufforderung, durch eine neue Grundlegung und Ausführung des ganzen philosophischen Wissenschaftsbaues eine neue Epoche einzuleiten.

Wir haben hier nicht näher den Process der Auflösung des Systems darzulegen, welche bald nach dem Tode des Gründers eintrat,[1]) aber doch die Thatsache hervorzuheben, dass, vom Culminationspunkte des Hegel'schen Systems an, die absteigende Entwickelung in denselben wesentlichen Phasen verläuft, welche in der aufsteigenden Entwickelung von Kant bis Hegel hervortreten, und dass schliesslich die Auflösung sich im niedrigsten Sensualismus und Materialismus vollzogen hat.

Zuerst bildete sich im Schoosse der Hegel'schen Schule eine sogenannte rechte und linke Seite (mit dem nothwendigen Centrum), indem die älteren und hervorragendsten Anhänger (Erdmann, Rosenkranz, Gabler, Hinrichs u. A.) den höheren objectiven Standpunkt festhielten, die Lehre theilweise umzubilden suchten, und obwohl, in verschiedenem Grade, den freiheitlichen Elementen sich zuneigend, den zersetzenden Richtungen entgegen traten, während die sogenannte linke Seite mehr und mehr das Subjectivitätsprincip in allen geistigen und praktischen Verhältnissen auszubilden unternahm und zuletzt in rohem Materialismus, Egoismus und Nihilismus unterging. Nach dem oben bezeichneten Gange wurde in rascher Aufeinanderfolge das Absolute, Gott, zuerst wieder als Vernunftordnung (ähnlich der Fichte'schen sittlichen Vernunft- und Weltordnung) aufgefasst; dann trat der Mensch als Idee oder Gattung (ähnlich dem Idealmenschen Kant's) an die Stelle, und zuletzt wollte das sinnliche Subject nur sich selbst als die alleinige natürliche Realität und sonnenklare Wahrheit gelten lassen. Als der Niederschlag aller, auch auf anderen Gebieten der

[1]) S. hierüber näher: Fichte, „System der Ethik", Bd. I, §. 87 ff. Haym, „Hegel und seine Zeit"; Prantl und Rosenkranz in den Artikeln „Hegel" im „Staatswörterbuch" und im „Staatslexikon".

Wissenschaft und des Lebens eingetretenen, Abirrungen, erschien dann in der widrigsten Gestalt der Materialismus, der, ohne irgend einen Halt in einer Wissenschaft zu haben und in gröblichster Versündigung gegen alle Grundsätze einer wahrhaften Erfahrungsmethode, eine denkträge, am Stoffe stockgläubig haftende und genussgierige Schaar vor dem Götzen des „heiligen Stoffes" und seiner steten Wandelung niederfallen liess. [1])

Auf dem Gebiete des Rechts und des Staates kehrten sich die Angriffe immer energischer gegen jede objective Ordnung und Norm; der rohe Subjectivismus endete damit, den Egoismus als das Princip aller Moral und alles Rechts (Stirner: der Einzige und sein Eigenthum, 1845) und die Anarchie als die wahrhafte, die Selbstherrlichkeit des Einzelnen garantirende, Staatsform zu erklären. Das letzte Princip wurde die gemeinsame Ausmündung

---

[1]) Bekanntlich ist es L. Feuerbach, welcher in schnellen Uebergängen seiner Speculation diese verschiedenen Phasen vorführte. In seinem Wesen des Christenthums hatte er den pantheistischen Satz Hegel's: „Das Denken des Menschen von Gott ist das Denken Gottes von sich selbst", in den Satz des Anthropologismus umgekehrt: Das Denken des Menschen von Gott ist das Denken des Menschen von sich selbst, indem er das reale Dasein Gottes leugnete und alle Religionen nur als fortschreitende Selbstspiegelungen des menschlichen Wesens darstellte. Seinen Gang bezeichnete er selbst einmal dahin: „Mein erstes Wort war Gott; mein zweites die Vernunft (als Vernunftordnung), mein letztes der Mensch als Idee oder Gattung"; er blieb aber hierbei nicht stehen, sondern ging bis zum rein sinnlichen und materiellen Individuum, zum Menschen, „welcher ist, was er isst", und ward dadurch das Orakel für jene, im Texte bezeichnete, Schaar, welche in einer guten Fütterung die Lösung des ganzen Culturproblems erblickte. — Dazu gesellte sich in letzterer Zeit die, längere Zeit im Hintergrunde gebliebene, Lehre von Schopenhauer, welche bestimmt war, dieser ganzen Bewegung nach abwärts ihren moralischen Stempel aufzudrücken. Schopenhauer hatte seinen Ausgangspunkt von Fichte genommen in seinen Schrift „die Welt als Wille und Vorstellung, Bd. I, 1819", wurde aber der umgekehrte Fichte (auch hinsichtlich seiner steten Lebensangst, gegenüber dem hohen Lebensmuthe Fichte's), indem er, anstatt das Ich zum Höchsten zu erheben, ihm die Richtung auf das Sinnliche und den Sinnengenuss gab und den völligen Abfall vom Göttlichen in der Behauptung aussprach, dass nicht das Gute, sondern das Uebel und das Böse das Princip des Lebens und der Welt sei; praktisch die Theorie des Sinnengenusses aufgestellt wurde, ihr aber, in dem, durch den Materialismus eingeleiteten, Auflösungsprocesse, in mehr speculativer Raffinirung, der *haut gout* der beginnenden Verwesung gegeben.

der subjectivischesten deutschen und französischen Bewegung (Proudhon).[1])

Es ist selbstverständlich, dass diese letzte Bewegung nicht mehr als eine Entwickelung des Hegel'schen Systems, sondern als der völligste Gegensatz zu betrachten ist; aber es ist doch hervorzuheben, dass der Uebergang von einem Extrem in das andere sich am leichtesten beim Pantheismus vollzieht, indem gerade die lebenskräftigen Geister sich am schnellsten von einer Lehre abwenden, die im Grunde nur dem Quietismus das Wort redet und in consequenter Durchführung alle freie Bewegung in der Omnipotenz des rein logisch sich entwickelnden Weltgeistes vernichten müsste.

Auf diese Weise hat die neuere philosophische Bewegung, auch in Bezug auf Recht und Staat, zwei extreme Richtungen sich ausbilden lassen, welche in den beiden, an sich richtigen, Grundprincipien, der höheren objectiven göttlichen Seins- und Lebensordnung und der subjectiven Persönlichkeit und Freiheit, wurzeln, aber in einer höheren philosophischen Lehre die richtige Verknüpfung und Vermittlung finden müssen.[2])

---

[1]) S. meinen Art. „Anarchie" im „Staatswörterbuche". Montalembert nannte Proudhon den Erfinder des *calembourg „anarchie"* (weil das Wort, in möglicher Beziehung auf *âne*, auch Eselherrschaft bedeuten kann).

[2]) Wir haben in dieser, nur die Hauptrichtungen in der Entwickelung der Rechtsphilosophie darlegenden, Uebersicht die Lehre Schleiermacher's nicht erwähnt, weil sie, ohngeachtet der grossen Bedeutung, welche sie für die Ethik überhaupt erhalten hat, und vieler geistvoller Auffassungen einzelner, durch die „organisirende Thätigkeit der Vernunft" erzeugten, Verhältnisse, doch in der Ansicht von Recht und Staat sehr einseitig geblieben ist und nicht die rechte Durchbildung erhalten hat. Wenn dem Staate „die Unterwerfung der Natur" zur Aufgabe gemacht und das Recht nur auf die, „durch Verkehr und Eigenthum, Tausch und Erwerb erzeugten, Verhältnisse" bezogen wird, so ermangelt diese Ansicht aller genauen Bestimmung und kann deswegen keine grössere wissenschaftliche Bedeutung in Anspruch nehmen. — Auch der Herbart'schen rechtsphilosophischen Lehre können wir keine grössere Bedeutung zugestehen. Wir haben uns über dieselbe ausführlicher in dem Artikel „Herbart" im „Staatslexikon" ausgesprochen. Nur einige Bemerkungen mögen hier Platz finden. Auch in der Rechtsphilosophie bildet Herbart's Lehre das ausgeprägteste Extrem zu Hegel's System. Wie dieses den Culminationspunkt in der objectiven absoluten Richtung bezeichnet, so Herbart's Theorie auf der subjectiv-individualistischen Seite.

Wir haben jetzt noch etwas näher die gleich im Beginne der neueren Zeit mit Thomas Morus (S. 83) und Machiavelli auftretenden, gleichfalls extremen, socialistischen und Macht-Theorien zu betrachten.

Capitel II.

Der Socialismus und Communismus und die Macht-Theorien.

Im Beginne der neueren Zeit, beim Ausgange des Mittelalters, waren, für die Neugestaltung der staatlichen und gesellschaftlichen Verhältnisse, in der Wissenschaft die drei früher bezeichneten Richtungen hervorgetreten, von denen die eine, in der Voraussetzung einer moralischen Schlechtigkeit und Verderbtheit der

---

Der Charakter des Subjectivismus durchdringt, wie das ganze System, so auch die Rechtslehre. Das Recht ist, nach Herbart, ein blosses Willensverhältniss und zwar, unter den verschiedenen möglichen Formen, dasjenige, welches durch die, in Bezug auf einen äusseren Gegenstand unabsichtlich in Streit gerathenen, Willen entstehen soll; da nun jeder Streit missfällt und die Streitenden sich vertragen müssen, so ergibt sich aus dem „Missfallen am Streite“ das Recht, welches demnach eine durch Vertrag aufgestellte Norm zur Beilegung von Streitigkeiten ist. Dieser Rechtsbegriff ist jedoch der leerste, der je aufgestellt worden ist, da in demselben nicht einmal, wie in anderen, eine Hinweisung auf ein Moment, Trieb, Zweck, Freiheit, Allgemeinheit u. s. w., liegt, wornach die Norm selbst bestimmt werden könnte. Alles Recht wird dann auf Vertrag zurückgeführt. Dass der Vertrag aber nicht der Rechtsgrund sein kann, hat die tiefere philosophische Forschung längst dargethan, und dass der Vertrag nur eine der Entstehungs-Formen des Rechts ist, weiss jeder Rechtsgelehrte. Die Herbart'sche Lehre geht durch diese Vertragstheorie auf den, am allgemeinsten als unhaltbar erkannten, Standpunkt des alten Naturrechts zurück (*nulla obligatio nisi ex contractu*), und kann sich auch nur durch die alten Fictionen von stillschweigenden Zustimmungen und Verträgen aus den Nöthen ziehen; sie würde überhaupt die niedrigste Stufe unter den alten Vertragstheorien einnehmen, wenn nicht der Rechtsbegriff, nach der s. g. Methode der Beziehungen, in der wenigstens eine Ahnung von der organischen Methode der Verknüpfung aller ein Verhältniss mitbestimmender Momente und Kategorien nach richtiger Ueber-, Unter- und Nebenordnung liegt, nach anderen, freilich ebenfalls nur subjectiven, sogenannten Willensverhältnissen mitbestimmt würde. Am widrigsten ist es aber, wenn nun diese Subjectivitäts-

Menschen und der gesellschaftlichen Zustände, zu einer, aller Moralität sich entschlagenden, Politik der Macht führte (Machiavelli), die andere, in der Annahme eines Idealzustandes hoher menschlicher Moralität, den Communismus gründen wollte (Thomas Morus), die dritte Richtung, welche durch das neu sich bildende Naturrecht repräsentirt wurde, in der Mitte dieser beiden Extreme vorwaltend eine Reform-Wissenschaft begründete, welche, wenn sie gleich aus dem wahren Wesen des Menschen das Recht abzuleiten suchte, doch den Blick nicht gänzlich von der Erfahrung abwandte, diese oft nur zu erklären, meistens zu reformiren suchte. Die Entwickelung des eigentlichen Naturrechts hatte sich jedoch, wie gezeigt, fast durchgängig nur in Gegensätzen vollzogen, ohne in einem höheren, wahrhaft vermittelnden Systeme den befriedigenden Abschluss zu finden. Dieses Naturrecht hatte zudem einen vorwaltend formalistischen Charakter

---

lehre, bei ihrer sensualistischen Verwerfung aller ursprünglichen Vermögen und Ideen und aller Anknüpfung des Rechts, wie der ethischen Ideen überhaupt, an eine höhere absolute göttliche Lebensordnung, die wichtige Lehre von den ursprünglichen oder angebornen Rechten, den Rechten der Persönlichkeit, der Ehre, Würde, Freiheit u. s. w. in kleinlichster Weise bekrittelt und jede Auffassung des Rechts als einer zugleich göttlichen und menschlichen Lebensidee als eine theologisirende bezeichnet. Die Völker können Gott danken, dass auch die Philosophie und Rechtsphilosophie andere Vertreter gehabt haben, als Herbart, dass diese Rechte unablässig als Forderungen an die positive Gesetzgebung geltend gemacht worden sind. Kein Naturrechtslehrer hat jedoch den Widersinn begangen, die natürlichen Rechte sofort als positive zu behandeln; aber richtig ist begriffen worden, dass die natürlichen Rechte den eigentlichen Gehalt bilden, der nur der positiven Formulirung bedarf. Herbart freilich hat die beschränkte Ansicht von Recht behalten, die von Montesquieu gut gekennzeichnet ist (S. 121). Wenn Herbartianer jede Lehre, welche Recht und Staat mit der höchsten göttlichen Lebensordnung in Beziehung setzt, als eine theologisirende bezeichnen, so liegt darin eine, dieser Schule schon öfter mit Recht vorgeworfene, Entstellung der natürlichen oder geschichtlich festgestellten Bedeutung der Worte, indem man unter Theologie doch immer eine Wissenschaft versteht, die von einem positiven Glaubensbegriff ausgeht. Sachlich kann allerdings die Herbart'sche Lehre den Anspruch erheben, das Ihrige dazu beigetragen zu haben, dass die ethischen Begriffe von jeder Beziehung auf Gott und göttliche Ordnung abgetrennt und rein auf das subjective Individuum und seine subjectiven allseitig bedingten Verhältnisse gestellt sind, die aber als unbedingt gefallend oder missfallend erklärt werden. Bei der oben bemerkten Leerheit des

angenommen, indem das Recht von dem Güterleben des Menschen und der menschlichen Gesellschaft abgetrennt und die geschichtliche Entwickelung nach den inneren treibenden Kräften, den eigentlichen Lebensmächten, fast gar nicht begriffen wurde. Daraus erklärt es sich, in wissenschaftlicher Hinsicht, dass, als einerseits das formelle Naturrecht gewissermassen sein letztes Wort gesprochen hatte und dieses nicht der Ausdruck der neu auftauchenden gesellschaftlichen Ideen und Bedürfnisse war, und als andererseits das Naturrecht selbst mehrfach (wie zuletzt im Hegel'schen Systeme) den extremen Richtungen Vorschub geleistet hatte, nun die beiden anderen, sich vielfach berührenden, Extreme des Socialismus und Communismus und der Machttheorie in den Vordergrund traten. Diese Extreme haben wir jetzt noch etwas näher, nach ihren Ursachen, ihrem Charakter und in ihrer Beziehung zu den gegenwärtigen Zuständen darzulegen.

Rechtsbegriffes musste aber folgeweise die ganze Rechts-, Staats- und Gesellschaftslehre den Charakter einer trostlosen Leerheit annehmen, die sich nur durch Polemik gegen andere Ansichten einen Inhalt zu geben sucht. Aber gerade ein so praktisches Gebiet, wie die Rechts- und Staatswissenschaft, wo der durch die Culturarbeit eines Volkes gebildete Stoff rechtlicher und staatlicher Verhältnisse in den Grundnormen und Grundformen wenigstens erkannt sein will, und wo die wahre Realität der Verhältnisse solche Masse von Fictionen abweist, wie die, aller Qualität und alles Vermögens baare, grundarme „Seele" im Herbart'schen Systeme sich gefallen lassen muss, ein solches Gebiet, meinen wir, ist das eigentliche *hic Rhodus, hic jactus* für eine Rechtsphilosophie, und es lässt sich auch von der praktischen Anwendung eines Systems auf dessen theoretische Grundlage schliessen. Welche Anerkennung dagegen das Krause'sche System wegen seiner, noch nicht einmal vollständig durchgebildeten, praktischen Seite, auch in der Nationalökonomie, gefunden hat, wird in fast allen Culturländern bezeugt. Herbart selbst hat zuerst in seiner Recension des Krause'schen „Systems der Philosophie von 1828" seine Unfähigkeit bekundet, auch nur die ersten Grundbegriffe des Systems richtig aufzufassen; einige Herbartianer haben angefangen, in ähnlicher Weise Krause's Rechtsphilosophie zu behandeln, z. B. behauptet (Geyer: Rechtsphilosophie, S. 85), dass „Krause das Recht als Mittel zur Sittlichkeit auffasst", was gänzlich falsch ist. Es liegt in der Natur der Verhältnisse, dass zwei so entgegengesetzte Richtungen wie die von Krause und Herbart in Streit gerathen und sicherlich noch mehr gerathen werden; soll aber dabei Achtung der wissenschaftlichen Tüchtigkeit und Gewissenhaftigkeit auch des Gegners bestehen bleiben, so ist das erste Erforderniss, dass Grundbegriffe nicht geradezu falsch dargestellt oder verzerrt werden.

§. 27.

Die Lehren des Communismus und Socialismus vom rechtsphilosophischen Gesichtspunkte aus beurtheilt. [1])

Die Begriffe des Communismus und Socialismus sind an sich und in ihrem Unterschiede vornehmlich nach den praktischen Bestrebungen festzustellen, denen sie als Richtschnur gedient haben. Beide, in ihrer neueren Form, verfolgen darin eine einseitige Tendenz, dass sie vorwaltend eine Umgestaltung der, durch die Einrichtungen des Eigenthums und des Erbrechts und durch die Verhältnisse des Capitals und der Arbeit gegebenen, wirthschaftlichen Grundlagen und Factoren bezwecken, der Communismus durch Aufhebung des Eigenthums und des Erbrechts überhaupt, der Socialismus durch eine wesentliche Aenderung in der bisherigen Stellung der drei wirthschaftlichen Factoren, Naturkraft, Capital und Arbeit, wesentlich zu Gunsten der arbeitenden Classe, aber ohne das Princip des Eigenthums selbst anzutasten.

Beide Theorien wurzeln jedoch in allgemeineren Principien, indem der Communismus das Princip der Gemeinschaft ausschliesslich verfolgt, der Socialismus irgend eine, das Princip der individuellen Persönlichkeit mehr oder weniger achtende, Form der Association zur Ausführung zu bringen strebt.

Wir haben hier diese Theorien nicht vom nationalökonomischen Gesichtspunkte aus, sondern rechtsphilosophisch nach ihren Grundlagen, Ursachen und nach ihrem Zusammenhange mit der rechtsphilosophischen und allgemeinen Culturentwickelung, in der Kürze, etwas näher zu prüfen.

Die vornehmsten Ursachen des Communismus und Socialismus sind in denjenigen Lehren und Richtungen zu suchen, welche die Idee der Gemeinschaft über das Princip der individuellen Per-

---

[1]) Ueber diese Lehren siehe besonders L. Stein, der Socialismus und Communismus des heutigen Frankreichs, 1842, und Geschichte der socialen Bewegung, 1850; Roscher, Betrachtungen über Socialismus und Communismus, in der Berl. Zeitschrift für Geschichtswissenschaft III, S. 553 ff.; Fichte, Ethik, 1. Theil, S. 739 ff.; J. Kautz, Theorie und Geschichte der Nationalökonomik, Wien 1860, 2. Theil, S. 740 ff.; J. Huber, Art. „Socialismus und Communismus" im „Staatswörterbuche".

sönlichkeit, die Gleichheit über die Freiheit, das gleiche reale und materielle Wohl über das gleiche formelle Recht stellen, wobei zwar die, an sich gerechten, Ansprüche aller Glieder der staatlichen Gemeinschaft auf ein menschenwürdiges Dasein die innerste Triebfeder bilden, aber die Bedingungen der Befriedigung nicht richtig erkannt werden und der Staat selbst, in Verkennung seiner Aufgabe als Rechtsordnung, zu einer allgemeinen und gleichen Wohlfahrtsordnung umgeschaffen werden soll. Diese Lehren und Richtungen treten in der geschichtlichen Entwickelung hervor,[1] wenn sich, wie gewöhnlich, mehrere der veranlassenden Bedingungen und Umstände vereinigen; wenn, in wissenschaftlicher Hinsicht, Theorien, die das Grundprincip der individuellen Persönlichkeit antasten oder vernichten, wie dies, aus entgegengesetzten Gründen, beim Materialismus und Pantheismus der Fall ist, zu ihren praktischen Consequenzen geführt werden; wenn, in Hinsicht auf mehr äussere Verhältnisse und Umstände, unhaltbare gesellschaftliche Zustände Reformpläne hervorrufen, wenn Revolutionen entstehen, die, bei der Ueberhebung der menschlichen, in der Zerstörung einer ganzen staatlichen Ordnung siegreich hervorgetretenen Willensmacht, den Gedanken nahe legen, dass auch nach Willkür und Belieben in gleich erfolgreicher Weise eine Umgestaltung aller ökonomischen Grundlagen, der Besitz- und Arbeitsverhältnisse, vorgenommen werden könne; oder wenn im Verlauf einer Bewegung und Revolution die grosse Masse sich in ihren Hoffnungen, die sie an den Umsturz der staatlichen Ordnung geknüpft hatte, durch eine, blos formale Rechte verleihende, Constitution getäuscht sieht, und die Gleichheit des Rechts in Gleichheit des Wohls zu verwandeln sucht; in der Wissenschaft selbst tritt eine solche Richtung als Reaction hervor, wenn die philosophischen Rechts- und Staatslehren einen formalistischen, individualistischen und abstract-freiheitlichen Charakter lange Zeit

---

[1]) Roscher, System der Volkswirthschaft §. 78, bezeichnet, vom nationalökonomischen Gesichtspunkte, als die Zeiten der Entstehung solcher Lehren, wo die vier Bedingungen zusammentrafen: ein schroffes Gegenüberstehen von Reich und Arm; ein hoher Grad von Arbeitstheilung; eine starke Erschütterung, wohl gar Verwirrung des öffentlichen Rechtsgefühls durch Revolutionen; hohe Ansprüche der niederen Classen, als Folge demokratischer Staatsverfassungen.

behauptet haben, wenn der Staat blos die äussere Ordnung bewahren, der Wächter der Freiheit sein soll und ihm das Recht zur Förderung des Wohls der Gesammtheit abgesprochen wird; endlich in socialer Beziehung, wenn alle früheren Genossenschaftsformen, Innungen, Zünfte, in denen der Einzelne vielfachen Rückhalt und Schutz fand, zerschlagen, die Einzelnen in Isolirung auf sich selbst gestellt werden, die Gesellschaft also in ihre Atome aufgelöst sich darstellt; unter solchen Umständen und in solchen Zeiten muss immer lebhafter das Bedürfniss einer neuen Organisation hervortreten, in welcher sowohl der Staat in einen innigeren organischen Verband mit der gesammten socialen Cultur- und Arbeitsgesellschaft gesetzt, als auch die Einzelnen inniger nach gemeinsamen Interessen in neuen Associationsformen unter einander verknüpft werden. Erwägt man ausserdem, dass mit der Steigerung der Bildung auch die Bedürfnisse sich mehren, die Ansprüche sich erhöhen, eine grössere Gleichheit der geistigen Bildung nothwendig zu einer grösseren Ausgleichung der materiellen Verhältnisse drängt, dass mit der Hebung des Bewusstseins der Persönlichkeit auch die persönliche Arbeit im Werthe steigt, dass überhaupt die moderne Bewegung, wie sie die Herrschaft des Geistes über die Natur immer mehr ausdehnt, auch die geistige Willens- und Thätigkeitskraft, die Arbeit, als die vornehmste Güterquelle ansehen, das Capital nur als angesammelte oder aufgesparte Arbeit, die Naturkraft als eine Allen unentgeltlich zukommende Güterquelle betrachten lässt, so müssen bei einer erhöhten volkswirthschaftlichen Thätigkeit, gerade unter den sogenannten arbeitenden Classen, die Ideen einer Umgestaltung der Besitz- und Arbeitsverhältnisse den lebhaftesten Anklang finden. Tritt dann hinzu, dass, nach den überkommenen Grundlagen, die Gegensätze zwischen Arm und Reich sich schärfen, dass die Rechtswissenschaft, die sich lieber mit abgestandenen Verhältnissen des römischen und deutschen Rechts beschäftigt, als neu auftretende wirthschaftliche Verhältnisse und neue Associationsformen mit eingehenderem nationalökonomischen Verständniss in den Bereich rechtlicher Erörterung zu ziehen, die arbeitenden Classen rathlos lässt, erwägt man ferner, dass diese Classen in Wahrheit öfter eine unbillige Ausbeutung durch die Capitalbesitzer erfahren und dass die grundsätzliche, wenn auch stets mehr wohlthätige als schädliche, Concurrenz den Arbeiter oft schwer drücken kann, so wird man begreifen, wesshalb die in tief liegenden Ursachen und Bedürfnissen wurzelnde, auf Verbesserung der Lage der arbeitenden Classen gerichtete, Bewegung auf neuen Bahnen das Heil sucht, welches sie auf den bisherigen Wegen nicht gefunden hat.

Nach ihrer innersten Triebfeder kann die socialistische und communistische Bewegung in zwei entgegengesetzten Lebensanschauungen und Motiven ihre Wurzel haben, in dem edlen Streben nach einem höheren Ideal menschlicher Vergesellschaftung, oder in der blos materialistischen Begier nach möglichster Gleichheit des Besitzes und Genusses. Während die erstere Richtung in tiefen religiösen Ueberzeugungen einen Halt und längeren Bestand gewinnen kann, hat der Materialismus, der nur den Egoismus nährt, nie eine Grundlage innigerer Vergesellschaftung abgeben können.

Die communistischen und socialistischen Lehren lassen sich in zwei Hauptgruppen eintheilen, je nachdem sie mehr oder weniger von einer Gesammtanschauung des menschlichen Lebens, von einem positiv-religiösen oder einem philosophischen Grundprincip ausgehen, oder gewisse socialistische Theorien blos einzelne äusserliche Reformen bezeichnen. Wir wollen von dieser ganzen Bewegung zuvörderst einen kurzen geschichtlichen Ueberblick geben.

Wir werden jedoch hier nur die Theorien seit dem Christenthum in's Auge fassen und sehen daher ab von den Einrichtungen gemeinschaftlichen Landbesitzes und Landbaues, welche die Geschichte bei vielen Völkern auf einer niederen Culturstufe nachweist, wie früher bei mehreren germanischen Stämmen und bis in die neuere Zeit bei slavischen Völkerschaften; aber wir sehen auch ab von den staatlichen Organisationen, die auf religiösen oder allgemeinen politischen Anschauungen ruhten, wie bei den Hebräern und in Kreta, dessen Verfassung das Vorbild der Lykurgischen gewesen sein soll; auch berühren wir nicht weiter die, auf Grundlage der Gütergemeinschaft, gebildeten Genossenschaften der P y t h a g o r e e r, später der E s s e n e r und T h e r a p e u t e n und die schon früher dargelegte, einen Communismus für die beiden höheren Stände verlangende, Lehre Platon's (S. 39), welche später der Neuplatoniker Plotin durch die, nicht zur Ausführung gelangte, Gründung einer Platonopolis in Campanien verwirklichen wollte.

Seit dem Christenthum sind die communistischen Bestrebungen stärker hervorgetreten und haben sich mehrfach an christliche Lehrsätze angelehnt. Das Christenthum, welches das göttliche Band der Menschen mit Gott wieder herstellte, musste auch das Gefühl der Gemeinschaft unter den Menschen im hohen Grade beleben, und es lag in der Natur der Verhältnisse, dass im Beginne der grossen christlichen Bewegung, wo das neue Princip der Gottes- und Menschenliebe, der Hingabe des Irdischen für das ewige Heil als die höchste sittliche Richtschnur erkannt wurde, wo Opfer aller Art für den neuen Glauben gebracht werden mussten, dass auch eine innigere Gemeinschaft in allen irdischen Gütern vielfach durch eine Gemeinschaft des Gebrauchs geknüpft und dass auch im neuen Testamente mehrfach der Verzicht auf diese Güter als ein werkthätiges Zeugniss für die wahre christliche Gesinnung empfohlen und erwartet wurde. Aber das Christenthum, welches nicht minder das Princip der gottebenbildlichen Persönlichkeit und Freiheit zur Geltung brachte, und vor Allem eine höhere freie Sittlichkeit begründen wollte, hat nirgends das Eigenthum vom Gesichtspunkte des Rechts aus verworfen; es hat im Grunde die ganze Rechtsfrage von der sittlichen Freiheit abhängig gemacht. Dabei lässt sich aber wohl nicht verkennen, dass Gütergemeinschaft als ein höheres sittliches Ideal betrachtet wurde. Eine solche Gütergemeinschaft wurde dann später vom Mönchthum organisirt als ein Mittel für ein höheres ascetisches Leben, in wider-christlicher Verachtung und Misshandlung der Naturseite des Menschen. Unter den einzelnen communistischen Bestrebungen des Mittelalters, z. B. der Katharer, der Brüder und Schwestern des freien Geistes, nimmt die in Holland von Groot im 14. Jahrhundert gegründete Brüderschaft des gemeinsamen Lebens die achtungswertheste Stelle ein.

Die Reformation, welche den christlichen Sinn und Geist neu belebte, rief ebenfalls Bewegungen hervor, welche christliche Principien durch Gütergemeinschaft verwirklichen wollten, so die Wiedertäufer unter Thomas Münzer in Mühlhausen, unter Johann von Leyden in Münster (1535), später in England zur Zeit der Revolution die neuen Millenarier (1648) und Levellers; sodann traten verschiedene (zum Theil wieder aufgegebene) Versuche hervor bei den mährischen Brüdern, Herrnhutern, den

Quäkern u. s. w., und besonders die Jesuiten-Organisation in Paraguay u. s. w.

Der eigentliche Begründer der neuen communistischen Richtung in der philosophischen Wissenschaft wird Thomas Morus (Kanzler von England, hingerichtet 1535, weil er Heinrich VIII. den kirchlichen Suprematseid nicht leisten wollte), der im Hinblick auf den traurigen, von ihm scharfkritisirten, Zustand des, nach allen Seiten ausgebeuteten und zu Grunde gerichteten, Volkes, in seiner *Utopia* (*De optimo reipublicae statu deque nova insula Utopia, 1516*) eine, auf Gütergemeinschaft gegründete, Organisation in Vorschlag brachte, in welcher, wie er meinte, das Gebot der Pflicht allein alle anderen Antriebe der Arbeit ersetzen könnte. Den gleichen Zweck verfolgten später der Dominikanermönch Campanella in seiner *Civitas solis* (1620); der protestantische Theologe Valentin Andreä in seiner *Reipublicae christianopolitanae descriptio, 1619*; Harrington in seiner *Oceana* (London 1656); Vairasse in der *Histoire des Sevarambes*, 1677.

Einen neuen Charakter, mit dem mehr politischen Hintergedanken einer Ausführung der Lehren durch den Staat, nahm diese Bewegung im achtzehnten Jahrhundert in dem, vom Absolutismus zerrütteten, Frankreich an. Während angesehene Nationalökonomen, wie Turgot, Necker, von richtigeren Gesichtspunkten aus, verschiedene, auf die Verbesserung der Lage des Volkes gerichtete, Reformvorschläge machten, glaubten Andere im Princip des Eigenthums selbst oder wenigstens in der zu grossen Ungleichheit der Güter den Grund alles Uebels zu erblicken. Morelly hatte in seiner *Basiliade* (1753) und in seinem *Code de la nature* (1755) die Gütergemeinschaft gepriesen, Rousseau hatte zwar später das Eigenthum als eine nothwendige Grundlage der gegenwärtigen gesellschaftlichen Verhältnisse betrachtet, aber in dem *Discours sur l'inégalité, 1751*, seine Verwünschung ausgesprochen über den „Ersten, der ein Stück Land einzäunte und erklärte: dies gehört mir, und Leute fand, welche einfältig genug waren, ihm zu glauben" u. s. w.

Eine wissenschaftliche Begründung der Gütergemeinschaft unternahm bald nachher Abbé Mably in seinem Werke *Traité de législation ou principes des lois, 1776* (im charakteristischen Hinweis auf den Jesuiten-Staat Paraguay), und endlich griff Brissot in verschiedenen Schriften das Eigenthum an (besonders in *recherches philosophiques sur le droit de propriété et le vol, 1780*).

Endlich, als die französische Revolution, ohngeachtet der verschiedenen Constitutionen und der darin proclamirten formellen Rechte, das Volk nur in immer grösseres Elend gestürzt hatte, trat die kritische Phase ein, wo, nachdem schon Robespierre eine Regelung des Eigenthums durch den Staat vorgeschlagen hatte, in der Verschwörung von Babeuf und Buonarotti (1796)[1]) der Versuch gemacht wurde, durch die Staatsgewalt die Gütergemeinschaft einzuführen, um der politischen Gleichheit die wahre reale Grundlage in dem gleichen Wohl Aller zu geben.

Gegen Ende der französischen Revolution waren jedoch von verschiedenen Seiten umfassendere Pläne einer vollständigen Reorganisation der Gesellschaft auf dem Grunde einer wesentlichen Aenderung der Eigenthumsverhältnisse, in England von Owen, in Frankreich von Fourier und vom Grafen St. Simon entwickelt worden.

Owen (1771—1858) verlangt, vom Standpunkte des Sensualismus aus, reinen Communismus, meint, wie Rousseau (dessen Schriften bedeutend auf ihn einwirkten), dass alle Menschen von Grund aus gut und gleich seien, und es nur darauf ankomme, die äusseren Umstände wieder gleich zu machen und durch Erziehung darauf hinzuwirken, um die Gütergemeinschaft gründen und aufrecht erhalten zu können.[2])

---

[1]) S. das Werk des Letzteren: *Conjuration de Babeuf*, welches nach der Juli-Revolution lange Zeit hindurch das Evangelium für eine neue republikanisch-communistische Partei wurde.

[2]) Robert Owen war hauptsächlich durch den glücklichen Erfolg, den er in der, unter seinem Schwiegervater herabgekommenen, Baumwollenspinnerei in New-Lanark durch Verbesserung des Looses der Arbeiter, Erbauung von Arbeiterwohnungen, Schulhaus, Kleinkinderschule, erzielt hatte, zu seinem radicalen Reformplane geführt worden, den er in seinen Schriften: *New views of society or essays upon the formation of human character* und: *Book of new world, 1812*, mittheilte. — Nach langjährigen Agitationen (er überreichte auch den, auf dem Congresse zu Aachen 1818 versammelten, Fürsten seinen Reformplan) unternahm er es, zuerst 1824 in Nordamerika eine Arbeiter-Colonie, New-Harmony in Indiana, zu gründen, welche aber zerfiel, als Owen nach England zurückkehrte. Eine ähnliche

Fourier (1777—1837), von einem naturalistischen Pantheismus ausgehend, fasst die ganze Gesellschaft als eine ökonomische, nach den natürlichen Trieben (*passions*) zu organisirende, Arbeitsordnung auf (in der auch die Triebe der Kinder schon für die nützliche Arbeit verwerthet werden), will die Besitzverhältnisse nach verschiedenen Antheilen der drei, zu einem Producte nöthigen, Factoren (in ganz willkürlicher Feststellung, für das Talent $^3/_{12}$, das Capital $^4/_{12}$ und die Arbeit $^5/_{12}$) bestimmen und verlangt nach seiner, aller sittlichen Grundlage entbehrenden, Lehre eine gänzliche Umgestaltung aller socialen Verhältnisse, Ehe, Familie u. s. w. zu möglichst raffinirtem Genusse. [1])

St. Simon (1760—1825) hatte, nach früheren einzelnen reformatorischen Versuchen, gegenüber dem Katholicismus und der Reformation, ein neues praktisches, auf Förderung der Arbeit gerichtetes, Christenthum begründen wollen (*Nouveau christianisme, 1825*). Seine vornehmsten Nachfolger, Enfantin und Bazard, unternahmen jedoch eine wesentliche Umgestaltung auf Grundlage des, von ihnen ausgebildeten, Pantheismus, in welchem Spinoza in eigenthümlicher Weise mit Hegel verbunden, an die Stelle des Eigenthums eine, durch einen regierenden Priesterstand zu vollziehende stete, Vertheilung gesetzt und die Ehe in ihrem innersten Wesen angetastet wird. [2])

Colonie, welche bei Southampton 1839 von ihm gegründet wurde, löste sich 1841 auf. Ein neuer Versuch in Nordamerika misslang gleichfalls. Owen's unermüdliche Agitationen haben jedoch die Verbreitung der Ideen der Association, besonders auch der Productiv-Association, sehr gefördert.

[1]) Fourier entwickelte zuerst sein System in: *Théorie des quatre mouvements, 1808* (er wollte ein neuer Newton sein, der, nach der physischen, die allgemeine moralische Attraction der Triebe und Leidenschaften entdeckt habe), und in dem Hauptwerke *Traité de l'association domestique agricole*, 4 Bde., 1822; die ganze Civilisation wurde von ihm als eine steigende Abirrung, die Moral als eine Ausgeburt der Philosophie erklärt. — Auch der Fourierismus hat verschiedene Versuche der Realisirung gemacht; zu Fourier's Lebzeiten 1833 in der Nähe von Paris, später auf dem, von einem Engländer angekauften, Cisterzienser Kloster bei Dijon, sowie auch von 1840—1846 in Nordamerika; die Unternehmungen sind alle nach kurzer Zeit gescheitert.

[2]) Als ich 1831 den St. Simonismus in der Zeit seiner grössten Blüthe, wo die Häupter die Ansicht hatten, in Kurzem in den Tuilerien zu thronen,

Ein neuer Versuch einer rein communistischen Organisation wurde von Cabet (*Voyage en Icarie 1840*) und zwar, nach dem Scheitern aller Hoffnungen in Frankreich nach 1850, in Nordamerika gemacht; aber die Colonie löste sich bald auf.

Nach dem Fehlschlagen der grossen Organisationspläne der St. Simonisten und Fourieristen traten Louis Blanc und Proudhon mit einzelnen, mehr bestimmte, unmittelbar praktische Zwecke verfolgenden, Reformplänen hervor. Der Plan des ersteren, das Recht auf Arbeit durch den Staat zur Geltung zu bringen, wurde nach der Februar-Revolution versucht und scheiterte in den Nationalwerkstätten; der Plan Proudhon's, Volks-Banken zu gründen, die Capital ohne Zinsen ausleihen sollten (vortrefflich abgefertigt von Bastiat in den *Mélanges d'économie politique p. 266*), fand sogleich die Widerlegung in der ersten Ausführung.

Diese ganze socialistische Bewegung, die durch die masslosen Anforderungen der arbeitenden Classe, 1848, auf den Hochpunkt

---

kennen lernte, wurde ich von der Aehnlichkeit des neuen Dogma mit Hegelschen Grundbegriffen sehr frappirt, glaubte jedoch, dass die St. Simonisten durch Vorlesungen Cousins eine allgemeine Notiz von Hegel's System erhalten hätten und sprach diese Ansicht in einem grösseren kritischen Artikel über den St. Simonismus aus im „Auslande“ 1832 (Cotta). Bald darauf wurde mir jedoch durch Jules Lecherelier, einem früheren Zuhörer Hegel's in Berlin, der wenigstens das Grundprincip aufgefasst und als Mitglied des obersten St. Simonisten-Collegiums einen wesentlichen Antheil an der Ausbildung der Lehre genommen hatte, der wahre Zusammenhang bekannt, und später hat P. Leroux, in der *Revue indépendante*, darüber noch Mehreres mitgetheilt. Die Grundprincipien dieses Systems sind in der Kürze folgende. Mit Spinoza wurde Gott als das unendliche, Alles in sich enthaltende, Wesen aufgefasst, das sich, nach zwei Seiten, in zwei gleich hohen und gleich würdigen Seinsordnungen offenbare, in der materiellen und in der geistigen Welt. Mit Hegel wurde jedoch Gott selbst nicht als ruhende Substanz, sondern als ein in der Welt sich fortbildender Gott, als Fortschritts-Gott (*Dieu-progrès*, ähnlich dem Gott-Process Hegel's), aufgefasst, in mehr unmittelbar praktischer Hinsicht dagegen, der Satz Hegel's, dass Gott in dem Philosophen zum klarsten Bewusstsein komme, dahin bestimmt, dass Gott überhaupt zu jeder Zeit in einem höchsten Menschen zur Darstellung gelange. Dieser Mensch sei dann, als Incarnation des Weltgeistes, das lebendige Gesetz, das die Einzelnen nicht festzustellen, sondern nur anzuerkennen hätten. Nach diesem Pantheismus wurde eine Gesellschaftsordnung mit drei grossen Berufständen gebildet, einem obersten Priesterstande,

geführt wurde, erlitt zwar schon in der Niederwerfung der furchtbaren Insurrection vom Juni 1848 die entscheidende Niederlage, liess jedoch grosse Befürchtungen in den Gemüthern zurück und wurde in Frankreich eine der vornehmsten Ursachen der Wiederherstellung des, anfänglich als „Retters der Gesellschaft" begrüssten, fast absoluten Imperatorenthums. Seit dieser Zeit ist unverkennbar eine fortschreitende Selbstberichtigung der Ansichten eingetreten. Die wieder zu Ehren kommende Nationalökonomie (deren geistreichster Vertreter in Frankreich Bastiat, † 1851, die socialistischen Abirrungen mit allen Waffen der Wissenschaft und in glänzender einschneidender Kritik bekämpfte) verbreitete wieder richtigere Grundsätze über die verschiedenen Quellen des Reichthums, namentlich über das Verhältniss von Capital und Arbeit, über das Protections- und Freihandelssystem; insbesondere aber fing man an, die klare Einsicht über den inneren Zusammenhang des Socialismus und der Staatsomnipotenz zu gewinnen und zu erkennen,

---

welcher in der Religion der Liebe Alles beseelen, einem Künstlerstande, welcher die Natur und die Materie ausbeuten und verherrlichen, und einem Stande der Wissenschaftsforscher, welcher für den Fortschritt des Wissens und der Bildung Sorge tragen sollte. Der Priesterstand sollte die eigentliche Regierung der Gesellschaft ausüben, einen Jeden nach seiner Fähigkeit anstellen und nach seiner Arbeit belohnen (*A chacun selon sa capacité, à chaque capacité selon ses oeuvres*) und überhaupt die Arbeit in allen Gebieten durch die Religion heiligen. Auf diese Weise wurde ein neues Dalai-Lamathum (Incarnation des Weltgeistes in dem obersten Priester, der jedoch ein Paar, Mann und Frau, sein sollte) und ein Priester-Regiment, ähnlich dem Jesuitismus in Paraguay, geschaffen, an die Stelle des Eigenthums eine fortwährende (ungleiche) Vertheilung der Güter, jedoch bei möglichst gemeinsamem Genusse, gesetzt; und als wesentliche Aufgabe wurde der neuen Religion gestellt, die vom Christenthum so sehr herabgewürdigte Materie dem Geiste gleichzustellen, das Heidenthum mit dem Christenthum zu verbinden. Als Folge ergab sich aber, dass die Materie nicht vergeistigt, sondern der Geist auf's Tiefste materialisirt, die Ehe zerrüttet, überall eine raffinirte Sinnlichkeit mit einem religiösen Firniss bekleidet wurde. Nachdem wegen der Ansichten über die Ehe schon 1832 eine Spaltung und Trennung eingetreten war, erfolgte die Auflösung durch Beschluss des Zuchtpolizeigerichts, welches, wegen der bezeichneten Lehren, Gefängniss über die Häupter verhängte. — Auch der St. Simonismus hat in Frankreich viel zur Verbreitung der Ideen der Association unter den arbeitenden Classen beigetragen.

dass jede Theorie, welche den Staat als Arbeitgeber, Bankier, oder in irgend einer Weise unmittelbar bei der nationalökonomischen Arbeit betheiligen will, ihm Stellung und Macht einräumen muss, die mit der Freiheit unverträglich ist, und welche mit dem Aufgeben des Princips der Selbsthilfe auf dem ökonomischen Gebiete, die Principien des Selfgovernment, der Selbstverwaltung auch auf den anderen politischen und socialen Gebieten nicht zur Geltung gelangen lassen kann.

In Deutschland waren bis 1848 die vereinzelten socialistischen Stimmen nur Nachklänge der ausländischen Theorien. Einen scharf ausgeprägten Charakter erhielt die sociale Arbeiterfrage erst, als die rastlosen und erfolgreichen Bestrebungen von Schultze (Delitzsch) für Gründung verschiedener, auf dem Principe der Selbsthilfe beruhenden, Associationen (Vorschuss-Vereine, Consum-Vereine, Productiv-Genossenschaften), in Lassalle († 1864) einen Gegner fanden, welcher, unter dem Einflusse Hegel'scher Lehren (S. 188) für den Arbeiterstand, der sich, nach seiner Ansicht, factisch nicht in der Möglichkeit befinde, in genügender Weise sich selbst zu helfen, die Staatshilfe in Anspruch nahm, hauptsächlich zum Zwecke der Gründung von Productivgesellschaften, in welchen der, jetzt den Unternehmern und Capitalisten zufallende, Gewinn den Arbeitern verbleibe. Diese Theorie musste demnach den Arbeiterstand anspornen, vor Allem politischen Einfluss in den Wahlen zu gewinnen, um in den Kammern die Capitalvorschüsse des Staates an den Arbeiterstand (damals für Preussen auf 100 Millionen Thaler veranschlagt) durchsetzen zu können. Wir werden später sehen (s. öffentliches Recht), in welcher Art der Staat das ganze wirthschaftliche Leben fördern kann, ohne sich in solcher unzulässigen Weise an der Production zu betheiligen. Die Theorie Lassalle's (welche bekanntlich unter einem Theile des Arbeiterstandes einen grossen Anhang gefunden hat) ist jedoch um so gefährlicher, als sie die sociale Frage auf das politische Gebiet überzuspielen unternimmt.

Ueberhaupt ist in praktischer Hinsicht ein grosser Unterschied bei den socialistischen und communistischen Lehren, nach der Stellung, welche sie zu dem Staate einnehmen, zu machen, je nachdem sie ihre Verwirklichung durch freiwillige Privat-Vereinigung erstreben oder durch den Staat, durch die Staatsgewalt und die Staatshilfe verlangen.

Der Privat-Socialismus und Communismus bietet keine Gefahr für die gesellschaftliche Ordnung dar. Wie die Gesetze einem Jeden die freie Verfügung über sein Eigenthum gestatten und daher auch die Bildung von Vereinen mit Gütergemeinschaft nicht untersagen können, wenn dieselben nicht andere sittliche Grundlagen der Gesellschaft (z. B. die Ehe) antasten, so können sie auch, vom sittlichen Standpunkte aus, den Versuchen nicht entgegentreten, welche, im Vertrauen auf die höhere ideale Sittlichkeit, für Zwecke umfassender menschlicher Arbeit zur Gründung von Gütergemeinschaften gemacht werden.

Die Erfahrung wird hier der beste Lehrmeister sein; sie hat alle neueren communistischen Versuche scheitern lassen; sie hat in Nordamerika bis jetzt nur solchen Gemeinschaften einigen Bestand und Erfolg gesichert, welche sich auf religiöse Grundlagen stützten; die praktische Erfahrung kann jedoch auch solche Modificationen hervorrufen, in welchen die Principien der Gemeinschaft mit den Bedingungen der Persönlichkeit und des persönlichen Eigenthums mehr ausgeglichen werden.

Dagegen bedrohen die Theorien des Staats-Socialismus und Staats-Communismus im hohen Grade die ganze gesellschaftliche Ordnung. Auch hier hat die Erfahrung schon ihr Urtheil gefällt. Die französische Regierung hat 1848 einer grossen Zahl von Gesellschaften Capital für ihre Constituirung als Productivgenossenschaften dargeliehen; aber fast alle diese Genossenschaften sind bankbrüchig geworden, während andere, auf Selbsthilfe gegründete, Genossenschaften bis auf den heutigen Tag bestehen und gedeihen. Durch äussere Gewalt, durch gerichtliche Verfolgung solcher Theorien oder Bestrebungen kann die in ihnen liegende grosse Gefahr nicht beseitigt werden; nur durch grössere Sorge für sittliche und volkswirthschaftliche Bildung (auch durch Sorge für öffentliche Vorträge, wie sie in Paris für die arbeitenden Classen im *Conservatoire des arts et métiers* stattfinden), und insbesondere in ableitender Weise durch möglichste gesetzliche Unterstützung und Erleichterung aller auf Selbsthilfe gegründeten Genossenschaften, kann dieser Gefahr entgegen gewirkt werden (s. öffentliches Recht: Verhältniss des Staates zum volkswirthschaftlichen Gebiete). Zu bemerken ist, dass dieser Staatssocialismus nur in Frankreich und in Deutschland, wo die Staatsgewalt selbst so lange Zeit bei den

Untergebenen die Ansichten von ihrer Omnipotenz genährt hat, hervorgetreten ist, während er in England und in den Vereinigten Staaten, wo die Principien des *selfgovernment* in allen Gebieten zur Anwendung gekommen sind, sofort als eine Thorheit erkannt werden würde. Diese Thatsache berechtigt aber zu der Erwartung, dass, wenn die Staatsgewalten in diesen Ländern (wie jetzt in Deutschland der gute Anfang gemacht wird) für ihre Wirksamkeit die richtigen Grenzen ziehen, auch die Bürger ihrerseits die Anforderungen, die sie an den Staat stellen, zu beschränken lernen werden.

Werfen wir jetzt noch einen allgemeinen Blick auf die socialistischen und communistischen Lehren, so ist darin, wie schon oben bemerkt, im Allgemeinen das an sich berechtigte Streben zu erkennen, in dem Princip der Association Abhilfe für viele, aus der modernen Isolirung hervorgehende, Uebelstände zu finden. Im Grunde wird dadurch für die aufgehobenen Innungen und Zünfte, die nur den Meistern die Ausbeutung der Gesellen sicherten, ein Ersatz in den freien Genossenschaften gesucht, die allen Theilnehmern, bei gleicher rechtlicher Stellung, auch berechtigten Antheil an dem Gewinne eines Unternehmens gewähren. Diese Bewegung in der Bildung der Associationen der verschiedensten Art wird schliesslich das Gute von dem Verkehrten sondern, die Gesellschaft, zunächst auf dem ökonomischen Gebiete, aus ihrem heute vorwaltenden Zustande atomistischer Individualisirung wieder zu einer freien genossenschaftlichen Gliederung der wirthschaftlichen Berufsstände und Berufszweige führen und verdient daher, vom Staate durch alle ihm zu Gebote stehenden Mittel, insbesondere durch entsprechende Gesetzgebung, gefördert zu werden.

Aber auch für die Wissenschaft vom Staate ergibt sich, bei der immer grösseren Bedeutung dieser Bewegung, die dringende Anforderung, sich nicht blos mit formalistischen Fragen, sondern vor Allem mit Untersuchungen zu beschäftigen, durch welche der Zweck und die Aufgabe des Staates, seine Stellung zu den verschiedenen Culturkreisen, insbesondere zum volkswirthschaftlichen Culturgebiete, richtig erkannt und nach scharfen Principien die Grenze gezogen wird, innerhalb welcher er auch seine positiv fördernde Thätigkeit auszuüben hat. Das Problem liegt daher für die Wissenschaft in der richtigen Bestimmung des Verhältnisses des

Staates zu der gesammten Cultur-Gesellschaft. Das Problem ist schon gestellt, muss aber nach genau bestimmten Principien seiner Lösung zugeführt werden (s. den Allg. Theil der Staatslehre). Die grosse Vernachlässigung, welche diese Fragen in der Staatswissenschaft erfahren haben, ist eine der wesentlichsten Ursachen der irrigen Ansichten, welche nicht blos in der Volksmasse, sondern auch in den gebildeten Kreisen, selbst in dem Juristen- und Beamtenstande, vorherrschend geblieben sind und nach welchen die Befugnisse der Staatsgewalt entweder ungebührlich ausgedehnt oder beschränkt werden. [1])

Fragen wir schliesslich nach den Bedingungen, unter welchen, abgesehen von den grundverkehrten und verderblichen staatssocialistischen und communistischen Bestrebungen, die, vorwaltend auf freie Privatassociation und Selbsthilfe gegründeten, Genossenschaften, insbesondere diejenigen, welche gemeinsame Production bezwecken, Bestand und gedeihlichen Fortgang gewinnen können, so müssen wir darauf hinweisen, dass nicht durch blosse intellectuelle Bildung, wirthschaftliche und technische Kenntnisse, sondern vor Allem durch Sittlichkeit und sittliche Tugenden die Grundbedingungen des Erfolgs gegeben sind. Mit Recht ist im Arbeiterstande das Bedürfniss nach Bildung lebendiger geworden, und fast in allen grossen Städten haben sich Arbeiter-Bildungsvereine

---

[1]) Die Wichtigkeit eines richtigen Begriffs vom Staate hat in Frankreich, wo die politischen Schriftsteller lange Zeit fast gar nicht die Frage über den Zweck des Staates untersucht haben, Fr. Bastiat in seinen *Mélanges d'économie politique*, *tom. II*, in dem „*Etat*" überschriebenen Artikel, in geistreicher Schilderung der an den Staat gestellten Ansprüche, hervorgehoben. Er bemerkt: „Ich wollte, dass man einen Preis aussetzte, nicht von 500 sondern von einer Million Franken, mit Orden aller Art, zu Gunsten desjenigen, der eine gute, einfache und verständliche Definition dieses Wortes „Staat" gäbe. Welch' unendlichen Dienst würde er nicht der Gesellschaft erweisen! Der Staat, was ist er? wo ist er? was thut er? was sollte er thun? Alles, was wir von ihm wissen, ist, dass er eine mysteriöse Person ist, aber sicherlich die am meisten angesprochene, am meisten gequälte, am meisten beschäftigte, am meisten berathene, am meisten angeklagte, am meisten aufgeforderte und am meisten herausgeforderte, die es auf der Welt gibt. Der Unglückliche weiss, wie Figaro, weder wen er anhören, noch wohin er sich wenden soll. Hunderttausend Stimmen der Presse und der Tribüne rufen ihm auf einmal zu" u. s. w.

organisirt; aber je umfassender die, in einer Genossenschaft erstrebten, gemeinsamen Zwecke sind, je mehr die Persönlichkeit also nach vielen Seiten der Thätigkeit in Anspruch genommen wird (wie dies in den Productivgenossenschaften der Fall ist, und bei der, gleichfalls wünschenswerthen, Uebertragung derselben auf das Gebiet des Ackerbaues noch mehr der Fall sein würde), desto gebieterischer wird die Forderung, dass alle Genossen vom höheren Pflichtgefühle durchdrungen sind, die Tugenden der Hingabe an den gemeinsamen Zweck, Treue, Ehrlichkeit, Mässigung und die oft schwere Tugend der Unterordnung unter die gemeinschaftliche Leitung zu üben wissen. Wird aber tiefer nach den Grundlagen der Sittlichkeit selbst geforscht, so wird man erkennen, dass dieselbe ihre ganze Kraft und Stärke aus religiösen Ueberzeugungen zieht, welche der ganzen sittlichen Weltordnung ihren letzten Halt in Gott geben, das Gefühl der Pflicht erhöhen und das Band der Gemeinsamkeit in dem höchsten gemeinsamen Lebensgrunde kräftigen. Während die blos intellectuelle Bildung nach verschiedenen Seiten aus einander gehen kann, liegt in der Sittlichkeit die wahre zusammenfassende, den Charakter bestimmende, Macht; die Sittlichkeit ist der Kern, ohne welchen die blosse Bildung eine taube Blüthe ist, die keine lohnende Frucht erwarten lässt. In jeder engeren Gemeinschaft, wo diese Wahrheit verkannt wird, wo man glaubt, durch blosse Kenntnisse, Uebereinkommnisse, formelle Feststellungen, das gute, sittliche Verhalten ersetzen zu können, wird das materielle Misslingen bald den sittlichen Schaden bezeugen. Jede materialistische Lebensansicht, wie sie heute sich auch unter den arbeitenden Classen verbreitet, wird das grösste Hinderniss für eine Verbesserung ihrer Lage vermittelst der, auf eigene Kraft und Selbstbestimmung gegründeten, Genossenschaften bilden und immer den grössten Vorschub der verderblichen Agitation leisten, welche von der Staatshilfe verlangt, was durch geistig-sittliche Kraft und ökonomisches Geschick erstrebt werden sollte.

Die sociale Frage kann heute nicht mehr von den politischen Fragen getrennt werden, verlangt aber ein viel tiefer eingehendes wissenschaftliches Studium, als sie bisher erhalten hat.

§. 28.

Die Macht-Rechtstheorien der neuern Zeit.

Die Theorien, welche die Macht als Princip oder als Quelle des Rechts aufstellen, bilden den zusammenfassenden Abschluss einer Reihe von Abirrungen, welche, in verschiedenen Richtungen, in der Entwickelung der Rechtsidee und in der praktischen Lebensgestaltung eingetreten sind und unserer Epoche den charakteristischen Stempel aufdrücken. Wir haben hier nur auf die allgemeinen Ursachen dieser, die ganze sittliche Lebensordnung mit Umsturz bedrohenden, Irrlehre hinzuweisen, aber zugleich, da keine Theorie, welche in einer Epoche vorherrschend wird, ohne jeden Hintergrund der Wahrheit sich bilden und ausbreiten kann, die veranlassenden Umstände und die in dieser Theorie enthaltene theilweise Wahrheit kurz zu bezeichnen.

Gleich im Beginne der neuern Zeit ist, wie wir gesehen haben, durch Machiavelli (S. 84) in einer durchgebildeten Theorie eine Strömung eingeleitet worden, welche Macht und Herrschaft, hauptsächlich für nationale Zwecke, als oberstes Ziel der Politik aufstellte und alle Elemente menschlicher Schlechtigkeit als Mittel für diesen Zweck zu verwerthen lehrte; die andere, hauptsächlich von der Rechtsphilosophie fortgesetzte, Strömung verfolgte das höhere und allgemein humane Ziel, auf festen Principien und Gesetzen des Rechts, der rechtlichen Freiheit und Gleichheit, eine neue freie Staatsordnung aufzustellen. Diese beiden Richtungen haben sich vielfach durchkreuzt; ihr steter Kampf, in welchem die idealen Mächte doch immer mehr Boden gewannen, bildet in den verschiedenen Reformbestrebungen wie in den Revolutionen das vornehmste Schauspiel der neueren politischen Geschichte. In unserer Zeit haben sich jedoch beide Richtungen, gleichfalls auf dem Felde und für die Ziele einer neuen Nationalitätspolitik, die Hand gereicht, aber gewissermassen einen machiavellistischen Vertrag abgeschlossen, indem der Liberalismus die Gewalt für seine Zwecke dienstbar zu machen hofft, die Machtpolitik dagegen die nationale und liberale Strömung für ihre Ziele auszubeuten gedenkt. Diese neue Bewegung, die für einen Staat oder eine Nation vor Allem Macht erstrebt, ist aber selbst nur das Product grosser geistiger und sittlicher Umstimmungen, welche in der Wissenschaft und im Leben vor sich gegangen und hier in der Kürze anzudeuten sind.

Jedes vorherrschend werdende Streben nach äusserer Macht und nach der damit verbundenen centralisirenden Einheit hat stets seine hauptsächlichste Ursache in einer Verdunkelung des Bewusstseins der geistigen, sittlich freien Persönlichkeit, welche den Abgang der inneren sittlichen Kraft durch Erhöhung und Ausbreitung der äusseren Macht zu ersetzen sucht. Daher müssen alle Lehren, welche den Lebenskeim der Persönlichkeit antasten, dieser Richtung den bedeutendsten Vorschub leisten. Wir haben schon früher gezeigt, wie die beiden Extreme des Materialismus und Pantheismus, die zudem leicht in einander übergehen, das gleiche Resultat herbeiführen, die Vernichtung des Princips und des Bewusstseins der geistigen freien Persönlichkeit. Diese Lehren sind in neuerer Zeit mit verstärkter Macht aufgetreten. Wenn in den etwas höheren wissenschaftlichen Regionen die Vorstellung einer allgemeinen, Alles schaffenden und wieder in sich zurück nehmenden Weltseele weit verbreitet ist, so hat der Materialismus sowohl in den unteren Ständen, als insbesondere auch in denjenigen Kreisen den weitesten Eingang gefunden, deren Bildung gerade an den Stätten, wo sie gewonnen werden sollte, verwahrlost oder auf Abwege geführt worden ist. Selbst da, wo der Materialismus sich nicht als System festgesetzt hat, gibt ein materialistischer und naturalistischer Zug seinen schädlichen Einfluss dadurch kund, dass er von allem Idealen und rein Geistigen abgelenkt und der Wissenschaft und dem Leben die Richtung auf das Aeussere, die Aussenseite der Dinge und Verhältnisse, auf Erwerb und Vergrösserung von Vermögen und Macht gegeben hat.

In der Wissenschaft hat sich dieser, bewusst oder unbewusst materialistische Zug in dem Bestreben ausgeprägt, alles Qualitative in Quantitatives umzusetzen, nur solche Verhältnisse als reale anzuerkennen, die sich nach Zahl, Mass und Gewicht bestimmen lassen, Alles nach Grössen-Verhältnissen zu beurtheilen, alle Qualitäten und qualitativen Unterschiede zu läugnen und nur verschiedene mathematische Grössenverhältnisse anzuerkennen. Quantität, Grösse, das ist das Alles beherrschende neue Princip geworden.

Mit dieser Bewegung hat sich dann nothwendig die abstracte Einheits-Richtung verknüpft; denn, wenn die qualitativen Unterschiede verschwinden, bleibt nur die Einheit des Quantums in verschiedenen Grössenverhältnissen. Diese Bildung zeigt sich zunächst auf allen Gebieten der Naturwissenschaft und ist das Extrem zu der früheren Naturphilosophie (Schelling). Wie diese letztere Alles aus der Einheit und Identität des Absoluten, Unendlichen ableitete, alle Unterschiede nur als Modalitäten desselben in der Erscheinung betrachten wollte, so meint die neuere Naturwissenschaft, Alles aus der Annahme absolut endlicher Atome oder Moleculen und ihrer, durch verschiedene Zahlen- und Grössenverhältnisse bewirkten, Verbindungen ableiten zu können. So hat man demnach in der Physik Alles, Licht und Wärme, Elektricität und Galvanismus, auf Bewegung zurückführen, in der Physiologie den Organismus selbst nur als höchst complicirte Maschine, alles Leben nur noch als ein Product der Anordnung materieller Stoffe und äusserlicher Kräfte ansehen und Alles durch Bewegungs- und Druckverhältnisse erklären wollen.

Nun ist zwar anzuerkennen, dass in jedem Organismus der Chemismus und Mechanismus zwei untergeordnete wesentliche Seiten sind, die der wissenschaftlichen Erforschung bedürfen; aber so wenig die Natur des Lichts aus der blossen Wellenbewegung des Aethers begriffen wird, so ist noch viel weniger der, durch das Princip der Selbstbewegung und des Wachsthums bestimmte, Organismus aus blos mechanischen, stets einen äusseren Impuls voraussetzenden, Kräften zu begreifen. Endlich hat man das Seelenleben selbst aus blossen Druckverhältnissen, welche die Seelen-Realen auf einander ausüben sollen, nach Bewegungs- und Verschmelzungsverhältnissen erklären zu können vermeint. Die Menschenseele, wenn man eine solche überhaupt noch annimmt, wird dann auch nicht qualitativ, sondern nur dem Grade nach von der Thierseele unterschieden. So ist denn das Natur- und Geistleben aller höheren realen und idealen Qualitäten beraubt worden. Den praktischen Abschluss dieser ganzen Anschauung hat zuletzt für das Leben und die Entwickelung der Naturwesen, Pflanzen und Thiere Darwin in seiner, von der grossen Masse der Naturforscher mit grossem Beifall aufgenommenen, Theorie gegeben, wornach es keine qualitativ unterschiedene Typen von Gattungen und Arten gibt, die Verschiedenheit nur im „Kampfe um's Dasein“ entspringt, in welchem die schwachen Individuen unterliegen, die stärkeren dann um so kräftiger sich fortbilden, durch natürliche und künstliche Züchtung sich umbilden und neue sogenannte Arten erzeugen.

Im Staats- und Völkerleben sind nun die gleichen Anschauungen hervorgetreten, die sich zu Recht stempeln wollen. Wie sich im Innern des Staates die Vermögensgegensätze schärfen, auf dem wirthschaftlichen Gebiete die Arbeit mit dem Capitale einen Kampf um das Dasein unternehmen zu müssen glaubt, so sollen die, in jedem grossen Volke in tüchtigen eigenartigen Stämmen erscheinenden Gliederungen, keine Berechtigung mehr haben, der stärkere Stamm das Recht erhalten, die schwächeren in sich aufzunehmen, und das Princip der Nationalität soll, in mehr naturalistischer als ethischer Auffassung, als Hebel dienen, um alle Volkstheile zu einer Gesammtmasse mit einem beherrschenden Centrum zusammenzufassen und dann durch ein allgemeines militärisches Dressursystem für die neue Art der Staats- und Machtverhältnisse die rechte Züchtung zu geben. Auch in dieser letzteren Richtung soll das berechtigte Streben der Völker nach einer mehr einheitlichen Zusammenfassung aller ihrer Glieder nicht verkannt, sondern nur der verderbliche Charakter aller mechanisirenden, centralisirenden und hegemonistischen Bestrebungen bezeichnet werden, welche mit der Würde, der Ehre und der Freiheit der gleichberechtigten Theile und mit allen Bedingungen fortschreitender Bildung im unauflöslichen Widerspruche stehen.

So ist denn Vergrösserungssucht der vorherrschende Charakter auch im Staatsleben geworden. [1])

Diese aus der Abirrung der Wissenschaft und des Lebens im Allgemeinen entsprungene Richtung hat sowohl durch das Naturrecht als durch die positive Rechtswissenschaft eine weitere bedeutende Nahrung erhalten.

Wir haben in der Geschichte des Naturrechts öfter darauf hingewiesen, dass überall, wo der **Wille** als solcher, in welcher Form es sein möge, als die Quelle des Rechts betrachtet und nicht, als blos ausübende Kraft und Macht, ewigen und unab-

---

[1]) Die Statistik der Irrenhäuser beweist auch für das Privatleben, dass die Fälle des Grössen - Wahnsinns (*monomanie des grandeurs*) jetzt viel zahlreicher sind als früher.

änderlichen, von jedem Willen unabhängigen, Wahrheiten und Gesetzen der sittlichen Weltordnung unterworfen wird, auch consequent die Macht als Recht oder als Quelle des Rechts eingesetzt wird und der Machtabsolutismus in verschiedenen Modalitäten, sei es in dem Willen eines einzelnen absoluten Herrschers (Hobbes) oder im Allgemein-Willen der Demokratie (Rousseau) oder im Willen des Alles setzenden und wieder aufhebenden Weltgeistes (Hegel) oder selbst im Willen des persönlichen Gottes (Stahl), hervortritt; denn auch in Bezug auf Gott ist es von hoher praktischer Bedeutung (S. 162, Note 1), dass Wahrheit und Recht nicht aus dem Willen, sondern aus dem Wesen Gottes abgeleitet werden.

Zu diesen einzelnen Abirrungen des Naturrechts gesellt sich dann die ungebührliche Ausdehnung, welche das römische Recht im juristischen Studium, im Zurückdrängen, ja in Missachtung einer tieferen philosophischen Behandlung und der Philosophie überhaupt erhalten hat, so wie das Hervorkehren der römischen Rechtskategorien der Macht und Herrschaft, in denen man sogar den specifischen Begriff und Charakter des Rechts zu erblicken wähnt, während beide Begriffe, im Privat- und öffentlichen Rechte, das Rechtsprincip schon voraussetzen und von ihm auch die rechte Schranke erhalten müssen. Dieser Richtung gegenüber kommt es daher vor Allem darauf an, das Bewusstsein von einer höheren sittlichen Weltordnung in den Geistern, insbesondere auch in der Jugend, wieder zu beleben und das Recht nicht in der einen oder andern abstracten Weise, weder als blossen Freiheits- noch als blossen Machtbegriff, aufzufassen, sondern in innige Beziehung zu dem gesammten sittlichen Dasein des Menschen zu setzen. Ueberall, wo das Recht von dem ethischen Lebensgehalte des Guten und der Güterzwecke abgetrennt wird, entsteht Formalismus, der, mehr oder minder, roh ist und, wenn er den guten sittlichen Gehalt nicht findet, sich leicht zum Rahmen der rohen Gewalt hergibt. Daraus erklärt es sich, dass der blos formale, hohle und leere Liberalismus und Radicalismus sich häufig zum Diener der Gewalt macht und dass nur tiefere Ueberzeugung von der sittlichen Freiheit der Menschen und Völker vor dieser Abirrung bewahren kann.

Erwägt man nun, dass auch von den Staatsgewalten und ihren Trägern mehrfach Missachtung des formellen Rechts eingetreten ist, dass Verfassungen durch Gewaltacte aufgehoben oder abgeändert sind, dass demnach der öffentliche Rechtssinn auch durch die Schuld der Regierungen eine schwere Erschütterung erfahren hat, so wird man in dem gegenwärtigen politischen Zustande, im Grossen und Ganzen, das nothwendige Resultat des Zusammenwirkens vieler unter sich verwandter Factoren erblicken und zugleich erkennen, dass Abhilfe nicht dadurch gefunden werden kann, dass ein Zustand, der etwa durch Gewalt geschaffen ist, durch Gewalt wieder umgestürzt werde, weil Alles, was einmal eine formell-rechtliche Sanction erhalten hat, auch nur auf dem Wege und in den Formen des Rechts wieder die wünschenswerthen Aenderungen und Reformen erhalten soll (s. Allg. Theil: über das Verhältniss der Rechtsidee zu den Formen des Rechts §. 38); vielmehr ist die Besserung nur von richtiger Erkenntniss der begangenen Fehler und von der Anwendung solcher Mittel zu erwarten, welche auf die Ursachen zurückgehen und geeignet sind, das Uebel wieder allmählich in der Quelle zu heilen. Alle staatlichen Zustände und Ereignisse bilden in der Regel nur den Niederschlag von den Umänderungen, die in der höheren geistigen und sittlichen Atmosphäre vor sich gehen; ist daher in den Höhen und auf den Hochstätten der Wissenschaft und in den höheren Lebenskreisen eine grosse Abirrung in der sittlichen und rechtlichen Anschauung und Behandlung des Lebens eingetreten, [1]) so kann die Heilung nur

---

[1]) Wir haben in unserer „rechtsphilosophischen Einleitung" in der von v. Holtzendorf herausgegebenen „Encyklopädie der Rechtswissenschaft" S. 40 auf die grossen Gebrechen hingewiesen, die sich im gegenwärtigen Studium der Rechts- und Staatswissenschaft an den deutschen Rechtsfacultäten zeigen. Es ist aber seit einem Menschenalter überhaupt ein grosser Rückschritt in der höheren geistigen Bildung eingetreten, indem die Wissenschaften des geistigen Lebens ganz in den Hintergrund gedrängt worden sind. Nicht die grössere Ausdehnung des, auf das Naturleben und den menschlichen Körper sich beziehenden Studiums, sondern nur das ist zu beklagen, dass von den Studirenden der Naturwissenschaften und der Medicin, für welche, bei der Richtung auf das Aeussere und Materielle, ein Gegengewicht höchst nothwendig wäre, zwar eine grosse Detailkenntniss in materiellen Dingen, aber nicht die geringste Kenntniss vom geistigen Leben, wie sie nur durch Philosophie, und insbesondere Psychologie, zu erlangen ist, gefordert wird. Ueber die grossen Mängel im juristischen Studium, wo auch, in Bezug auf historische Kenntniss beseitigter oder bei uns nie praktisch gewesener Verhältnisse und Einrichtungen, wohl weniger verlangt werden könnte, aber oft die

erwartet werden, nicht von der Umkehr, sondern von der Höhererhebung der Wissenschaften und des wissenschaftlichen Studiums, von der Herstellung geistiger und sittlicher Gegengewichte bei allen, vorwaltend auf die äussere Natur und Naturgegenstände gerichteten, Studien und von der Zurückführung aller, auf das geistige und gesellschaftliche Leben sich beziehenden, Wissenszweige auf die, in der göttlichen Lebensordnung gegebenen, Grundlagen aller rechtlichen und staatlichen Ordnung.

Wir haben hier die Theorie, welche das Recht auf Macht zurückführt, an sich selbst nicht näher zu würdigen, da die ganze folgende Entwickelung des Rechtsprincips eine allseitige Widerlegung in sich schliesst, wohl aber ist noch das theilweise wahre Moment hervorzuheben, welches ihr zu Grunde liegt.

Schon öfter haben wir unsere Uebereinstimmung mit der Grundansicht ausgedrückt, welche in der geschichtlichen Gestaltung des Menschen- und Völkerlebens das Walten einer höheren göttlichen Macht erblickt. Diese Macht ist aber für uns nicht die blinde, fatalistische einer Weltseele, nicht eine blos objective Vernunft und Logik, sondern eine, die Menschen und Völker nach sittlichen Zielen bewusst und weise leitende, Vorsehung, die auch dem freien Willen der Menschen den ihm gebührenden Spielraum gewährt und ihnen Vernunft gegeben hat, um das Gute, Rechte, die zu

---

einfachste Orientirung über die, auch für Juristen wichtigen, Gebiete des geistigen und sittlichen Lebens, über politische und Culturgeschichte und über die öffentlichen Verhältnisse abgeht, haben wir uns in dem oben angeführten Artikel in der „Encyklopädie der Rechtswissenschaft" näher ausgesprochen. Kann man sich nun aber bei diesem Zustande der Studien auf den Hochschulen wundern, dass theils direct von ihnen aus, theils durch Verwahrlosung der geistigen Gebiete, ein roher Materialismus sich in Deutschland verbreitet hat, und dass mit der Annahme blos mechanischer Kräfte und Grössenverhältnisse, auch für die rechtlich-politischen Verhältnisse der Glaube an Macht und Gewalt vorherrschend geworden ist? Man muss es offen sagen: Die Regierungen selbst haben sich zu einem grossen Theile hinsichtlich dieses Zustandes und der Folgen, die hieraus entsprungen sind und noch ferner entspringen werden, eine schwere Schuld beizumessen; an ihnen liegt es auch vor Allem, wenn eine Besserung eintreten soll, wieder die Studien des geistigen und sittlichen Lebens auf den obersten Stätten der Bildung zu kräftigen und mit den Wissenschaften des Naturlebens oder des positiven Rechts in gleiches Recht zu setzen.

erstrebenden Reformen zu erkennen und im freien einzelnen oder vereinten Willen zu vollführen. Verschliesst sich aber die Vernunft der Erkenntniss, bleibt der Wille, welcher das Recht formell gesetzt, positiv gemacht hat, trotzig auf seiner Satzung bestehen, auch wenn sie mit den fortschreitenden Bedürfnissen in Widerspruch kommt, so wird auch von der Vorsehung zugelassen (s. über diesen Begriff den Allg. Theil), dass dieser Conflict zwischen der, auf das formelle Recht sich stützenden, des rechtlichen Gehaltes schon entbehrenden, Willensmacht und der inneren, zur Reform treibenden Macht der Verhältnisse auch durch Gewalt gelöst werde, wobei die Verhältnisse sich dann in der Regel stets mächtiger erweisen, als der Wille der Menschen (*fata volentem ducunt, nolentem trahunt*). Ein jeder Bruch durch Gewalt, durch Revolution oder Krieg erzeugt jedoch in der Regel Ueberstürzungen und extreme Gestaltungen und erschwert in hohem Grade die rechtlich-sittliche Forderung, dass durch gesetzliche Umgestaltung wieder in das rechte Geleis eingelenkt werde.

Stets bleibt es aber die Aufgabe der Wissenschaft, alle Theorien zu bekämpfen, welche das Recht selbst auf Macht und Herrschaft zurückführen.

Schon Rousseau (*Contr. soc. 1, 3*) hatte richtig bemerkt: „Stärke ist physische Macht. Ich sehe nicht, wie daraus eine moralische Macht gefolgert werden kann. Der äusseren Gewalt weichen, ist ein Act der Nothwendigkeit, nicht des Willens, höchstens ein Act der Klugheit, aber nimmermehr ein Act der Pflicht. Würde die Gewalt das Recht schaffen, so müsste diese Wirkung erlöschen, wenn die Ursache wegfiele." Wird die Macht als Recht eingesetzt, so hört die sittliche Ordnung auf, und an ihre Stelle tritt eine mechanische Naturordnung, in welcher, nach dem allgemeinen Attractions- und Gravitationsgesetze, auch die kleineren politischen Körper von dem grösseren stärker angezogen und unter bestimmten Verhältnissen annectirt werden. Nur im Sittlichen liegt eine letzte Schranke. Jeder Starke findet jedoch in der Regel seinen Stärkeren und bricht oft in sich zusammen. Napoleon hatte gemeint, dass Gott mit den „grossen Bataillonen" sei und endete auf Helena. Auch die modernen Militärmächte haben schliesslich ihr Schicksal von einer höheren Macht zu erwarten.

Die Verherrlichung der Macht und der einheitlichen Staatsgewalt ist an die Tagesordnung gekommen; die Freiheit, welche sich als die Grundlage jedes staatlichen Baues und als die, stets Leben und Bewegung spendende Quelle betrachten sollte, hat sich zur Schleppträgerin der Macht und zur Dienerin einer straffen Einheit gemacht, welche so oft das Grab der Freiheit gewesen ist. Geschichtswissenschaft und Literatur feiern um die Wette die Siege der Gewalt; selbst in der Vergangenheit sollen moralische Ungeheuer (römische Kaiser) wieder rehabilitirt werden. Die Meisten wollen, wie Christophorus, nur dem Stärkeren dienen. Aber die Geschichte ähnlicher Zeiten lässt hoffen, dass auch in unserer Lebensströmung ein Göttliches wieder erscheinen, sich als die höchste Macht erweisen und die menschliche Macht die richtigere Erkenntniss wieder gewinnen werde, dass die ideale, sittliche Macht doch schliesslich über alle äussere Gewalt den Sieg davon trägt und die grösste Stärke im Recht, in den göttlichen Principien und Gesetzen des Lebens liegt. [1])

---

[1]) Es ist erfreulich, dass v. Pözl, zum Antritte des Rectorates, ein für unsere Zeit so wichtiges Thema, wie: „Ueber den Rechtssinn" zum Gegenstande seiner Rede (München 1868 bei Wolf) gemacht und mehrfach auf die Bedeutung der höheren philosophischen Auffassung des Rechts hingewiesen hat. Wir entnehmen daraus folgende Stelle:

„Das Recht ist aber eine Achtung gebietende Schranke nicht blos im inneren Staatsleben; es muss auch dem Verhalten der Staatsgewalt nach aussen in ihren Beziehungen zu anderen Staaten zu Grunde gelegt und beobachtet werden; denn das Recht ist eins und ewig. Thatsächlich vermag auf diesem Gebiete die Macht Erfolge gegen das Recht zu erringen, allein die rächende Göttin wird auch hier dereinst ihr Amt verrichten.

Denn die gewaltsame That missfällt den unsterblichen Göttern,
Rechtsinn ehren sie nur und geziemende Werke der Menschen.
Odyssee XIV, 83.

Was sonst als die Achtung vor dem Rechte vermag den Frieden unter den Völkern, den Bestand der Staaten und die Sicherheit der Kronen zu gewährleisten? Etwa die Grösse der Truppenmacht und deren Ausrüstung mit den besten Mordwaffen? Eine Zeit lang mögen sich die Machthaber in dem Wahne wiegen, die Militärmacht bilde eine nachhaltige Stütze für sie. Das Erwachen aus diesem Wahne kann nicht ausbleiben, gleichviel von wem und wie es herbeigeführt wird, und man wird beim Erwachen nur den Gräuel

Wir haben hiermit die Uebersicht über die Geschichte der Rechtsphilosophie beendet. Die zuletzt dargelegte Theorie gibt das sprechendste Zeugniss, dass wir uns in einer kritischen Uebergangszeit befinden, in welcher der Kampf zwischen den idealen, sittlichen Mächten des Lebens und den verschiedenen, in die breite Strömung der Macht- und Vergrösserungssucht einmündenden, Bewegungen auch die ganze Rechts-, Staats- und Gesellschaftsordnung in ihren innersten Grundlagen erschüttert hat und alle besseren Kräfte zu erhöhter Anstrengung aufruft. Die Rechtsphilosophie insbesondere hat zu ihrem Theile die, schon früher charakterisirte, Aufgabe zu erfüllen, durch welche die gegenwärtige kritische Epoche zu einer Periode tieferer ethischer Begründung aller Wissenschaften des gesellschaftlichen Lebens und ausgleichender Harmonie übergeleitet werden soll. Von verschiedenen Seiten hat sich das Bedürfniss einer ethischen Rechtsphilosophie kund gegeben. Am frühesten und am vollständigsten hat Krause diesem Bedürfnisse den wissenschaftlichen Ausdruck in den grundlegenden Principien gegeben. Die folgende Darstellung stützt sich auf dessen Lehre. Als Grundcharakter dieses Systems ist hier hervorzuheben, dass in der menschlichen Persönlichkeit ein ewiges und unsterbliches, von Gott unterschiedenes, geistiges Princip bewussten Lebens begriffen, aber in innige Beziehung zu Gott und zu der ganzen objectiven Welt- und Lebensordnung gesetzt wird; dass ferner die Geschichte mit dem gesammten Erfahrungsgebiete wieder als ein selbständiges Wissensgebiet aufgefasst, jedoch mit den, in Vernunftforschung gewonnenen, ideellen Principien zu einer idealrealen Wissenschaft verknüpft wird. Auch das Recht wird metaphysisch als ein in Gott gegründetes Princip, die Rechtsordnung als ein Bestandtheil der göttlichen Welt- und Lebensordnung, die ganze Rechts- und Staatsordnung daher als eine göttliche und zugleich menschlich-freie, in geschichtlicher Entwickelung und unter dem Einflusse der gesammten Cultur fortschreitende, Ordnung begriffen,

---

der Verwüstung sehen. Was der Dichter der Frithiofs-Sage singt, ist auch heute noch so schön als wahr:

„Vier Säulen, sagt man, tragen des Himmels Rund,
Den Thron stützt aber einzig des Rechtes Grund.
Wenn Macht im Thinge herrscht, muss Unheil kommen.
Das Recht bringt Ruhm dem König, dem Lande Frommen.“

in welcher das Recht die Aufgabe erhält, in dem grossen Gesammtorganismus des, in Religion, Sittlichkeit, Wissenschaft, Kunst und Wirthschaft sich gestaltenden, Güterlebens die Bedingungen für die freie Erstrebung aller Lebens- und Güterzwecke des Einzelnen und der Gemeinschaft zu normiren.

Allgemeiner Theil

der

Rechtsphilosophie,

enthaltend:

die philosophische Grundlegung, Feststellung, Entwickelung des Rechtsprincips und Eintheilung der Rechts- und Staatswissenschaft.

Capitel I.

Philosophische Grundlegung.

§. 29.

Vorbemerkung über die Methode.

Nach dem Vorbilde der Platonischen Rechts- und Staatslehre hatte Cicero für die Erforschung des Rechts den richtigen Weg in dem Ausspruche vorgezeichnet, dass das Recht aus der innersten Natur des Menschen geschöpft werden müsse (S. 47). Es ist auch nicht möglich, das Princip des Rechts aus der äusseren Erfahrung, aus der Geschichte oder aus den positiven Gesetzen und Einrichtungen abzuleiten, da die Geschichte das stete Werden und Fortschreiten des Völkerlebens darstellt, im Kampfe des Guten und Schlechten, des Rechts und des Unrechts, zudem grosse Unterschiede und Gegensätze in den rechtlichen und staatlichen Einrichtungen bei verschiedenen Völkern und auf verschiedenen Culturstufen aufweist und daher nicht einmal auf dem gewöhnlichen Wege der logischen Abstraction einen nothwendigen Erfahrungsbegriff des Rechts gewinnen lässt. [1]) Nur die Erforschung des menschlichen

---

[1]) Daraus ergibt sich, dass die Rechtsphilosophie auch nicht durch eine vergleichende Methode gebildet werden kann. Jede Vergleichung, wenn

Wesens kann Aufschluss über die Rechtsidee geben. Dies ist auch im Wesentlichen in allen Systemen des Naturrechts anerkannt worden. Denn selbst diejenigen Naturrechtslehrer, welche einen, der staatlichen Ordnung vorhergehenden, Naturstand annahmen, verlegten nur in Raum und Zeit die verschiedenen Ansichten, welche sie sich von der Natur des Menschen, wenn auch meistens ohne alle tiefere Forschung, gebildet hatten, und welche dann die so verschiedenen Auffassungen des Naturstandes selbst zur Folge hatten. In allen Theorien hat man sich daher genöthigt gesehen, die Natur des Menschen zum Ausgangspunkte zu machen. Allein nicht aus dem ganzen und vollen Wesen des Menschen, sondern in der Regel nur aus einzelnen Trieben (der Geselligkeit, der egoistischen Selbsterhaltung u. s. w.), nach einzelnen Seiten und Zwecken (Freiheit, Glückseligkeit, Coexistenz u. s. w.) hat man das Recht zu begreifen gesucht. Erst in neuerer Zeit ist die höhere Erkenntniss gewonnen worden, dass für den Lebensbegriff des Rechts der praktische Centralbegriff für alles Wollen und Handeln in dem Grundprincip des Guten und der Güter zu suchen sei und dadurch das Recht in innige Beziehung zur Ethik gesetzt werden müsse. Was Leibniz angedeutet hatte (S. 112), ist daher jetzt zur Ausführung zu bringen.

Die methodische Entwickelung des Rechtsbegriffs muss daher, zunächst analytisch, von der psychologischen Erforschung der Rechtsidee ausgehen, so wie sie sich im gebildeten Bewusstsein kund gibt, anthropologisch die Betrachtung des menschlichen Wesens in seinen Vermögen, Kräften und Grundverhältnissen fortführen und ethisch alle menschlichen Kräfte und Verhältnisse auf das Grundprincip des Guten und der Güter, als den Inhalt aller

sie eine verständige Beurtheilung einschliessen soll, setzt einen Massstab der Beurtheilung voraus, der nicht selbst wieder aus dem Beurtheilten entnommen werden kann. Ohne rechtsphilosophische Auffassung und Bestimmung der wesentlichen Verhältnisse würde eine solche vergleichende Beurtheilung nur auf einem haltlosen und flachen Eklekticismus beruhen, wie er auch in der Philosophie überhaupt in Zeiten der geistigen Erlahmung eingetreten ist. Hat dagegen die Rechtsphilosophie eine tüchtige Durchbildung in allen Haupttheilen erhalten, dann kann und soll sie auch, in einer Philosophie des positiven Rechts, die Grundlage für die Beurtheilung und, in der Rechtspolitik, für die Fortbildung des positiven Rechts werden (S. 6).

Lebensverhältnisse und Lebenszwecke zurückführen; nach dieser analytischen Entwickelung ist aber das Rechtsprincip synthetisch mit dem höchsten Seins- und Lebensprincip zu verknüpfen und dadurch auch der rechtlichen und staatlichen Ordnung ihre höchste und wichtigste Stütze zu geben.

Die Darstellung der Rechtsphilosophie zerfällt in einen allgemeinen Theil, welcher die philosophische Grundlegung und Entwickelung des Rechtsprincips und derjenigen allgemeinen Lehren enthält, welche in den besonderen Materien zur Anwendung kommen, und in einen besonderen Theil, welcher das Recht in allen Lebens- und Güterkreisen in privat- und öffentlich-rechtlicher Hinsicht zur Anwendung bringt.

§. 30.

Psychologische Erforschung des Rechtsbegriffs.

Ueber alle Begriffe, welche sich auf allgemeine menschliche Lebensverhältnisse beziehen, kann zuvörderst das gebildete Bewusstsein Aufschluss geben in Bezug auf die Art und Weise, wie dieselben im gemeinschaftlichen Leben aufgefasst und angewandt werden. Unter Recht wird nun im Allgemeinen eine Norm verstanden, welche den Gebrauch der Freiheit in bestimmten Lebensverhältnissen regeln soll. Zwar wird auch die subjective Befugniss zu einem Handeln Recht genannt, aber das Recht in diesem subjectiven Sinne muss doch mit der allgemeinen Rechtsnorm im Einklange sein; es kommt daher vor Allem darauf an, das Recht nach dieser objectiven Seite als Norm und Princip oder als allgemeinen Begriff genauer zu bestimmen.

Das Recht, als allgemeiner Begriff, gehört zu denjenigen im menschlichen Bewusstsein sich vorfindenden Begriffen oder Ideen, welche nicht aus der Erfahrung abgeleitet werden können, weil jeder Erfahrungsbegriff nur zu erkennen gibt, dass Etwas so oder so ist, nicht aber, dass Etwas so oder anders sein sollte.

Erfahrungsbegriffe haben eine sichere Grundlage nur im Naturleben, wo das Gesetz der Nothwendigkeit herrscht, die Thatsachen und Erscheinungen sich stets gleich bleiben, nicht aber im sittlichen freien Leben, welches, im Fortschreiten, zu einer höheren Stufe herangebildet werden soll.

Das Recht bekundet sich im Bewusstsein als eine Richtschnur, nach welcher wir das Bestehende beurtheilen und Verbesserung fordern. Der Rechtsbegriff gehört daher zu derselben höheren Art der Ideen, wie die Ideen des Wahren, Guten, Schönen, Sittlichen, welche unserer gesammten geistigen Thätigkeit eine höhere Richtung geben. Diese Ideen unterscheiden sich jedoch unter einander nach ihrer Beziehung zu unseren geistigen Vermögen. Die Idee der Wahrheit ist das Ziel für das Denk- und Erkenntnissvermögen und ist der Ausdruck der Uebereinstimmung des subjectiven Denkens mit dem objectiven Sein; das Schöne hat seine Bildungsstätte vornehmlich in der Phantasie und beruht in einer Harmonie der Form, welche selbst mit dem, in der Form dargestellten, Inhalte oder der Idee im Einklange sein soll; dagegen beziehen sich das Gute, Sittliche und das Recht auf das Wollen und Handeln, drücken eine Angemessenheit desselben in bestimmten Verhältnissen aus und sind daher schon durch die Gemeinsamkeit dieses praktischen Vermögens inniger unter einander verknüpft. Für diese drei Arten der Ideen gibt es drei Arten von Gesetzen. Gesetz überhaupt ist die in einer Reihe mannigfaltiger Verhältnisse, Gegenstände oder Thatsachen sich kundgebende gemeinsame Regel, welche nicht selbst ein Princip und eine Kraft, sondern nur der Ausdruck der gleichbleibenden Abhängigkeit einer Reihe von Wirkungen von einer gemeinsamen Ursache ist. Die drei Arten der Gesetze sind: die logischen Denk- und Erkenntnissgesetze für die Erforschung der Wahrheit; die ästhetischen Gesetze für die Wahrnehmung und Beurtheilung des Schönen, und die praktischen Gesetze für das freie Wollen und Handeln, welche das Sittengesetz im allgemeinsten Sinne genannt werden.

Betrachten wir jetzt die, den Inhalt des gemeinsamen Sittengesetzes bildenden Ideen des Guten, Sittlichen und des Rechts nach ihren Unterschieden, so erkennen wir, dass die Idee des Guten die allgemeinere ist und die beiden anderen in sich begreift, indem Gut Alles ist, was der vernünftigen Natur des Menschen und den darin begründeten wahren Bedürfnissen angemessen, also überhaupt erstrebenswerth ist.

Sittlichkeit und Recht wurzeln im Wesen des Menschen, sind erstrebenswerth und bilden daher wesentliche Güter des menschlichen

Lebens. Sittlichkeit und Recht unterscheiden sich jedoch dadurch von einander, dass die Sittlichkeit sich stets auf die subjectiven Triebfedern, die Motive einer Handlung bezieht, während das Recht die Handlungen an und für sich selbst, objectiv, betrachtet; die Sittlichkeit also verlangt, dass das, was an sich Gut ist, auch unbedingt rein um des Guten willen gethan, und dadurch die subjective Triebfeder in Uebereinstimmung mit dem objectiven Guten gesetzt werde, während das Recht fordert, dass alles Gute in Angemessenheit zu allen bestimmenden und bedingenden Verhältnissen vollführt werde. Zwar könnte es auf den ersten Blick scheinen, als wenn das Recht vom Guten und von den Gütern absähe und nur die Handlung für sich in's Auge fasste; allein jede genauere Betrachtung ergibt, dass, wie alles Handeln (Thun oder Unterlassen) überhaupt auf einen Gegenstand als erstrebenswerthen Zweck sich richten muss, auch das Recht sich stets auf die Erhaltung, Behauptung, Erwerbung, Uebertragung, Verlust u. s. w. eines Gutes bezieht, welches, wie wir später sehen werden, entweder ein, durch die menschliche Persönlichkeit gegebenes, Gut sein kann, wie Leben, Ehre, Freiheit u. s. w., oder in äusseren Sachen und Verhältnissen liegt und einen Bestandtheil des Vermögens bildet. Immer aber hat das Recht die Aufgabe, das menschliche Handeln nach allen bestimmenden und wohl zu beachtenden Verhältnissen in dem Güterleben des Menschen und der Gesellschaft zu regeln.

Hieraus erhellt, dass der Begriff des Rechts sich auf sachliche, objective Verhältnisse bezieht und dass der Wille oder die Freiheit zwar das subjective Vermögen ist, wodurch das Recht verwirklicht wird, sich aber nach diesen Verhältnissen richten und durch dieselben bestimmen lassen muss.

Nicht also der blosse Wille oder die Freiheit schafft das Recht, sondern dieses hat seinen Grund in den Verhältnissen des menschlichen Lebens, welche wesentlich Güter-Verhältnisse sind, deren richtige Erkenntniss die Grundlage und die stete Richtschnur für das Recht bilden muss. Das Recht ist daher kein blos subjectiver Freiheitsbegriff, und ebenso wenig ein blosses Macht- und Herrschaftsprincip, indem alle Befugnisse, alle Macht, die einer Person zustehen können, dem höheren, alle Lebens- und Güterverhältnisse beherrschenden, Sittengesetze und dem darin wurzelnden Rechtsgesetze zu unterwerfen sind.

Ueber die Ausdehnung des Rechtsbegriffes herrscht in der positiven Rechtswissenschaft die Ansicht, dass das Recht sich nur auf die äusseren Verhältnisse der Menschen unter einander beziehe. Nach dem gebildeten Bewusstsein kann jedoch auch ein Mensch gegen sich selbst unrecht handeln. Mehrere Rechtsphilosophen, wie Platon, in beschränkterer Weise Aristoteles, Leibniz und Krause beziehen das Recht auch auf das eigene Leben; die tiefere Wissenschaft kann allein über diese Verschiedenheit der Ansichten entscheiden.

Nach den bisherigen Betrachtungen lässt sich folgender Begriff vom Rechte aufstellen: Das Recht ist eine Norm, welche den Freiheitsgebrauch in Angemessenheit zu den menschlichen Lebens- und Güterverhältnissen regelt. [1])

---

[1]) Das römische Recht verlangte, dass der Rechtsbeflissene auch nach der sprachlichen Bedeutung und Verwandtschaft forsche (*Juri operam daturum prius nosse oportet, unde nomen juris descendat; L. 1, princ. D. I, 1*). Es ist dies aber auch aus dem Grunde rathsam, weil der Volksgenius so wichtige Lebensverhältnisse wie die des Rechts gewöhnlich von einer wesentlichen Seite aufgefasst und bezeichnet hat. Befragen wir die vornehmsten indo-europäischen Sprachen, so finden wir, dass das deutsche Recht, ebenso *rigu* im Sanscrit, *rectum, droit, right,* eine Richtung des Handelns, Thuns und Lassens auf einen Gegenstand, ein Ziel oder einen Zweck bedeuten, in der Art, dass diese Thätigkeit dem Zwecke durchaus angemessen sei. Der gemeinsame Genius dieser Völker hat dadurch offenbar ausdrücken wollen, dass das, was recht und gerecht ist, in der nächsten und angemessensten Beziehung zu einander stehe, und dass eine Handlung des Rechts und der Gerechtigkeit, ohne sich durch andere Rücksichten ablenken zu lassen, sich ebenso unmittelbar, direct auf das Ziel richten müsse, wie eine gerade Linie, welche, wie man gewöhnlich sagt, der kürzeste Weg zwischen zwei Punkten ist. Eine ähnliche Bedeutung hat das slavische Wort *prawda* und *prawo* (wohl mit dem lateinischen *probus* verwandt). — Eine andere Auffassung des Rechts ist ursprünglich in dem lateinischen *jus* und im griechischen *δίκαιον* ausgedrückt. Das Wort *jus,* das die Römer selbst einfach auf *jubere, jussum* zurückführten, hat durch die vergleichende Sprachforschung (Pott, etymologische Forschungen u. s. w. 1853, S. 213, worauf Jhering, Geist des römischen Rechts I, S. 204, zuerst verwiesen hat) die richtige Aufklärung erhalten. Es hängt zusammen mit der Sanscritwurzel *ju*: verbinden, welche sich auch noch in anderen lateinischen Wörtern erhalten hat, in *jungere, jugum, jumentum; jus* erscheint also als das Bindende, das Band (in der menschlichen Gesellschaft). — Das griechische Wort *δίκαιος*

Dieser Begriff bedarf jedoch in allen Hauptpunkten einer näheren und schärferen Bestimmung. Es ist bis jetzt nur das geistige Vermögen, der Wille, nachgewiesen, durch welchen das Recht zu verwirklichen ist, aber die Lebensverhältnisse sind nach ihrem Inhalte, den Gütern, näher zu erforschen und es ist überhaupt die ethische Güterlehre als die Grundlage der Rechtslehre zu entwickeln und alsdann zu zeigen, worin die den Lebens- und Güterverhältnissen angemessene, durch das Recht zu erzielende Regelung liegt. Zur genaueren Feststellung dieser wichtigen Punkte gehört aber eine tiefere Erforschung des ganzen und vollen Wesens des Menschen, der hauptsächlichsten Richtungen seines Wirkens und Strebens, der Grundverhältnisse, in welche er zu allem Sein und Leben tritt und der hauptsächlichsten Zwecke, welche er nach seiner höheren, durch die Vernunft vorgezeichneten, Bestimmung für sich und in Gesellschaft zu erreichen sucht und deren Erstrebung durch das Recht und die rechtliche

---

ist nicht, wie es früher in der griechischen Philologie geschah, mit διχάζειν, zertheilen, zutheilen (von welchem δικάζειν, Recht sprechen, nach G. Hermann nur eine andere Form sein sollte, Jahrb. der Phil. Bd. 52. S. 42) in Beziehung zu setzen, sondern mit der Wurzel *dik*, welches im Sanscrit wie im Griechischen (δίκη): zeigen, weisen, bedeutet und auch im Lateinischen im *dicere*, *digitus* erscheint, so dass *judicare* das Recht weisen heisst. Das griechische Wort entspricht unserem deutschen „Weise" und hat, wie letzteres, die doppelte Bedeutung von „Art und Weise", also von Modalität, Form, und die von „Norm, Regel", wie z. B. Gesangweise, und kann, im Rechte, mit den deutschen „Weisthümern" verglichen werden. Δίκαιος ist, seiner ursprünglichen Bedeutung nach, der, welcher die Art, den Brauch, die bestimmte Weise, Sitte befolgt, im Gegensatze zu der Unart. Wir werden später (§. 33) sehen, dass das Recht eine bestimmte Art und Weise oder Modalität in der Verwirklichung des Guten bezeichnet, und wollen hier nur hervorheben, dass *jus* wie δίκη ursprünglich nicht subjective Willensverhältnisse, sondern objective Bande und Normen bezeichnen, nach welchen der Mensch in der Gesellschaft sein Handeln bestimmen und regeln soll. Dagegen hat unverkennbar bei den Römern das Wort *jus* seine ursprüngliche Bedeutung eingebüsst und ist nach dem Charakter dieses Volkes auf den bestimmenden und herrschaftlichen Willen bezogen und im Wesentlichen gleichbedeutend mit *lex* (Wurzel *leg*, legen, auferlegen, Obliegenheit) genommen, daher auch in den zwölf Tafeln: *uti jussit* und *uti legassit* gleichbedeutend sind. Jhering will jedoch *lex* als den höheren Grund und *jus* als die Folge ansehen.

Ordnung ermöglicht werden soll. Zu dieser Untersuchung wollen wir jetzt übergehen.

§. 31.

Das Wesen des Menschen.

Der höhere, den Menschen von allen lebenden Wesen unterscheidende, Charakter liegt in seiner Persönlichkeit. Das Thier ist ein Individuum, der Mensch allein ist Person. Der Grund dieses durchgreifenden Unterschiedes ist darin zu suchen, dass der Mensch nicht ein einfach empfindendes, vorstellendes und begehrendes Wesen ist, sondern dass eine höhere Kraft, die Vernunft, in ihm belebt ist, durch welche er seine gesammte innere Thätigkeit für sich, im Selbstbewusstsein, zusammennehmen und auch jede einzelne geistige Thätigkeit zum Gegenstand der inneren Betrachtung und Beurtheilung machen kann. Es ist eine alte Ansicht, dass der Mensch sich vom Thiere durch die Vernunft unterscheide, aber immer von neuem sucht sich der Irrthum in der Behauptung geltend zu machen, dass der menschliche Geist überhaupt nur eine Steigerung der Thierseele, die Vernunft nur die zur höchsten Ausbildung gebrachte, sinnlich-empfindende Kraft sei. Aber die Vernunft ist durchaus als eine neue Kraft höherer Art zu begreifen, welche das ganze Leben des Menschen durchdringt und ihn zu einer qualitativ verschiedenen Stufe der Erkenntniss und des Wirkens erhebt. Für das Dasein dieser zweiten höheren Kraft, der Vernunft, kann selbst ein Beweis nach streng naturwissenschaftlicher Methode, auf welche man heute alles Gewicht legt, gegeben werden. In der Naturwissenschaft steht fest, dass keine einfache Kraft auf sich selbst zurückwirken, sondern nur durch eine zweite Kraft eine Einwirkung erfahren kann; ebenso wenig kann man aber annehmen, dass eine einfache Empfindung oder eine einfache Vorstellung auf sich selbst zurückgehen, sich zum Gegenstande ihrer eigenen Beurtheilung machen kann. Da wir jedoch stetig die Empfindungen, Vorstellungen vergleichen, beurtheilen, über eine sinnliche Empfindung, über ein unedles Gefühl, das uns ergreift, z. B. Rachegefühl, sofort uns betrüben und es zurückdrängen können, so muss für dieses Vermögen der Beurtheilung aller inneren Thätigkeiten und Zustände gleichfalls eine zweite und höhere Kraft angenommen werden. Das Thier hat auch Empfindungen, Vorstellungen, Begierden, welche unmittelbar auf die Dinge und Verhältnisse der Aussenwelt gerichtet sind, aber nichts bezeugt, dass es fähig wäre, über die Empfindungen, Vorstellungen selbst wiederum nachzudenken und an dieselben einen höheren Massstab der Prüfung anzulegen, die sie als wahr oder unwahr, gut oder verwerflich erkennen liesse. Im Menschen ist daher ein niederes und ein höheres geistiges Leben zu unterscheiden. Psychologie und Moral haben vielfach auf diese innere Doppelheit hingewiesen; Leibniz bezeichnete das Selbstbewusstsein selbst als eine Verdoppelung des Daseins (*conscientia est reduplicatio existentiae*); Kant unterschied (S. 141) zwischen dem Sinnen-Menschen und dem höheren Vernunft-Menschen; überall tritt auch im praktischen Leben eine Doppelheit hervor, indem eine höhere, leitende, beurtheilende Kraft, wie ein höheres Ich, den anderen Theil innerlich mit Du anredet, ihn leitet und stetig beurtheilt.

Bevor wir jedoch diese Entwickelung weiter führen, haben wir noch zwei tiefer gehende Irrthümer zu bekämpfen, welche, im Materialismus und im Pantheismus, das Wesen oder das Sonderdasein des Geistes überhaupt antasten und die Grundlagen aller rechtlichen und staatlichen Ordnung zerstören.

Der Materialismus, welcher Geist oder Seele nur als Product des Gehirns betrachtet, ist in der Geschichte zu verschiedenen Zeiten, immer aber in Epochen der Verdunkelung des Bewusstseins der idealen Kräfte, des Glaubens an das Uebersinnliche, Göttliche, aufgetreten, sei es als Reaction gegen einen vom Geiste abgefallenen Kirchenglauben, der sich nur durch äussere Formeln und Formen aufrecht zu erhalten suchte, oder gegen einen vorhergehenden überspannten Idealismus, sei es in Folge einer allgemeinen Erschlaffung der geistigen und sittlichen Kräfte, einer vorherrschend gewordenen Richtung auf die materiellen wirthschaftlichen Interessen; immer muss er aber als ein schweres Symptom, als ein acuter Ausschlag einer inneren, im geistigen und sittlichen Lebensorganismus entstandenen, Krankheit oder Dyskrasie betrachtet werden, die auch nur von innen aus durch Wiederbelebung der idealen Kräfte, in einer kräftigenden Atmosphäre gesunder, durch bessere Erkenntniss gewonnener Principien gehoben werden kann.

An sich selbst betrachtet ist der Materialismus nicht sowohl eine wissenschaftliche Lehre, da er aller und jeder methodischen und sachlichen Grundlagen ermangelt, als vielmehr ein Glaubenssatz, der für sich das Privilegium in Anspruch nimmt, keines Beweises zu bedürfen und auch nur von denjenigen stoff- und stockgläubig angenommen wird, mit deren ganzer Lebensrichtung und Gesinnung er im Einklange steht; der Materialismus ist ein Gewebe von Widersprüchen und von Fictionen, durch welche nicht einmal die einfachsten Thatsachen erklärt werden.

Zunächst ist zu bemerken, dass der Materialismus, welcher Alles, was nicht in die Sinne fällt, alles Nichtsinnliche, Ewige, Absolute als für das Denken unbegreiflich verwirft, gleichwohl zu dem Ewigen und Absoluten seine Zuflucht nehmen muss, indem er zwar den ewigen Gott leugnet, aber an dessen Stelle die ewige Materie setzt und diese Materie aus absolut endlichen Theilchen, Atomen, die nie in die Sinne fallen können, bestehend annimmt. Aus dieser Thatsache geht aber hervor, dass die Ideen des Ewigen, Absoluten einen Grundbestandtheil des menschlichen Geistes bilden und selbst der Materialist sich ihrer nicht erwehren kann.

Die schlagendste Widerlegung erhält aber der Materialismus durch seine Unfähigkeit, auch nur eine einzige Thatsache des geistigen Lebens, Empfindung, Bewusstsein, Selbstbewusstsein u. s. w., aus der Gehirn- oder Nerventhätigkeit des Organismus zu erklären. Die Empfindung, die niedrigste Erscheinung des Seelenlebens, ist, wie die physiologische Wissenschaft selbst eingesteht, aus der blossen Nervenerregung nicht abzuleiten; „es muss zu der Erregung der Nervenfaser noch ein Etwas hinzukommen, welches durch andere Vorgänge im Nerven, wie Elektricität nicht erklärt wird" (Ludwig, über Nervenerregung und Empfindung, S. 19, und Physiologie, Bd. I, S. 592). Dieses Etwas muss aber ein Wesen sein, welches die Nervenerregung in sich aufnimmt, auf sich bezieht, in sich findet, um sie zu empfinden. Wir wollen absehen von der gründlichen Widerlegung, welche der Materialismus durch eine richtige physiologisch-psychologische Theorie vom Sehen erhält, welche das Dasein einer ursprünglichen Seelenthätigkeit zur Gewinnung, Auslegung und Projection des Augenbildes verlangt (und welche auch den Materialisten den Staar stechen könnte, so lange er kein schwarzer geworden ist); wir wollen auch absehen von allen anderen Thatsachen, für welche jede Fiction des Materialismus sich als unzureichend erwiesen hat, wie hinsichtlich der Einheit und einheitlichen Zusammenfassung der Empfindungen eines Gegenstandes durch verschiedene Sinne, während die Nerven im Gehirn sich nirgends vereinigen, hinsichtlich des Vermögens des Gedächtnisses u. s. w., und nur hervorheben, dass, wie die Materialisten selbst gestehen, das Bewusstsein durch Nerventhätigkeit nicht erklärt ist und dass, nach Naturforschern, welche die Frage schärfer fassen, es „vom naturwissenschaftlichen Standpunkte aus unmöglich ist, die Thatsache des Bewusstseins zu erklären." [1]) Es lässt sich auch von vorn herein begreifen, dass, welche Entdeckungen auch noch auf dem Gebiete der Nerven- und Gehirnphysiologie gemacht werden mögen, das Bewusstsein noch weniger als die Empfindung aus Nervenerregung abgeleitet werden kann. Denn das Bewusstsein bezeichnet eine höhere Stufe des Seelenlebens, es ist nicht

---

[1]) So sagt Virchow (Cellularpathologie), „dass er es im naturwissenschaftlichen Sinne für unmöglich halte, die allerdings unleugbare Thatsache des Bewusstseins zu erklären." Vogt hatte dagegen früher (Physiol. Briefe, Bd. I, S. 323) gesagt: „Es kann nicht geleugnet werden, dass der Sitz des Bewusstseins, des Willens, des Denkens endlich einzig und allein in dem Gehirn gesucht werden muss; allein in welcher Weise nun die Räder der Maschinerie in einander eingreifen, dies zu bestimmen ist uns vor der Hand unmöglich gewesen." Wie würde es um die Wissenschaften stehen, wenn eine solche Logik darin Eingang fände, wonach behauptet werden kann, dass Etwas sei, ohne dass das Wie nachgewiesen würde, wenn z. B. früher ein Physiker behauptet hätte, das Licht muss seinen Grund in der Emission eines Stoffes aus dem Sonnenkörper (Emissionstheorie) haben, obwohl das Wie noch nicht nachgewiesen ist, oder wenn ein Gegner dieser Theorie und Anhänger der Undulationstheorie eine entgegengesetzte Behauptung aufgestellt hätte. Noch schlimmer wäre es, wenn solch eine Logik im praktischen Leben Nachahmung fände, wenn z. B. ein Criminalrichter einem Angeklagten gegenüber behauptete: Ich weiss, dass Du die Ursache des Todes dieses Menschen bist, wenn ich auch nicht weiss, wie Du zu dem Menschen und zu dem Todtschlage gekommen bist. Aber, wie bemerkt, der Materialismus kümmert sich um keine Beweise; seine Gläubigen verlangen auch keine Beweise; das hiesse Zweifel setzen in so unzweifelhafte und einleuchtende Sätze wie: „der Geist oder der Gedanke ist eine Phosphorescenz des Gehirns; der Geist ist eine Absonderung des Gehirns, wie der Harn eine Absonderung von den Nieren"; denn das sind ja Sätze, die doch einmal etwas setzen und bei denen es der stoffgläubigen Schaar so wohl wird, wie den fünfhundert S...., von denen in „Auerbachs Keller" (Faust) die Rede ist.

ein blos gesteigertes Vorstellen oder Empfinden, sondern ein Wissen um Vorstellungen und Empfindungen. So wie es in der Physik, wie schon bemerkt, unzulässig ist, anzunehmen, dass eine Kraft auf sich zurückgehen, ein Messer sich selbst schneiden könne, ebenso widersinnig ist es, anzunehmen, dass eine Empfindung sich selbst zum Gegenstande ihres Wissens und ihrer Beurtheilung machen könne. Es sind demnach die niederen wie die höheren Thatsachen des Seelenlebens allen Fictionen des Materialismus unzugänglich.

Es gibt nur ein Argument, welches noch mit einigem Schein der Materialismus aus dem Abhängigkeitsverhältnisse ziehen kann, in welchem alle geistige Lebensthätigkeit zu dem geistigen Organismus, seinen verschiedenen Zuständen in Gesundheit und Krankheit steht. Aber bei diesem Argumente werden die zwei sehr wichtigen, freilich auch in der Naturwissenschaft überhaupt oft verwechselten, Begriffe von Ursache und Bedingung vermischt. Der Geist ist zwar in seiner Thätigkeit, wenigstens während dieses Erdenlebens, bedingt durch Organe und ihren entsprechenden Zustand, aber nicht dadurch verursacht, weil eine Ursache immer, ihr gleichartige, Wirkungen erzeugt, aber ein Gedanke und eine elektrische Nervenerregung als wesentlich ungleichartige Thatsachen sich kund geben, während Bedingungen auch in heterogenen Dingen liegen können (z. B. Wärme als Bedingung für ein Samenkorn, für welches die Ursache des Wachsthums in dem ihm eigenthümlichen Lebensprincip liegt). Aber selbst die Abhängigkeit ist nur relativ, indem einerseits die Entwickelung des Geistes nicht durchgängig der des Leibes parallel geht, in der Regel die geistige Kraft noch bedeutend wächst, wenn die Körperkraft schon im Abnehmen ist, und anderseits oft grosse Zerstörungen des Gehirns beider Hälften eingetreten sind, ohne dass eine geistige Störung bemerkt wurde.

So vermag der Materialismus sich auf keine einzige Thatsache zu stützen; er steht überhaupt auf gar keinem wissenschaftlichen Grunde, er ist ein Wuchergebilde, das nur in Folge der Brachlegung der idealen Gebiete unter den Wissenschaften um sich gegriffen hat. Der Materialismus zerstört, mit dem Glauben an eine geistige und sittliche Weltordnung, die Grundlagen jeder freieren Staatsordnung. Wir haben gesehen, dass die Lehre von

Hobbes die strengen rechtlich-politischen Consequenzen aus den materialistischen Principien gezogen. Der Materialismus, welcher sich alles logischen Denkens entschlagen hat, ist zwar auch aller Geschichte unkundig, aber für die unbefangene Betrachtung muss die Illusion gehoben werden, als wenn der Materialismus je zu einer freiheitlichen Staatsordnung führen könnte.

Während der Materialismus das geistige Princip in der Materie untergehen lässt und alles Sein und Leben in die Atome verflüchtigt, will der Pantheismus alle Sonderexistenzen in der Natur und in der geistigen Welt nur als vorübergehende Erscheinungen einer höchsten Einheit auffassen, aus ihr hervor- und in sie wieder untergehen lassen. Der Pantheismus ist in verschiedenen Formen aufgetreten, als naturalistischer in der Annahme einer Natur- oder Weltseele, als idealistischer, der die Materie nur als Schein, den absoluten Geist als alleinige Realität annimmt, als Identitätssystem, welches die Natur und die Geistwelt nur als zwei Attribute oder Erscheinungsweisen des an sich identischen göttlichen Wesens auffasst (Spinoza, besonders Schelling), immer ist er aber dadurch gekennzeichnet, dass er alle besonderen Naturwesen und alle besonderen Geister nur als vorübergehende, eines selbständigen Seinsprincips entbehrende, Erscheinungen des absoluten Wesens betrachtet, welches in stetem Ausathmen und Einathmen Alles in sich entstehen und wieder vergehen lässt, wie Saturnus alle seine Kinder wieder verschlingen soll.

Wir haben hier den Pantheismus nicht in seinen metaphysischen Grundlagen zu bekämpfen, sondern nur darauf hinzuweisen, dass er einerseits im völligen Widerspruche mit den Thatsachen des Bewusstseins steht, indem wir auch nicht einen Schimmer von Ahnung davon haben, dass ein anderes Wesen, als wir selbst, in uns denkt, fühlt und will, und insbesondere anderseits, dass der Pantheismus mit unbestreitbaren Thatsachen des Bewusstseins und seinem eigenen Princip in einen unauflöslichen Conflict geräth. Denn wenn unser Geistesleben, unser Denken, Fühlen, Wollen und Bewusstsein nur das Product der Thätigkeit des absoluten Geistes wäre, so würde es völlig unbegreiflich sein, dass der einzelne Geist so energisch an seinem Selbst und Ich festhalten und sogar, ganz nach der entgegengesetzten Richtung, der Selbstsucht anheimfallen kann, während das Absolute, in noch höherer Weise als die

Gravitations- und Anziehungskraft in der Natur, die alleinige Zugkraft sein müsste, und alle Wesen, alle Geister in steter und stets beschleunigter Schwindsucht in's Absolute zurückstreben müssten. (Hegel hatte von Spinoza gesagt, dass er, seinem pantheistischen Systeme gemäss, an der Schwindsucht gestorben sei.)

Der Pantheismus ist das andere Extrem des Materialismus; er zerstört gleichfalls die Grundlagen der auf der Freiheit und Verantwortlichkeit beruhenden Grundlagen der rechtlich-staatlichen Ordnung und beide Theorien leisten wesentlichen Vorschub den Bestrebungen, welche, in Verkennung des Princips der Persönlichkeit, auf privatrechtlichem Gebiete das Eigenthum antasten und auf dem nationalökonomischen Gebiete die Selbsthilfe durch die Staatshilfe ersetzen wollen (S. 198).

Wir haben jetzt das geistige Wesen des Menschen, welches immer siegreich aus den, gegen dasselbe gerichteten, Angriffen hervorgegangen ist, in sich selbst nach seinen inneren Vermögen und Kräften zu betrachten.

Auch in der Psychologie ist in neuerer Zeit in ähnlicher Weise wie in anderen Gebieten (Naturwissenschaft, Staatswissenschaft) eine Einheitsrichtung eingetreten, welche alle bestimmte innere Gliederung ursprünglicher Vermögen des Geistes verwirft und alle Thätigkeit aus einem einzigen Grundvermögen hervorgehen lassen will. Diese Ansicht bildet abermals das Extrem gegen eine frühere, welche die Vermögen als für sich bestehende, gewissermassen in besonderen Abtheilungen des Geistes wirkende, Kräfte betrachtete. Die wahre Theorie muss aber auf Grund unbefangener innerer Beobachtung sowohl eine höhere Einheit des geistigen Grundvermögens als die innere Gliederung desselben nach verschiedenen bleibenden Richtungen der Thätigkeit anerkennen.

Es gibt zuoberst einen allgemeinen Geistsinn, der sich in der ganzen Stimmung, Richtung, Gesinnung des Geistes ausdrückt. So wie die Physiologie genöthigt ist, ausser den fünf besonderen Sinnen noch einen Gemeinsinn (Gemeingefühl, Vitalsinn) anzunehmen, der den Gesammtzustand des Organismus selbst in Lust und Schmerz, Schauder, Antipathie u. s. w. kund gibt, so muss auch die Seelenlehre (mit Krause) einen höheren Gemeinsinn des Geistes annehmen, der auf das ganze geistige Leben sich bezieht und demselben seine Richtung gibt.

Die christliche Religion redete von diesem Sinne, wenn sie Sinnesänderung (μετανόησις) verlangte. Dieser Gemeinsinn wird auch öfter Gemüth genannt, obwohl letzteres mehr die innere Harmonie aller Vermögen auszudrücken scheint.

In dem Gemeinsinn des Geistes sind zu unterscheiden: das Denk- und Erkenntniss-, das Gefühls- und das Willens-Vermögen und das, Alles in Harmonie zusammenfassende, Gemüth, durch welche Vermögen der Geist sich selbst und alles Sein und Leben in unterschiedener Weise erfasst und zu sich bezieht. Das Denken und Erkennen ist wesentlich Unterscheidungsvermögen, in welchem das Subject selbständig einem selbständig erfassten Objecte gegenüber tritt, dieses an sich selbst und nach seinen Verhältnissen betrachtet, einen Begriff davon bildet und untersucht, ob die Vorstellung oder der Begriff in Uebereinstimmung ist mit dem Wesen des Gegenstandes, wie es sich kundgegeben hat. Das Ziel alles Denkens und Erkennens ist also die Wahrheit, die nur durch die Erfassung der Dinge an und für sich selbst (in ihrer Objectivität) durch Unterscheidung und Vergleichung gewonnen werden kann. Im Gefühlsvermögen dagegen erfasst der Geist sich selbst und jeden Gegenstand in ungetheilter Ganzheit; das Gefühl ist eine Affection des Geistes nach der Totalität des empfindenden Wesens und des empfundenen Gegenstandes. Das Gefühl ist daher auch das Vermögen der ganzen und innigsten Aneignung eines Gegenstandes („Soll er dein Eigenthum sein, fühle den Gott, den du denkst,“ Schiller). Diese totale Durchdringung, Beziehung und Einwirkung eines Gegenstandes drückt sich, je nachdem sie in Uebereinstimmung mit dem gegenwärtigen Gesammtzustande des Geistes ist oder nicht, in den Momenten des Angenehmen und Unangenehmen aus. Da der Gesammtzustand eines jeden Geistes verschieden ist, so wird auch jeder Geist im Gefühl mehr oder weniger angenehm von einem Gegenstande berührt, und es tritt auch oft ein, dass Etwas dem Einen angenehm, dem Anderen unangenehm ist. Die Wahrheit dagegen ist für alle Geister dieselbe, gleiche, und es darf daher auch nicht das Gefühl an die Stelle der Erkenntniss gesetzt werden.

Das Willensvermögen ist das höhere Ursachlichkeits-Vermögen des Geistes; es ist die bestimmende, leitende, bewegende

Kraft; es steht dem geistigen Gemeinsinn am nächsten, indem der Geist sich selbst und ganz als Persönlichkeit in den Willen hineinlegt und daher auch, in sittlicher Hinsicht, vor Allem nach dem beurtheilt wird, was er gewollt und dann gethan hat. Das Wollen setzt sich stets Zwecke, welche in irgend einem Guten liegen, was der Geist als etwas an sich Gutes oder subjectiv nach seiner Ansicht und Neigung als Gutes auffasst. Der Wille richtet sich daher auf ein Erstrebenswerthes, auf ein Gutes. Es ist aber noch zu bemerken, dass der Wille, welcher an sich blos das formelle Vermögen der Bestimmung und Richtung aller Thätigkeit ist, seinen Inhalt stets aus Gedanken oder aus Gefühlen und den damit verbundenen Begehrungen nehmen, sich also die Verwirklichung eines Gedankens, eines Gefühls zum Zwecke setzen muss. Der Wille ist an sich inhaltsleer, und die praktischen Wissenschaften, die sich unmittelbar auf den Willen beziehen, wie die Moral und das Recht, sind daher vorzugsweise formeller Art, haben zwar Vorschriften für die Willensrichtung zu geben, müssen aber ihren Gehalt aus der Erkenntniss der sachlichen Lebensverhältnisse schöpfen. Wir erkennen daher schon psychologisch, dass die Theorien von Recht und Staat, welche nur vom Willen (Allgemein-Willen, Vertragswillen) ausgehen, im Formalismus stecken bleiben und zu einer gehaltvollen Auffassung des Rechts- und Staatslebens nicht zu gelangen vermögen.

Die innere harmonische Wechselwirkung aller Vermögen unter einander und mit dem geistigen Gemeinsinne ist durch das Gemüth gegeben.

Die drei besonderen Vermögen, Denken, Fühlen, Wollen, können nicht von einander abgeleitet oder als Entwickelungsstufen, sei es des Einen Grundvermögens oder eines besonderen Vermögens, betrachtet werden. Weder das Fühlen noch die Vorstellung sind ein solches Grundelement. Die drei Vermögen drücken vielmehr drei bleibende Grundverhältnisse des Innewerdens des Geistes zu sich selbst und zu anderen Gegenständen aus; und derselbe Gegenstand kann gleichzeitig gefühlt, erkannt und gewollt werden; ein schönes Gemälde erregt zugleich unser Gefühl, unsere prüfende Betrachtung und kann den Willen, es zu besitzen, hervorrufen. Diese drei gleichzeitigen Acte bezeugen das Zugleichsein von drei thätigen Ursachen oder Vermögen; dazu kommt, dass auch die Wirkungen dieser Vermögen nicht blos verschieden, sondern sogar entgegengesetzt sein können, dass das, was wir als wahr erkennen, uns unangenehm berühren, der Wille sich dann entweder für die Erkenntniss oder für das Gefühl entscheiden kann; ein Conflict, der bei einer Einheit des Vermögens nicht denkbar wäre. Diese drei Vermögen bestehen aber auch für drei allgemeine Grundverhältnisse des Geistes. Durch den Willen bezeugt er im endlichen Gebiete seine schöpferische Causalität; im Denken und Erkennen tritt er als ein Selbst allem anderen Sein gegenüber, indem er Alles in Selbständigkeit, in klarer Unterscheidung und Wahrheit auffasst. Aber dieser Zustand gewährt zwar geistige Helle, würde jedoch ein kalter bleiben, wenn der Mensch nicht durch das Gefühl sich und Alles ganz erfasste und in dieser Durchdringung geistig warm würde. Es ist auch für die Rechtswissenschaft von grosser Wichtigkeit, eine richtige Einsicht von dieser inneren Gliederung der geistigen Vermögen, ihrem Unterschiede und ihrer Wechselwirkung zu gewinnen, weil besonders im Criminalrechte bei der Annahme eines einheitlichen Vermögens, welches nothwendig immer eine bestimmte Richtung nehmen müsste und durch ein anderes nicht umbestimmt werden könnte, von Freiheit, guter oder böser Absicht u. s. w. nicht die Rede sein könnte. Daher führen auch alle Einheitslehren zum Fatalismus.

Andere Vermögen des Geistes sind keine Hauptvermögen, sondern nur besondere Arten und Stufen der Wirksamkeit derselben, wie das Urtheil- und Schlussvermögen Anwendungen des Denk- und Erkenntnissvermögens sind, das Begehrungsvermögen (welches früher zum Willen gestellt wurde, aber irriger Weise, indem der Wille oft gegen die Begierden ankämpfen muss) als das Gefühl in seiner Triebkraft in Bezug auf einen Gegenstand zu betrachten ist; die Stufen des geistigen Lebens sind gegeben durch die äussere Sinnlichkeit und die innere, oder die Phantasie, durch den Verstand und durch die Vernunft.

Diese Stufen haben wir wegen ihrer praktischen Wichtigkeit noch etwas näher zu betrachten, aber sogleich zu bemerken, dass diese Stufen gleichmässig für das Grundvermögen, die Gesinnung und ganze Lebensrichtung wie für die besonderen Vermögen bestehen, obwohl sie gewöhnlich nur auf das Denk- und Erkenntnissvermögen bezogen werden.

Die Stufe der Sinnlichkeit besteht, wenn der Geist, überhaupt oder vorwaltend nach einem Vermögen, die Richtung auf das Einzelne, Bestimmte, Endliche, auf die einzelnen Thatsachen und Erscheinungen nimmt und sich von ihren Eindrücken bestimmen lässt. Die Sinnlichkeit selbst ist zweifacher Art; sie hat ihre Quelle entweder in den leiblichen Organen oder in der Phantasie. Diese letztere soll im menschlichen Geiste, unter der Herrschaft der Vernunft, als die eigentlich individualisirende, gestaltende Kraft wirksam sein, welche stets die Reihe der Gedanken, Gefühle, Willensbestimmungen zu einem Ganzen verknüpft, ihnen grössere Innigkeit, Stärke und Glanz verleiht; sie kann jedoch auch in den Dienst der leiblichen Sinne treten und diese zu heftigen Begierden und Leidenschaften entflammen, wie sie überhaupt alle Eindrücke und besonderen Vorstellungen, Lust, Schmerz, Hoffnung, Rache im hohen Grade steigern kann. Lichtenberg bemerkte daher mit Recht, dass bei sinnlichen Leidenschaften die Cur mit der Phantasie begonnen werden müsse. Der Mensch ist jedoch nie ein vollkommen sinnliches Wesen; er kann zeitweise unter das Thier sinken, welchem durch den Instinct Schranken gezogen sind, die der Mensch durch die Vernunft ersetzen soll. Aber, wie tief ein Mensch gefallen sein möge, durch die höhere Vernunftkraft gibt sich in ihm immer noch die Fähigkeit kund, was gut und schlecht ist zu erkennen, Schlechtes zu bereuen und, in richtiger Leitung, sich zu bessern, so dass Niemand das Recht hat, einen Menschen als besserungsunfähig zu erklären (was auch für das Criminalrecht gilt).

Die Stufe des Verstandes ist bestimmt durch das Vermögen, aus den in der Erfahrung gegebenen unterschiedenen Dingen, Verhältnissen, Erscheinungen durch Vergleichung das Gemeinsame zu abstrahiren und in verschiedene Combinationen zu bringen. Der Schwerpunkt liegt für den Verstand immer in einem mehr oder weniger begrenzten Erfahrungsgebiete, dem er allein Realität zugesteht, obwohl im Verstande eine Wiederspiegelung der Vernunft sich dadurch kund gibt, dass er zu immer höheren Stufen der Abstraction und der Abstractbegriffe aufsteigt, es ihm jedoch unmöglich bleibt, wahrhaft allgemeine Gesetze, oder die sittlichen Ideen des Guten u. s. w., welche fordern, dass Etwas sein soll, aus der Erfahrung abzuleiten. Der verständige Wille nimmt, in der Gemeinsamkeit des Lebens, bei seinen Bestrebungen und Zwecken auch Rücksicht auf das Gemeinsame (Recht und Wohl) und sucht eine Vermittlung zwischen dem Selbstinteresse und dem Gemeininteresse. Aber da der oberste Gesichtspunkt nicht die höhere Idee des Guten, der Pflicht ist, der Schwerpunkt und das letzte Ziel vielmehr in dem realen eigenen Selbst liegt, so bringt es der Verstand consequent nur zu einem klugen, wohlberechneten Egoismus, der alle Verhältnisse im gesellschaftlichen Leben möglichst für sich auszubeuten strebt.

Diese Richtung ist vielfach in philosophischen Systemen (am schärfsten in Locke's und der verwandten nationalökonomischen Lehre von Adam Smith) und in vielen rechtsphilosophischen Theorien (z. B. Pufendorf, Rousseau), sowie in allen Strafrechtstheorien hervorgetreten, welche unmittelbar oder mittelbar durch Furchterweckung vor Verbrechen abschrecken wollen.

Die höchste Stufe des geistigen Lebens und Wirkens ist durch die Vernunft gegeben. Im Grunde gibt es nur zwei Hauptstufen, die Sinnlichkeit und die Vernunft, welche sich auf die zwei wesentlichen Seiten alles Seins und Lebens, auf das Sinnliche und Nichtsinnliche, das Endliche und Unendliche, das Zeitliche und Ewige beziehen, während der Verstand nur das Wechselspiel und die, an sich nothwendige, Wechselwirkung zwischen diesen beiden Gebieten ausdrückt. Die Vernunft soll auch die sinnliche Erscheinungs- und Erfahrungswelt verstehen lernen und bei Verstande bleiben, der Verstand jedoch auch zur Vernunft kommen und erkennen, dass alle Grundbegriffe, durch welche die Thatsachen der Erfahrung aufgefasst und zu einer höheren Allgemeinheit und Einheit gebracht werden, wie die Begriffe der Causalität, des Gesetzes u. s. w., und dass ebenso alle Ideen, welche eine Richtschnur für das Handeln bilden, nicht von der endlichen und sinnlichen Seite der Dinge aus, sondern nur durch die Vernunft erkannt werden können.

Die Vernunft ist im Menschen der Grund der Persönlichkeit, der Erkenntniss der Gesetze der natürlichen und sittlichen Welt, der Erhebung aller besondern Vermögen zur Erfassung des Ewigen, Unendlichen und Absoluten, der articulirten Sprache und der unendlichen Vervollkommnungsfähigkeit des menschlichen Geistes, und muss selbst als eine unmittelbar aus Gott stammende Kraft betrachtet werden, wodurch unser Geist über die sinnliche Thierseele unendlich erhaben ist und zu allem Göttlichen erhoben wird.

Wir haben die Vernunft schon als Grund der Persönlichkeit erkannt, des inneren Selbstvernehmens, welches sich im Ich ausdrückt. In der Selbsterfassung des Ich hebt sich der Geist vom Universum ab, erfasst sich selbst als einen absoluten Mittelpunkt, unterscheidet sich von der unendlichen Welt und von Gott, ja kann sich sogar Gott entgegensetzen. Eine solche Fähigkeit unendlicher Unterscheidung setzt aber eine Kraft voraus, die selbst eine Unendlichkeit in sich sein muss.

Durch die Vernunft erkennt der Geist Gesetze, also eine höhere unwandelbare Einheit in der Mannigfaltigkeit und dem Wechsel der Erscheinungen, eine Ordnung in der Masse des scheinbar Zufälligen, eine Harmonie in dem in vieler Hinsicht Ungleichartigen. Das Thier fühlt zwar die Wirkungen der Gesetze, z. B. der Schwerkraft, vermag aber nie ein Gesetz zu erkennen. Nur der Geist, der das höchste Eine Wesen zu denken fähig ist, kann auch die Einheit und Ordnung in den abgestuften Gebieten der Welt erkennen. Es liegt aber auch eine tiefe sittliche Bedeutung in dieser Fähigkeit, Gesetze zu erkennen. Der Mensch hat die Aufgabe, das ganze gesellschaftliche Leben zu einer gesetzlichen, auf Vernunft- und Sittengesetzen beruhenden, Ordnung zu machen, sie aller Willkür zu entheben und durch die Freiheit und für die Freiheit eine schöne harmonische Ordnung zu begründen, wie sie die Natur in den nothwendigen Gesetzen darbietet; aber er soll sich bei allen Gesetzen auch erinnern, dass sie ihren letzten Grund in Gott haben.

Die Vernunft erhebt die Vermögen des Denkens, Fühlens und Wollens in die Sphäre des Ewigen, Unendlichen und Absoluten. Wir haben gesehen, dass selbst der Materialist sich dieser Begriffe nicht entschlagen kann, wenn er sie auch nur auf die Materie anwendet. Es sind aber überhaupt verschiedene Arten und Stufen des Unendlichen und Absoluten zu unterscheiden. So ist die Natur unendlich, und jedes Naturwesen hat noch unendliche Beziehungen und ist in sich noch eine Unendlichkeit; ebenso ist der Geist unendlich und er kann unbedingt seine Pflicht thun. Das höchste Wesen, Gott, ist aber in voller Einheit absolut - unendlich und unendlich - absolut; eine Qualität, die keinem Wesen, keiner Ordnung der Welt zukommt.

Auch das Vermögen des Gefühls wird durch die Vernunft zu einer höheren Stufe der Gefühle erhoben, und wir haben schon bemerkt, dass die Vernunftgefühle des Guten, Sittlichen, Rechten, Schönen sich in Bezug auf denselben Gegenstand und zu gleicher Zeit im Gegensatz mit sinnlichen Gefühlen befinden können, was nur durch eine zweifache Quelle der Gefühle begreiflich ist.

Der Wille endlich wird durch die Vernunft zur Freiheit erhoben. Diese liegt, wie Kant richtig bemerkt hat (S. 139), in der Fähigkeit, in der Sinnenwelt stets den Zusammenhang der auf einander folgenden Handlungen durchbrechen und eine neue Reihe von Handlungen, welche durch die vorhergehende nicht bestimmt ist, beginnen zu können.

Dass bisweilen eine gänzliche Aenderung in der Handlungsweise eintreten kann, wird durch viele Thatsachen bestätigt. Dies ist aber nur möglich durch eine Kraft, die gewissermassen von oben einschlägt in die sinnliche Welt, über welche sie erhaben ist. Diese Freiheit ist zwar auch durch Motive bestimmt, wie es überhaupt keine Willenshandlung ohne Bestimmgrund gibt. Aber die Art der Bestimmgründe entscheidet über Unfreiheit und Freiheit. Die aus der Sinnlichkeit stammenden Antriebe machen den Menschen zum Sclaven der Sinne, treiben ihn, nach verschiedener Stärke und Schwäche, von einem sinnlichen Gegenstande und Eindrucke zum andern fort, lassen ihn „von Begierde zum Genusse forttaumeln und im Genusse vor Begierde verschmachten“ (Faust); die blos verständigen Antriebe entspringen aus Rücksichten der Klugheit, aus einer, oft über alle menschliche Berechnung hinausgehenden, Abwägung der Vortheile und Nachtheile einer Handlung; dagegen bilden die absoluten Vernunftideen des Wahren, Guten, Sittlichen, Rechten unbedingte Antriebe, durch welche der Wille dem blos mechanischen Getriebe der Stärke und Schwäche der Eindrücke und der Abwägung der Grössenverhältnisse, im Mehr oder Minder der Vortheile, entrückt und in die höhere Sphäre erhoben wird, welche dem Geiste den klaren, freien und weiten Blick über das Gebiet der Erfahrung und des in bestimmten Verhältnissen überhaupt Möglichen gewährt und die Wahl nicht zwischen Gutem um Schlechtem, sondern zwischen verschiedenem Guten gestattet, um das unter den gegebenen Verhältnissen Beste und Rechte auszuwählen. Die Vernunft mit ihrem absoluten Ideengehalte bildet aber das höhere Selbst des Geistes, und daher ist die Freiheit die wahre Selbstbestimmung, welche das Gute und Göttliche nicht als ein Anderes und Fremdartiges, sondern als das eigene Wesen erfasst. Hier zeigt sich nun gleichfalls die tiefe Wahrheit in der Behauptung Kant's, dass die Freiheit der reale Verbindungspunkt der sinnlichen und der idealen Welt, des Sinnen-Menschen (*homo phaenomenon*) mit dem Vernunft-Menschen (*homo noumenon*) sei, und dass das kategorische Gebot, das Gute um des Guten, die Pflicht um der Pflicht willen zu thun, eine Offenbarung des im Menschen liegenden Absoluten sei. Wir haben aber gesehen, dass Kant dieser idealen Welt gar keinen Rückhalt an einer idealen übersinnlichen Realität gab. Wenn jedoch die ideale Seite des menschlichen Geistes nicht ebenso einen Stützpunkt in dem Ewigen, Absoluten, Göttlichen erhält, wie die sinnliche Seite ihn im Endlichen und Zeitlichen besitzt, so bleibt das Ideale, die Freiheit selbst in sich haltlos und wird dann zu der Sinnlichkeit, als der allein realen Macht, hinabgezogen. Dieser Kampf des Idealen mit dem Sinnlichen zeigt sich mehr oder weniger in dem unvollkommenen Leben eines jeden Menschen. Aber nur wenn der Geist sich in der Ueberzeugung befestigt, dass die ideale Welt nicht minder Realität hat, als die sinnliche Erscheinungswelt, wird er sich auch in dem Entschlusse und in der Hoffnung stärken können, durch Erhebung und Vertiefung in die substantielle ideale Welt die Macht zu gewinnen, um in seinem eigenen Leben alle einzelnen Richtungen, Bestrebungen, Triebe in Selbstbeherrschung zusammenzufassen, dem Gesetze des Guten und der Pflicht zu unterwerfen und in der Harmonie des „Ganzen, Guten, Schönen resolut zu leben“ (Göthe).

Die Vernunft ist ferner der Grund der articulirten Sprache. Das Thier drückt auch seine Empfindungen und Begierden durch Laute aus, die von Anderen seines Gleichen verstanden werden. Diese unmittelbare, einfache, der Einfachheit seines Seelenlebens entsprechende, Vocal und Consonant im Laute nicht unterscheidende, Sprache ist auch im Thierleben anzuerkennen; aber der Mensch allein hat eine articulirte und reflectirte Vernunftsprache, weil er, ebenso wie er sein Denken und Empfinden wiederum zum Gegenstand der Betrachtung macht, auch über die Laute selbst reflectirt, sie in Vocal und Consonant unterscheidet und unter einander verbindet, und weil er zudem durch die Vernunft den allgemeinen Begriff des Zeichens fasst und Alles, was ist, selbst noch einen Strohhalm, in bestimmter Weise als Zeichen verwerthen kann. Dieses universelle Vermögen, Alles in Beziehung zu einander und zur Erinnerung an jedes Andere als Zeichen aufzufassen, ist selbst noch einer mehrfachen Steigerung fähig, indem der menschliche Geist für die erste unmittelbare Lautbezeichnung eines Gegenstandes wiederum Zeichen in der gewöhnlichen Schriftsprache feststellen kann. (Es gibt jedoch zwei Hauptarten der Schriftsprache, sie kann entweder eine unmittelbare sein, wenn, wie in der chinesischen Schriftsprache, die Schriftzeichen direct den Gegenstand selbst bezeichnen, so dass dann für die grosse Masse unterschiedener in der Erfahrung aufgefasster Gegenstände eine entsprechende Masse von schriftlichen Bezeichnungen — gegen achtzigtausend in der chinesischen Sprache — gelernt und erst in Worte übersetzt werden muss; oder die Schriftsprache erhebt sich auf eine höhere Stufe, wird eine mittelbare, allgemeinere und innerlichere in der eigentlichen Buchstabenschrift, in welcher das geschriebene Zeichen nicht unmittelbar die Sache, sondern das gehörte Wort bezeichnet und, wie dieses, aus den Selbst- und Mitlauten gebildet wird). Diese Articulirung oder innere Gliederung des Lautes und die allgemeine Auffassung des Zeichens so wie die Potenzirung des Zeichens selbst ist nur begreiflich durch das Dasein eines höheren geistigen Vermögens, welches frei über den einfachen seelischen Thätigkeiten waltet und wirksam ist, über die Zeichen, in denen sie sich ausdrücken, reflectirt und für die Zeichen selbst wiederum Zeichen schafft. Die articulirte und höher potenzirte Zeichensprache ist daher das sprechendste Zeugniss für den qualitativen Grundunterschied, welcher zwischen dem Menschengeiste und der Thierseele besteht und macht es unmöglich, dass je ein Thier sich zum Menschen emporbilden, der Mensch von einem Thiere abstammen könnte, weil das letztere durch seine blos sinnliche Empfindungs- und Vorstellungskraft sich nicht selbst aus der Sinnlichkeit, den sinnlichen Ein- und Ausdrücken herausziehen und darüber eine freie Macht der Reflexion, der Bezeichnung und Beherrschung gewinnen kann.[1]) Dabei ist noch zu bemerken, dass

[1]) Es ist diese Andeutung über die Sprache hier nur gegeben worden, um wenigstens, wenn möglich, noch bei den Rechtsbeflissenen eine höhere

jeder Mensch sich durch die Vernunft auch innerlich selbst vernimmt, innerlich mit sich redet und sich stets geistig klar und bestimmt reden hört (ohne dass je ein Ohrnerv in Bewegung gesetzt würde), dass jedoch dieses innere Sprechen nicht mit dem Denken selbst verwechselt werden darf, wie es öfter geschieht, indem, wie Jeder bei sich erfahren kann, der Gedanke, welcher schon im Allgemeinen da ist, öfter mit dem Ausdrucke ringt und für eine Sache den Namen nicht findet oder vergessen hat.

Die Vernunft ist, wie schliesslich hervorzuheben, das Vermögen unendlicher Vervollkommnung, weil durch die Vernunft eine Kraft des Unendlichen mit dem menschlichen Geiste verknüpft ist, wodurch derselbe, bei der kräftigsten Spontaneität, eine

---

Anschauung vom menschlichen Geiste aufrecht zu erhalten, der durch sogenannte Naturforscher nur als eine gesteigerte Thierseele, als eine Emporbildung der Affenseele betrachtet wird. Wer aber behauptet, dass eine einfache sinnliche Kraft sich über sich selbst erheben könne u. s. w., hat seines Gleichen nur an Münchhausen, wenn er erzählt, dass er sich bei seinem eigenen Schopfe aus dem Schlamme gezogen habe. Solche Behauptungen können jedoch heute als neueste Weisheit auf Hochschulen (wie sie geworden sind, s. S. 217, Note) vorgetragen werden, ohne dass die Studirenden, welche sie hören, genöthigt würden, wenigstens die einfachsten psychologischen Gegengründe kennen zu lernen. Und da heute Alles, was sich Naturforschung nennt, auf gläubigste Anerkennung rechnen darf und die weiteste Verbreitung findet, so ist es dann in weiten Kreisen fast ein Dogma geworden, dass der Mensch entweder vom Affen abstammt, oder dass Mensch und Affe Geschwister eines untergegangenen Urthiers seien. Diese letztere Fiction — sogenannte exacte Naturforscher haben ja das zugestandene Privilegium, mit ihrer materialistischen Einbildung ganz neue Wesen zu schaffen, von denen auch nicht die leiseste Spur nachgewiesen werden kann — scheint heute die ausgegebene Parole zu sein. Allein, um nur bei der Sprachfähigkeit stehen zu bleiben, so sollte doch mindestens von den Wanderpredigern der Blutsverwandtschaft von Menschen und Affen verlangt werden, dass sie einen Affen mit sich herumführten, dem sie wenigstens die ersten Anfänge einer articulirten und Buchstabensprache beigebracht hätten. Denn wenn ein Affe oder Affenbruder durch sich selbst während seiner Lebenszeit die Anfänge solcher Sprache hat schaffen können, so müsste er sie doch unendlich leichter erlernen, wenn sie ihm mitgetheilt werden und er stets im Umgange mit einem solchen Naturforscher bleiben könnte. — Aber, wie schon bemerkt, an göttliche Kraft und Abstammung wollen die Meisten nicht mehr glauben und lassen daher lieber mit dem Menschen — Affenschande treiben.

unendliche Receptivität, Sinn, Liebe, Zuneigung, Streben für Alles, was ist, das Höchste und Geringste besitzt, durch allseitige Anregung den Antrieb erhält, im Wechselverkehr mit allem Sein und Leben sich anzueignen, was ihm mangelt, sich durch Alles nach allen Seiten zu ergänzen, das Endliche, was nur ein Theil eines höheren Ganzen und Vollen ist, zu vollenden oder zu vervollkommnen. Das Leben des Menschen ist daher durch die Vernunft ein fortgesetztes Vervollkommnungs- und Ergänzungsstreben.

Wird nun schliesslich aber nach dem Grunde oder der Quelle der Vernunft gefragt, so kann nach dem Gesetze der Causalität, wornach die Wirkungen mit der Ursache gleichartig sein müssen, die Vernunft, welche Unendliches, Ewiges, Absolutes zu erfassen vermag, nicht aus dem endlichen Geiste stammen, sondern muss ihren Grund in einem unendlichen absoluten Wesen haben, welches in seinem, durch nichts Anderes bestimmten, Selbst- und Für-Sich-Sein die absolute Persönlichkeit ist. Die Vernunft ist daher die unmittelbar aus Gott stammende Kraft, sie ist der höhere Sinn, das geistige Organ oder Auge für das Göttliche, Uebersinnliche, Ewige, sie ist ein geistiger Lichtstrahl, welcher, obwohl ein einzelner in jedem Geiste, doch das ganze Wesen des Lichtes in sich trägt. [1]) Die Vernunft ist aber auch der Weg, die Kraft und die Leuchte zu Gott und zu allem Göttlichen. Dieses Licht kann zwar in der sinnlichen Atmosphäre verdunkelt werden, aber sein Schimmer erlischt nie vollständig im menschlichen Geiste, tritt zeitweise wieder stärker hervor und kann auch zu hellem Lichte angefacht werden. Durch die Vernunft ist auch der Geist im Besitze der ursprünglichen göttlichen Lebenswahrheiten und Lebensgesetze,

---

[1]) Dass in dem endlichen Geiste ein Unendliches sein müsse, damit derselbe Gott ahnen, erkennen und an ihn glauben könne, ist in allen höheren philosophischen Systemen anerkannt (auch in dem alten Satze formulirt, dass das Gleiche nur vom Gleichen erkannt werden könne) und von Göthe, in passender Hinweisung auf eine Natur-Analogie, in den bekannten Versen ausgesprochen:

> Wär' nicht das Auge sonnenhaft,
> Wie könnten wir das Licht erblicken?
> Lebt' in uns nicht des Gottes eigne Kraft,
> Wie könnt' uns Göttliches entzücken?

welche sich im Gewissen ankünden, das nicht die unmittelbare, sondern die durch die Vernunft nach ihrer Kraft und Stärke vermittelte Stimme Gottes und des Göttlichen ist, welche als unbedingtes Gebot und Verbot (kategorischer Imperativ) dem Geiste die mahnende und abmahnende Weisung gibt. Die Vernunft ist das Vernehmen des Göttlichen im Geiste und in der Natur, und sie ist es auch, welche Alles in der Welt in die Einheit höherer Gesetze und Kräfte zusammennimmt und auf die letzte substantielle Einheit und Realität, Gott, zurückführt.

Es ist eine arge Verkennung des Begriffs der Realität oder der Wirklichkeit, wenn man das Göttliche und das Geistige überhaupt nicht als eine ebenso substantielle Realität und Wirklichkeit auffasst, als die durch die Sinne sich kund gebende Naturwelt. Abgesehen davon, dass alle äussere objective Realität sich in subjective Empfindung auflöst, dass wir von der Aussenwelt nichts haben, als was wir empfinden, ist Wirklichkeit überhaupt das, was sich als wirksam erweist und als Wirkung hervorgebracht ist. Nun bezeugt aber nicht nur das höhere innere Leben des Einzelnen, sondern die Geschichte aller Culturvölker, dass die Gottesideen die wirksamsten umbildenden Ursachen und Mächte gewesen sind. Haben auch dabei Aberglaube und Fanatismus eine grosse Rolle gespielt, so haben dieselben ihre Wurzel doch in der Ueberzeugung von dem Dasein einer höchsten Macht, von welcher die Geschicke des Menschen in diesem und jenem Leben abhängen. Diese Wirkungen weisen auf eine entsprechende reale Ursache, auf Gott und das Göttliche hin, welches zudem ebenso ein realer Gegenstand innerer geistiger Erfahrung ist, wie alle andere Realität, aber dieselbe durch die Unendlichkeit der Macht und Wirksamkeit überragt.

So ist die Vernunft das höchste reale Band zwischen Gott und den Menschen, sie begründet die Gleichheit aller Menschen vor Gott in allem Göttlichen und Guten, in allen wesentlichen Vermögen und Lebensrichtungen und in der gemeinsamen menschlichen Bestimmung.

Diese letztere haben wir jetzt nach der allgemeinen Betrachtung des menschlichen Wesens näher zu untersuchen, um die Aufgabe kennen zu lernen, welche das Recht in der Gesammtbestimmung des Menschen und der menschlichen Gesellschaft zu vollführen hat. [1])

---

[1]) Der Glaube, von welchem in der vorstehenden Entwickelung nicht näher die Rede gewesen ist, hat auch seinen Grund im Vernunftcharakter

§. 32.
Ethische Entwickelung.

Die Bestimmung des Menschen; das System der Bedürfnisse, der Güter und der Lebenszwecke.

In der göttlichen Welt- und Lebensordnung hat ein jedes lebende Wesen die ihm nach seiner Stufe und Stellung angewiesene Bestimmung, alle in seiner Natur gegebenen Anlagen und Kräfte zu entwickeln und aus der umgebenden Mitte sich anzueignen, was seinem Wesen entspricht.

Der Mensch, welcher, in den Mittelpunkt der Schöpfung gestellt, alle wesentlichen Kräfte der natürlichen und sittlichen Ordnung in sich harmonisch vereinigt, ist nicht ein natürlich-seelisches Wesen wie das Thier, sondern durch die göttliche Kraft der Vernunft zur Persönlichkeit erhoben und in lebendige Beziehung zur Gottheit gesetzt, und er hat daher die Bestimmung, seine göttlich-menschliche Persönlichkeit in fortschreitender Entwickelung in allen Lebensverhältnissen zu Gott, zur Natur und zur geistigen Ordnung, für sich und in der Gemeinschaft, allseitig auszubilden

---

des Menschen. Die drei Begriffe: Vernunft, Wissen, Glauben müssen dahin bestimmt werden, dass die Vernunft die gemeinsame Grundlage und Kraft von Wissen und Glauben ist, diese beiden letzteren Begriffe relative Gegensätze bilden. Man kann daher den Glauben dem Wissen entgegenstellen, aber nicht der Vernunft; es gibt keinen Glauben gegen die Vernunft, wenn dieselbe richtig aufgefasst und nicht mit dem blossen Verstande verwechselt wird, der von Gott und göttlichen Dingen oft gar nichts wissen und glauben will. Für alle in irgend einer Hinsicht endlichen Geister, welche nicht Alles wissen, d. i. durchschauen, unmittelbar erkennen oder aus Principien ableiten können, bildet der Glaube eine nothwendige Ergänzung des Wissens. An sich ist Wissen ein höherer Zustand, denn Gott weiss und glaubt nicht, aber für den endlichen Geist sind Wissen und Glauben gleichmässig gefordert. Der Glaube bezieht sich auf alles Individuelle und Persönliche in den Lebensverhältnissen der Menschen unter einander und mit Gott. Das Gebiet des Individuellen und Persönlichen ist unendlich und kann von keinem Geiste unmittelbar erkannt werden; dagegen können, was das Wichtigste ist, alle Grundprincipien, alle Grundwahrheiten, welche für alles Einzelne und Persönliche massgebend sind, durch Vernunft-Wissenschaft mit Gewissheit erkannt werden, und die Grundwahrheiten sind in der Regel so einfach, dass sie bei richtiger Methode leicht von jedem Geiste gefasst werden können.

und das ganze Leben den Grundgesetzen der gesammten göttlichen Ordnung zu unterwerfen [1]).

Durch die unmittelbar göttliche Vernunftkraft ist dem Menschengeiste ein Princip der unendlichen Vervollkommnungsfähigkeit mitgetheilt, und das menschliche Leben ist und soll sein ein stetes Ergänzungs-, Vervollkommnungs- und Vollendungsstreben.

Durch die unendliche göttliche Kraft und Anlage sind alle Menschen gleich; jeder Mensch ist, der Anlage nach, die Menschheit. Jeder Mensch soll daher die Menschheitsidee und das Menschheitsideal zu immer vollkommenerer Darstellung bringen. Diese Bestimmung ist selbst eine unendliche und fordert eine Unendlichkeit bewussten persönlichen Lebens; sie kann jedoch von jedem Einzelnen, von jeder Gemeinschaft in eigenthümlicher Art und Schönheit vollführt werden, so dass jeder Theil organisch nach dem Charakter und in Aufnahme aller Grundelemente des Ganzen gebildet ist. Stets wird zwar irgend eine Lebensrichtung, eine besondere Anlage und Kraft eine vorherrschende Berufsarbeit bestimmen und den Grundton in der Lebensentwickelung geben, aber die Harmonie geht dadurch nicht verloren, sondern erscheint in jedem Einzelnen, in jedem Theile und Kreise als eine eigenartige Harmonie göttlich-menschlicher Bildung, als charaktervolle Culturharmonie.

Wir haben die Gesetze kennen gelernt (S. 17—23), nach welchen der Culturprocess sich in den verschiedenen Zeitaltern, Perioden und Epochen in der Geschichte der Menschheit vollzieht; wir haben hier aber den Culturgehalt in den Lebensgütern näher kennen zu lernen, welche den Gegenstand alles Strebens bilden.

---

[1]) Krause hat zuerst nachzuweisen unternommen, dass der Mensch vom Thierreiche, auch nach seiner leiblichen Organisation, verschieden sei und ein eigenes Menschheit-Reich begründe, indem das Wesen des Menschen nach seiner leiblichen und geistigen Organisation durch das Princip der Harmonie und der harmonischen Synthesis charakterisirt ist. Es zeigt sich auch in der That, dass der menschliche Leib alle Systeme, Functionen und Organe, welche im Thierreiche in den verschiedenen Classen sich nach einander ausbilden, zu höherer Harmonie vereinigt, und dass ebenso der menschliche Geist durch die Vernunft alle geistigen Kräfte und Richtungen zur höchsten Einheit und Harmonie verknüpft. Der Mensch ist daher das Harmonie-Wesen der Schöpfung und hat auch die Bestimmung, sein Leben zu einer harmonischen Ordnung des Guten zu gestalten. S. auch Krause's „Vorlesungen über physische Anthropologie“, Göttingen 1848.

Der unendliche Fortbildungstrieb, welcher dem Menschen durch die Vernunft eingeboren ist, ruft bei dem Gefühle des stets mangelhaften Zustandes und zugleich bei dem Reize, den alles Sein und Leben auf seine universelle Aufnahms- und Aneignungsfähigkeit ausübt, immer mehr das Bedürfniss heran, die Befriedigung in Allem zu suchen, was den gefühlten Mangel zu heben vermag. Alles, was geeignet ist, ein durch das Wesen des Menschen gegebenes, also „wahres" Bedürfniss zu befriedigen, ist ein Gut. Diese, jetzt auch von den National-Oekonomen gegebene, Definition (Roscher, Volkswirthschaft, Bd. I, S. 1) ist eine allgemeine und auf alle wahren Bedürfnisse zur Anwendung zu bringen.

Gut ist demnach Alles für den Menschen Wesentliche, Erstrebenswerthe. Immer aber wird das Gute auf das Wollen und Handeln bezogen; derselbe Gegenstand, der in Bezug auf den Willen gut ist, kann in Hinsicht auf das Denken wahr, in Bezug auf das Gefühl schön sein. Diese Begriffe schliessen sich nicht aus; überall aber, wo der Wille thätig ist für die Erhaltung, Ausbildung, oder den Gebrauch von Etwas, was dem Menschen wesentlich ist, ist ein Gut vorhanden. Der Mensch ist ein unendlich bedürftiges Wesen. Aus seinen Beziehungen zum Ganzen des Seins und Lebens entwickelt sich das System der Bedürfnisse, welches in einem entsprechenden System der Güter seinen Ausdruck und seine Befriedigung findet.

Die Lehre vom Guten und dessen Verwirklichung durch den freien Willen ist die Ethik (früher Moral genannt). Die Ethik begreift drei Theile, einen obersten Theil, die Güterlehre, welche die gemeinsame Grundlage für die Moral (im heutigen engeren Sinne) und für die Rechtslehre ist. Die Güterlehre, haben wir daher auch für die Begründung und Entwickelung der Rechtsidee näher zu bestimmen.

Es gibt zuhöchst Ein Gut; dieses liegt in der, aus dem allgemeinen Vervollkommnungsbedürfnisse entspringenden Darbildung des vollen und ganzen göttlich-menschlichen Wesens nach allen inneren Vermögen und in allen wesentlichen Verhältnissen zu der gesammten göttlichen Seins- und Lebensordnung. In Beziehung zu Gott liegt das höchste Gut in der Erstrebung und der praktischen Darbildung der Ebenbildlichkeit des Menschen mit Gott, in der Gestaltung des Lebens zu einem Reiche Gottes, d. i. zu einem Reiche alles göttlich-menschlich Guten.

Diese Eine und ganze Bestimmung des Menschen bildet daher auch das Eine allumfassende und höchste Gut. Dieses Eine Gut gliedert sich in zwei Reihen von Gütern, ohne jedoch in seiner höheren Einheit zu verschwinden. Wie in jedem natürlichen oder sittlichen Organismus das Eine und Ganze auch eine von den Gliedern unterschiedene selbständige Macht und Bedeutung hat (sich äusserlich auch in Centralorganen ausprägt) und als eine höhere Seele alles Besondere durchdringen und beleben soll, so soll auch das Eine Gut, die Eine Menschheitsidee die Richtschnur, der Massstab und die höhere ausgleichende Harmonie für alle besonderen Güter und Zwecke sein. In der Culturentwickelung hat sich dieses allgemeine Gut und Ziel in dem Streben nach Humanität, nach allgemein menschlicher Bildung und Gesittung offenbart. Es wird dadurch auch dem Menschen die Aufgabe gestellt, sich in allem Rein-Menschlichen zu bilden, den Sinn und die Liebe für alles Göttlich-Menschliche zu pflegen und in allen Sonderverhältnissen und Sonderbestrebungen, bei allen sonstigen Unterschieden, welche unter den Menschen bestehen können, das Bewusstsein und das Gefühl der höheren menschlichen Gleichheit und Gemeinsamkeit zu bewahren, in jedem Menschen, wie tief er auch gesunken sein möge, noch den Menschen zu achten.

Das Eine und ganze Gute gliedert sich für den Menschen in zwei Güter-Reihen und Kreise, in die Güter, welche durch die Persönlichkeit an und für sich selbst nach ihren Zuständen und Grundeigenschaften bestimmt sind, insofern ihre Erhaltung, Ausbildung u. s. w. ein Gegenstand oder Ziel für das Wollen und Handeln sein kann, und in die Güter, welche durch die Grundverhältnisse gegeben sind, in welche der Mensch zu der ganzen Seins- und Lebensordnung tritt.

I. Die Persönlichkeits-Güter sind: das Leben überhaupt nach der natürlichen und geistigen Seite, die geistige und leibliche Gesundheit und Integrität, die aus dem Vernunftcharakter entspringende Würdigkeit und menschliche Würde, die das menschliche Leben in der Gemeinschaft wiederspiegelnde Ehre, die früher charakterisirte (S. 243) Freiheit, die Grundvermögen des Denkens, Fühlens und Wollens und die dadurch gegebenen Verhältnisse, insofern sie ein Gegenstand praktischen Bestrebens sind. Diese Güter sind zunächst in der Einzelpersönlichkeit gegeben, allein sie zeigen sich, unter bestimmten Modificationen, in allen Persönlichkeits-Verbänden, in der Familie, Gemeinde, Genossenschaft, dem Staate u. s. w., indem diese Verbände, wenn sie auch kein physisches Leben, doch ein natürlich-sittliches Dasein haben, welches in seinem Bestande zu wahren ist, und ebenso ihre Ehre und Freiheit haben, von einem Gesammtbewusstsein durchdrungen und von einem Gesammtwollen geleitet sind.

II. Die Güter, welche durch die sachlichen Grundverhältnisse und die in der allgemeinen Bestimmung enthaltenen Lebenszwecke gegeben sind und Bildungs-Güter genannt werden können, sind: das hier vorwaltend hervortretende Eine höchste Gut der Humanität oder der göttlich-menschlichen Bildung, die Religion, die Wissenschaft, die Kunst, die schöne und die nützliche Kunst, die Verbindung von Wissenschaft und Kunst, insbesondere in der Erziehung, die Sittlichkeit und das Recht.

1. Das Eine höchste Gut der allgemein-menschlichen Bildung oder die Humanität, welche zugleich der Einigungspunkt zwischen den beiden Hauptarten der Güter ist, alle Güter der Persönlichkeit erhebt und verklärt, jedoch unter den Gütern der Bildung vorwaltend hervortritt, soll für alle diese Güter die höhere ausgleichende Macht und Richtschnur sein.

Das Göttlich-Menschliche in der Bildung ist das höhere Licht, von welchem alle anderen Bildungsgüter nur die besonderen Strahlen und Farben sind. Es ergibt sich daraus die wichtige praktische Folgerung, dass in der gesellschaftlichen Gestaltung und Organisation keines der besonderen Güter an die Spitze gestellt werden darf, selbst nicht die Religion und die religiöse Gemeinschaft, weil auch diese nur ein bestimmtes eigenartiges Verhältniss der Menschen zu Gott begründen, die anderen Gebiete jedoch nicht minder in göttlichen Ideen, der Wahrheit, Schönheit, Gerechtigkeit u. s. w. wurzeln. Ueberhaupt haben alle Gebiete eine göttliche und menschliche Seite, sind alle, auch Religion und Kirche, der Abirrung fähig, so dass kein Gebiet den Anspruch auf die Leitung in Bezug auf die übrigen erheben kann, alle vielmehr in nebengeordneter Föderation durch das Band des Rechts und der rechtlichen Ordnung zu gegenseitiger Wechselwirkung und Förderung zu verknüpfen sind.

2. Die Religion ist das in das ganze Gemüth aufgenommene Urverhältniss der menschlichen Persönlichkeit zu der göttlichen

Persönlichkeit. Zwischen dem Menschen und einer ihrer selbst unbewusst wirkenden Weltseele könnte kein religiöses Verhältniss bestehen. Man hat in neuerer Zeit die Religion bald auf ein Gefühl, besonders auf das Gefühl der Abhängigkeit des Endlichen vom Unendlichen (Schleiermacher), bald auf eine bestimmte Stufe des Denkens und Bewusstseins (Hegel), bald auf den Willen zurückführen wollen. Dagegen hat Krause (Religionsphilosophie; Kritik von Schleiermacher und Bouterweck 1836) zu zeigen gesucht, dass die Religion diese drei geistigen Vermögen in der Einheit des Gemüthes in Bezug auf die persönliche Einigung mit Gott in sich befasst, die Religion also Gotteinigung und Gottinnigkeit in der Liebe des ganzen Gemüthes ist. Die Liebe ist der Lebenskern aller wahren Religion, und hat auch allein die edelsten Blüthen der Humanität getrieben. Nach der Liebesthätigkeit für alles Gute muss jedes religiöse Leben gemessen werden. Wissen und Glauben sind Stützpunkte und Weisungen für alles Handeln, aber in der Religion müssen sie die Weisung für die Liebesbethätigung geben. In der klarsten und entschiedensten Weise hat die christliche Religion diesen innersten Lebensquell erschlossen und alle Gebote auf das Eine Grundgebot der Liebe Gottes und der Menschen zurückgeführt. (Du sollst lieben Gott u. s. w.; das ist das vornehmste und grösste Gebot; das andere ist aber dem gleich: Du sollst deinen Nächsten lieben als dich selbst. In diesen zweien Geboten hanget das ganze Gesetz und die Propheten. Wer in der Liebe bleibet, bleibet in Gott und Gott in ihm.) Aber da das Glauben leichter ist als thätige Liebe, welche aus dem ganzen Menschen hervorgehen muss, so hat die menschliche Schwäche auch hier wieder Ausflucht gesucht und einen Deckmantel über sich geworfen, indem sie das Christenthum hauptsächlich als einen Glauben und nach der Glaubensseite auffasste. Der Protestantismus ist zwar dem Glauben, der innersten Lebensquelle, der ganzen Hingabe des Menschen an Gott näher gerückt (S. 91), aber das intellectuelle Moment ist doch vorwaltend geblieben. Glauben und Wissen sind auch die geistigen Aufnahmskräfte des Göttlichen, aber sie müssen sich stets in die Triebkraft der Liebe umsetzen. Dass aber im Glauben nicht der Mittelpunkt des Göttlichen liegt, bezeugen die entsetzlichen Gräuel, die in seinem Namen in den grossen Verfolgungen und Kriegen begangen sind. Der Glaube ist der grössten Abirrungen fähig, besonders wenn derselbe, anstatt der Individualität einen weiten Spielraum in einer gemeinsamen Grundanschauung zu gewähren, wie es der Begriff des Glaubens erfordert (S. 249), als ein Gegenstand der Wissenschaft behandelt und in's Einzelnste ausgebildet werden soll, wo dann nicht nur die Irrthümer selbst sehr gefährlich sind, sondern auch jeder erkannte einzelne Irrthum das ganze Gebäude in Frage stellt. Gerade die Gefahr, von welcher heute von allen Seiten, von der Naturwissenschaft, der Geschichte, der Philosophie die dogmatischen Aufstellungen bedroht sind, wird schliesslich für die christlichen Confessionen eine Nöthigung werden, sich in das Herz des Christenthums, die Liebe, zurückzuziehen und von dieser festen Burg aus den Gegner nicht nur zu entwaffnen, sondern auch wieder zu gewinnen, und unter sich selbst in der Liebe wieder den wahren Einigungspunkt zu suchen. Je mehr aber in der gegenwärtigen Zeit der Glaube von verschiedenen Seiten her geschwächt und untergraben wird, desto mehr muss die höhere Wissenschaft bedacht sein, die auch durch die Vernunft erkennbaren höchsten religiösen Grundwahrheiten zu erhalten und zu stärken. Es ist ein grosser Irrthum, der durch ein neueres philosophisches System (Hegel) verbreitet worden ist, dass die Religion einer niederen Stufe der Bewusstseins- und Geistesentwickelung angehöre und die Philosophie über der Religion stände. Religion und Philosophie sind zwei unvergängliche, Gott und das Göttliche in eigenthümlicher Weise erfassende Seiten des menschlichen Geistes, und nie wird die Philosophie die Religion, ebenso wenig wie das Wissen die Liebe und den Glauben ersetzen können. Das Herz, sagt Luther, muss eine ewige Speise haben, soll es satt werden, und für das Herz gibt diese Speise nur die Religion. Die Philosophie, sagt ebenso wahr Fichte, soll das Auge für die übersinnliche Welt offen erhalten. Aber Beides soll vereint sein, das Auge im Lichte, das Herz in der Wärme des Göttlichen stehen. Die Religion, der innerste Pulsschlag des Lebens, ist auch stets die stärkste Macht für die Erhaltung der Völker auf dem Wege des Fortschritts gewesen; wo sie geschwächt wurde oder aussetzte, trat Verfall und Zersetzung des Lebens ein. Die Religion ist im Cultus der Anfang aller Cultur gewesen, in der Wissenschaft und in den Künsten, und ein neuer religiöser Aufschwung ist stets der mächtigste Hebel zu ihrer Wiedererhebung geworden. Die Religion ist zudem die gemeinsame ideale Lebensmacht, der auch die Massen noch zugänglich sind, sie ist es also, die Höheres und Niederes in dem Mittelpunkte des Lebens verbindet und ausgleicht. Es ist daher auch eine schwere wissenschaftliche Versündigung, wenn man dem grossen, geistig ungebildeten Theile des Volkes Sinn und Herz für dieses Ideale und Uebersinnliche nimmt, welches auch das stärkste Band unter allen Menschen bildet, und wenn es gelöst wird, einen tiefen Riss in der gesellschaftlichen Ordnung zurücklassen muss. Schwindet der ideale Zug des Lebens, so muss die Richtung zum sinnlichen Genuss in Erregung aller sinnlichen Leidenschaften vorherrschend werden. Die Religion kann dagegen das stärkste Gegengewicht bilden; sie ist es, die im Leben des Einzelnen und der Gesellschaft die Richtung auf das Höchste erhält, ihm die höhere Weihe und Verklärung gibt, den Glauben an das Gute, Wahre, Rechte und das Göttliche, und im zeitlichen Wechsel alles Irdischen und Endlichen den Sinn für das Ewige bewahrt. Dazu kommt, dass in einer Zeit, wo das Wissen und Können sich nach allen Richtungen der Welt erweitert, aber auch auseinander geht, um so dringender das Bedürfniss wird, dass eine Macht, wie die Religion, vom ganzen Gemüthe aus die Richtung auf das Eine, Ganze und Höchste unterhält.

Während die Religion das Grund- und Urverhältniss der menschlichen Persönlichkeit zu der absoluten Persönlichkeit ist, tritt der Geist durch die Wissenschaft und Kunst in andere Beziehungen zu der ganzen Seins- und Lebensordnung. Wissenschaft und Kunst sind unter sich verwandt, wie Erkennen und Können, und was der Geist erkannt hat, wird ein Drang und eine Triebkraft zur Bethätigung und Gestaltung. Beide unterscheiden sich aber, nicht zunächst nach den Vermögen, sondern nach der verschiedenen Art und Weise, wie die allgemeine und die individuelle Seite der Geistesthätigkeit und der Dinge selbst darin zur Geltung kommen.

2. Die Wissenschaft, als Wahrheitsforschung, setzt den Geist durch das Denken und Erkennen in Verbindung und Harmonie mit allem Sein und Leben, vorwaltend nach der Seite der Allgemeinheit, indem sie alles Einzelne und Besondere, welches erkannt wird, unter mehr oder minder allgemeine Begriffe und Ideen zu bringen sucht; sie ist vorwaltend eine generalisirende Function; sie ist aber eine wahrhafte geistige Besitzergreifung und Aneignung alles Seins und Lebens, welche dem Geiste Nahrung und Wachsthum

gibt, wie ein Naturwesen sie durch die Assimilation der Elemente gewinnt. Wissenschaftsforschung ist zugleich eine stete Capitalsbildung des Geistes, welcher nach der inneren Kräftigung seines Vermögens dasselbe zu weiterer Erzeugung geistiger Güter verwerthet. Wissenschaft und Kunst sind eigentlich die den Gehalt des Lebens bildenden und bestimmenden Mächte, während alle anderen Functionen, Religion, Sittlichkeit, Recht, die an sich eben so wichtige Art und Weise (Form) bestimmen, wie aller Lebensgehalt durch die Beziehung zu Gott seine höchste Weihe und im Leben des Einzelnen und der Gesellschaft seine Verwirklichung findet. Die Wissenschaft ist seit dem Ausgange des Mittelalters die bedeutendste forttreibende und umbildende Macht des Lebens geworden. In den zwei Hauptgebieten und Richtungen der Wissenschaft, der idealen philosophischen Wissenschaft, welche vorwaltend in synthetischer Methode den harmonischen Zusammenhang der Dinge und Verhältnisse in den Ursachen und Gesetzen und zuhöchst im letzten göttlichen Grunde zu erforschen unternimmt, und der Erfahrungswissenschaft, welche, in analytischer Methode, das Allgemeinere aus dem Besonderen abzuleiten sucht, ist in der geschichtlichen Entwickelung mehrfach im Gegensatze, bald die eine, bald die andere in den Vordergrund getreten, und in unserer Zeit könnte es scheinen, als wenn die empirischen Wissenschaften für immer die Herrschaft ausüben würden; allein so wie die Empirie in den moralischen Wissenschaften gar nicht bestimmen kann, was sein soll, so weiss auch jeder tiefer blickende Naturforscher, dass die grossen Entdeckungen (Kopernikus, Kepler, Newton) nicht durch analytische Abstractionen und Inductionen, sondern durch neue umfassende Gesichtspunkte gemacht worden sind; und es wird daher die richtigere Erkenntniss gewonnen werden müssen, dass wie die Philosophie sich auf die Erfahrung und Analyse stützen muss, auch die Empirie der Philosophie und des philosophischen Geistes nicht entbehren kann. In praktischer Hinsicht ist aber darauf hinzuweisen, dass die Wissenschaften die Anschauungen und Ueberzeugungen bestimmen, und dass, wer auf die letzteren einwirken, sie ändern, berichtigen will, Sorge tragen muss, dass nicht einseitige Richtungen, Abirrungen sich festsetzen, dass vielmehr ein harmonisches Band, Gleichgewicht und Gegengewicht unter den Wissenschaften bestehen bleibe.

3. Die Kunst bildet einen relativen Gegensatz und eine Ergänzung zu der generalisirenden Wissenschaft, indem sie, insbesondere mit Hilfe der Phantasie, Allgemeines, Vernunftideen und Verstandesbegriffe, in concreten Formen gestaltet, individualisirt. Es gibt (wie in der Wissenschaft) zwei Hauptarten der Kunst, die schöne und die nützliche Kunst, welche auch zu einer schönnützlichen Kunst sich verbinden.

Das Schöne, welches die Kunst bildet, ist, an und für sich betrachtet, Form-Harmonie, welche in einer höheren Einheit die innere Mannigfaltigkeit der relativen Gegensätze zusammenfasst und auch im Beschauer eine harmonische Stimmung aller geistigen Vermögen hervorruft. Irrig ist es aber, das Schöne abstract nur in die Form zu setzen. Eine jede Form muss mit dem in ihr dargestellten Gehalte in Harmonie sein, und jeder Künstler muss vor Allem die Idee in sich lebendig werden lassen, welche er darstellen will. Das wahre, volle Schöne muss zudem in Harmonie mit allem Wahren, Guten und Sittlichen sein, so dass das Schöne in sich und nach allen Seiten harmonisch ist. Wird nach dem tieferen Grunde des Schönen geforscht, so wird es als eine Erscheinung der in Gott gegründeten Welt und Lebensharmonie erkannt, die in der schönen Kunst in freier Auffassung und Behandlung dargestellt werden soll. Alle wahre Kunst, jeder höhere künstlerische Geist ist von einer religiösen Stimmung des Unendlichen, Göttlichen durchdrungen und alle Kunstthätigkeit ist ein lebendiges Wechselspiel zwischen dem Geiste des Künstlers und dem im All seiner Gestaltungen und Formen sich wiederspiegelnden göttlichen Geiste. Dadurch erhält das Schöne einen absoluten Charakter, ist Selbstzweck. Wenn Aristoteles die Kunst eine Nachahmung der Natur nannte, so liegt darin die tiefe Wahrheit, dass ein Kunstwerk in sich organisch gegliedert und, wie ein Naturgebilde, möglichst individualisirt sein muss; aber die Nachahmung kann doch nur eine geistig-freie sein, die den idealen Zug, selbst bei vorwaltender Nachbildung (Portrait), nicht darf vermissen lassen. Nach ihrem Charakter haben das Schöne und die schöne Kunst die Bestimmung, den idealen Zug des Lebens zu erhalten, den Sinn für das Höhere, Harmonische zu kräftigen. Was Aristoteles von der Tragödie sagte, gilt von der Kunst überhaupt, sie soll eine Reinigung von den niederen Leidenschaften sein. Die Pflege des Schönheits- und Kunstsinnes ist daher ein mächtiger

Hebel höherer Bildung. Dagegen kann auch die Kunst, wenn sie das Schöne vom Guten und Sittlichen abtrennt und nur der Raffinirung der Sinnlichkeit dient, den Verfall eines Volkes einleiten und beschleunigen.

Die nützliche Kunst erzeugt Werke, die nach ihrer wesentlichen Bestimmung nicht Selbstzweck, sondern anderen Zwecken zu dienen bestimmt sind. Der Begriff des Nützlichen muss jedoch in zweifacher Beziehung aufgefasst werden.

In allgemeiner Beziehung haben, bei der Wechselwirkung, in welcher alle Thätigkeitsrichtungen und Lebenskreise stehen, alle Güter, auch wenn sie in höchster Hinsicht Selbstzweck sind, wie die Religion, die ideale Wissenschaft, die schöne Kunst, die Sittlichkeit, eine nützliche Seite, indem die Pflege eines jeden dieser Güter auch alle anderen fördert, also ihnen in höherer Hinsicht nützlich ist; aber diese Nützlichkeit ist nur eine mittelbare, indirecte, indem diese Güter nach ihrer ersten unmittelbaren Bestimmung Selbstzweck sind. Dagegen gibt es auch Güter, die nach ihrer Hauptbestimmung unmittelbar anderen zu dienen bestimmt sind. Solche eigentlichen Nutz-Güter können aber nur an Gegenständen der unfreien Natur, an Stoffen und in Verhältnissen haften, die sich an diese Stoffe knüpfen, denn alles Geistige, Freie hat zunächst Selbstwerth und kann nur durch die Bethätigung, Arbeit an einem Stoffe in das Gebiet des Nützlichen treten. Das ganze Arbeitsgebiet für die eigentlichen Nutzgüter vertheilt sich in die nützlichen Künste und die darauf bezüglichen Wissenschaften, also in die technische Kunst der auf unmittelbare Gewinnung von Naturprodukten, im Ackerbau, Viehzucht, Forstcultur und Bergbau, gerichteten Urproduction (Stoffgewinnung) und der auf die Bearbeitung von Naturproducten für menschliche Zwecke gerichteten Gewerbe (Stoffverarbeitung). In Beziehung zu diesen nützlichen Künsten, aber unterschieden von ihrer technischen Ausübung, die nach den erforschten Naturgesetzen und Naturkräften vor sich gehen muss, steht die Wirthschaft in ihren verschiedenen Abzweigungen als Privat- und Volkswirthschaft, welche nicht eine rein technische Kunst und Wissenschaft, sondern eine ethische Wissenschaft und Kunst ist oder sein soll und die Gesetze und Bedingungen darzulegen hat, nach welchen die menschliche Thätigkeit, in richtiger Verknüpfung der wesentlichen Antriebe des Gemeinsinnes und des Selbstinteresses und nach der Verschiedenheit aller Natur- und Culturverhältnisse, die Gewinnung, den Umsatz und die Verzehrung der Nutzgüter zum möglichsten Besten aller mitwirkenden Theile und der menschlichen Gesellschaft regeln soll.

Durch diese Art der Güter wird das Gebiet der Volkswirthschaft bestimmt und begrenzt. Nur Güter also, die in oder an einem stofflichen Gegenstande haften, Handlungen, die sich darauf beziehen, also auch Verhältnisse, die damit verknüpft sind (z. B. Kundschaft für einen Laden, für eine Fabrik u. s. w.) und deshalb gleichfalls des äusseren Verkehrs fähig sind, sind auch wirthschaftliche Güter. Die Volkswirthschaft hat zwar auch die Einflüsse darzulegen, welche Religion, Sittlichkeit, Wissenschaften und Künste überhaupt auf das bestimmte wirthschaftliche Leben im Ganzen und in allen Theilen ausüben; aber sie hat nicht selbst die Principien der Religion u. s. w. zu entwickeln.

Das Nützliche kann mit dem Schönen in der schön-nützlichen Kunst verbunden werden, wie in der Baukunst, der Gymnastik u. s. w., und alle an einem äusseren Gegenstande dargestellten Kunstwerke dieser Art gehören, nach der eben bezeichneten Seite, gleichfalls zum Gebiete der Volkswirthschaft.

4. Wissenschaft und Kunst bilden aber allseitige Verbindungen, indem es zunächst von jeder Kunst auch eine Wissenschaft gibt und jede Wissenschaft in sich kunstvoll wie ein schöner Bau der Wahrheit durchgebildet und auch im subjectiven Geiste mit künstlerischer Fertigkeit gestaltet werden kann. Die innigste Verbindung von Wissenschaft und Kunst vollzieht sich jedoch in der Erziehung; das ganze Leben soll, vom Mittelpunkte der Charakterbildung für alles Göttlich-Menschliche, eine fortgesetzte Erziehung sein, es soll die Idee der gottebenbildlichen Menschheit in möglichster Vollkommenheit im Individuum, in Kräftigung des Bewusstseins der damit verbundenen und mit der Bildung sich steigernden Pflichten zur Darstellung bringen. Die Erziehung theilt sich aber in zwei Hauptarten und Stufen, in die vorwaltende Erziehung durch Andere und in die später vorwaltende Selbsterziehung unter den allgemeinen bildenden Einflüssen des gesellschaftlichen Lebens. Der Unterricht ist nur eine auf die Bildung der Erkenntniss gerichtete Seite der Erziehung.

In diesen vier Hauptgütern würde das Gütergebiet sachlich abgeschlossen sein, indem die Religion sich auf das Grund- und Ur-Verhältniss des Menschen zu Gott, die Wissenschaft auf die allgemeine Seite, die Kunst auf die individuelle Seite der Dinge und Verhältnisse bezieht, die innigste Verbindung von Kunst und Wissenschaft, mit dem religiösen Grundkern, in der Erziehung liegt. Aber es gibt noch zwei Hauptgüter, die sich auf die Modalität, die Art und Weise (Form) der Verwirklichung aller Güter durch das menschliche Wollen und Handeln beziehen. Diese Güter sind die Sittlichkeit und das Recht, von denen die erstere durch die inneren subjectiven Antriebe oder Motive der Willensthätigkeit gegeben ist, das Recht dagegen, zunächst abgesehen von den Motiven, die Aeusserung der Willensthätigkeit in der objectiven Gestaltung der Güterverhältnisse regelt. Sittlichkeit und Recht sind unterschieden, stehen jedoch in inniger Beziehung, und können daher in keinen wesentlichen Conflict gerathen (§. 37).

5. Der Begriff des Sittlichen und der Sittlichkeit bedarf wegen der allseitigen Berührungen mit dem Recht und den Rechtsverhältnissen einer scharfen Feststellung, die jedoch nur gegeben und erkannt werden kann, wenn streng unterscheidende Momente aufgesucht und festgehalten werden. Der Begriff der Sittlichkeit ist bisher zu keiner Klarheit gebracht worden, weil man fast immer das Sittliche und das Gute, Subjectives und Objectives mit einander vermischte und weil von manchen Philosophen, die gar nicht über das Subject hinauskommen, das Gute selbst nur subjectiv gefasst worden ist. Es sind aber drei Begriffe wohl zu unterscheiden: die Begriffe des Guten, des Sittlichen und des Sittlich-Guten. Das Gute bezeichnet immer etwas Sachliches, einen Gehalt und wesentlichen Inhalt, welcher, an und für sich objectiv betrachtet, geeignet ist, ein wahres Bedürfniss zu befriedigen (S. 251), das Sittliche dagegen liegt in der Art und Weise, wie nach den inneren Antrieben das Gute gethan wird. Gehalt und Form der Handlung sollten zwar stets im Einklange sein und würden dann das Sittlich-Gute bilden, wie es für das wahrhaft ethische Handeln verlangt wird; sie können aber auch in Gegensatz zu einander treten; eine dem Inhalte nach gute Handlung, z. B. die Verabreichung einer Unterstützung an einen Bedürftigen, kann sittlich verwerflich sein,

wenn dieselbe blos der äusseren Ostentation wegen, oder überhaupt aus unlautern selbstsüchtigen Antrieben erfolgt; es kann aber auch, wie öfter, der Fall eintreten, dass die Absicht, das Motiv einer Handlung rein und lauter, die Handlung aber an sich nicht gut ist, z. B. wenn die Unterstützung einem Unwürdigen gegeben wird. Für das volle ethische Handeln wird daher verlangt, dass die Handlung sittlich-gut sei, und wir werden später sehen, dass die sittlich-gute Handlung auch zugleich dem Principe und den Formen des Rechts gemäss sein soll.

Die Sittlichkeit, Moralität, ist daher in die Beweggründe, Motive der Willensbethätigung zu setzen, und für diese wichtige subjective Seite des Wollens, für welche ein Wort geschaffen werden müsste, wenn es nicht bestände, auch ohne Vermischung mit anderen Momenten festzuhalten. Hegel hat zwar unter Sittlichkeit das Ganze der, in äusseren Lebensverhältnissen und Einrichtungen objectiv erscheinenden, Sitte und unter Moralität die nach den Beweggründen bestimmte subjective Seite der Willensbethätigung verstehen wollen; aber man hat mit Recht diese willkürliche, dem Sprachgebrauche entgegenstehende Unterscheidung nicht angenommen, da das Wort Sitte vollkommen genügend ist, um Alles zu bezeichnen, was in einer Lebensgemeinsamkeit der fortschreitenden Entwickelung und in der äusseren Erscheinung sich kund gibt oder gesetzt wird, so dass der Begriff der Sitte (ähnlich wie das Wort ἦθος und ἔδος, welches sowohl Sitz, Wohnsitz, als auch Gewohnheit, Sitte bezeichnet) in aller Lebensbethätigung erscheint, nicht blos im eigentlich-sittlichen Gebiete, sondern auch im Rechte als Rechtssitte und selbst in den äusseren gesellschaftlichen Formen des Umgangs u. s. w. sich kund gibt.

Wird die Sittlichkeit näher nach den Beweggründen bestimmt, so erkennt man zwei Hauptarten von Motiven, welche den zwei Hauptstufen der Erkenntniss, der sinnlich-verständigen und der Vernunftstufe entsprechen und ihren Schwerpunkt entweder in einem mehr weniger egoistischen Selbstinteresse oder in dem Guten als solchen, als dem Göttlichen, Unbedingten nehmen. Nur das Motiv der letzteren Art kann als ein reines, lauteres, wahrhaft sittliches angesehen werden.

Kant hat in neuerer Zeit zuerst in seiner Lehre vom unbedingten Gebote (kategorischen Imperativ) gefordert, dass das Gute rein um des Guten selbst willen gethan werde (S. 147); wir haben aber erkannt, dass dieses Gebot, um nicht blos formell zu bleiben und als blos abstracte Forderung gewissermassen in der Luft zu schweben, auf das reale Dasein eines absoluten Wesens, Gottes, zu beziehen ist und dadurch allein einen realen Stützpunkt und Rückhalt sowie die wahrhafte Begründung erhalten kann. Weil Gott, das Unbedingte, die Quelle alles Guten ist, soll es auch unbedingt, in Hinsicht auf Gott, gethan werden. Es liegt darin keine die menschliche Kraft übersteigende Anforderung; sie ist vielmehr so sehr dem menschlichen Gefühle entsprechend, dass Jeder sich innerlich verletzt fühlt, wenn er bei Handlungen, die von Seiten Anderer wohlthätige sein sollen, andere Motive wahrnimmt (man merkt die Absicht und wird verstimmt).

Es gibt nun zwar im gesellschaftlichen Leben viele Verkehrsverhältnisse, z. B. Verträge, in welchen auch das Selbstinteresse seine Befriedigung finden soll, aber auch in diesen Fällen sollen die Parteien ihre Interessen gewissen allgemeinen sittlichen und rechtlichen Grundsätzen unterwerfen und von der Ueberzeugung durchdrungen sein, dass das, was sie für sich fordern, mit den Gesetzen des Rechts und der Billigkeit im Einklange ist. Das oberste sittliche Gebot bleibt daher, dass das Gute um des Guten willen, die Pflicht um der Pflicht willen gethan werde, und dieses Gebot bezieht sich in seiner sittlichen Form auf alle Lebensgebiete menschlicher Wirksamkeit.

Dieses Gebot verlangt demnach, dass in der Religion die Liebe Gottes und der Menschen eine reine, lautere sei, die Rücksicht auf jenseitige Belohnung und Bestrafung nicht die bestimmende Ursache des Handelns bilde, wenngleich diese Momente auch als Folgen eintreten können; es fordert, dass jeder Mensch, in welcher Stellung er sich befinden möge, das, was Pflicht ist, um der Pflicht selbst, nicht um äusserer Hinsichten willen thue. In einem solchen sittlichen Willen allein liegt die sicherste Gewähr für das treue Festhalten an dem, was als Gut, Recht Pflicht erkannt ist. So wie jede, ohne fremdartige Rücksichten geübte Pflichterfüllung den Blick klar erhält, und, bei der guten Absicht, leichter erkennen lässt, was an sich gut und recht ist, so liegt überhaupt in der Reinheit der Motive eine Kraft und eine Quelle des Segens, die auf eine dem Guten inwohnende und dem reinen Willen sich mittheilende Macht hinweist, welche nur in Gott ihren höchsten Grund haben kann. Gott will in keiner Hinsicht Lohndienerei; so wie sein Wille rein auf das Gute geht, so verlangt er von dem Menschen, seinem Ebenbilde, dass er das Auge klar, den Willen rein erhalte, damit das Göttliche, Wahre und Gute den rechten Eingang und eine würdige Stätte finden. Daraus erklärt sich auch, dass die grössten Entdeckungen, die edelsten Werke der Wissenschaft und Kunst von solchen Geistern ausgegangen sind, die sich ganz der Sache gewidmet hatten, rein der Wahrheit oder einem Kunstideale zustrebten, und dass auch nur solche philosophischen Systeme ein Segen für die menschliche Bildung gewesen und geblieben sind, welche den Sinn für das Göttliche geweckt und gestärkt und den reinen Willen für das Gute belebt haben (Platon, die Stoiker, in neuester Zeit Kant und insbesondere Krause). [1])

Die Sittlichkeit ist also diejenige Form der Verwirklichung des Guten, in welcher das Gute nach seiner Unbedingtheit in dem Bestimmgrunde des Willens hervortritt, das Subject also in seinem subjectiven inneren Willen, in welchem das Absolute allein erscheinen kann, sich in Harmonie mit der objectiven Absolutheit des Guten setzt.

Aber das Gute soll nicht in dem inneren Motive beschlossen bleiben; es soll seine Verwirklichung in allen Verhältnissen des Lebens finden, und es muss ein Princip geben, durch welches die Verwirklichung des Guten in allen Lebens- und Gütergebieten, welche sich alle in ihrem Dasein und in ihrer Entwickelung gegenseitig bedingen, geregelt wird.

Dieses Princip, welches dem sittlichen Princip ergänzend zur Seite tritt und die Bedingungen normirt, unter welchen alle Güter und Güterzwecke in der menschlichen Gesellschaft verfolgt werden können, ist das Recht.

---

[1]) Die Sittlichkeit oder die Moralität wird wissenschaftlich durchgebildet in der Tugendlehre und verknüpft sich wieder mit dem ersten allgemeinen Theile, der Güterlehre, zur Pflichtenlehre, als der sittlichen oder tugendhaften Vollführung des Guten in den verschiedenen Lebensverhältnissen. Wie das Leben des Einzelnen und das Leben im Staate vielfache Vergleichungspunkte darbieten, so kann man auch die Tugendlehre die Lehre von der sittlichen Verfassung, die Pflichtenlehre die Lehre von der sittlichen Lebens-Verwaltung nennen.

6. Das **Recht**, welches wir sogleich näher im Principe zu bestimmen haben, wird nach der soeben bezeichneten Aufgabe noch besser begriffen werden, wenn wir uns die hauptsächlichsten Kreise vergegenwärtigen, in welchen das Gute und alle Güterzwecke ihre Verwirklichung finden.

Diese **Kreise** sind, wie zuerst Krause hervorgehoben hat, zweifacher Art. Die eine Art derselben befasst die Kreise, welche in einer höheren abgestuften Gliederung alle Güterzwecke in Einer physischen oder ideellen Persönlichkeit zusammenfassen. Diese Kreise kann man überhaupt die **Persönlichkeitskreise** nennen, weil ebenso, wie die Einzelpersönlichkeit alle Lebens- und Güterzwecke in ihrer Thätigkeit umfasst, so auch die höheren Stufen der Gesammtpersönlichkeit stets alle Güterzwecke in höherer Einigung verfolgen. Diese höheren Stufen sind die **Ehe** und die **Familie**, sodann die **Gemeinde** als örtlich fixirter Verband von Einzelnen und Familien, der **Stamm**, welcher sich auch als Sonderstaat organisiren kann, bei den neueren Völkern jedoch sich mit verwandten Stämmen zur **Nation** verbindet, als die höhere, durch Gemeinsamkeit der Sprache, des Wohnsitzes und eines gemeinsamen politischen Bewusstseins bestimmte Gesammtpersönlichkeit, und endlich die **Völker-Föderationen**, welche die Nationen einzugehen bestimmt sind. Alle diese Kreise gehen nie auf einen einzelnen Haupt- oder Nebenzweck, sondern erfassen das Leben nach allen wesentlichen Seiten, und die höheren Kreise unterscheiden sich von den niederen nur dadurch, dass sie, wenngleich jede einen specifischen Charakter an sich trägt, Steigerungen und Erweiterungen des Wirkungskreises sind. Die andere Art der Kreise oder Ordnungen ist dagegen bestimmt durch die vorwaltende Verfolgung eines besonderen Hauptzweckes, der Religion, Wissenschaft u. s. w., von denen ein jeder sich in viele einzelne Zwecke nach besonderen Richtungen theilen kann, was bei der ersten Art der Kreise nicht möglich ist, da in denselben stets die Eine oder Gesammtpersönlichkeit der Alles befassende und durchdringende Geist ist. Diese zweite Art von Kreisen kann man **Güterkreise** oder Bildungs- (Cultur-) Kreise oder Ordnungen nennen. Diese Ordnungen sind gebildet durch die Religion, die Wissenschaft, die schöne Kunst, die nützliche Kunst, die Erziehung, die Sittlichkeit und durch das, alle Kreise oder Ordnungen unter sich und mit den

Persönlichkeitskreisen zu einer gemeinsamen Einheit verknüpfende, Recht. Das Verhältniss unter diesen beiden Kreisen ist dadurch bestimmt, dass die Persönlichkeitskreise den Grundstock, Stamm und Rahmen für alle Culturkreise bilden, diese also ihren Bestand nur in den Persönlichkeitskreisen haben. Ueber die Familie hinaus, das innigste Band der Persönlichkeiten, bilden sich besondere Vereine, Genossenschaften, Anstalten für die besonderen Zwecke der Religion und Confession, der schönen und der nützlichen Künste u. s. w. und können sich auch in einer höheren Culturperiode zu Vereinen gestalten, die über die bestimmten Persönlichkeitskreise hinausgehen, was seit dem Christenthume insbesondere für die religiöse Confession, aber auch in umfassender Weise für die Wissenschaft, Kunst, Wirthschaft eingetreten ist; und es ist dabei besonders hervorzuheben, dass gerade durch diese Culturkreise und durch die in ihnen wirkenden Kräfte die Kreise der ersten Art zu immer höheren Stufen der Vereinigung fortgetrieben werden; man darf auch annehmen, dass, wie früher die Familien durch Geschlechter hindurch zu einer Gemeinde u. s. w. sich fortbildeten, so auch jetzt die grossen Nationen durch die gemeinsamen friedlichen Culturbedürfnisse mehr und mehr zu einer auch rechtlich zu organisirenden Völker-Föderation hingedrängt werden. Gleichwohl bilden die ersten Kreise die Stämme, von denen die anderen nur die einzelnen Zweige sind und auch von einem gemeinsamen Geiste beseelt und durch eine gemeinsame gesellschaftliche Macht verknüpft werden sollen. Bisher sind diese beiden Arten von Kreisen nicht unterschieden worden; allein es ist auch für die juristische Auffassung von Wichtigkeit, dass, bei gewisser formeller Gleichheit, die sachlichen Unterschiede im Bewusstsein gegenwärtig bleiben, dass z. B. die Gemeinde als Corporation von einer Gewerbs-Corporation unterschieden und sachlich in eine andere Kategorie gestellt werde.

Erwägt man nun, dass alle diese Lebens- und Güterkreise in einer einheitlichen Gesammtordnung nicht nur in die mannigfachsten Berührungen und Beziehungen treten, sondern dass allen Kreisen ein gewisses selbständiges Dasein und freies Handeln gewährt, allen die Erstrebung ihrer Zwecke und die gegenseitige Ergänzung und Förderung ermöglicht werden muss, so wird die Nothwendigkeit eines Princips erkannt, wodurch diese wichtigen

Verhältnisse in der gemeinsamen Ordnung die entsprechende Regelung erhalten. Dieses Princip ist, wie wir sehen werden, das Recht.

Capitel II.

Feststellung des Rechtsprincips.

§. 33.

Ableitung des Rechts als des Ordnungs- und Organisationsprincips des menschlichen Lebens.

Das menschliche Leben bildet in allen Kreisen und Gebieten, nach verschiedenen Stufen und Richtungen eine Ordnung, in welcher, im Unterschiede von der nach nothwendigen Gesetzen bestimmten Naturordnung, durch Vernunft und Freiheit alle Theile in ein solches Verhältniss gesetzt werden sollen, dass für die Erstrebung der Gesammt- und Sonderzwecke alle Theile unter sich und mit dem Ganzen in eine geordnete Wechselwirkung treten, in ihrer relativen Selbständigkeit und Freiheit sich auch gegenseitig ergänzen und fördern. In der Natur besteht diese Wechselbestimmung in einem höheren Ganzen durch unabänderliche Gesetze in vollständiger Weise nach allen Seiten, indem noch das geringste Stäubchen durch die umgebende Mitte, alle Arten und Stufen des physischen Lebens bis zu den Sonnensystemen durch alle anderen mehr oder weniger mitbestimmt, alle aber durch den, in der Thätigkeit der Grundkräfte und Gesetze sich kund gebenden, Charakter der allseitigen Gebundenheit und nothwendigen Wechselwirkung bestimmt sind. Diese richtige organische Naturanschauung, welche den Gegensatz zu der blos äusserlichen, im achtzehnten Jahrhundert und jetzt abermals vorherrschenden mechanischen Naturbetrachtung bildet, wurde eingeleitet durch den einfachen Ausspruch G. Forster's: „Die Natur ist ein Ganzes", d. i. keine blosse Summe äusserlich an einander gekommener Atome, Kräfte, Theile; und nachdem Kant den Begriff scharfsinnig dahin bestimmt hatte, dass, während im Mechanismus Alles als Mittel für Einen bestimmten Zweck berechnet, im Organismus dagegen „Alles Zweck und Mittel zugleich", Alles für sich und für das Andere sei, wurde dieser Begriff für die Grundanschauung der Natur weiter durchgebildet von Schelling und von ihm so wie auch später von der historischen Schule (S. 176), wenn auch ohne gehörige Hervorhebung des Unterschiedes zwischen dem Naturleben und dem geistig-sittlichen Leben, auch auf dem geistigen und sittlichrechtlichen Gebiete zur Anwendung gebracht.

Der Begriff des Organismus als eines Ganzen, in welchem alle Theile, als Glieder, mit dem Ganzen und unter einander, für den Gesammt- und für die Sonderzwecke in Wechselbestimmung sind, findet seine volle Anwendung auch auf das menschliche Leben, wenn hier der Vernunft die Aufgabe gestellt wird, in Freiheit zu bilden und zu gestalten, was in der Natur mit Nothwendigkeit gegeben ist.

Das menschliche Leben ist gleichfalls von der Einzelpersönlichkeit an bis zu allen höheren Stufen der Personen-Verbände und in allen Berufskreisen ein Ganzes, keine blosse Summe an einandergelegter Theile und Glieder. Aber so wie in der Naturanschauung, so ist auch in den Wissenschaften des geistigen und vorherrschend-rechtlichen Lebens die mechanische Auffassung vorherrschend geworden.

Das ältere Naturrecht, welches nicht vom Ganzen, sondern vom Individuum ausging, erblickte in der ganzen Rechts- und Staatsordnung nur einen Mechanismus, welcher für einen bestimmten Zweck durch das äusserliche Zusammentreten der Einzelnen und ihren summirten Vertragswillen geschaffen sei; das Individuum wurde daher, vor dem Staate (im Naturstande) und in dem Staate, als für sich bestehend, mit anderen Individuen nur durch seinen Willen in Verkehr tretend angesehen, als wenn die Menschen als Individuum unmittelbar vom Himmel fielen und nicht wenigstens seit Adams Zeit aus einer Gemeinschaft hervorgingen.

Diese Betrachtung der menschlichen Lebenskreise als einer blossen Summe äusserlich sich berührender, blos coexistirender Gebiete ist auch in der Wissenschaft des Privat- und öffentlichen Rechts vorherrschend geblieben und die Erkenntniss, dass schon durch die Natur des Menschen und seine Bestimmung in der Gemeinschaft nicht blos Coexistenz, sondern auch theils freiwillige, theils aber nothwendige Assistenz und gegenseitige Förderung geboten sei, zu keiner Klarheit gekommen.

Aber so wie schon der einzelne Mensch Sorge tragen soll, dass seine Geisteskräfte möglichst gleichmässig ausgebildet werden, damit jede Kraft durch alle anderen die nöthige Unterstützung und Ergänzung finde, alle sich zu einer charaktervollen Gesammtmacht vereinigen und das Leben sich als ein Ganzes wohlgeordneter Thätigkeit darstelle, so soll jeder höhere gesellschaftliche Kreis, jeder Staat, den man so oft den Menschen im Grossen genannt hat, Sorge tragen, dass alle Lebensgebiete in einer den Anforderungen einer menschheitlichen Ordnung und Culturharmonie entsprechenden, durch die Willensbethätigung der einzelnen Kreise und der Gesammtheit herzustellenden Wechselbestimmtheit sich entwickeln.

Diese Wechselbestimmtheit, in welcher in Bezug auf einen Willen (sei es durch oder für den Willen) Eins von einem Andern abhängig gemacht ist, heisst Bedingung im weitesten Sinne des Wortes, und es ergibt sich daraus die Nothwendigkeit eines Princips, durch welches diese Bedingungsverhältnisse in der ganzen menschlichen Lebensordnung geregelt werden. Dieses Princip ist das des Rechts; hätte dies Princip nicht seinen Ausdruck im Recht gefunden, so müsste offenbar das Lebensbedürfniss in der Sprache einen anderen Begriff erzeugt haben; allein der Rechtsbegriff entspricht, wie wir alsbald näher sehen werden, jener Auffassung in der vollkommensten Weise, indem alle Verhältnisse des Privat- und öffentlichen Lebens darnach scharf bestimmt und auch solche Fragen gelöst werden können, die nach den gewöhnlichen Ansichten vom Recht gar keine Lösung haben finden können. Da nun aber die Regelung der Bedingungs-Verhältnisse des menschlichen Lebens sich als das charakteristische Moment des Rechts darstellt, so ist der Begriff der Bedingung selbst noch schärfer zu bestimmen und von zwei verwandten Begriffen, der Ursache und des Mittels zu unterscheiden, mit welchen er häufig verwechselt oder vermischt wird.

Der Begriff der Bedingung ist in der Rechtswissenschaft überhaupt von hervorragender Bedeutung, ist jedoch weder an sich noch in Bezug auf die ihm zu gebende Ausdehnung genau festgestellt, und es macht sich nur das Bedürfniss immer mehr geltend, diesem, lange Zeit viel zu eng aufgefassten, Begriffe eine weitere Ausdehnung zu geben.

Wenn wir absehen von dem Naturleben, in welchem Bedingung überhaupt das Bestimmtsein des Einen durch ein von ihm unterschiedenes Anderes ist, und hier nur die im menschlichen Willen wurzelnden Lebensverhältnisse in's Auge fassen, so ist Bedingung im weitesten Sinne jede Abhängigmachung (oder Bestimmung) einer Willensthätigkeit von einem objectiv erkennbaren Umstande für einen erlaubten Zweck, und diese Abhängigmachung oder Bestimmung des Willens kann, wie wir später genauer erkennen werden, durch die Wesenheit eines Verhältnisses, oder nach den gewöhnlichen Vorkommnissen, oder in zufälliger Weise durch Privatwillkür gesetzt sein (wornach dann, bei den Rechtsgeschäften die Bedingungen sich in *essentialia*, *naturalia* und *accidentalii negotii* eintheilen). Bedingung ist daher Alles, wovon die Willensbethätigung der einzelnen und vereinten Menschen für die Erstrebung von Lebens- und Güterzwecken abhängig ist.

Die Bedingung ist nicht mit der Ursache, der Causalität, zu verwechseln. In dem Ursachlichkeitsverhältnisse geht nicht nur die Wirkung aus der höheren und früheren Ursache hervor, sondern Ursache und Wirkung sind immer gleichartig; während die Bedingung das Verhältniss von zwei an sich unterschiedenen, oft sehr ungleichartigen, in ihrem (wirklichen oder gedachten) Zugleichsein sich bestimmenden, Dingen ausdrückt. Durch eine Ursache wird etwas unmittelbar wirklich, durch eine Bedingung dagegen wird es möglich gemacht, dass etwas Anderes durch eine innere oder äussere Ursache wirklich werde.

Noch alle Wissenschaften leiden an der Verwechselung dieser beiden Begriffe, am meisten die sogenannten exacten Naturwissenschaften, wo der Materialismus hauptsächlich in dieser Verwechselung wurzelt, indem er das Gehirn, welches eine Bedingung der Wirksamkeit des Geistes in diesem Leben ist, zur Ursache des geistigen Lebens macht (S. 234).

In der Rechtswissenschaft wird zwar genauer zwischen den Entstehungsursachen eines Rechtsverhältnisses und den darin ausgedrückten Bedingungen unterschieden, aber der Begriff der Bedingung selbst wird in der Regel nur auf die durch den Willen gesetzten Nebenbestimmungen bezogen, während er auch alle Hauptbestimmungen in sich schliesst. Anderseits wird dieser Begriff im weiteren Sinne oft mit der Ursache verwechselt.

Es muss aber festgehalten werden, dass Recht und Staat, welche die Bedingungen des vernunftgemässen Lebens zu normiren haben, dadurch den verschiedenen Lebenskreisen nur möglich machen sollen, in eigener Causalität ihre vernünftigen Lebenszwecke zu verwirklichen (s. öffentliches Recht: über den Staatszweck).

Die Bedingung ist ferner von dem Mittel zu unterscheiden. Mittel überhaupt ist ein relatives sachliches Gut, welches einem andern, als Zweck gesetzten, Gute förderlich oder nützlich ist. Wir haben schon früher (S. 259) die beiden Arten des unmittelbar und mittelbar Nützlichen kennen gelernt. Immer aber bezeichnet Mittel das rein sachliche, an sich selbst (objectiv) bestehende Verhältniss eines Gutes zu einem andern Gute; die Bedingung dagegen ist nichts weiter als die formelle Beziehung der Abhängigkeit des Einen von dem Anderen und weist, in dem Rechtsgebiete, auf eine Willensbethätigung hin, für welche oder durch welche sie gesetzt ist; sie bildet demnach stets eine Forderung für den Willen, während das Mittel, auch ohne Beziehung zu einem Willen, an und für sich besteht und stets einen sachlichen Gehalt ausdrückt. Die Bedingung, an sich formell, erfüllt sich zwar stets, da sie nicht leer sein kann, mit einem sachlichen Gehalte und bezieht sich dadurch auch auf Mittel; aber einerseits ist zu beachten, dass das Verhältniss der Bedingung, nach beiden Seiten, sowohl den Zweck als das Mittel erfasst, und anderseits muss die formelle Forderung von dem sachlichen Mittel auch deswegen unterschieden werden, weil die Forderung von einer Seite gestellt werden kann, das Mittel dagegen von einer andern Seite beschafft werden muss.

Das Recht spricht durch seine Forderungen ein Sollen für alles Wollen aus, es wendet sich an die verschiedenen Willenscausalitäten, durch welche dann auch die entsprechenden Mittel zu beschaffen sind. Unter diesen Mitteln gibt es zwar auch solche, die theils vom Gesammtwillen der Gesammtheit, theils für die Gesammtheit (z. B. in den Steuern) beschafft werden sollen, aber der grösste Theil dieser Mittel liegt in der Willensthätigkeit, dem Vermögen der einzelnen Lebenskreise, und kann nur in Folge rechtlich begründeter theils einseitiger, theils wechselseitiger Forderungen verlangt werden. Wollte man dagegen dem Rechte und dem Staate die Aufgabe stellen, in den Anforderungen zugleich die Mittel selbst zu beschaffen, so würde sich der Gesammtwille an die Stelle aller einzelnen und vereinten Willen setzen und einen alle Persönlichkeit und Freiheit vernichtenden Communismus herbeiführen. [1])

Betrachten wir nun den Begriff der Bedingung an sich selbst etwas näher, so zeigt sich, dass derselbe ein Verhältnissbegriff ist, indem derselbe die beiden Momente des Bedingten und des Bedingenden befasst. Gewöhnlich wird unter Bedingung nur die eine Seite des Verhältnisses, nämlich das Bedingende, verstanden; es muss aber stets auch die andere Seite betrachtet werden, indem das Bedingende dem Bedingten entsprechend, angemessen sein muss. Der Ausdruck Bedingheit würde das Verhältniss von beiden Seiten richtiger bezeichnen. [2]) In dem Rechte kann auch das, was in einer Hinsicht bedingt ist, in der andern Hinsicht wieder Bedingung sein. So ist Religion und religiöses Leben in mancher Hinsicht bedingt durch Erziehung, durch wissenschaftliche Ausbildung, so wie durch äusseren Schutz; aber Religion ist ihrerseits eine Bedingung des sittlich-guten Lebens und der ganzen gesellschaftlichen Ordnung. Im Rechte muss daher jedes Verhältniss, jede

---

[1]) Die Verwechselung von Bedingung und Mittel hat mehrfach zu einer falschen Auffassung des Krause'schen Rechtsprincips geführt und bildet z. B. die vornehmste Grundlage der Polemik, welche ein italienischer Rechtsgelehrter (Prof. de Georgi in Padua) in einer besonderen (mit einem Belobungsschreiben des Papstes versehenen) Schrift 1852 gegen unsern *Cours de droit naturel* gerichtet hat.

[2]) Krause, welcher diesen streng wissenschaftlichen Ausdruck gebraucht, unterscheidet in dem Verhältniss der Bedingheit einerseits dasjenige, was bedingt, das Bedingniss (Bedingung), und dasjenige, was bedingt ist, oder das Bedingtniss; in der richtigen Beziehung beider zu einander liegt nun eben das Recht. Den Begriff der Bedingheit bestimmt Krause scharf und genau, als das Sicheinanderbestimmen des Zugleichseienden. Dieser metaphysische Begriff bezieht sich zuhöchst auf alle Seins- und Lebensgebiete. Wird er aber auf die für die Willensthätigkeit bestehende Bedingheit des menschlichen Lebens beschränkt, so ergibt sich der Begriff des Rechts. Hier kann auch der Unterschied zwischen Sittlichkeit und Recht begrifflich scharf ausgesprochen werden. Die Sittlichkeit besteht in der Selbstbestimmung für vernünftige Lebenszwecke, das Recht in der Wechselbestimmtheit aller Verhältnisse für diese Zwecke, so dass also in dem Organismus des menschlichen Lebens sowohl die Selbstbestimmung als die wechselseitig zu beschaffenden Bedingungen des vernunftgemässen Einzel- und Gemeinlebens zu ordnen sind.

Materie nach allen wesentlichen Seiten betrachtet werden, weil im menschlichen Leben alle Verhältnisse, insbesondere die hauptsächlichsten Lebenszwecke sich gegenseitig bedingen, ein jeder daher auch nach dem unterstützenden Einflusse, den er von anderen erfährt, zu betrachten ist. Durch das Recht sollen daher alle Lebenszwecke und Lebensgebiete zu gegenseitiger Förderung aufeinander bezogen, in das angemessene und richtige Verhältniss zu einander gesetzt werden.

Die menschliche Gesellschaft überhaupt ist ein eng verbundenes Ganzes, d. i. ein Organismus von einzelnen und moralischen Personen, welche in verschiedenen Thätigkeitsgebieten vernünftige Lebenszwecke verfolgen. Nun kann aber kein Zweck ohne bestimmte, ihn ermöglichende Bedingungen verfolgt werden. Selbst eine auf einen geringfügigen Zweck gerichtete Handlung, z. B. ein Spaziergang, setzt noch als Bedingung rechtspolizeiliche Sicherheit voraus. Aber das ganze Leben der Einzelnen wie der gesellschaftlichen Kreise ist in der Wirksamkeit für die vernünftigen Zwecke nach allen Seiten bedingt, indem, je mehr das Leben fortschreitet und die Theilung aller Arbeit grösser wird, auch die Abhängigkeitsverhältnisse sich mehren, das Ineinandereingreifen der verschiedenen Lebenskreise allseitiger, ein steter Austausch von Leistungen gefordert wird, alle Theile und Kreise sich durch alle anderen zu ergänzen haben und sonach ein Ganzes von Thätigkeitsbedingungen sowohl für die eigene Selbstbestimmung als für die gegenseitige Ergänzung aller Lebenskreise nothwendig ist. Da nun die Gesellschaft selbst ein Organismus von Kreisen ist, so bilden auch diese Bedingungen ein organisches Ganzes, und das Recht ist demnach nicht eine Summe oder ein Inbegriff (wie Kant sagte), sondern, wie Krause hervorhob, „das organische Ganze der von der Willensthätigkeit abhängigen Bedingungen zur Erstrebung des organischen Ganzen der Lebenszwecke der Einzelnen und der Gesammtheit". So wie in dem physischen Organismus des Menschen das Nervensystem das organische Band ist, welches alle Theile mit dem Centrum und unter einander verknüpft und ihre Wechselwirkung vermittelt, so übt das Recht in dem praktischen Leben der Einzelnen und der Gesammtheit eine ähnliche organisch-ethische Function aus, indem es die Anforderungen stellt, dass für jeden Theil, jedes Gebiet nach und von allen Seiten die Bedingungen hergestellt werden, von welchen die Erstrebung seiner vernunftgemässen Zwecke abhängig ist. Indem das Recht diese Ergänzung eines jeden Theiles und Theillebens durch entsprechende positive oder negative Leistungen fordert, macht es jeden Theil selbst wiederum zu einem Ganzen, lässt die Mängel, die ihm als Theile anhaften, durch die Leistungen ausfüllen, die ihm im organischen Ganzen von allen Seiten theils nothwendig, theils in freier Uebereinkunft gewährt werden sollen. Es könnte zwar scheinen, als wenn das Recht weder eine blosse Summe noch ein Ganzes von Bedingungen, sondern vielmehr ein einfaches und einheitliches Princip wäre; allein die genauere Betrachtung lässt erkennen, dass auch im positiven Rechte in allen Rechtsmaterien unter Recht eine Norm verstanden wird, welche ein Ganzes von Verhältnissen und Bedingungen zu einer Einheit zusammenfasst. So begreift z. B. das Eigenthumsrecht das Ganze der Bedingungen des Erwerbs, der Behauptung, des Gebrauchs, des Aufhörens des Eigenthums, und ebenso verhält es sich mit allen anderen Rechten, so dass selbst bestimmte einzelne Rechte, z. B. der Erwerb des Eigenthums, oder der Selbsthilfe, stets noch ein Ganzes von Bedingungen ausdrückt, durch welche eine Handlung einen rechtlichen Charakter erhält. Ueberhaupt tritt eine jede menschliche Handlung bei ihrer äusseren Kundgebung in vielfache Beziehungen, die einer zusammenfassenden Regelung durch das Recht bedürfen.

Nach dieser Ableitung und Feststellung des Rechtsbegriffs könnte es nöthig erscheinen, auch den Nachweis zu liefern, dass dieser philosophische Begriff mit dem im praktischen Leben geltenden Recht im Ganzen und Grossen in Uebereinstimmung sei, und dass nicht etwa, wie es so häufig geschehen ist, einzelne Momente, einseitige und nur theilweis richtige Auffassungen für den vollen Begriff des Rechts ausgegeben werden. Der vollständige Nachweis der Richtigkeit des abgeleiteten Princips kann jedoch nur durch die Ausführung und Durchbildung im ganzen System der Rechts- und Staatswissenschaft gegeben werden; eine wichtige Garantie für die Vollständigkeit des Begriffes liegt aber darin, dass derselbe aus dem Vollen und Ganzen der menschlichen Lebens- und Güterverhältnisse geschöpft ist, eine scharf bestimmte Seite dieser Verhältnisse, ihre Wechselbedingtheit, erfasst und durch dieses Moment alle Glieder und Theile wiederum organisch mit allen anderen Theilen und mit dem Ganzen verknüpft. Durch diesen organischen Charakter, auf welchen das vornehmste Gewicht gelegt werden muss, ist das Recht das eigentliche ethische Organisationsprincip des menschlichen und gesellschaftlichen Lebens, indem gerade im Begriffe des Organismus die Wechselbedingtheit aller Theile unter einander und durch das Ganze ausgedrückt ist, im ethischen Leben des Menschen jedoch nicht durch zwingende physische Nothwendigkeit, wie im Naturleben, sondern durch freie Thätigkeit hergestellt werden soll, die nur in bestimmten Fällen einen vernünftigen Zwang des Ganzen zulässt. Diese Organisation ist aber zugleich eine Organisation der einzelnen und vereinten Thätigkeit für den Organismus der Lebenszwecke des Ganzen und aller Glieder in allen Stufen der Persönlichkeitskreise (S. 265), und die organisirende Macht des Rechts gibt sich dadurch kund, dass in jedem Ganzen für alle Theile eine allseitige, theils freie, theils nothwendige, Ergänzung durch Leistungen verschiedener Art gefordert, dadurch das Ganze in seiner Macht gesteigert wird und alle Glieder eine Kräftigung, Ergänzung und Vollendung ihres Lebens erhalten.[1])

---

[1]) Schon früh ist von Krause („Grundlage des Naturrechts", 1803, besonders S. 118 und 152, sodann in dem „System der Sittenlehre", 1810, S. 330) dieser organisirende Charakter des Rechts hervorgehoben, welcher sowohl für das Ganze, als auch für jeden Theil die Bedingungen harmonischer Vervollkommnung herstellen soll. In grösster Schärfe ist die Entwickelung gegeben im „Abrisse des Systems des Naturrechts", 1828. In neuerer Zeit hat J. H. Fichte in seinem Werke: „Die philosophischen Lehren von Recht, Staat und Sitte in Deutschland, Frankreich und England", 1850, das Recht hauptsächlich als „Idee der ergänzenden Gemeinschaft" aufgefasst, zugleich jedoch bemerkt (S. 19), dass „die ganze Idee des Rechts erst in dem Satze ausgesprochen sei: Jeder in der Gemeinschaft hat gleichen Anspruch auf die volle Entwickelung seiner ureigenen Individualität"; Fichte hebt auch hervor, dass „nur ein Denker mit Entschiedenheit die Lehre von der Ureigenthümlichkeit eines jeden Ich ausgesprochen und in ihr zugleich den Ursprung seines inneren gottverliehenen Rechts gefunden habe", nämlich „der noch lange nicht genug gewürdigte Philosoph Krause"; aber es fehlt in der Fichte'schen Theorie gerade die Auffassung der organisirenden Function des Rechts, welches, im höheren Ganzen, sowohl die individuelle als die gemeinschaftliche Seite zur Geltung zu bringen hat.

Durch das Recht wird demnach für das durch die Freiheit bestimmte ethische Leben des Menschen und der menschlichen Gesellschaft eine Ordnung geschaffen, welche ein Gegenbild zu der, von dem Princip der Nothwendigkeit beherrschten, Naturordnung ist, so dass in beiden Ordnungen die allgemeine göttliche Welt- und Lebensordnung, in einer jeden unter einem eigenartigen Charakter, erscheint.

Schliesslich ist hervorzuheben, dass dieses Rechtsprincip die vier Grundanschauungen vereinigt, welche die vornehmsten Culturvölker in ihrem Leben ausgeprägt haben. Bei den aryschen Indern begegnen wir der Auffassung des Rechts als eines Bandes (S. 28 Note), und es ist auch bei diesem Volke, vom Kastensysteme an bis zu einer in's Einzelnste gehenden Regelung aller Lebensverhältnisse, eine solche Gebundenheit eingetreten, dass fast bis auf den heutigen Tag die ganze Lebensbewegung in allen Nerven unterbunden geblieben ist. Das griechische Volk hat dagegen im Rechte ein harmonisirendes Ordnungsprincip erblickt, jedoch unter einer gewissen Vorherrschaft des Momentes der Gemeinschaft über dem der individuellen Persönlichkeit, und Platon (S. 38) hat dasselbe in seinem Rechtsprincipe in voller Klarheit ausgedrückt und in seinem Staate, unter Steigerung des Momentes der Gemeinschaft, durchgeführt. Das römische Volk, welches Recht und Staat auf die tiefste Grundkraft der menschlichen Persönlichkeit, auf den Willen, stellte, begriff dasselbe als ein Macht- und Herrschaftsprincip, als

---

Am nächsten kommt jetzt der Krause'schen Auffassung die Definition, welche Trendelenburg, „Naturrecht“ 2. Aufl., S. 13, vom Recht gibt: „Das Recht ist im sittlichen Ganzen der Inbegriff derjenigen allgemeinen Bestimmungen des Handelns, durch welche es geschieht, dass das sittliche Ganze und seine Gliederung sich erhalten und weiter bilden kann“; allein abgesehen von der formellen Fassung dieses Begriffs, müssen wir einen wesentlichen Mangel darin erblicken, dass der Begriff der Lebens- und Güter-Zwecke, durch welche das Recht erst seinen Gehalt bekommt, nicht ausdrücklich in die Definition aufgenommen ist. Der Organismus oder das System der Lebens- und Güter-Zwecke in den zwei Hauptarten der Kreise ist materiell massgebend für das formell organisirende Recht und für das ganze System der Rechts- und Staatswissenschaft, und daher erhält die Ausführung und die Gliederung dieser Wissenschaft auf Grundlage der Krause'schen Theorie ihre volle Bestimmtheit.

ein Mittel der Bethätigung und Erweiterung der Macht und des Vermögens (S. 32). Eine ganz unterschiedene Rechtsanschauung wurde von den Germanen durchgebildet, das Recht als eine Norm aufgefasst, welche für alle, auf dem Grundstamme der Persönlichkeit in der gegliederten Gemeinschaft sich bildenden, Lebenskreise den Schutz (*mundium*) regeln soll, so dass die Persönlichkeit, das Selbst (Selbst ist der Mann) und das Selbsthandeln das *prius* ist, zu dem der Schutz durch ein höheres Ganzes nur in den Fällen, wo die Selbsthilfe nicht ausreicht oder nicht stattfinden soll, ergänzend hinzutritt. Von der verwandten griechischen Auffassung unterscheidet sich die germanische dadurch, dass, während bei den Hellenen der Schwerpunkt mehr im Ganzen über den Gliedern lag, bei den Germanen der Schwerpunkt in die Glieder und die Gliederung fällt und daher auch überall das Ganze, das Gemeinsame, zu oberst die gemeinsame Staatsgewalt, zu schwach gehalten wurde. Es ist aber das grosse Princip der Gliederung, zuerst von den Germanen in die Gestaltung des Rechts- und Staatslebens eingeführt worden, und zwar nicht blos in Bezug auf die verschiedenen Lebenskreise, Stände, Corporationen u. s. w., sondern auch, was bisher noch nicht bemerkt worden ist, in Bezug auf die Rechtsverhältnisse selbst, welche an einem und demselben Objecte nach unterschiedenen Zwecken stattfinden können, so dass, während im römischen Rechte eine physische oder juristische Person in der Einheit ihres subjectiven Willens ein Rechtsobject nach seiner Totalität erfasst, der germanische Rechtssinn an einem und demselben Objecte so verschiedenartig gegliederte Rechtsverhältnisse zulässt, als unterschiedene Zwecke oder Interessen daran verfolgt werden können. Daraus erklärt sich das s. g. getheilte Eigenthum, wie das Gesammteigenthum (s. im besondern Theile: die Lehre vom Eigenthum), welche eben nur als gegliederte Eigenthumsverhältnisse zu begreifen sind. [1])

---

[1]) Es sind diese vier Grundanschauungen vom Rechte in etwas weiterer Ausführung auch in meinem Artikel Recht und Rechtswissenschaft im Allgemeinen in der „rechtsphilosophischen Einleitung“ zu der von v. Holtzendorff herausgegebenen „Encyklopädie der Rechtswissenschaft“, 1869, S. 11—16, entwickelt. Eine ausführliche Darlegung des Grundcharakters des deutschen Rechts habe ich in meiner „juristischen Encyklopädie“ S. 518—545 versucht.

Diese vier praktischen Grundanschauungen des Rechts finden sich in dem hier aufgestellten Rechtsprincip vereinigt. Das Recht ist ein, alle Lebensverhältnisse innig verknüpfendes, Band, indem in der Wechselbedingtheit das Ineinandereingreifen, die Verkettung aller Lebensverhältnisse erscheint und durch das Recht organisch zusammengefasst wird; das Recht ist ein harmonisirendes Ordnungsprincip (s. §. 34), vereinigt aber, als wahrhaft organisches und Organisationsprincip, die griechische und die germanische Rechtsauffassung in einer vermittelnden Ausgleichung, indem es den Schwerpunkt weder in die Gemeinschaft noch in die Glieder verlegt, sondern möglichst das Gleichgewicht zu erhalten strebt, wenn auch geschichtlich nach dem Charakter der verschiedenen Völker eine Hinneigung mehr nach der einen oder andern Seite eintreten kann. Das Recht ist endlich auch in untergeordneter Hinsicht ein Macht- und Herrschaftsbegriff, indem es einer jeden physischen und moralischen Person ein Gebiet des freien Schaltens und Waltens einräumt, demselben jedoch durch die Gesetze und Rücksichten der höheren Ordnung die nothwendigen Schranken zieht.

Zur vollen Klarstellung des Rechts als eines Ordnungsprincips haben wir jetzt die, in diesem allgemeinen Begriffe enthaltenen, besonderen Functionen, welche die wesentlichen Rechtsfunctionen bilden, noch etwas näher darzulegen.

§. 34.

Das Recht als organisches Ordnungsprincip in seinen wesentlichen Functionen und nach seiner Anwendung in den verschiedenen Lebenskreisen betrachtet.

Das Recht hat die Aufgabe, im Organismus des menschlichen Lebens alle Verhältnisse der Wechselbedingtheit unter allen Lebens- und Güterkreisen für die Ermöglichung aller vernünftigen Zwecke zu ordnen. Die formelle rechtliche Ordnung und Organisation muss dem sachlichen Organismus der Lebensverhältnisse und Lebenszwecke entsprechen. Aus dem Begriffe der sachlichen und formellen Ordnung oder Organisation ergeben sich jedoch vier wesentliche Functionen des Rechts und der rechtlichen Thätigkeit, welche in allen Gebieten des Privat- und öffentlichen Rechts gleichmässig zur Anwendung kommen.

Ordnen überhaupt heisst: ein Ganzes in der inneren relativen Selbständigkeit der Theile oder Glieder regeln, nach ihrer theils beschränkenden, theils fördernden Wechselwirkung und in ihrer Beziehung zu dem, gleichfalls in relativer Selbständigkeit über den Theilen bestehenden, beaufsichtigenden und leitenden Ganzen. Die Functionen, welche das Recht nach diesen vier Richtungen auszuüben hat, kann man bezeichnen als die Regelung der Bedingungen der Selbstbestimmung oder der Autonomie, der Coexistenz, der gegenseitigen Förderung oder Assistenz und der, in einer leitenden Macht oder Centralgewalt repräsentirten, Gemeinschaft.

1. Eine jede physische oder moralische Person (wie wir in Bezug auf den ethischen Zweck und zur Vermeidung des oft zu eng gefassten Begriffs der juristischen Person lieber sagen) hat von Rechtswegen einen selbständigen Lebens- und Wirkungskreis in Anspruch zu nehmen, in welchem sie in freiem Schalten und Walten nach eigenem Ermessen ihre Lebens- und Güterverhältnisse nach den, von der Vernunft erlaubten, Zwecken bestimmen kann. Das römische Recht hatte in den zwölf Tafeln dieses Recht in Bezug auf die Corporationen in dem Satze anerkannt: *Pactionem quam velint sibi ferre, dum ne quid ex republica corrumpant.* Dieses Recht der Selbstbestimmung oder Autonomie im weitesten Sinne (welche man im Privatrecht gewöhnlich in zu engem Sinne als das Recht gewisser Personen zur Aufstellung bindender Rechtsnormen auffasst) gilt jedoch allgemein für alle Gebiete des Privat- und öffentlichen Rechts, für die physische Person, welche für die eigene Gestaltung ihres Lebens in ihrem inneren persönlichen und häuslichen Leben (Hausrecht) wesentliche Rechte in Anspruch nimmt, für die Familien, die Gemeinden, Kreise, Provinzen und für den Staat selbst als die höchste sittlich-rechtliche Persönlichkeit, und eventuell als Glied eines höheren Staatenvereins, nicht minder aber für die Culturkreise der Kirche, Schule, der Wirthschaft u. s. w., und dieses Recht macht sich theils durch das Recht der Selbstgesetzgebung, theils und überall in dem Rechte der Selbstverwaltung geltend. Der Ruf nach Selbstverwaltung ertönt jetzt in allen, vom Bewusstsein der persönlichen Freiheit und Würde erregten Lebenskreisen, aber das Recht der Autonomie oder Selbstverwaltung, als die allgemeinste Grundfunction des Rechts, muss

durch die Rechtsphilosophie in die Wissenschaft des Privat- und öffentlichen Rechts eingeführt werden.

2. Die zweite Function des Rechts liegt in der Regelung der Bedingungen der Coexistenz, des freien Handelns der Menschen bei Verfolgung ihrer erlaubten Lebenszwecke. Auf diese Function ist das Recht in der Wissenschaft fast ausschliesslich beschränkt worden, obwohl sie im öffentlichen Rechte zur Bestimmung des Rechtszwecks des Staates längst als ungenügend erkannt worden ist. Das römische Recht, sowie das alte, vom isolirten Zustande des Menschen ausgehende, Naturrecht und die in Deutschland lange Zeit so weitverbreitete Kant'sche Rechtstheorie (S. 148) haben sich die Hand gereicht, um dieses Coexistentialprincip als eigentliches Rechtsprincip wenigstens im Privatrecht aufrecht zu erhalten. Diese Rechtsauffassung hat ihre Wurzel in einer, in wesentlicher Hinsicht irrigen, Grundanschauung des menschlich-gesellschaftlichen Zustandes. Im Widerspruche mit der natürlichen und sittlichen Wirklichkeit, welche keine unmittelbare Entstehung der Einzelnen kennt, sondern aus einer natürlich-sittlichen Gemeinschaft hervorgehen lässt, hat die Rechtswissenschaft nur die Einzelnen als solche, als das *prius*, zum Ausgangspunkt genommen, die menschliche Gesellschaft ganz atomistisch nur als einen Aggregatzustand an einander gelegter Individuen aufgefasst und das Princip der Gemeinschaft und der dadurch gebotenen gegenseitigen nothwendigen und freiwilligen Förderung als etwas dem Rechte Fremdartiges betrachtet. Allein, wenn gleich vom Gesichtspunkte unserer Gesellschafts- und Rechtsentwickelung, zum Zweck der Beseitigung der vielen mittelalterlichen Bande und Gemeinschaftsverhältnisse, die Nothwendigkeit anzuerkennen ist, dass einmal in scharf ausgeprägter Form das Princip des Selbst- und Für-Sich-Seins und Handelns allen Anderen gegenüber zur Geltung kam und dass zu diesem Zwecke das römische Recht gute Dienste geleistet hat, so ist doch das Princip der Gemeinschaft und der Förderung, dem auch das römische Recht vielfach Zugeständnisse, wenn auch oft nur aus Nützlichkeitsrücksichten, hat machen müssen, in seinem ethischen, rechtlich zu normirenden Grunde und Zwecke anzuerkennen und hervorzuheben.

3. Diese dritte Function des Rechts, die wir einfach als die der gegenseitigen Förderung der Lebenszwecke bezeichnen, ergibt sich so sehr mit Nothwendigkeit aus der, mit der Bildung des Einzelnen und der Gesellschaft sich erhöhenden, gegenseitigen Abhängigkeit und Hilfsbedürftigkeit, dass einer der wichtigsten Bestandtheile des Privatrechts, das Obligationen- und insbesondere das Vertragsrecht, darin seine eigentliche Quelle hat. Die Bedürfnisse nähern die Menschen einander und die Verträge mehren sich mit den Bedürfnissen; die Verträge bestehen aber, damit jeder mit Sicherheit auf das zählen könne, was er als ein, auch die Zukunft bedenkendes, Vernunftwesen für einen erlaubten Zweck sich ausbedungen hat, und die Verpflichtung zur Treue, über die so viel im Naturrechte verhandelt worden ist, ist einfach als die rechtliche Bedingung und Form zur Ermöglichung eines vernünftigen menschlichen Lebens in Erstrebung erlaubter Zwecke zu betrachten. Doch über diese Art der einseitigen oder gegenseitigen Förderung durch Verträge ist gar kein Streit, wenn auch die Verträge zu sehr nur von der Seite der subjectiven Willensbethätigung aufgefasst werden. Aber der Streit bewegt sich auf beiden Gebieten des Rechts, im Privat- und öffentlichen Rechte, um die Frage, im Privatrechte: ob und in wie weit ein förderndes Eintreten des Einen für einen Andern, ausserhalb von Vertragsverhältnissen, sei es in unberufener freiwilliger oder in gebotener Weise rechtlich normirt werden soll; im öffentlichen Recht: in welcher Art der Staat nicht blos rechtlichen Schutz, sondern auch alle Lebenskreise in Verfolgung ihrer Zwecke zum Wohl des Ganzen und ihrer selbst zu fördern hat. Abgesehen vom öffentlichen Rechte, auf welches wir noch einmal bei der Eintheilung der Rechtswissenschaft zurückkommen müssen, haben wir hier als massgebendes Princip aufzustellen, einerseits, dass der Staat in allgemeiner Fürsorge für alle Personen, die nach der Natur der Zustände oder Verhältnisse nicht selbst mit Vernunft handeln können, für physische Personen (wegen Alters, Geisteskrankheit u. s. w., wie für juristische Personen) Vertretung durch Vormundschaft, Curatel, Procuraführung u. s. w. anzuordnen hat, anderseits, dass ein jeder berechtigt ist, nicht nur, unter bestimmten Verhältnissen und Bedingungen, sich der Geschäfte eines Anderen anzunehmen (welche Fälle im römischen Rechte hauptsächlich durch

die Prätorische *negotiorum gestio* normirt sind; s. die nähere Begründung im Obligationsrecht), sondern auch zu Gunsten dritter Personen sich Leistungen versprechen zu lassen.

Ebenso kann der Staat im Strafrecht Jedem die Verpflichtung auferlegen, Andere von dem Vorhaben eines sie bedrohenden Verbrechens zu benachrichtigen, oder Anzeige an die Obrigkeit zu machen, insoweit dies ohne Gefahr für ihn selbst oder seine Angehörigen möglich ist.

Nicht minder hat auch der Staat selbst eine wichtige fördernde Thätigkeit in Bezug auf alle Lebenskreise auszuüben und wir werden später (s. öffentliches Recht: über den Staatszweck) scharf zu bestimmen suchen, in welcher Art diese fördernde Thätigkeit vom Staate auszuüben ist.

4. Endlich ist in jedem Lebenskreise das Recht des Ganzen und der Gemeinschaft in der sie vertretenden leitenden Macht oder Centralgewalt festzustellen. Dieses Recht wird, nach der Verschiedenheit der Lebenskreise und der in ihnen verfolgten vorübergehenden oder bleibenden Zwecke, in höherem oder geringerem Grade und Umfange zur Ausübung kommen; immer aber wird der höheren vertretenden Macht das Recht zukommen, die Interessen des Ganzen, der Gemeinschaft, zu wahren, die Beaufsichtigung, Leitung und die vom Ganzen ausgehende Förderung zu üben.

Aber auch die Verwirklichung des Rechts in den verschiedenen Lebenskreisen und Verhältnissen der physischen und moralischen Personen muss in organischer Weise vor sich gehen. Jede Person hat in ihren Lebensverhältnissen zuerst selbst durch eigene freie Thätigkeit die Bedingungen ihres vernunftgemässen Lebens herzustellen, so dass ein Jeder zunächst an sich und seine eigene Thätigkeit gewiesen ist. So hat ein Jeder, im s. g. Personenrechte, die Bedingungen der Erhaltung und Fortbildung seiner persönlichen Lebensgüter, des Lebens selbst, der Gesundheit, Ehre, Freiheit zu erfüllen. So hat ferner, in dem Sachgüter-Rechte, zunächst jede Persönlichkeit die Pflicht des Erwerbes und Gebrauches der Sachgüter zu erfüllen, also, wie jetzt nur noch in seltenen Fällen, bei herrenlosen Sachen Besitz davon zu ergreifen und sie in entsprechender Art zu bezeichnen, oder, wie in den meisten Fällen, in abgeleiteter rechtlicher Weise, von Anderen, sei es durch freien Vertrag oder in Folge anderer Lebensbeziehungen zu erwerben. Es hat demnach eine jede Persönlichkeit die Bedingungen ihres sittlich-guten Lebens zuvörderst durch eigene Thätigkeit herzustellen; sie soll selbst recht und gerecht, auch gegen sich selbst, handeln. Aber anderseits ist jede menschliche Persönlichkeit in allen wesentlichen Lebensverhältnissen von der Förderung und Unterstützung Anderer abhängig. In diesen Fällen muss die Gesellschaft in sittlicher und gerechter Fürsorge zu Hilfe kommen. Aber auch dies muss nach dem Organismus der menschlich-gesellschaftlichen Lebensverbände geschehen; daher ist Jeder, Kind oder Erwachsener, zunächst auf seine Familie hingewiesen. Ist die Familie ganz oder zum Theil unvermögend, so hat (freilich nur in einer ständisch organisirten Gesellschaft) der Stand, dem er angehört, ganz oder in Mitwirkung, diese sowohl rechtliche als sittliche Pflicht zu erfüllen; ist der Stand unzureichend, so hat die Gemeinde, der erste örtlich fixirte, gesellschaftliche Verband von, nach Ständen vertheilten, Familien die Aushilfe zu leisten. Sind die Kräfte der Gemeinde ungenügend, so hat der nächste obere Verband, also die Landschaft, Provinz, und endlich die oberste Staatsgewalt aushelfend einzuschreiten. In den wichtigeren Fällen, wo sich die Nothwendigkeit umfassenderer Hilfe herausstellt, muss jedoch auch ein organisches Zusammenwirken aller dieser Stufenglieder, der Familien, Stände, Gemeinden, Provinzen und der obersten Staatsgewalt eintreten, wozu auch noch die wichtige Thätigkeit besonderer, für Hebung eines Uebels oder Nothstandes organisirter freier Gesellschaften kommen kann. In dieser Weise wird die sittliche und rechtliche Hilfeleistung in der organisch aufgefassten menschlichen Gesellschaft auch wirklich organisirt.

Nach dieser Darlegung der im Rechtsprincip selbst enthaltenen wesentlichen Functionen haben wir einerseits das Recht nach den verschiedenen Seiten oder Momenten näher zu bestimmen, nach welchen es sich als ein Lebensbegriff kund gibt, und sodann haben wir das Recht und die Rechtsverhältnisse in ihrer Beziehung zu den Lebens- und Güterverhältnissen selbst zu betrachten.

§. 35.
Methodische Darlegung der hauptsächlichsten in dem Rechtsprincip enthaltenen Momente.

Das Recht ist, seiner höchsten Idee nach, eine, durch die göttliche Weltordnung gesetzte, besondere Lebensordnung, in welcher den endlichen Vernunftwesen die Aufgabe gestellt ist, ihre sich gegenseitig bedingenden Lebens- und Güterverhältnisse in Angemessenheit unter einander zur Vollführung der Gesammtbestimmung und der darin enthaltenen besonderen Zwecke der Menschen und der menschlichen Gesellschaft zu regeln. Wir werden sehen (§. 38), dass das Recht zuhöchst ein Attribut der Gottheit ist, welche als Vorsehung allem Leben die Grundbedingungen der Entwickelung und der Zweckerfüllung gewährt.

Im Leben der Menschen ist das Rechtsprincip als ein Lebensbegriff nach den Momenten des Grundes, der Ursache, des Zwecks, des Gehaltes und der Form, des Inhaltes, nach seiner objectiven und subjectiven Seite, nach Umfang und Grenze und nach seiner Beziehung zum Leben und zur Geschichte zur Menschheit und ihrer wichtigsten Gliederung, zum Volke, näher zu betrachten.

1. Der letzte Grund des Rechts überhaupt liegt in der Beziehung der Endlichkeit und Bedingtheit des menschlichen Wesens zu seiner unendlichen Anlage und Vervollkommnungsfähigkeit. Das Recht ist ein durch die göttliche Schöpfung endlicher, freier Vernunftwesen gegebenes Lebensverhältniss, welches überall besteht, wo freie Vernunftwesen, die endlich und bedingt und nicht absolut wie Gott sind, in Beziehung zu einander stehen und sich fortzubilden haben. Das Recht gehört daher nicht einer blos niederen Daseinsstufe an und es kann nicht durch eine höhere Stufe der Sittlichkeit oder des geistigen Lebens abgestreift werden. Diese letztere Ansicht ist jedoch weit verbreitet. Savigny (System des heutigen röm. Rechts Bd. 1, S. 331) sagt: „Das Bedürfniss und das Dasein des Rechts ist eine Folge der Unvollkommenheit unseres Zustandes, aber nicht einer zufälligen, sondern einer solchen, die mit der gegenwärtigen Stufe unseres Daseins unzertrennlich verbunden ist.“ Stahl geht auf die frühere, zuerst von Augustinus (S. 64) schroff aufgestellte theologische Ansicht zurück und be-

trachtet das Recht als eine Folge des Sündenfalles, bemerkt jedoch richtig, dass auch die Naturrechtslehrer, welche den Zwang als ein charakteristisches Moment des Rechts ansehen, wenn auch unbewusst, sich zu der gleichen Anschauung bekennen, indem der Zwang mit der höheren sittlichen Natur unverträglich sei. Der Zwang ist aber kein wesentliches Moment des Rechts, er könnte in einem höheren Zustande ganz unnöthig werden und das Recht würde dennoch bestehen. Selbst wenn das zukünftige Leben als ein rein geistiges, jedoch in einer geistigen Gemeinschaft sich stetig fortbildendes aufgefasst würde, so würde das Recht noch als höheres Ordnungsprincip walten, indem auch einem jeden Geiste die Bedingungen in geistiger Hilfe, Unterstützung zur Stärkung seiner Selbstthätigkeit gewährt werden müssten. Das Recht ist überhaupt eine göttliche Weltidee, die überall zur Anwendung kommt, wo durch einen vernünftigen Willen Bedingungen der Entwickelung zu beschaffen sind, und die gesammte geistig-sittliche Welt ist als ein Vernunftreich, als ein Gottesstaat aufzufassen, in welchem zwar viele Stufen und besondere Ordnungen bestehen, aber alle durch das Princip des Rechts und der Gerechtigkeit beherrscht und verknüpft sind. Das Recht erscheint auch nur in seiner vollen göttlichen Würde, wenn die noch vielfach unbewusst die Geister beherrschende mittelalterliche Auffassung aufgegeben und das Recht nicht blos auf das sinnliche Dasein, sondern auf das ganze freie Vernunftleben bezogen wird.

Abgesehen von diesem höchsten Grunde gibt es für alle besonderen Gebiete und Verhältnisse einen besonderen Rechtsgrund, welcher in dem Verhältnisse liegt, in welchem Eines ein Anderes bestimmt und bedingt und beide Momente, das Bedingte und Bedingende, vereinigt sind. So liegt z. B. der Rechtsgrund des Eigenthums überhaupt in der Sachenbedürftigkeit des Menschen, d. i. in derjenigen bedingten Seite der menschlichen Natur, welcher nur Sachen als Bedingung entsprechen.

2. Unterschieden vom Rechtsgrunde ist die Ursache der Entstehung der Rechtsverhältnisse, die in bestimmten Thatsachen liegt, durch welche der Grund zur Wirklichkeit wird. Ein und derselbe Rechtsgrund kann durch verschiedene Ursachen seine Verwirklichung finden; so kann das Eigenthum aus verschiedenen Ursachen entstehen, aus Aneignung herrenloser Sachen, Arbeit u. s. w.;

die Entstehungsursachen sind jedoch wohl von dem Rechtsgrunde zu unterscheiden, was im positiven Rechte nicht immer geschieht.

3. Der letzte oder höchste Zweck des Rechts liegt in der Vollendung der Persönlichkeit und der menschlichen Gemeinschaft. Das Recht, welches durch die Endlichkeit des menschlichen Wesens gegeben ist, hat zum Endziel, dieselbe wieder nach Möglichkeit zu verneinen, die Beschränktheit und Bedingtheit des Daseins dadurch aufzuheben, dass jeder Mensch, der ein endliches Glied und ein Theil in der Menschheit ist, ein Ganzes werde, indem er durch eigenes und fremdes Wirken das Ganze der Bedingungen erhält, wodurch sein Leben und Lebenszweck erfüllt werden kann. Durch eigenes und gemeinschaftliches Wirken sollen daher die Menschen der Beschränktheit und Endlichkeit ihres Lebens wieder ein Ende machen, indem sie sich dadurch vollenden, dass sie die Bedingungen herstellen, von denen die Verwirklichung des Guten und aller darin enthaltenen Güter, durch welche sich das Leben zu erfüllen hat, abhängig ist. [1]) Durch das Gute und die darin enthaltenen wesentlichen Güter soll das Leben vollendet werden, durch Anordnung der Bedingungen, unter welchen ein Gut durch alle anderen, eine Persönlichkeit auch durch die anderen ergänzt, vervollkommnet, vollendet wird. So stützt sich auch im Rechte Einer auf den Andern; alle sind organisch und solidarisch verbunden; das Recht des Einen wird getragen und gehalten durch die Rechte Aller. Es besteht eine Wechselbedingtheit, eine Gesammtbürgschaft des Rechts aller in Gemeinschaft lebenden Menschen. [2]) Das Recht verlangt daher, dass Alle

---

[1]) So sagt auch Krause „Abriss des Systems der Rechtsphilosophie“ S. 46: „Aufgabe des Rechts ist, dass das Leben mittelst seiner durch Freiheit hergestellten Bedingtheit vollendet werde; und da der einzige Inhalt des Lebens das Gute ist, so kann die Forderung auch so ausgedrückt werden: dass das Gute, sofern es zeitlich-frei bedingt ist, mittels des Ganzen seiner zeitlich-freien Bedingnisse (Bedingungen) hergestellt werde.

[2]) Diesen, im Rechte ausgedrückten, Charakter der Gesammtbürgschaft hat Schiller in den Worten ausgedrückt:

— — — Gerechtigkeit
Heisst der kunstreiche Bau des Weltgebäudes,
Wo Alles Eines, Eines Alles hält,
Wo mit dem Einen Alles stürzt und fällt.

in der Gemeinschaft sich auch die gegenseitigen Bedingungen ihrer Entwickelung herstellen, dass das Leben und die Thätigkeit der Gemeinschaft eine Ergänzung für die individuelle Persönlichkeit und ihre Thätigkeit werde. So strebt denn auch, wie Grotius richtig bemerkte, die Einzelnpersönlichkeit, in einem natürlichen Triebe zur Geselligkeit und Gemeinschaft, nach Ergänzung in verschiedenen Arten und Stufen. So sucht der Einzelne eine Ergänzung in der Ehe; das eheliche Verhältniss wird ergänzt durch das Familienverhältniss der Eltern und Kinder; die Familie ergänzt sich durch die Gemeinde, die Gemeinden erhalten ihre Ergänzung durch den Staat; ja selbst in Bezug auf die Sachen erzielt das Recht eine Ergänzung, indem die Person in dem Eigenthume sich von der sachlichen Seite aus ergänzt und äusserlich vollendet. Das Recht ist jedoch nicht selbst diese Ergänzung und Vollendung, sondern ist nur die eine Art, wie dieselbe durch die, von der Willensthätigkeit abhängigen objectiven, Bedingungen ermöglicht wird.[1])

Hier erkennen wir auch die tiefe Bedeutung der stets als ein Rechtsprincip aufgestellten Forderung, dass einem Jeden das Seine zugetheilt werde (*suum cuique tribue*). Schon Platon stellte es als eine Seite der Gerechtigkeit dar, dass Jeder das ihm Zukommende

---

[1]) So sagt auch Fichte im 2. Bde. I, S. 8: Die Idee der Gerechtigkeit, vollständig gedacht, ist die Darstellung der Bedingungen zur vollkommenen Existenz des Einzelnen in der Gemeinschaft; die Idee ergänzender Gemeinschaft ist Darstellung der Bedingungen zur vollkommenen Existenz der Gemeinschaft selbst; die der Gottinnigkeit endlich: ist Darstellung der Grundbedingung, durch welche jener beiderseitigen Vollkommenheit erst innere Dauer und unablässige Steigerung verbürgt wird. — S. 37: „Die ganze Idee des Rechts wird erst gewonnen, indem die Freiheit ihren wahren Gehalt und ihre eigentliche Bestimmung empfängt. Ihr alleiniger (darum ethischer) Inhalt ist die Entwickelung des Genius in Jedem nach allen Seiten seiner geistigen Wirklichkeit und geistigen Befriedigung innerhalb der Gemeinschaft und durch dieselbe. Daraus ergibt sich die vollständige und zugleich positive Idee des Rechts: Jeder hat den gleichen Anspruch auf freie Entwickelung seines Genius in der Gemeinschaft. Erst dann ist die innere Gemeinschaft, das ureigene gottverliehene Recht an ihm erfüllt, erst dann vermag er zu werden, was er an sich oder nach seiner göttlichen Bestimmung ist.

(προσῆκον) erhalte, indem er das, was Jedem zukommt, objectiv, an sich, unabhängig von dem Willen des Einzelnen, betrachtete. Was aber ein Jeder als das Seine, als das ihm Zukommende erhalten soll, und demnach beanspruchen kann, ist nicht blos das, was er selbst schafft, durch seine individuelle Thätigkeit, seine Handlungen hervorbringt oder verdient, sondern begreift auch dasjenige, was er von anderen Einzelnen oder durch die Gemeinschaft als Bedingungen seines Lebens und seiner Entwickelung erhalten muss. [1]) Das, was Jedem zukommt, begreift daher auch das, was bei einem Jeden, als Ergänzung seiner Thätigkeit, hinzukommen muss, also das ihm Mangelnde, was durch die Thätigkeit oder die Mitwirkung Anderer zu beschaffen ist. Daraus ergibt sich aber, da die menschlichen Individualitäten an sich und in ihrer Entwickelung ungleich sind, dass nicht Alle das Gleiche, als das ihnen Zukommende, beanspruchen können, sondern, wie es auch Platon verlangt hatte, nur in gleichen Verhältnissen gleich, in ungleichen Verhältnissen auch ungleich behandelt werden müssen.

Wegen des Charakters des Rechts, welches die Selbstthätigkeit vielfach durch die fördernde wohlthätige Wirksamkeit Anderer ergänzt, haben Einige, wie Warnkönig, welcher das Recht nur aus einem Triebe herleiten will, geglaubt, dass die Gerechtigkeit zwischen der Selbstliebe und dem Wohlwollen die Mitte halte; und Herbart, welcher das Recht selbst aus dem „Missfallen am Streite" hervorgehen lässt, stellt wenigstens für den Staat das Wohlwollen als eine besondere, in dem „Verwaltungssysteme" zu realisirende, Triebfeder auf und leitet daraus sogar die Einführung der zweckmässigsten Verwaltung des Vorräthigen und die Vertheilung der Güter nach dem Masse der Empfänglichkeit ab. [2]) Aber solche subjective Triebfedern, wenn sie nicht einen höchst schwankenden willkürlichen Massstab abgeben und zu gefährlichen

---

[1]) Krause sagt „Abriss" S. 47: „Wenn unter: dem Seinen das Ganze der zeitlich-freien Bedingnisse des vernunftgemässen Lebens verstanden wird, so ertheilt und erhält das Recht jedem vernünftigen Wesen das Seine; und ein Jeder erhält durch das Recht, was ihm gebührt oder zukommt."

[2]) S. auch J. H. Fichte: „Die philosophischen Lehren von Recht, Staat und Sitte etc." S. 379. In Bezug auf die Ausführung bemerkt jedoch

Missgriffen führen sollen, müssen einen Anhalt an einem objectiven Principe finden; und daher kann das Wohlwollen im Rechte oder im Staate nur eine Stelle finden, wenn das Wollen durch das Wohl, als ein objectiv erkanntes, bedingtes oder bedingendes Gut bestimmt wird.

In ganzer und voller Bedeutung tritt aber als Zweck des Rechts das von Leibniz aufgestellte, von Wolf und seiner Schule an der Spitze der Rechtsphilosophie weiter entwickelte, wenn auch mehrfach verflachte und nach dem sittlichen und rechtlichen Momente nicht genau unterschiedene, Princip der Vollkommenheit und Vervollkommnung hervor. Dieses Princip ist eine ethische, also der Moral und der Rechtsphilosophie gemeinsame, Idee, wird aber in einem jeden Gebiete auf eigenthümliche Weise verwirklicht, in der Sittlichkeit durch die Kräftigung der reinen Motive des Guten, in dem Rechte durch Beschaffung der Bedingungen, welche zu diesem allgemeinen Zwecke, der nach seinen besonderen Lebens- und Güterzwecken zu unterscheiden ist, nothwendig sind.

4. Der Gehalt, die Materie, der Stoff des Rechts (wohl zu unterscheiden vom Inhalte des Rechts) ist durch das, im Leben zu verwirklichende, Gute gegeben, welches, auf das Empfindungsvermögen der Menschen bezogen, das Wohl ist. Das Eine Gute gliedert sich in die, den oben dargelegten hauptsächlichsten Lebenszwecken entsprechenden, Lebensgüter, welche sich alle gegenseitig bedingen. Das Recht hat daher immer zum Gegenstande ein Gutes, die Erstrebung oder die Förderung eines Wohls, sei es des Einzelnen oder der Gesellschaft. Es gibt kein zweck- und nutzloses Recht. Wohl und Recht sind daher keine Gegensätze, sondern in nothwendiger Beziehung zu einander. Kein Recht ohne einen Wohlszweck irgend einer Art, aber alles Gute, alles Wohl soll auch in den Formen des Rechts und der Sittlichkeit verwirklicht werden. Nach dem Guten und dem Wohle muss daher das Recht gerichtet und bemessen werden. Das Recht ist aber selbst ein Theil des Guten und des Wohls, weil das Gute alles im Leben zu

---

Herbart, „Encyklopädie der philosophischen Wissenschaften" §. 52: „Aber vollends ein System der Güterverwaltung im Grossen, eine Nationalökonomie nach reinen Principien des allgemeinen gegenseitigen Wohlwollens zu lehren: wer mag das wagen, wer würde Gehör finden?

verwirklichende Wesentliche befasst; das Recht ist jedoch, an sich selbst betrachtet, nur ein formelles Gute, ebenso wie die Sittlichkeit, weil Sittlichkeit und Recht die beiden Arten oder Formen der Verwirklichung des Guten sind (S. 264), in der Sittlichkeit das Gute unbedingt, in dem Recht unter den sich gegenseitig bedingenden Lebensverhältnissen vollführt wird. Auch die, durch die griechische Philosophie gebildeten, späteren römischen Rechtsgelehrten haben die Rechtswissenschaft als eine *ars boni et aequi* definirt,[1]) in der Ueberzeugung, dass der Zweck des Rechts dahin gehe, das Gute, wie es den concreten Verhältnissen angemessen ist (*aequum*; — das Platonische *προσῆκον*) zur Verwirklichung zu bringen. Diese Ansicht rechtfertigt sich auch durch die wesentlichen Erfordernisse, welche das römische Recht in vielen persönlichen Verhältnissen als Bedingungen, z. B. des guten ehelichen, väterlichen, kindlichen Verhältnisses, des guten Vormundes, Curators u. s. w. aufstellt, ebenso durch viele sittliche Momente, *bona fides*, Würdigkeit u. s. w., welche als Bedingungen zur Erlangung gewisser rechtlicher Vortheile gefordert werden. Ueberhaupt ist das ganze Personen-, Sachen- und Obligationenrecht im Wesentlichen nichts anders als die Lehre der Bedingungen, von welchen, im

---

[1]) Die Definition ist von Celsus, einem der Schule der Proculianer angehörenden ausgezeichneten Rechtsgelehrten, der gegen 100 nach Chr. lebte (s. über ihn Puchta, Inst. 1853. Bd. 1, S. 455); sie wird citirt von Ulpian in *L. 1. pr. D. de K. et J., t. 1*: *Juri operam daturum prius nosse oportet, unde nomen juris descendat. Est autem a justitia appellatum; nam (ut eleganter Celsus definivit) jus est ars boni et aequi.* §. 1. *Merito quis nos Sacerdotes appellet. Justitiam namque colimus, et boni et aequi notitiam profitemur, aequum ab iniquo separantes, licitum ab illicito discernentes, bonos... efficere cupientes: veram (nisi fallor), philosophiam, non simulatam affectantes.* Auch von den bekannten drei Rechtsvorschriften (§. 3, *J. de just. et jure*: *Juris praecepta sunt haec: honeste vivere, alterum non laedere, suum cuique tribuere*) bezeichnet die erstere ein zugleich sittliches Moment, indem in dem *honestum* die Verbindung der sittlichen Gesinnung mit dem Rechtthun liegt, die auch allein den Menschen ehrenhaft macht. Auch die, an sich eine Tautologie in sich schliessende, Definition von der Gerechtigkeit ist hieher zu rechnen in *L. 10 pr. D. de J. et J. I, 1*: *Justitia est constans et perpetua voluntas jus suum cuique tribuendi.* §. 2. *Jurisprudentia est divinarum ac humanarum notitia, justi ac injusti scientia.*

Personenrechte: der Bestand, Gebrauch und Schutz der persönlichen Güter des Lebens, der Gesundheit, der Freiheit, Ehre u. s. w.; im Sachenrechte: die Erwerbung, der Gebrauch und Schutz der Sachgüter, des Eigenthums und anderer dinglicher Rechte; oder im Obligationenrechte: der Güterverkehr sowohl mit Sachgütern als mit persönlichen Diensten, abhängt. Der Begriff des Guten und der Güter oder des Wohls ist zwar, in neuerer Zeit, den abstracten und subjectiven Rechtstheorien, sowie der positiven Rechtswissenschaft abhanden gekommen;[1]) er ist aber das objectiv leitende Princip, die höhere Norm und Regel für alle Rechtsverhältnisse, die gar nicht selbständig durch das blosse formelle Rechtsprincip construirt werden können. So wie aber das Recht selbst nur eine Art der Verwirklichung des Guten im Leben und die Sittlichkeit die andere Art ist, so müssen auch Recht und Sittlichkeit Hand in Hand gehen. Keine Rechtsordnung könnte allein durch sich selbst und ihre mögliche Zwangsgewalt, ohne sittlichen Rechtssinn, das heisst ohne die Rechtlichkeit ihrer Glieder, bestehen. Denn wenn blos der mögliche Zwang, wenn Furcht vor grösseren Nachtheilen, oder vor Strafe das Motiv der Handlungen würde, wenn nicht, wenigstens in den meisten Fällen, das, was recht ist, auch gethan

---

[1]) Auf den Begriff des Wohls bezieht sich jedoch mehrfach das noch unter dem Einflusse der Leibniz-Wolf'schen Rechtsphilosophie verfasste Preussische Landrecht. So sagt es Thl. I, Einl. §. 83: „Die allgemeinen Rechte des Menschen gründen sich auf die natürliche Freiheit, sein eigenes Wohl, ohne Kränkung der Rechte eines Anderen, suchen und befördern zu können." — Auch Puchta sagt, Pandekten 1852, §. 21: „Das Recht hat die Aufgabe, das menschliche Wohl zu befördern; dies ist daher auch ein Princip des Rechts;" aber durchaus ungenügend wird die Weise bezeichnet, in welcher das Recht diese Aufgabe erfüllt, wenn es weiter heisst: „Aber das Recht dient der menschlichen Wohlfahrt auf dem ihm angewiesenen Wege, welcher in der Gleichheit gegenüber den individuellen Unterschieden in den Menschen und ihren Verhältnissen besteht. Es ist nicht das Wohl des Individuums, sondern das Wohl des Ganzen, welches die nächste Aufgabe des Rechts ist." Dem letzteren Satze entgegen sagte schon Ulpian, bei der Eintheilung des Rechts in öffentliches und Privatrecht, *sunt enim quaedam publice utilia, quaedam privatim.* Und in der That hat das Recht überhaupt die Bedingungen zu bestimmen, unter welchen sowohl die Einzelnen ihr Wohl freithätig, autonomisch (im Privatrechte) erstreben können, als auch die Gesammtheit in Wechselwirkung aller Glieder (im öffentlichen Rechte) das Wohl des organisch gegliederten Ganzen verfolgen können.

würde, weil es gut und recht ist, so würde die Rechtsordnung ihren Lebenskern, ihren Halt und Bestand verlieren. Aber so wie die Sittlichkeit die Gesinnung zu einer wahrhaft rechtlichen macht, so soll sie auch den Menschen, ohne Verletzung seines Selbst, seiner Persönlichkeit, über die Selbstsucht hinausführen, so dass das Recht, mit der zunehmenden Sittlichkeit, auch den Kreis derjenigen rechtlichen Anordnungen erweitern kann, welche, wie es deren viele gibt, nicht durch Zwang, sondern durch die sittliche Gesinnung aufrecht zu erhalten sind.

5. Das Gute und die Güter werden, sowohl dem Gehalte nach, als in ihren Formen der Sittlichkeit und des Rechts, in den menschlichen Gesellschaften, allmählich, nach Massgabe des gesammten geistigen Bildungszustandes, verwirklicht, und erscheinen daher, zu jeder bestimmten Zeit, in jeder Epoche, in einem Gesammtausdrucke als Sitte. Die Sitte ist daher der zwar veränderliche, aber doch zur Zeit bleibende thatsächliche Ausdruck für die Art und Weise, wie ein Volk das Gute und die Lebensgüter aufgefasst und sein Leben darnach bestimmt hat; sie ist der Ausdruck der gesammten ethischen Lebensauffassung und Bethätigung; sie ist die lebendige Feststellung, der zur Zeit bleibende feste Sitz[1]) des Guten, Sittlichen und Rechten in dem ganzen Gemüthe, also nicht blos einseitig in der Erkenntniss, dem Willen oder dem Gefühle; sie ist daher auch der geschichtliche Bindepunkt zwischen der Vergangenheit und Zukunft, indem sie das Ueberlieferte und Bestehende sich nur stetig, allmählich fortbilden lässt. Die Sitte selbst ist nach der Gesammtheit des Guten, zuvörderst eine Gesammtsitte, welche sich aber nach den verschiedenen Lebensgütern, als religiöse, moralische, rechtliche Sitte u. s. w., kund gibt. Das Recht hat nun zunächst bei einer jeden seiner Anordnungen und Einrichtungen auf die Gesammtsitte des Volkes, und dann auch auf die in ihm lebende Rechtssitte, wie sie sich in der Rechtsanschauung, dem Rechtsgefühle, den Rechtshandlungen und Gewohnheiten abspiegelt, Rücksicht zu nehmen. Das Recht darf daher dieser sittlichen Bildung weder zu sehr voraneilen, noch hinter ihr zurückbleiben. Die Sitte selbst bildet sich

[1]) Sitz und Sitte sind im Deutschen ebenso verwandte Begriffe, wie sie im Griechischen mit ἦθος und ἕδος bezeichnet werden.

stets fort, indem vermittelst des eigentlich progressiven Denk- und Erkenntnissvermögens, richtigere Begriffe auch in das, mehr an dem Herkömmlichen haftende conservative, Gefühlsvermögen aufgenommen werden, und der Wille alsdann durch beide geistige Kräfte zum Handeln, zur Bildung neuer Sitten, fortbestimmt wird. Das Recht kann und soll daher für die Höherbildung der Erkenntniss und des Gefühls des Volkes edlere, über die bisherige Rechtssitte hinausgehende, Grundsätze aufstellen, welche aber, um einen Anhaltspunkt zu finden, sich an die bisherige Sitte, nach der einen oder anderen Richtung, anschliessen müssen, damit die Stetigkeit, die Bedingung jedes dauerhaften Fortschritts, gewahrt werde.

6. Der Form nach ist das Recht, an und für sich betrachtet, ein formelles Princip, indem es nur eine Art und Weise (Form oder Modalität) in der Verwirklichung des Guten ausdrückt; wir haben es, seiner Form nach, als Ordnungs- und Organisationsprincip in den Hauptfunctionen kennen gelernt (§. 35) und werden diesen Charakter, bei der Betrachtung der formellen Rechtsverhältnisse, in ihrer Beziehung zu den sachlichen Lebens- und Güterverhältnissen noch näher bestimmen. Kant hat zuerst den formellen Charakter des Rechts hervorgehoben, aber den grossen Irrthum begangen, das Formprincip ganz abstract aufzufassen, ohne dasselbe mit dem Gehalte in Beziehung zu setzen und hat auf diese Weise dem Formalismus Vorschub geleistet, der überhaupt in der positiven Rechtswissenschaft noch vorherrschend ist.

7. Das Recht ist zugleich ein objectives und ein subjectives Princip (s. hierüber näher §. 39); es ist ein objectives, sachliches, weil es eine, den Lebensverhältnissen selbst inwohnende Norm und Ordnung ist, in den sachlichen, vom Willen unabhängigen, Gesetzen dieser Verhältnisse liegt; es ist ein subjectives, insofern es Forderungen an den Willen stellt und im Rechtsverhältniss auf der einen Seite Befugnisse, auf der andern Verbindlichkeiten begründet.

8. Das Recht als ein Lebensprincip muss sich der Entwickelung des Lebens der Menschheit und Völker anschmiegen; es ist ein geschichtlich und stetig sich fortbildendes Princip. Das Recht ist daher ewig und zeitlich zugleich. Platon nannte die Zeit das bewegliche Bild der Ewigkeit und, in der That, alles

Zeitliche, Aenderliche kann sich nur auf einem ewigen unänderlichen Grunde gestalten. Das Recht ist ewig, weil sein Grund, die Bedingtheit des Lebens aller endlichen, der Entwickelung fähigen, Wesen, unänderlich, ewig ist; es ist zeitlich, geschichtlich, weil nach den, in der Entwickelung sich verschieden gestaltenden, Verhältnissen die Bedingungen des Lebens und Fortschritts sich gleichfalls ändern müssen. Geschichte überhaupt ist Werden, Bewegung, Gestaltung.

Diese Entwickelung soll sich zwar in freier, jedoch gleichfalls ähnlicher Weise wie die organische Gestaltung in der Natur, in Stetigkeit vollziehen, wie sie sich vornehmlich in der Sitte ausdrückt. Aber grundirrig ist es, wenn man die Geschichte nur als Ueberlieferung auffasst, oder gar den Grund eines Rechts nur in der Geschichte suchen will. Es würde dann richtig sein, was der Dichter sagt: „Es erben sich Gesetz und Rechte wie eine ewige Krankheit fort..; Vernunft wird Unsinn, Wohlthat Plage..; Vom Rechte, das mit uns geboren ist, Von dem ist leider! nie die Frage." Und doch soll davon auch in der Geschichte die Frage sein. Das Recht schöpft seine Rechtfertigung vor Allem aus der Conformität mit den Lebens- und Entwickelungsbedürfnissen, mit dem Bildungszustande, wie er sich in dem gebildeten Bewusstsein wiederspiegelt. Dabei besteht zwar die Forderung, dass die geschichtlich überlieferten Verhältnisse beachtet und das Recht selbst nur auf den Wegen und in den Formen des Rechts umgebildet werde (s. §. 39); aber ihrerseits sollen sich auch die Formen dem sich stets umbildenden Lebensgehalte anschmiegen. Ein jedes Zeitalter hat seine Bedürfnisse, sein Recht; keine Zeit hat mehr Recht als eine andere; das Recht einer Zeit ist nie allein massgebend für eine andere Zeit (was auch Savigny System u. s. w. Bd. 8, S. 534 in Abweisung einer irrigen Auffassung der geschichtlichen Ansicht, hervorgehoben hat. S. unsere „jurist. Encyklopädie" 1857, S. 154). Die Gegenwart wurzelt zwar in der Vergangenheit, hat jedoch ihr eigenes Recht und soll neue Bildungskeime für die Zukunft legen (Leibniz sagte: *le présent est plein du passé et gros de l'avenir*). Das ewige ideale Recht der Menschen und Völker soll in der Geschichte zur zeitlichen realen Gestaltung gelangen. Das Ewige und Ideale ist auch die stets forttreibende Kraft, bleibt Vorbild, Richtschnur und Ziel für alle geschichtliche Entwickelung. Aus der Geschichte selbst ist für das Geschichtliche kein Massstab zu entnehmen; nur nach den höheren Zielen ist der Gang der geschichtlichen Entwickelung richtig zu bemessen und zu würdigen. Die Geschichte antwortet auf die Fragen, die gestellt werden, und die geschichtliche Fragekunst setzt Kenntniss der Lebenszwecke der Menschen und Völker voraus; wer nicht weiss, wo das Leben hinaus will, wird auch die Geschichte in ihren Wegen wenig begreifen. Auch die geschichtlichen Entwickelungsgesetze, die für einzelne Gebiete aus der Erfahrung geschöpft werden können, sind im Ganzen und Grossen nur nach den Zielen allgemeiner Bildung richtig zu bestimmen (S. 18—23).

9. Das Recht gliedert sich wie die Menschheit. In dem allgemeinen Menschheitsrechte gibt es ein abgestuftes Recht der Rassen, Stämme, Völker, Völkerstämme, Geschlechter- und Familienverbände, Familien und Einzelnen. Unter diesen Gliederungen haben wir, als die zur Zeit kräftigste, die des Volkes hervorzuheben, um so mehr, als die historische Schule im Volksbewusstsein die Quelle des Rechts gesucht hat. Das Recht hat aber, wie hier hinlänglich dargelegt ist, seine Quelle im menschlichen Wesen und Bewusstsein; so wie das Volk selbst nur ein höheres Gebilde ist von Volksstämmen, diese aus Gemeinden, Geschlechtern, Familien aufgewachsen sind, so hat auch vor dem Volksrechte ein Gemeinde-, Geschlechter- und Familienrecht bestanden. Das römische Recht war Recht der römischen Stadtgemeinde, die sich selbst aus einem Geschlechterstaat zu einem Gemeindestaate fortgebildet hatte. Wie die Vernunft und das allgemein-menschliche Antlitz sich in Rassen, Stämmen, Völkern u. s. w. wiederspiegelt und nur nach einem bestimmten geistigen und leiblichen Charakter Bildungsunterschiede erhält, so sind auch alle Volksrechte gewisse, nach dem Genius eines Volkes vollzogene, Modificationen des allgemeinen menschlichen Rechts, und nach der Völkerverwandtschaft gibt es auch eine Verwandtschaft ihrer Rechte. Hierbei sind aber drei wichtige Momente hervorzuheben, die gerade von der historischen Schule am meisten verkannt worden sind. Zuvörderst geht alles Rechts- und Staatsleben eines Volkes aus Einem Geiste hervor; Privatrecht und öffentliches Recht sind von denselben Grundrichtungen und Grundanschauungen durchdrungen, und es kommt daher auch für die Rechts- und Staatswissenschaft vor Allem

darauf an, diesen Grundcharakter in seinen wesentlichen Zügen zu erfassen und zum Leitstern sowohl zur Erforschung des geschichtlichen Rechts als für die Fortbildung der Gesetzgebung zu nehmen, dabei jedoch nicht zu übersehen, dass, so wie überhaupt eine umfassendere Ausgleichung unter den Culturvölkern, ohne Verwischung bestimmter charaktervoller Unterschiede, eintritt, so auch eine grössere Annäherung besonders in dem Privatrechte sich anbahnt und gewisse allgemeine Verkehrsverhältnisse (z. B. Wechselrecht) nach ganz gleichen Rechtsgrundsätzen geordnet werden können. Auf den Grundcharakter und Unterschied des römischen und germanischen Rechts ist mehrfach hingewiesen. Bei dem römischen Rechte soll aber auch beachtet werden, dass das römische Civilrecht an demselben Grundgebrechen leidet, wie das zuletzt im Imperatorenthum zum Abschluss gelangende öffentliche Recht und weit entfernt ist, ein Musterrecht für sittlich und wirthschaftlich höher gebildete Völker zu sein (s. unsern Art.: „Römische Staatsidee“ im „deutschen Staatswörterbuche“, 1861). Ferner ist die Thatsache zu beachten, dass auch in der Culturentwickelung der Völker eine Mittheilung der Producte der Culturarbeit eines Volkes an andere Völker, wie in der Wissenschaft und Kunst, so selbst im Rechtsleben vor sich gehen kann, dass aber, wenn auch ein Volk sich zuerst und längere Zeit mehr receptiv, das Empfangene sich aneignend verhält, jeder selbständige und charaktervolle Volksgeist einerseits die Aneignung selbst nur unter wesentlichen Aenderungen vollzieht (S. 173; *jus romanum in foro germanico*), und anderseits, insbesondere im Rechts- und Staatsleben, eine Epoche eintreten muss, wo, nach vollzogener entsprechender Aneignung, das fremde Recht als solches ausgeschieden und ein aus dem höheren Culturbewusstsein des Volkes geschöpftes und in seiner Sprache dargestelltes Recht als Gesetzbuch aufgestellt wird. Die historische Schule hat diesen Bildungsprocess nicht erkannt; es ist auch unbegreiflich, wie dieselbe, indem sie die Entstehung des Rechts selbst mit der Sprache parallelisirte, ein in fremder Sprache existirendes Recht als ein bleibendes Recht des deutschen Volkes betrachten konnte. Endlich ist aber auch das Volksrecht, um diesen Charakter zu behalten, durch organische Veranstaltungen in inniger Wechselwirkung mit dem Volksleben zu erhalten und auf die Mitwirkung des Volkes zu stellen (Selbstverwaltung,

Schwurgerichte, Handels-, Gewerbegerichte u. s. w.). Das Volksrecht soll nicht im gelehrten Juristenrechte aufgehen oder blos vom Stande der Rechtsgelehrten geübt werden, aber es ist auch nicht das Recht als Wissenschaft, welches von einem besonderen Berufsstande vorzugsweise gepflegt und für das Volksbewusstsein immer mehr zugänglich gemacht werden soll, aufzuheben und in die Allgemeinheit des Volksbewusstseins zu verflüchtigen. [1])

10. Endlich hat das Recht einen bestimmten Umfang. Dieser ist durch das massgebende Grundmoment der Bedingtheit gegeben, nach welchem Alles zum Rechte gehört, was eine objectiv erkennbare Bedingung für die Erhaltung, Gewinnung u. s. w. eines Gutes ist. Dieser Umfang wird aber noch genauer erkannt werden bei der Betrachtung des Unterschiedes und der Beziehung der Lebensverhältnisse und der Rechtsverhältnisse.

§. 36.

Die Lebensverhältnisse und die Rechtsverhältnisse, nach ihrem Unterschiede und nach ihrer Beziehung; die Lebensbegriffe und die Rechtsbegriffe; juristische Methode.

Naturrecht und positive Rechtswissenschaft haben lange Zeit in gleich irriger Weise, wenn auch in verschiedenen Richtungen, das Recht abstract aufgefasst und von der geschichtlichen Entwickelung und aller lebendigen Gestaltung abgetrennt. Als die Philosophie sich über den formalistischen Rationalismus Kant's erhob, Natur- und Geistleben aus einem gemeinsamen höchsten Grunde zu begreifen suchte (Schelling) und als ihrerseits die historische Schule das geschichtliche Moment zur Geltung brachte, musste allmählich die richtigere Anschauung sich Bahn brechen,

---

[1]) Die Schrift von Kirchmann: „Ueber die Werthlosigkeit der Jurisprudenz als Wissenschaft", 1848, bildet nur das Extrem zu der früheren Ansicht der historischen Schule, welche die Rechtspflege, vom Volke abgehoben, für den Juristenstand behalten wollte. Der lebendige Organismus des Volkes soll sich als ganzer aber auch in und mit seinen Gliedern bewegen. Wollte man das besondere Organ der Rechtsgelehrten zerstören, so wäre das eben so verkehrt, als wenn man glaubte, ein Mensch könne besser gehen ohne die, nach organischen Bildungsgesetzen entstandenen, Organe der Bewegung.

dass das Recht in inniger Beziehung zum Leben überhaupt stehe und die Rechtsverhältnisse nur eine bestimmte Seite der Lebensverhältnisse sein könnten. Auf dem Gebiete der Rechtsphilosophie hatte schon Krause (Abriss des Naturrechts, 1828) das Recht mit dem gesammten Lebensorganismus in innige Beziehung gesetzt. Für die positive Rechtswissenschaft scheint jedoch vornehmlich Stahl (Philosophie des Rechts, 1. Aufl. 1830, Bd. 2, S. 147 und 3. Aufl. 1854, S. 294) den Anstoss zu einer genaueren Auffassung gegeben zu haben. [1]) Die Lösung der Frage selbst hat aber nur wenige Fortschritte gemacht. Der Begriff des Lebensverhältnisses ist ein sehr allgemeiner, bleibt ein ganz nebelhafter, wenn er nicht näher bestimmt und in seine verschiedenen Arten aufgelöst wird, und es begreift sich daher, wenn mehrere positive Rechtsgelehrte, die der Analyse dieses weitschichtigen Begriffs aus dem Wege gehen, Anstand nehmen, das Recht an denselben anzulehnen, unverkennbar in der Befürchtung, dass die bestimmten, scharf ausgeprägten Rechtsverhältnisse in der Allgemeinheit jenes Begriffes verflüchtigt werden könnten. Und dennoch kann das Recht selbst nur lebendig erhalten werden, wenn seine Beziehung zum Leben und zu den Lebensverhältnissen klar erkannt wird. Wir haben in der Geschichte der Rechtsphilosophie den innigen Zusammenhang dargelegt, in welchem das Recht und die Rechtsanschauungen zu der gesammten Culturentwickelung der Menschheit und der Völker steht. Auch positive Rechtsgelehrte (Puchta u. A.) haben mehrfach darauf hingewiesen, wie das Rechtsleben und die Rechtswissenschaft durch

---

[1]) S. über diesen Gegenstand etwas ausführlicher unsere „juristische Encyklopädie“ S. 45 ff. und S. 567 ff. Nach ihrem ganzen Umfange bezeichnet Thöl (Einleitung in das deutsche Privatrecht §. 32) die Frage, indem er sagt: „Die Lebensverhältnisse der Völker bilden das Thatsächliche, den Thatbestand, an welchen durch das Recht (d. h. durch Rechtssätze) Rechte d. h. Befugnisse sich anschliessen. Dem gesammten Rechte entspricht ein unermesslicher Thatbestand, wie jedem einzelnen Rechtssatze ein einzelner Thatbestand.“ Es ist jedoch ein Irrthum, den Gehalt der Lebensverhältnisse blos als eine Thatsache aufzufassen; dieser Gehalt ist überhaupt ein Gut, welches oft thatsächlich noch nicht besteht, sondern erst durch das Recht in's Leben gerufen werden soll, z. B. Freiheit der Confession, der Gewerbe u. s. w. Ueber die Ansichten von Savigny, Puchta, Beseler, Leist s. das Nähere a. a. O.

andere Cultureinflüsse eine wesentliche Förderung erhalten haben (durch Philosophie in Rom, durch humanistische und classische Bildung zur Zeit von Cujacius und Donellus, durch die Philosophie Kant's, Schelling's u. s. w.) und in neuerer Zeit ist der innige Zusammenhang der Volkswirthschaft mit dem Rechte allgemein zugegeben, wenn er auch nach den massgebenden Momenten noch keineswegs festgestellt ist. Gerade in Bezug auf die Volkswirthschaft ist aber hervorzuheben, dass es eine grosse Einseitigkeit in der Auffassung verrathen würde, wenn man allein in den wirthschaftlichen Lebensverhältnissen die Quelle der Rechtsverhältnisse erblicken wollte. [1]) Ist auch heute das wirthschaftliche Leben in den Vordergrund getreten, und können auch wichtige Materien, wie, im Privatrecht, das ganze Sachgüterrecht nebst einem Theile des Obligationenrechts und, im öffentlichen Recht, die Lehre vom Verhältniss des Staates zur Volkswirthschaft nur in gebührender Berücksichtigung volkswirthschaftlicher Principien die richtige Behandlung finden, so bieten doch auch alle Lebens- und Culturverhältnisse eine rechtliche Seite dar. Es kommt daher darauf an, die Lebens- und Rechtsverhältnisse vollständig aufzufassen, richtig zu unterscheiden und in ihrer vollen Beziehung zu einander zu erkennen.

Ein menschliches Lebensverhältniss überhaupt ist jedes in der zeitlichen Entwickelung hervortretende Verhältniss einer Person nach irgend einer Thätigkeit zu einem Wesen oder Objecte, und da alle Thätigkeit sich auf irgend ein als Zweck aufgefasstes Gut bezieht, alles Leben Güterleben und Güterstreben ist, so sind alle Lebensverhältnisse Güterverhältnisse; dies ist die erste, genauer nach dem Gehalte bestimmte, Auffassung des an sich blos formellen

---

[1]) Auch Arnold hat in seinem mannigfach anregenden Werke: „Cultur und Rechtsleben“, 1805, nicht das volle Culturleben, sondern fast nur das wirthschaftliche Leben in's Auge gefasst. Er meint sogar (S. 238), dass „das wirthschaftliche Element die Objecte der rechtlichen Bestimmung, das Was der Verhältnisse liefere, die Sitte ihnen erst die nähere Qualification gebe“, die Sitte sodann ihren Ausdruck im Recht gewinne. Aber die Cultur begreift das Ganze der Bildungsgüter, wie sie oben angegeben sind. Die Beziehungen zwischen den Lebens- und Güterverhältnissen zur geschichtlichen Gestaltung in der Sitte und zum Recht sind schon in unserer „juristischen Encyklopädie“, 1855, S. 39—62 und S. 567 ff. so bestimmt dargelegt, wie in keinem früheren Werke.

Begriffs der Lebensverhältnisse. Die Güterverhältnisse selbst sind dann nach den beiden früher (S. 252) bezeichneten Hauptarten als Güter der Persönlichkeit (Leben, Ehre, Freiheit u. s. w.) und als Güter der (religiösen, wissenschaftlichen, wirthschaftlichen u. s. w. Bildung oder Cultur näher zu unterscheiden. Alle diese Güterverhältnisse können (wie wir sogleich sehen werden) Gegenstand von Rechtsverhältnissen werden.

Ein Rechtsverhältniss ist nichts anderes, als ein von einer rechtlichen Seite aufgefasstes Güterverhältniss, oder ein Verhältniss von Person zu Person in Bezug auf ein Gut als Object, für einen Zweck, bestimmt durch eine Thatsache, geregelt durch eine Rechtsnorm (s. ausführlicheres hierüber §. 39 ff.). Die rechtliche, durch die Rechtsnorm zu regelnde Seite der Lebens- und Güterverhältnisse liegt aber, wie gezeigt, darin, dass alle diese Güterverhältnisse in ihrer objectiven Entwickelung und Gestaltung im Leben Bedingungsverhältnisse darbieten, indem in Bezug auf Erhaltung, Gewinnung, Bethätigung und Benützung, Uebertragung, Verlust u. s. w. Bedingungen bestehen, welche das Recht zu normiren hat. Wir haben gesehen, dass alle Güterverhältnisse, hinsichtlich ihrer Verwirklichung durch die menschliche Willensthätigkeit, nach zwei Seiten zu betrachten sind, nach den subjectiven Motiven oder Bestimmgründen und nach der objectiven Bethätigung des Willens. Ausgeschlossen vom Rechtsgebiete sind nur die Bestimmgründe rein als solche, wenn und so lange sie im inneren geistigen Leben beschlossen bleiben; so wie aber ein Motiv, die innere Gesinnung durch eine objectiv erkennbare Handlung sich kund gibt, so fällt diese Handlung auch in das Rechtsgebiet, erhält jedoch durch das Motiv eine nähere Qualification, wodurch die rechtliche Seite gemildert oder geschärft werden kann (s. §. 37: Verhältniss von Recht und Moral); so ist Dankbarkeit eine sittliche Tugend, die an sich nicht in das Rechtsgebiet fällt; wohl aber kann rechtlich die Bedingung gestellt werden, dass Jemand sich nicht durch Handlungen undankbar erweise (so wie bekanntlich eine Schenkung wegen groben Undank widerrufen werden kann); ebenso verhält es sich mit der Achtung, Liebe, Treue, die bei bestimmten thätigen Aeusserungen auch der rechtlichen Beurtheilung unterliegen. Es könnte zwar scheinen, als wenn es gewisse auch äusserlich erkennbare Lebensverhältnisse gäbe, die sich dem Rechtsgebiete entziehen, z. B. Freundschaftsverhältnisse oder Verhältnisse des gewöhnlichen Umgangs; allein einerseits sind diese Verhältnisse von schützenden rechtlichen Normen umzogen und anderseits können dieselben mit rechtlichen Momenten verknüpft werden. Bei mehreren Völkern wurden Freundschaften öffentlich geschlossen und legten bestimmte Verbindlichkeiten auf, wenn auch Zwang ausgeschlossen, und nur, wie jetzt bei der Ehe, die Auflösung die Folge war. Es bleibt daher der Satz allgemein gültig, dass alle objectiv erkennbaren Güterverhältnisse nach der Seite ihrer Bedingtheit Rechtsverhältnisse sind oder werden können. Dies ist der Fall bei allen Gütern der Persönlichkeit von dem höchsten bis zu dem niedrigsten, das noch in dem geringsten Theile unseres Körpers liegen kann, aber noch von der allgemeinen Idee und der Achtung der Persönlichkeit durchdrungen bleibt. Niemand hat das Recht, auch uns nur zu berühren oder uns ein Haar zu krümmen. Ebenso sind alle Bildungsgüter, wenn sie sich in Handlungen kund geben, in Bethätigung der Religion, der Sittlichkeit selbst, der Wissenschaft, Kunst, der Erziehung, des wirthschaftlichen Lebens Gegenstand von Rechtsverhältnissen. Die gewöhnliche vage Anschauungs- und Ausdrucksweise, dass Lebensverhältnisse zu Rechtsverhältnissen erhoben werden, oder dass diese sich an jene ansetzen können, erhält daher durch den aufgestellten allgemeinen Satz ihre genaue Bestimmung. Alles demnach, was eine objectiv erkennbare Bedingung für die Erhaltung, Bethätigung u. s. w. eines Gutes ist und als solche gestellt werden kann, ist ein Recht; und alle Güterverhältnisse sind, jedoch nur nach der Seite der Bedingtheit, Rechtsverhältnisse. Das Recht ist demnach in Wahrheit, wie das römische Recht sagte, eine *divinarum ac humanarum rerum scientia*, eine Wissenschaft der Regelung der göttlich-menschlichen Lebens- und Güterverhältnisse in ihrer bedingten objectiven Gestaltung.

Die Beziehung der Rechtsverhältnisse zu den Lebens- und Güterverhältnissen wird zu oberst dadurch bestimmt, dass die letzteren den Gehalt, die ersteren die Form oder das Wie der Regelung bilden. Wie es keinen Gehalt ohne Form gibt, so keine Form ohne Gehalt. Alle objectiven Güterverhältnisse bilden daher, nach der bezeichneten Seite, den Stoff für die Rechtsverhältnisse und alle Rechtsverhältnisse beziehen sich stets auf Güterverhältnisse; es gibt daher gar keine reinen selbständigen Rechtsverhältnisse und Rechtsinstitute; da das Recht, wie gezeigt, ein Ordnungsprincip ist, so muss ihm der nach der einen oder andern Hinsicht zu ordnende Stoff durch Lebens- und Güterverhältnisse gegeben werden.

Wie aber in allen Seins- und Lebensgebieten der Gehalt massgebend und bestimmend ist, so bezeugt auch die Geschichte, dass die Culturentwickelung in ihren verschiedenen Gütergebieten schliesslich stets entscheidend für die Gestaltung des Rechtslebens, dieses in der Regel nur ein Niederschlag der Veränderungen war, welche in der höheren Atmosphäre der geistigen, sittlichen und religiösen Ueberzeugungen und in den Gebieten des wirthschaftlichen Lebens eingetreten waren. So erfuhren die Eigenthumsverhältnisse eine wesentliche Umgestaltung in Folge neuer nationalökonomischer Bedürfnisse, diese selbst gingen aber zum grossen Theile aus der Steigerung des Bewusstseins der freien Persönlichkeit und dem Bedürfniss ihrer Bethätigung auf allen praktischen Gebieten hervor.

Ueberhaupt bestimmt sich alles Rechtsleben nach der Kraft des Stammes der geistig-sittlichen Persönlichkeit und nach allen Bildungsgütern, in welchen sie ihre Thätigkeit verzweigt. Für die Rechtswissenschaft und alle Rechtsgesetzgebung entspringt daraus die Aufgabe, vor Allem das Wesen, die Bildungs- und Entwickelungsgesetze des menschlichen Güterlebens überhaupt, sowie insbesondere derjenigen Güter, deren Regelung zunächst in Aussicht genommen ist, zu erforschen und darnach die entsprechende Regelung festzustellen. Conflicte können hier eintreten theils durch Irrthum in der Auffassung der Lebens- und Bildungsverhältnisse, theils durch hartnäckiges Festhalten an den bestehenden rechtlichen Formen und Normen, wenn ein höherer und vollerer Bildungsgehalt eine Aenderung in der formellen Regelung verlangt, aber obwohl auch der Form selbst eine besondere, meistens hemmende, Kraft innewohnt, so wird schliesslich doch die innere Macht der forttreibenden Bildungsverhältnisse die rechtliche Form in der einen oder anderen Weise sprengen (§. 39, III).

Nach der menschlich-gesellschaftlichen Lebensordnung regelt sich die gesammte Rechtsordnung. So wie in der ersteren, bei ihrer höheren organischen Einheit, die beiden Hauptarten von Persönlichkeits- und Bildungs-(Cultur-)Kreisen (S. 265) zu unterscheiden sind, so gibt es auch zwei entsprechende Hauptarten von Rechtskreisen. Ein jeder Kreis bildet aber wiederum ein organisches Ganzes, gestaltet sich für bleibende, in seinem Wesen liegende, Lebenszwecke in entsprechenden bleibenden Einrichtungen oder Rechtsinstituten, und jedes Institut enthält wiederum ein Ganzes von Rechtsverhältnissen, in denen der Gesammtzweck oder die Grundidee einer Einrichtung nach einzelnen Seiten, Personen oder Objecten seinen Ausdruck erhält. So begreift das Institut der Ehe die besonderen Verhältnisse unter den Ehegatten nach den rechtlich-sittlichen Beziehungen, nach dem Vermögen u. s. w.; so enthält das Institut des Eigenthums die Rechtsverhältnisse der Erwerbung, der Behauptung, des Verlustes des Eigenthums u. s. w. Es können jedoch mehre besondere Institute in einem allgemeineren Institute verknüpft sein. So enthält das Eigenthum auch die Institute des Besitzes und der Ersitzung, so das Institut des Vertrags überhaupt die besonderen Institute des Darlehens, des Kaufes u. s. w. Verschieden von dem Rechtsinstitute und dem Rechtsverhältnisse ist der Rechtsfall, welcher die in dem Institute als möglich gegebenen Rechtsverhältnisse in dem wirklichen Leben in bestimmter concreter Weise unter bestimmten Personen zur Erscheinung bringt.

Nach dieser Betrachtung des Unterschiedes und der Beziehung der Lebens- und der Rechtsverhältnisse haben wir die Methode kurz zu bezeichnen, die in der Behandlung der Rechtsverhältnisse in allen Gebieten des Privat- und öffentlichen Rechtes zu befolgen ist. Eine jede Methode muss den Gegenstand, welchen sie behandelt, nach allen Verhältnissen, durch welche er bestimmt wird, in's Auge fassen. Da das Recht ein Lebensbegriff ist, das Leben nach der Seite der Bedingtheit erfasst, so kann die methodische weitere Bestimmung des Rechtsbegriffes nur auf Grund der höheren und weiteren Lebensbegriffe erfolgen. Es ist bezeichnend für den gegenwärtigen Zustand der positiven Rechtswissenschaft, dass über die Methode überhaupt und über die Stellung der Rechtsbegriffe zu den allgemeineren Lebensbegriffen noch gar kein deutliches Bewusstsein gewonnen und kaum die Frage in Bezug auf diesen wichtigen Gegenstand aufgeworfen ist. Nach unserer vorhergehenden Untersuchung können wir den Satz aufstellen, dass alle Lebensbegriffe die weiter bestimmenden Momente oder Kategorien der Rechtsbegriffe sind, eine sogenannte Construction des Rechts und der Rechtsverhältnisse ohne dieselben gar nicht möglich ist. Bei dieser Betrachtung müssen wir nochmals auf den oft gerügten, dem römischen Rechte entstammenden, Irrthum hinweisen, der in dem Rechte nur Verhältnisse der Willensmacht und Herrschaft erblickt, in der Construction aller Verhältnisse des Privat- und öffentlichen Rechts nur von Willensverhältnissen ausgeht und an der Hand einiger ganz ungenügender Kategorien, wie von Subject und Object, der Unterwerfung des Objectes unter die Willensherrschaft u. s. w., fortgeht. Wir haben in der Geschichte der Rechtsphilosophie den absolutistischen Charakter aller Theorien kennen gelernt, welche den Willen, sei es den Einzelwillen oder den Gesammtwillen (Hobbes, Rousseau), zum Princip des Rechts erheben und dadurch den Willen, der stets nur eine ausübende Function des Rechts sein kann, an die Stelle des objectiven Rechts setzen. Aber auch jetzt noch wird öfter die Ansicht vorgetragen, dass der eigentliche specifische Rechtsbegriff der Macht- oder Herrschaftsbegriff sei und von diesem alle Rechtsverhältnisse durchdrungen und getragen seien. Allein der Wille mit seiner Macht ist überall nur der subjective Factor des Rechts, welches an sich objectiv in den sich gegenseitig bedingenden Lebensverhältnissen begründet ist.

Untersuchen wir nun etwas näher, welche Lebensbegriffe die weiter bestimmenden Kategorien des objectiven Rechtsprincips sind, so ergeben sich diese aus den im Begriffe des Lebens selbst liegenden wesentlichen Momenten. Alles Leben ist eine aus einer inneren einheitlichen Ursache hervorgehende, in bestimmten Functionen und entsprechenden Organen sich bethätigende Darbildung eines Wesens für die durch seine Eigenart gegebenen Lebenszwecke; alles Leben zeigt daher eine innere Gliederung nach Functionen, Organen und Zwecken, so dass Gliederung den Totalcharakter des Lebens ausdrückt. Nach allen diesen Lebensmomenten ist auch von uns das Recht schon betrachtet worden; wir haben die wesentlichen Lebens- und Güterzwecke bezeichnet, welche den Stoff für alles Rechtsleben abgeben, die Kreise kennen gelernt, in denen es sich gestaltet, und die Functionen näher dargelegt, in denen es sich, im Organismus des Lebens, als organisches Ordnungsprincip bethätigt. Der Begriff des Organismus oder der geordneten Gliederung ist es daher, welcher der vornehmste Wegweiser für die Weiterentwickelung des Rechtsprincips wird. Gerade gegen diesen

Lebensbegriff sträubt sich die abstracte Rechtsauffassung am meisten, indem sie demselben für das Rechtsleben nur den Werth einer Naturanalogie zugestehen will und ihm den Charakter eines juristischen Begriffes abspricht. Der Begriff des Organismus ist aber längst über die Sphäre des Naturlebens in das Gebiet des geistig-sittlichen Lebens erhoben worden, in der richtigen Erkenntniss, dass die lebendige Gliederung gleichmässig der Charakter in beiden Gebieten, nur in der verschiedenen Modalität der Gebundenheit und der Freiheit, erscheint. Es ist jedoch richtig, dass der Begriff des Organismus an sich kein Rechtsbegriff, sondern ein allgemeinerer, nur das Recht wesentlich mitbestimmender, Lebensbegriff ist; aber es verhält sich in gleicher Weise mit dem Macht- und Herrschaftsbegriff, welcher auch kein Rechtsbegriff, sondern ein höherer Lebens- und sittlicher Begriff ist, indem ein Jeder seine Willensmacht zur sittlichen Selbstbeherrschung anwenden soll, im Recht diese Macht nur in bestimmten Verhältnissen hervortritt und das Recht und die rechtlichen Schranken, innerhalb deren sie sich bewegen muss, schon voraussetzt. Weit entfernt, die Grundlage für das Recht zu bilden, muss die Willensmacht von dem objectiven Rechte Richtschnur und Schranke erhalten. Wenn man daher gesagt hat, dass jedes Rechtsverhältniss „ein Stück concret gewordener Willensmacht" sei, so ist damit das Rechtsverhältniss nur nach der untersten subjectiven Seite bezeichnet und über das Recht selbst gar nichts ausgesagt. Endlich muss aber bemerkt werden, dass der Begriff des Organismus nur ein formeller ist, über den Gehalt, das Wesen, welches sich in demselben gestaltet, keinen Aufschluss gibt, und dass, um diesen zu gewinnen, immer tiefer in den, das ethische Wesen am klarsten bestimmenden, Zweck eines Gegenstandes oder Rechtsverhältnisses eingedrungen werden muss. Wir werden später erkennen (§. 45), dass auch in Bezug auf diesen wichtigen Punkt die Wissenschaft des Privat- und öffentlichen Rechts noch grosse Mängel darbietet. Dagegen vermag der richtig und klar erfasste Begriff des Organismus oder der Gliederung theils schon an und für sich, insbesondere aber in Verknüpfung mit einem sachlichen Gehalte, auch in allen Gebieten bestimmte Rechtsinstitute und Rechtsverhältnisse zu erklären, welchen die abstracte Theorie der Willensmacht gar kein Verständniss abgewinnen kann. Es ist dies besonders der Fall bei specifisch germanischen Rechtsinstituten, in denen sich der, überall Gliederung erstrebende, das Ganze mit allen Gliedern für einen Zweck innig verknüpfende, germanische Geist bethätigt hat, wie in mehreren, zum Theil unseren Bedürfnissen nicht mehr entsprechenden Verhältnissen, z. B. denen des Ober- und Untereigenthums. Von grösster Wichtigkeit bleibt aber der Begriff der organischen Gliederung für das ganze öffentliche Leben, indem dadurch allein ein Bundesstaat begriffen und auch die Stellung der Staatsgewalt zu den einzelnen Gliedern und Gliederungen des Staates, in Uebereinstimmung mit den wahrhaften Anforderungen des Lebens besser bestimmt werden kann, als nach einer blos äusserlichen Macht- und Herrschaftstheorie, in deren Begriff gar keine Nöthigung zur Herstellung eines organischen Bandes aller Glieder mit der, das Ganze repräsentirenden, Staatsgewalt für eine berechtigte Mitwirkung bei der Ausübung der staatlichen Functionen liegt.

Bei der Anwendung der juristischen Methode kommen noch andere allgemeine formelle Begriffe in Betracht, welche die Philosophie als Kategorien im eigentlichen Sinne bezeichnet und welche auch für die Rechtswissenschaft regulative Principien sind. Ganz abgesehen von der verschiedenen Auffassung und Anordnung der Kategorien in den neueren philosophischen Systemen gibt es gewisse allgemeine Begriffe, die in allen Wissenschaften gleichmässig in Anwendung kommen und von denen wir hier nur die Kategorien der Einheit, der Ganzheit (im Unterschiede von der blossen Summe), der Selbständigkeit, der Vereinheit (von der Einheit wohl zu unterscheiden), der Gleichheit, des Grundes, der Ursache, des Gehaltes, der Form, der Quantität, der Qualität, des Unmittelbaren und Mittelbaren, der Modalität (der Nothwendigkeit und Zufälligkeit, Möglichkeit und Unmöglichkeit, Wirklichkeit und Nichtwirklichkeit, besonders bei den Bedingungen), und der Relation oder Bezugheit, welche im Recht von der umfassendsten Anwendung ist, indem dieselbe alle Lebensverhältnisse regelt, insofern sie in der Beziehung der Bedingung stehen (s. etwas ausführlicher über diese Kategorien unsere „juristische Encyklopädie“ S. 577—590 und in Bezug auf die Sachen §. 41). Wir haben von diesen Kategorien schon öfter Gebrauch gemacht und wollen hier nur noch zwei wichtige Punkte, die Lebenswahrheit des Rechts überhaupt und die Einheit des Princips hervorheben.

Durch die Forderung, dass das Recht, als ein Lebensbegriff, mit der Lebenswirklichkeit stets im Einklange, also wahr sein muss, werden von vorn herein alle Fictionen aus dem Rechte verbannt, welches auch derselben durchaus entbehren kann. Was Kant von den Fictionen der Naturwissenschaft (der leere Raum und das Atom) sagte, dass sie das Ruhekissen für die Denkträgheit seien, gilt auch für die Rechtswissenschaft, wo sie gleichfalls ein Hemmschuh für die Fortbildung derselben sind, indem sie an die Stelle der tiefer eindringenden Forschung treten, die jedes Verhältniss auf seinen wahren Lebensgrund zurückführen muss. Dahin gehören alle Fictionen, welche, geradezu in Umkehrung des richtigen Verhältnisses, ein Object oder ein Ganzes von Objecten (z. B. die *hereditas jacens*) zu einem Subjecte (juristischen Person) machen, oder gar Subjecte (Personen) zu Objecten machen, z. B. Kinder als Objecte der väterlichen Gewalt ansehen, während diese doch nur auf Handlungen oder Sachen sich erstrecken, oder die Menschen im Staatsverbande als Objecte der Staatsgewalt betrachten, während diese vor Allem mitwirkende Subjecte (durch Wahlen, Theilnahme an der Gesetzgebung und Verwaltung) und nur bestimmte Leistungen Objecte der Staatsgewalt sind. Wie mit den Fictionen, so verhält es sich mit den analogen Bestimmungen, an denen das römische Recht so reich ist (Quasi-Besitz, Quasi-Contracte, Quasi-Delicte), die gleichfalls aus der Wissenschaft, welche stets den directen unmittelbaren Grund eines Rechtsverhältnisses aufdecken muss, zu verbannen sind. (S. hierüber auch unsere S. 217 citirte „rechtsphilosophische Einleitung" S. 7.)

Endlich ist darauf zu dringen, dass, so wie das Recht überhaupt auf einem einheitlichen Principe, dem der Lebensbedingtheit, beruht, auch jeder Theil, jeder Rechtskreis, jedes Rechtsinstitut aus einem einheitlichen Principe heraus zu entwickeln ist. So sind zunächst Privatrecht und öffentliches Recht auf die Einheit des gemeinsamen Rechtsprincips zurückzuführen (s. §. 50) und jedes Gebiet ist nach dem Grundprincip zu bestimmen, welches einen Lebenszweck in der Ausführung normirt. Erst wenn Ein Princip ohne weitere Hilfshypothesen, Correcturen, Ausnahmen u. s. w. zur genauen Bestimmung aller in einem Gebiete oder Institute befassten Rechtsverhältnisse genügt, ist die Gewähr vorhanden, dass das Leben selbst in seiner Wahrheit begriffen worden ist. Schon Leibniz hatte bemerkt, dass die Wissenschaften fortschreiten, indem sie sich vereinfachen (*lex sciences progressent en se simplifiant*). In dieser Vereinfachung zeigt sich auch die wissenschaftliche Wiederspiegelung des einheitlichen Baues der ganzen Lebens- und Rechtsordnung, und durch die Erkenntniss und Anwendung einheitlicher Principien wird die Reinheit, Sauberkeit, die wahre Eleganz in der juristischen Construction gewonnen.

Nachdem wir das Rechtsprincip im Allgemeinen in seinen Hauptbestandtheilen dargelegt haben, ist dasselbe jetzt in seinem Verhältnisse zur Moral näher zu betrachten.

§. 37.

Vom Unterschiede und von den Beziehungen des Rechts und der Moral.

In den verschiedenen Anschauungen, welche über das Verhältniss von Recht und Moral zu Tage treten, findet die grosse Unklarheit ihren Ausdruck, welche noch immer über die Principien des Rechts und der Moral besteht. Bei der Schwierigkeit einer richtigen Lösung der Frage hat man dieselbe als das, nur mit der Gefahr des Scheiterns zu umsegelnde, Cap Horn der Rechtswissenschaft bezeichnet (Jhering). Diese Gefahr kann auch nur vermieden werden, wenn man vor Allem für einen guten Compass Sorge trägt und auf der wissenschaftlichen Fahrt streng die Richtung verfolgt, die durch scharfe, genau bestimmte Begriffe vorgezeichnet ist. Die Frage selbst kann jedoch gar nicht umgangen werden, weil sie in die wichtigsten Materien des Privat- und öffentlichen Rechts eingreift und weil bei allen Rechtsverhältnissen zugleich sittliche Momente hervortreten. Insbesondere ist es unmöglich, im Strafrecht, bei der Einheit einer menschlichen Handlung, von ihrem Entstehen bis zur Ausführung, das Rechtliche von den sittlichen Bestimmgründen ganz zu sondern, vielmehr muss beim Verbrechen wie bei der Strafe das sittliche Moment mitbestimmend sein. Wir haben schon früher (S. 261) gezeigt, dass es unmöglich ist, zu einer klaren Auffassung dieses Verhältnisses zu gelangen, wenn nicht, abgesehen von dem Rechtsprincip, in der Moral selbst drei Begriffe, die des G u t e n, des S i t t l i c h e n und des S i t t l i c h - G u t e n genau unterschieden werden, und wir haben zudem schon mehrfach hervorgehoben, dass das Gute und die Güterlehre die gemeinsame Grundlage für die Moral als Sittlichkeits- oder Tugendlehre und für die Rechtslehre bildet. Die Aufgabe zerfällt daher in drei Theile: in die Betrachtung der gemeinsamen Grundlage, in die Erörterung des Unterschiedes von Recht und Moral und in die hier besonders noch ausführlicher zu gebende Darlegung ihrer Beziehungen.

I. Die gemeinsame Grundlage von Recht und Moral ist, wie gezeigt, durch das Gute und die Güter gegeben, indem auch das Recht sich stets auf Güter und Güterverhältnisse bezieht. Recht und Moral haben ferner die gleiche psychologische Grundlage, indem beide sich unmittelbar auf Handlungen beziehen, nicht auf Erkenntnisse oder Gefühle, indem diese in das Gebiet der Moral nur mittelbar gehören, insofern sie unter die Leitung des Willens gestellt werden, und in das Gebiet des Rechts treten, insofern sie sich durch Handlungen äussern.

II. Der Unterschied von Moral und Recht liegt, wie gleichfalls schon gezeigt, darin, dass sie zwei unterschiedene Arten, Formen oder Modalitäten in der Verwirklichung des Guten sind, die Moral sich auf die subjectiven Bestimmgründe, Motive der Handlung bezieht, das Recht die Handlung an sich selbst, nach ihrer objectiven Erscheinung in's Auge fasst. Wir haben gesehen, dass es nur ein einziges wahres Motiv gibt (das Wahre ist zuhöchst immer Eines), welches die unbedingte Verwirklichung des Guten um des Guten selbst willen verlangt und in der wahrhaften Selbstbestimmung, in der Beherrschung aller niederen Antriebe durch das höhere Vernunftgebot des an sich Guten sich kund gibt, während es viele Arten der unreinen, unsittlichen Antriebe gibt, die jedoch auf eine gemeinsame Quelle, die Selbstsucht, nach der einen oder andern Richtung, zurückgeführt werden können. Das Gute soll aber nicht im Innern des blos guten Willens und Antriebes beschlossen bleiben, es soll objectiv im Leben verwirklicht und gestaltet werden, und unterliegt deswegen auch den Lebensbedingungen, deren Normirung die Aufgabe des Rechts bildet. An sich soll alles Gute in diesen beiden Richtungen zugleich, also in sittlich-rechtlicher Weise, verwirklicht werden, aber bei der beschränkten und mangelhaften menschlichen Bildung kann der Unterschied sich zu einem relativen Gegensatze dadurch steigern, dass, in ähnlicher Weise wie beim Sittlichen und

Guten, auch eine Handlung, dem Motive nach, sittlich und doch nicht recht sein kann und umgekehrt; ja noch mehr, in bestimmten Fällen kann zur Erfüllung des Rechts sogar Zwang angewendet werden, der im Gebiete der Sittlichkeit stets unzulässig ist.

Die Frage der Erzwingbarkeit der Rechtsverbindlichkeiten ist daher hier näher zu betrachten.

Bekanntlich hat man, besonders seit Thomasius (S. 106), den Zwang als ein allgemein unterscheidendes Merkmal des Rechts angesehen und eine ganze Theorie von verschiedenen Zwangsarten, als Präventions-, Erfüllungs-, Entschädigungs-, Strafzwang u. s. w. ausgebildet; (Hugo hat diese Zwangstheorie, die nach Thomasius im Naturstande auch zur Tödtung gegen jeden Verletzer unseres Rechts berechtigen sollte, die „Todtschlagsmoral" genannt). Dass der Zwang kein wesentliches Merkmal des Rechts sein kann, geht schon daraus hervor, dass er theils da fehlt, wo das Recht, wie es immer der Fall sein sollte, freiwillig geübt wird, theils in Verhältnissen mit vorherrschendem sittlichen Charakter gar nicht zur Anwendung kommen kann, und andere rechtliche Folgen eintreten, z. B. Ehescheidung bei der Verletzung der Treue als wesentlicher Bedingung der Ehe. Sodann ist aber darauf hinzuweisen, dass der menschliche Geist in seinem Grundcharakter der freien Selbstbestimmung in der Art geschützt ist, dass unmittelbar gar kein Zwang auf ihn ausgeübt, sondern nur auf seine Vorstellung durch Drohungen eingewirkt werden kann, dass er aber frei bleibt, ob er denselben Folge geben will oder nicht. In dieser, durch die Vorstellung vermittelten, Weise kann jedoch Zwang geübt werden, so wie es auch zulässig ist, dass, wo es auf Leistungen von Sachen ankommt, die Zwangsvollstreckung unmittelbar auf das Vermögen eintritt.

Die Berechtigung zu diesen Arten des Zwanges wird von einem höheren Gesichtspunkte aus erkannt, wenn man erwägt, dass das Gute an sich ein objectives Princip ist, in der Angemessenheit des Handelns zu den sachlichen Verhältnissen begründet und demnach zunächst von reinen oder unreinen Motiven unabhängig ist. Das Gute überhaupt bildet den Gehalt des Lebens, das nur in Gütern jeder Art seine Nahrung und sein Wachsthum findet. Das Gute als solches ist daher das Erste was Noth thut, den unabweislichen Bedürfnissen entspricht. Auf diese objective Gestaltung des Güterlebens bezieht sich aber das Recht und verlangt daher, dass das Gute überhaupt nach den objectiven Lebensbedingungen und Anforderungen verwirklicht werde. Das Gute und das Recht sollen objectiv bestehen, sie können nicht warten, dass der subjective Wille sich entschliesse, gutwillig zu thun, was durch die objective Ordnung und Entwickelung des Lebens geboten ist. Die Bedingungen des Rechts sind die Voraussetzungen für alles vernünftige Leben und Handeln und die Erfüllung dieser Bedingungen muss daher, wenn nöthig, allem Anderen vorgehen; sie gestatten demnach auch die Anwendung des Zwanges, um das, was gut und recht ist, auch in seiner Unabhängigkeit und Ueberlegenheit über den subjectiven Willen zur Geltung zu bringen. Dazu kommt, dass der Zwang, wenn er sich streng an die Durchführung des Guten und Rechten hält, auch ein Mittel der Zucht für das Gute und das Recht sein kann, indem, wie bei der Erziehung eines in Willensverkehrtheit befangenen Zöglings, der Zwang schliesslich doch Gewöhnung an das Gute und Rechte herbeiführen kann. Auch der sogenannte Strafzwang soll daher als nachgeholte Erziehung die Besserung bewirken.

Aus dem bezeichneten Charakter der Moral und des Rechts ergibt sich, dass die Grundsätze der Moral an sich selbst unbedingt, unänderlich, von historischen Zuständen und vom Volkscharakter unabhängig sind und der Fortschritt, der sich in der Sitte vollzieht, nur in der richtigeren Erkenntniss und umfassenderen Anwendung des sittlichen Princips sich kund gibt, dass dagegen das Recht, wenn auch bei der Gleichheit gewisser Grundbedürfnisse gewisse Grundeinrichtungen dieselben sind, sich grundsätzlich den Bildungszuständen und dem Volksgenius anschmiegen muss, das Eigenthum z. B., ohne seinen Charakter zu verlieren, eine sehr verschiedene Gestaltung erhalten kann. Das Sittliche endlich untersteht immer nur der Beurtheilung des Gewissens, während die objectiven Rechtsverhältnisse von einer äusseren Autorität festgestellt und beurtheilt werden können.

Nach dem hier nachgewiesenen grundsätzlichen Unterschiede zwischen Moral und Recht sind die von einseitigen Gesichtspunkten aus gewonnenen Ansichten zu berichtigen, wornach die Moral sich auf das Individuum beziehen, das Einzelethos sein, das Recht auf die Gemeinschaft gehen, das Gemeinethos sein soll (Stahl), indem beide Wissenschaften sich auf das Leben des Einzelnen und der Gemeinschaft erstrecken; oder wornach Moral und Recht nur historisch und nach den sittlichen Bildungszuständen sich unterscheiden, das Recht immer ein Stück und zwar derjenige immer wachsende Theil der Moral sein soll, den das allgemeine Bewusstsein als rechtlich bindend erkannt und mit dem Charakter des Zwanges bekleidet habe. Aber Moral und Recht bilden die beiden Grundsäulen alles Güterlebens endlicher Vernunftwesen, und können nie in Eins verschmelzen.

III. Die Beziehung zwischen Moral und Recht lässt sich nach folgenden Hinsichten feststellen.

1. In Bezug auf den Umfang beider Gebiete nimmt die Moral nach einer Seite das ganze Gebiet des Rechts in sich auf, indem sie auch bei allen Handlungen des Rechts fordert, dass das, was das Recht gebietet, auch in reinem Antriebe, um des Rechtes selbst willen, als eines Bestandtheiles der göttlich-menschlichen Rechtsordnung, ohne allen Zwang oder Strafe, gethan werde. Die Moral fordert daher auch für alle Rechtshandlungen die Moralität des Motivs. Das Recht dagegen fasst im Allgemeinen die Handlung an und für sich auf, es sieht, wie man sagt, auf die Legalität, auf die Uebereinstimmung der Handlung mit dem Rechtsgesetze. Das schliesst aber nicht aus, dass einerseits, wenn eine Handlung in ihrer Totalität beurtheilt werden muss (z. B. ein Verbrechen), auch die Antriebe, insoweit sie durch die Handlung erkennbar sind, zugleich beachtet werden müssen, und dass anderseits als Bedingung gestellt werden kann, dass Unsittliches sich nicht in erkennbaren Handlungen kund gebe. Aus dieser Beziehung des Rechts und der Moral ergeben sich die beiden Sätze:

Alles, was durch das Recht geboten oder verboten ist, ist zugleich durch die Moral geboten und verboten; dagegen:

Was durch die Moral geboten oder verboten ist, ist nicht zugleich durch das Recht geboten oder verboten, weil das Recht, wie gezeigt, im Allgemeinen die Motive positiv nicht berührt, sie nicht gebietet und nicht verbietet. Um dies Verhältniss zu bezeichnen, sagt man häufig: das Recht erlaube Manches, was die Moral gebiete. Dieser Ausdruck ist in dieser Hinsicht unpassend, weil im Erlauben immer eine positive Beziehung des

Rechtsgesetzes zu einer Handlung, eine Art Mitbetheiligung an derselben liegt, was für das Recht und das Rechtsgesetz durchaus nicht der Fall ist. Das Verhältniss des Rechts zu dem Unsittlichen, welches immer einen Missbrauch der wahren Freiheit in sich schliesst, ist ein gleiches wie das Verhältniss der Gottheit zu dem Bösen in der Welt. So wie die Gottheit, in Folge der Freiheit der Menschen, vieles Böse zulässt, ohne es zu erlauben, so wird auch vom Rechte, auf Grund der menschlichen Freiheit, vieles Unsittliche zugelassen aber nicht erlaubt. Der Begriff der Zulassung muss hier an die Stelle des Erlaubens treten. Dagegen findet dieser letztere Begriff seine wahre Anwendung für den Umfang des ganzen Rechtskreises, in welchem eine jede physische oder moralische Persönlichkeit sich kraft ihrer Selbstbestimmung, Autonomie, nach eigenem Ermessen bewegen kann. In diesem Gebiete ist das Rechtsgesetz überhaupt ein Erlaubnissgesetz.

2. Es besteht eine unmittelbare Beziehung des Rechts zur Sittlichkeit dadurch, dass es ein Recht für die Sittlichkeit, also ein Sittlichkeits-Recht gibt, denn auch die Sittlichkeit ist ein (subjectives) Gut, welches in seinem Bestande und in seiner Fortbildung von positiven und negativen Bedingungen abhängig ist, die durch das Recht zu normiren und zu wahren sind.

a) Die positiven Bedingungen liegen hauptsächlich in dem Unterrichte und der Erziehung; sie begründen auch die rechtliche Erziehungspflicht der Eltern und die Verbindlichkeit des Staates, Fürsorge zu treffen, dass in geeigneter Weise ein solcher erziehender Unterricht allen Kindern zu Theil werde.

b) Die negativen Bedingungen liegen darin, dass vom Rechte und von der Rechtsgesetzgebung Alles hintangehalten, verboten, unterdrückt, bestraft werde, was von vorn herein die vom Rechte zu schützende freie Selbstbestimmung aufhebt, Unsittlichkeit fördert oder Unsittlichkeit durch bestimmte Handlungen erkennen lässt. So wurde in dieser, gleichfalls wichtigen, negativen Weise das Privatrecht vom römischen Prätor moralisirt, indem er bei allen, die freie Selbstbestimmung aufhebenden, Einwirkungen, wie bei Gewaltdrohung (*vis ac metus*), bei Betrug (*dolus*) und selbst in bestimmten Fällen bei Unwissenheit und Irrthum (*ignorantia, error*), Einreden (*exceptiones*) gab und dadurch die rechtliche Wirksamkeit solcher, durch fehlerhafte Bestimmgründe erzeugter,

Handlungen hemmte. Ebenso wurde für mehre rechtliche Verhältnisse (z. B. für ordentliche Ersitzung) *bona fides* gefordert.

α. Das Recht versagt seinen Schutz gewissen Handlungen, die eine unsittliche Absicht bezeugen, wenn sie sich auch in rechtliche Formen kleiden, z. B. Gewinnsucht bei Spiel und Wette. Das römische Recht wie die neueren Gesetzbücher versagen den aus Spiel und Wette erwachsenden Schulden die Klagbarkeit und auch Geltendmachung durch Einreden. Sie gestatten jedoch consequent keine Rückforderung des Gezahlten (mit Ausnahme des römischen Rechts, welches sogar Rückforderung während 50 Jahren gewährte), weil sie überhaupt mit solchen unsittlichen Handlungen sich nicht befassen. Man hat diesen Grundsatz nicht ganz passend in dem Satze ausgedrückt: *in pari turpitudine melior est conditio possidentis*.

β. Ebenso gewährt das Recht mannigfachen Schutz. Es schützt die Sittlichkeit, indem es Kundgebungen durch die Presse, durch die Kunst, durch Schaustellungen von Bildern oder lebenden Wesen u. s. w., welche die Sittlichkeit verletzen können, rechtspolizeilich verbietet.

γ. Es gibt auch Sittlichkeits-Vergehen und Verbrechen, welche durch das Strafrecht zu ahnden sind. Es sind diejenigen Handlungen, welche den Mangel der Beherrschung sinnlicher Leidenschaften durch die sittliche Vernunftkraft verrathen und meistens eine Richtung nehmen, in der zugleich eine Verletzung des Rechts eines Andern liegt, z. B. unnatürliche Wollust, Nothzucht, Ehebruch u. s. w.

3. Wenn es, wie im Strafrechte, auf die rechtliche Beurtheilung eines Vergehens oder Verbrechens ankommt, welches aus der Einheit des, in der Regel zugleich unsittlichen und unrechtlichen, Willens hervorgegangen ist und auf diese Einheit zurückbezogen werden muss, so ist es nicht möglich, die rechtliche Seite von der sittlichen zu trennen. So wie bei der Strafe die ganze Person leidet, so ist es auch im Strafrecht nicht zulässig, den Menschen in zwei Stücke zu zerreissen, in einen Rechts-Menschen und in einen Sittlichkeits-Menschen, und nur den ersteren zu bestrafen, weil bei Beurtheilung einer, die Gesinnung des Menschen überhaupt kundgebenden, Handlung das Sittliche und Rechtliche zwar zu unterscheiden, aber zugleich in inniger Beziehung zu einander aufzufassen

ist. Eine juristische Anatomie, wie man sie noch öfter am lebendigen Menschen zu üben sucht, beruht auf einer irrigen psychologischen und ethischen Auffassung des menschlichen Wesens. So wie man die frühere oberflächliche Ansicht hat aufgeben müssen, dass das Recht sich nur auf das Aeussere und nicht auf das Innere beziehe, indem auch diese beiden Seiten gar nicht abstract gesondert werden können, von der äusseren That vielfach auf die Absicht, den *animus*, die verschiedenen Antriebe zurückgegangen werden muss, ebenso müssen auch, wenn eine That vorliegt, die sittlichen Momente zugleich in Betracht gezogen werden. So wird auch in den Gesetzen eine mit Vorsatz begangene verbrecherische Handlung, z. B. Mord, anders bestraft, als wenn sie in Fahrlässigkeit geschehen ist, z. B. Todtschlag. Sodann wird auch eine Handlung, die auf einen an sich guten Zweck gerichtet ist, z. B. Rettung eines Andern, aber doch gegen das Recht fehlte, milder bestraft, als Handlungen, bei denen solche gute Absicht fehlt. Diese Handlungen bleiben stets unrecht und strafbar, weil das Recht den Grundsatz, dass der Zweck die Mittel heiligt, durchaus verwirft; jedoch sind Handlungen, die im Zustande „echter Noth" (wohl zu unterscheiden von Nothwehr;) begangen sind, wenn auch immer unrecht, straflos, weil, abgesehen vom Princip der Billigkeit, ein solcher Nothstand die freie Selbstbestimmung, wenn nicht aufhebt, doch in hohem Grade schwächt und das Recht hier die Menschen, wie sie im Durchschnitt sind, in's Auge fasst, den höheren sittlichen Heroismus nicht verlangt (S. 39, III). Wegen dieser innigen Beziehung des Sittlichen und Rechtlichen ist es von grosser Wichtigkeit, dass, bei der strafrechtlichen Beurtheilung, eine Handlung vor Allem und zuerst in ihrer Einheit und Totalität aufgefasst und demnach die erste Hauptfrage auf Schuldig oder Nichtschuldig gestellt werde. In dieser Forderung liegt der psychologische und ethische Grund für das Geschwornengericht, indem es allein die beste Gewähr bietet, dass nicht die blos rechtliche Seite, wie sie juristisch gebildete Richter immer vorzugsweise im Auge behalten werden, sondern auch alle mitbestimmenden sittlichen Momente vom moralisch-rechtlichen Gewissen der Geschworenen im Schuldig oder Nichtschuldig zusammengefasst werden, und dann, wenn der Ausspruch auf „Schuldig" lautet, der Richter, gleichfalls in Berücksichtigung aller Momente, die Strafe innerhalb des vom Gesetze für das Mass der Strafe möglichst weit zu ziehenden Spielraumes erkennt. Aber mit gleicher Nothwendigkeit ergibt sich hieraus, dass auch beim Strafvollzug der ganze Mensch im Auge behalten und der rechtliche Wille von der Wurzel des sittlichen Willens aus gebessert werden soll.

4. In höchster und allgemeiner Hinsicht muss mit Nachdruck hervorgehoben werden, dass, so wie alle Fragen des praktischen Lebens in ihrem innersten Kerne eine sittliche Lösung erheischen und die sittlichen Tugenden den höheren Geist bilden, der alle Verhältnisse durchdringen muss, so auch alles Recht, die gesammte Rechts- und Staatsordnung in der innersten Quelle des reinen sittlichen Willens, dem das Recht als ein wesentlicher Bestandtheil der göttlich-menschlichen Lebens- und Güterordnung heilig sein muss, die festeste Stütze, die wahre Kraft und Stärke findet. Dagegen wird die sittliche Erschlaffung der Menschen und Völker, der Mangel der Selbstbeherrschung zunächst immer zur Stärkung der äusseren Zwangsgewalt, schliesslich zum Verfalle der Rechts- und Staatsordnung führen, und eine gründliche Besserung kann stets nur durch Wiederbelebung des sittlichen Bewusstseins und Gewissens, vornehmlich in den neuen Generationen, angebahnt werden.

Das Recht steht aber auch in inniger Beziehung zur Religion, und diese Seite haben wir schliesslich noch zu betrachten.

§. 38.

Das Recht in seinem göttlichen Grunde und als göttliche Gerechtigkeit.

Das Recht ist eine durch die Schöpfung endlicher und bedingter, aber unendlicher Vervollkommnung fähiger Wesen gesetzte Norm zur Regelung aller, für die Verwirklichung ihrer Bestimmung in einer gemeinsamen Ordnung, wesentlichen Bedingungen. Die ewig in Gott gegründete Wesen- und Lebens-Ordnung ist die Richtschnur für das Ordnungsprincip des Rechts. Gott ist aber nicht eine blos allgemeine, ihrer selbst unbewusste Weltseele, sondern, wie auch die Philosophie nachweisen kann (Krause), eine über der Welt, wenn auch die Welt in sich hegende, ihrer selbst urbewusste absolute Persönlichkeit, welche als Vorsehung, in der Lebensentwickelung und bei den möglichen Abirrungen der mit Freiheit begabten Wesen, die ewigen Gesetze aller Ordnung aufrecht erhält. Schon die einfache Betrachtung, dass die sittliche Ordnung der mit Freiheit begabten Wesen durch eine höhere sittliche Macht in ähnlicher Weise erhalten werden muss, wie in der Natur das Leben aller Einzelwesen durch die allgemeine Naturmacht und ihre Kräfte beherrscht wird, müsste zu der Erkenntniss einer höchsten absoluten Macht führen, welche sowohl für die Bewegung der Freiheit die äussersten Grenzen der Abirrung zieht, als auch die sittliche Ordnung mit der Naturordnung im Einklange erhält.

Das Recht ist daher nicht blos in Gott, in der ewigen Wechselbedingtheit aller der fortschreitenden Entwickelung fähigen Wesen begründet, sondern Gott übt auch das Recht in seinem unendlichen Willen als höchste Gerechtigkeit aus.

Gottes Gerechtigkeit erstreckt sich auf alles, in irgend einer Art endliche und bedingte, Leben, indem sie allen, mit eigenem Ursachlichkeitsprincip begabten, selbständigen Wesen die allgemeinen Bedingungen der Lebensentfaltung in einer entsprechenden umgebenden Mitte gewährt. Zuhöchst steht die Gottheit in den Lebensverhältnissen mit allen freien Vernunftwesen, Gerechtigkeit gegen sie übend, aber erwartend, dass auch sie durch eigenen freien Willen sich in das rechte Verhältniss zu Gott und allem Göttlichen setzen, die Bedingungen erfüllen, unter welchen Gott einen immer reicheren Segen des Guten ausbreiten und allen guten Kräften die höhere Stärkung geben kann. Auch die göttliche Gerechtigkeit wird in den wesentlichen Richtungen oder Functionen geübt, in welchen das Recht als Ordnungsprincip sich kund gibt, indem auch die göttliche Gerechtigkeit einem jeden Wesen den ihm durch seine Natur und seine Bestimmung angewiesenen selbständigen oder freien Wirkungskreis wahrt, die Existenz sichert und alles Leben in seiner Entwickelung dadurch fördert, dass sie, ohne die eigene Causalität oder die höhere Selbstbestimmung der Wesen aufzuheben, allen die entsprechenden Bedingungen darbietet, die von dem freien Vernunftwesen auch frei zur innigsten Aneignung angenommen werden sollen. In dieser höchsten Hinsicht hat sich die göttliche Gerechtigkeit in der Geschichte der Menschheit nie unbezeugt gelassen. Durch Erweckung und Lebenleitung höherer reformatorischer Geister, zuhöchst in dem religiösen Gebiete, hat sie den Völkern und der Menschheit die wesentlichsten fördernden Bedingungen der Erhebung, Wiedererhebung und Umbildung zur vernunftgemässen freien Benutzung dargereicht; sie setzt aber auch aller Abirrung ein „bis hieher und nicht weiter“ entgegen, sie lässt allen Ursachen, in bestimmten Grenzen, ihren Lauf in den entsprechenden Wirkungen, gibt allem Guten den gebührenden Segen, lässt aber auch die üblen Wirkungen des Bösen und des Unrechts als Strafe empfinden, die jedoch von Gott selbst nur wieder zum Guten, als ein Mittel der Reue und der Besserung angewandt wird. Die göttliche Gerechtigkeit zeigt sich nach diesen Richtungen auch belohnend und strafend, aber ihre höchste Function ist stete Förderung aller Lebensentwickelung zum Guten, in diesem wie in einem höheren Leben.

Voltaire hatte geäussert: „man müsse (um die sittliche Ordnung aufrecht zu erhalten) Gott erfinden, wenn er nicht existire. Der Geist hat es leichter, er braucht nur seine Vernunft anzuwenden, um Gott zu erkennen; aber ohne den Hinblick auf eine höhere göttliche Gerechtigkeit wird auch kein richtiges Verständniss für die Gerechtigkeit im Menschen- und Völkerleben, kein festes Vertrauen in den Fortschritt und den endlichen Sieg des Rechts gewonnen. Die göttliche Gerechtigkeit ist das Band, durch welches das Leben der einzelnen Menschen, der Generationen und Völker, ein jedes für sich, und das Leben Aller in der Gemeinschaft zu einem höheren Ganzen verknüpft und gerichtet wird. Wenn die göttliche Gerechtigkeit den einzelnen Menschen in der kurzen Spanne dieses Erdenlebens auch hier nicht immer sichtbar trifft, so entgehen ihr doch nicht die grossen Collectivpersönlichkeiten, die Völker, und die höheren Lebensstellungen (z. B. Dynastien), in denen die Einzelnen durch ein unsichtbares Band verbunden zu sein und ein solidarisches Ganzes zu bilden scheinen. Ein jedes Unrecht, welches in einem Volke, von ihm oder mit seiner Zulassung, begangen wird, fällt zuletzt in seinen Wirkungen als Strafe nach den verschiedenen Graden der Verschuldung auf das grössere oder engere Ganze zurück. Das römische Volk gibt davon den schlagendsten Beweis. Nachdem es fast alle Völker unterjocht und ausgeplündert hatte, musste es das Unrecht, das es an denselben begangen hatte, durch mehrere Jahrhunderte unter dem Joche eines meistens blutgierigen und habsüchtigen Imperatorenthums büssen, um schliesslich den germanischen Völkern zu unterliegen. Die Regierungen sind in der Regel nur das concentrirte Spiegelbild der ganzen Lebensrichtung und Lebensanschauung eines Volkes; eine schlechte, die ganze

Lebensentwickelung in eine falsche Richtung treibende, Regierung ist gewöhnlich der Ausdruck einer, den ganzen sittlichen Organismus des Volkes beherrschenden Krankheit. Man wird gewiss, in einer wesentlichen Hinsicht, Napoleon I. als die Personification der im französischen Volke durch die Revolution gestärkten Einheitsbestrebungen, so wie seiner Ruhmes- und Herrschsucht betrachten dürfen. Wie aber jedes Princip, jede Richtung zu ihren extremen Consequenzen drängt, so erscheinen diese auch oft als die nothwendige Bedingung, damit ein Volk die rechte Selbsterkenntniss gewinne, Grund und Ursache, den eigentlichen Sitz des Uebels in den verkehrten Richtungen und Anschauungen des staatlichen Lebens, die es genährt und gefördert hat, erkennen lerne, und damit zuletzt Reue die Schamröthe auf die Stirn darüber treibe, dass es einen Zustand hat eintreten lassen, welcher eine Entwürdigung des ganzen menschlichen Daseins in sich schliesst.

So gewinnt jetzt in Frankreich die Erkenntniss immer weitere Verbreitung, dass die bisherige Centralisation mit Freiheit, Selbstregierung und wahrem Repräsentativsystem unverträglich ist und das Uebel hier in seiner Wurzel angegriffen werden muss. Aber alle Völker müssen jetzt durch den Excess des modernen rohen Militärismus, den sie selbst an der Brust der Vergrösserungsgelüste oder übertriebener, die innere selbständige Gliederung der Stämme verletzender, Einheitsbestrebungen grossgezogen und gestützt haben, die Erkenntniss gewinnen, dass die Leiden, die jetzt in erhöhtem Masse über sie kommen, in dem Geiste der Gewalt und der Gewaltthätigkeit ihre Quelle haben, dass jedoch der Hochdruck der Gewaltherrschaft, von dem die allgemeine Militärknechtschaft der unzweideutigste Ausdruck ist, nur durch die Wiederbelebung der rechtlichen, die Rechte und die freie Selbstbestimmung aller Stämme und aller Völker achtenden, Gesinnung gehoben werden kann, die in wahren Föderativverhältnissen die beste Stütze und Gewähr findet. Wird aber einmal der Geist des sittlichen Rechts wieder lebendig, tritt eine Wendung zum Besseren ein im Volksgemüthe, gibt sich der energische Wille kund, einem solchen Zustande mit allen rechtlichen Mitteln ein Ende zu machen, dann wird diese ganze Gesinnung bald eine Macht, welche alle Gewaltherrschaft stürzt oder in sich zusammenfallen lässt und welche bezeugt, dass die Ideen, welche ihre Kraft aus den göttlichen Ideen des Guten und aller Bildung, aus dem humanen Rechte, aus der sittlichen Freiheit schöpfen, mächtiger sind als alle äussere Gewalt. Wenn die Noth am grössten, sagt das Sprichwort, ist Gottes Hilfe am nächsten, aber doch wohl nur, wenn Sinn und Herz der Menschen und Völker sich wieder im Glauben an das Göttliche und an eine höhere Vorsehung kräftigt. Der Sturz der Napoleonischen Gewaltherrschaft, vor Allem durch den sittlichen und religiösen Aufschwung des germanischen Geistes, wird stets als eine Bestätigung dieser Wahrheit betrachtet werden können.

Die Ueberzeugung von einer im Völkerleben waltenden göttlichen Gerechtigkeit wird auch der menschlichen Willensthätigkeit eine richtige Stellung zu den wichtigeren geschichtlichen Ereignissen anweisen. Wer den irrthümlichen Glauben hegt, dass die ganze Geschichte nur Menschenwerk ist und jede grosse Begebenheit nur durch menschliche Willensmacht hervorgebracht sei, wird, wenn er sich selbst seiner Kraft bewusst ist, seinen Willenstrotz den Thatsachen entgegenstellen und sie durch seinen Willen zu ändern oder aufzuheben suchen. Wer jedoch in der Geschichte auch den Gang Gottes und den, in verschiedenen Schwankungen sich vollziehenden, Fortschritt zum Besseren erkennt, wird zwar auch segenvolle unmittelbare Leitungen Gottes von blossen Zulassungen wohl unterscheiden, indem Thaten, welche das Kainszeichen an der Stirn tragen, nie der Wille, sondern nur eine Zulassung Gottes sein können; er wird daher auch nicht vor sogenannten vollendeten Thatsachen dieser Art sich einfach beugen, weil überhaupt keine Thatsache vollendet ist, alle Wirkung je nach ihrer Stärke fortvibrirt und nur Haltpunkte, gewissermassen zusammenfassende Knotenpunkte, in der Fortentwickelung eintreten; aber er wird den Sinn dieser Thatsachen, die Weisung und Mahnung, die für Jeden darin liegt, zu ermitteln suchen und bestrebt sein, nicht in falscher Wiedervergeltung mit gleich unrechtlichen und unsittlichen Mitteln die Thatsachen aufzuheben, sondern nach Möglichkeit die Gebrechen, die sie blossgelegt haben, zu heilen und durch weitere Pflege des theilweis Guten, was sie stets enthalten, die widerrechtliche Form des Ursprungs mehr und mehr abzuschwächen. Sind doch alle unsere gesellschaftlichen und staatlichen Zustände mehr oder weniger von solchen Gebrechen durchwirkt, so dass die

Hauptaufgabe stets darin bestehen wird, in allen Verhältnissen das Gute und Rechte zu erstreben und den weiteren Erfolg der höheren göttlichen Fügung anheimzugeben.

Eine solche Ueberzeugung von dem höheren göttlichen Walten ist aber auch die kräftigste Hilfsmacht für die Menschen und Völker in ihrem Streben nach der Herbeiführung eines besseren, gerechteren Zustandes in allen Verhältnissen. Ein Jeder wird in seiner eigenen Brust die Kraft empfinden, welche die Ueberzeugung gewährt, dass sein reines Wollen des Guten und Rechten sich in Uebereinstimmung findet mit dem göttlichen Willen, dass es eine von Gott auferlegte Verpflichtung ist, für das Recht einzustehen, und er wird, in noch höherer Weise als der Gerechte des Horaz (*Justum ac tenacem propositi virum etc.*), vor keiner Drohung einer despotischen fürstlichen oder Volks-Macht zurückschrecken. Das Unrecht trägt zwar zeitweise öfter den Sieg davon, aber wie in tiefer Wahrheit von Gott gesagt wird: Gott ist geduldig, weil ewig (*Deus patiens quia aeternus*), so kann auch der, welcher an ein ewiges Recht glaubt, geduldig die Zeit abwarten, wo es in seiner ganzen Kraft hervortritt und sich doch mächtiger erweist, als jener Fels von Erz (*„rocher de bronze“*), auf welchen Friedrich Wilhelm I. von Preussen seine „Souveränetät stabiliren“ wollte.

Die Ueberzeugung von einem Walten der göttlichen Gerechtigkeit in der Geschichte findet sich bei allen Culturvölkern. Platon entwarf zuerst die Grundzüge eines auf möglichste Gottverähnlichung des Menschen angelegten Gottesstaates. Auch Cicero erblickte in der Vernunftgemeinschaft des Menschen mit Gott den höheren Gottesstaat (S. 38). Das Christenthum bezog, wie Platon, das Recht nicht blos auf äussere, sondern auch auf innere Verhältnisse, zuhöchst auf die Lebensgemeinschaft des Menschen mit Gott, in welchem die aus dem ganzen Gemüthe stammende, vom Glauben getragene, in den Werken sich bezeugende Liebe das rechte Verhältniss, die Rechtfertigung, begründen sollte. Das Reich Gottes bildet den innersten Lebenskern des Christenthums. Die ganze Geschichte muss aber als eine allmähliche fortschreitende Gestaltung dieses Reiches, das auch zu uns kommen soll, angesehen werden, und in der wachsenden Macht der Humanität, der Wahrheit und des Rechten gibt sie auch Zeugniss von der göttlichen Gerechtigkeit, die allem Guten schliesslich den Sieg sichert; in allen bedeutenderen Ereignissen lässt sie aber an Regierungen und Völker den alten Ruf vernehmen:

Lasset Euch warnen, Gerechtigkeit übt, nicht verachtet die Gottheit:

(*Discite justitiam, moniti, et non temnere Divos.*)

Capitel III.

Weitere Entwickelung der wesentlichen Bestandtheile eines jeden Rechtsverhältnisses.

Nachdem der Begriff des Rechts an und für sich und nach seinen verschiedenen Seiten festgestellt worden ist, haben wir das Rechtsverhältniss, welches schon früher (S. 300) als eine durch eine Rechtsnorm geregelte Beziehung von Person zu Person, in Bezug auf ein Object oder Gut für einen Zweck, bestimmt durch eine Thatsache, bezeichnet worden ist, in diesen wesentlichen Bestandtheilen näher zu betrachten.

§. 39.

Von der Rechtsnorm, als Idee, und von ihrer Erscheinung in den allgemeinen Entstehungsformen der Gewohnheit und des Gesetzes. Verhältniss der Rechtsidee zum formellen Rechte.

Die Rechtsidee ist, wie die Seele, die innere Macht, welche alle Verhältnisse gestaltet, in den verschiedenen Formen sich gewissermassen ihren Körper schafft und diesen in steter Entwickelung und Fortbildung erhält. Die Grundformen der durch Willenssetzung sich vollziehenden Rechtsbildung sind, wie wir sogleich näher sehen werden, Gewohnheit und Gesetz, aber beide sind nur das Zeugniss, die formelle Bekundung der Rechtsidee, welche zwar stets nach formeller Gestaltung drängt, aber von den Formen, wie die Seele vom Körper, den sie belebt, unterschieden werden muss.

I. Die Rechtsidee als objective Rechtsnorm ist, wie schon genügend hervorgehoben, eine über allen Willen erhabene, in den sachlichen Verhältnissen selbst liegende Norm, durch welche dieselben in ihrer gegenseitigen Bestimmung und Bedingung in Angemessenheit zu einander geregelt sind. Dass das ganze physische, geistige und sittliche Leben des Menschen von Bedingungen abhängig ist, ohne welche eine Entwickelung unmöglich ist, ist durch das menschliche Wesen, abgesehen von seinem Willen, gegeben. Diese ganze Entwickelung wird auch von Gesetzen beherrscht, die gleichfalls den Verhältnissen selbst inwohnen und, in Bezug auf das Recht, die inneren Rechtsgesetze bilden, von denen die formellen positiven Gesetze nur der möglichst congruente Ausdruck sein können. Das Dasein solcher innerer Gesetze hat die tiefere Wissenschaft stets anerkannt. Cicero nannte das Gesetz die *naturae vis*, die *ratio summa insita in natura*, Montesquieu (S. 121) bezeichnete die Gesetze im Allgemeinen als *rapports nécessaires qui derivent de la nature des choses*, sie bilden auch das, was in der neueren Rechtswissenschaft vielfach die „Natur der Sache" genannt wird (s. unsere „juristische Encyklopädie" S. 94), die aber nicht als ein einfaches Wesen, sondern als das Ganze der zu bestimmenden wesentlichen Verhältnisse angesehen werden muss. Die innere sachliche Bestimmtheit dieser Verhältnisse bildet auch den inneren Rechtsgrund, durch welchen das Eine als Bedingung für das bedingte Andere gefordert wird. Für das Leben und für die Wissenschaft besteht die vornehmste Aufgabe darin, diese sachlichen Verhältnisse und ihr inneres Gesetz richtig zu erkennen und ihnen in einer entsprechenden formellen Satzung den richtigen Ausdruck zu geben; der Mensch soll sich überhaupt mehr als Gesetzfinder wie als Gesetzgeber betrachten.

II. Die allgemeinen Formen der Rechtsbildung oder die Rechtsquellen.

Die sachlichen Rechtsverhältnisse, welche sich stets mit den Lebensverhältnissen und allen darin wirkenden Kräften fortbilden, drängen auch zu einer sichtbaren Gestaltung im wirklichen Leben. Die ursachliche Kraft, aus welcher überhaupt, als aus der subjectiven Quelle, alle Lebensgestaltung hervorgeht, ist der Wille (S. 237) und dieser ist auch die Eine und allgemeinste Rechtsquelle, welche die, den Gesammtwillen bekundenden, die Verhältnisse normirenden, Formen oder Rechtssätze schafft, die jedoch von dem Rechtsgrunde und von den ursprünglichen, die Rechtsverhältnisse erzeugenden Ursachen (§. 42) zu unterscheiden ist. Der Wille selbst kann verschiedentlich durch Vorstellungen, Gefühle, Begehrungen, Instinct oder klares Bewusstsein und verschiedene sittliche Motive bestimmt sein, aber nicht nach diesen Bestimmgründen, sondern aus den zwei unterschiedenen Modalitäten oder Richtungen seiner rechtbildenden Thätigkeit ergeben sich die beiden allgemeinen Rechtsquellen der Gewohnheit und des Gesetzes. Ist auch in der ersteren mehr das unmittelbare Gefühl und Bedürfniss, der unreflectirte, mehr instinctive Rechtstrieb, in dem anderen das klare Bewusstsein vorherrschend, so ist der wesentliche Unterschied doch dadurch gegeben, dass zwar in beiden durch den Willen Rechtssätze geschaffen werden, in der Gewohnheit jedoch die Rechtsbildung vom Einzelnen zum Allgemeinen strebt, der Einzelne zugleich für eine Gemeinschaft und einen Gesammtwillen handelt, in dem Gesetze dagegen von vorn herein eine mehr oder weniger allgemeine Norm für die unter dieselben fallenden einzelnen Verhältnisse gesetzt wird.

1. Die Lehre von der Gewohnheit und dem Gewohnheitsrechte (s. hierüber ausführlicher unsere „juristische Encyklopädie“ S. 79 ff. und Röder: „Naturrecht“ S. 196) ist erst in neuerer Zeit von der historischen Schule (S. 171) tiefer erfasst und entwickelt worden. Während früher nach der vorherrschenden, alles Rechtsleben im Staate auf den Allgemein-Willen zurückführenden, Richtung nur das Gesetz als die positive allgemeine Rechtsquelle betrachtet und die Kraft der Gewohnheit auf die stillschweigende Genehmigung des Gesetzgebers zurückgeführt wurde, ist jetzt fast allgemein die Gewohnheit in ihrem selbständigen, dem Gesetze ebenbürtigen Charakter anerkannt. Es sind jedoch in dieser Lehre die Begriffe von Gewohnheit und Sitte überhaupt, von Rechtsgewohnheit und von Gewohnheits-Recht, letzteres in einer zweifachen Bedeutung, als das zur Bildung einer Gewohnheit erforderliche Ganze von Bedingungen, und als das, durch die Gewohnheit in dieser rechtlichen Weise gesetzte, Recht zu unterscheiden und näher zu betrachten.

Die Gewohnheit oder Sitte ist eine in allen praktischen Lebensgebieten sich kund gebende Thatsache, in welcher eine Gemeinsamkeit in der Anschauung, Ueberzeugung, Lebens- und Thätigkeitsrichtung ihren Ausdruck erhält. Es gibt eine religiöse Sitte, eine bestimmte gemeinschaftliche Ausprägung der eigentlichen Sittlichkeit oder Moralität, Sitten im wirthschaftlichen Leben und überhaupt in allen Lebenskreisen (S. 292).

So wie nun die Lebensverhältnisse bestimmend sind für die Rechtsverhältnisse, so sind auch vielfach die Sitten in den verschiedenen Lebenskreisen eine treibende Kraft zur Bildung von Rechtsgewohnheiten, in denen sie ihren Ausdruck gewinnen, oder sie können auch sofort den Impuls zur Rechtsgesetzgebung geben. Eine besonders reiche Quelle von Gewohnheiten entwickelt sich fortwährend in dem regen wirthschaftlichen Leben und setzt sich unter bestimmten Bedingungen in Rechtsgewohnheiten um.

Die Sitten, welche überhaupt der Gradmesser der gesellschaftlichen Bildung sind, geben daher nach zwei Richtungen Impuls und Weisung zu der, meistens vorangehenden, Bildung von Rechtsgewohnheiten oder zur Rechtsgesetzgebung.

Die Rechtsgewohnheit ist die unmittelbar vom Willen Einzelner, aber in einer Gemeinschaft und in der Ueberzeugung von der objectiven Angemessenheit zu dem in derselben gegebenen Lebensverhältnisse, gesetztes, durch eine Mehrheit gleichförmiger Handlungen bekundetes Recht, welches für alle demselben Lebenskreise Angehörige verbindlich ist. Die Gewohnheit ist daher immer nur die Entstehungsform aber nicht der Grund des Rechts. Diese Wahrheit hat zuerst Puchta richtig erkannt, indem er (Vorlesungen über das römische Recht I. S. 161) hervorhebt, dass das Recht nicht etwa durch die Sitte, sondern umgekehrt diese durch jenes erzeugt und bestimmt werde, dass die Gewohnheit nur die Folge und „das Zeugniss von einem anderswoher und vor ihr entstandenen (?) Rechte“ sei. Ist auch die letzte Ausdrucksweise nicht genau, indem das Recht zwar vorher in den Verhältnissen selbst besteht, jedoch durch die Gewohnheit in die Erscheinung tritt oder entsteht, so ist doch darin die von positiven Rechtslehrern noch so oft verkannte Unterscheidung zwischen dem ideellen, in den Verhältnissen selbst liegenden, Rechte und seiner positiven Satzung klar bezeichnet worden.

Fragt man nach dem Grunde, weshalb eine oft nur von wenigen Personen gesetzte Gewohnheit für alle Anderen desselben Lebenskreises verbindlich sein soll, so ist auch hier von Puchta richtig darauf hingewiesen, dass die Einzelnen eine, das Volk oder die Gesammtheit vertretende, Function ausüben; es ist jedoch auch die allgemeine Function zu erkennen, durch welche, auch bei der Rechtsbildung, ein Eintreten und Handeln des Einen für Andere in der Ueberzeugung von der vernünftigen rechtlichen Angemessenheit stattfindet und zugleich die Arbeit der Rechtsbildung vertheilt und erleichtert wird.

Nicht alle Gewohnheiten, die auf dem Rechtsgebiete entstehen, haben rechtlichen Bestand, da es auch schlechte, verwerfliche Gewohnheiten gibt. Sie erhalten einen rechtlichen Charakter nur unter gewissen, vom Gewohnheitsrechte (in diesem Sinne) festzustellenden, Bedingungen, dass sie nämlich vernunftgemäss (*consuetudo rationabilis*) sind, nicht gegen die guten Sitten verstossen und nicht aus einer irrigen Meinung über das wirkliche Recht entstanden sind.

Der Inhalt der auf diese Weise gebildeten Gewohnheiten bildet das Gewohnheitsrecht (in diesem Sinne).

Das Gebiet des Gewohnheitsrechtes ist nicht blos das Privatrecht, sondern auch das öffentliche Recht, insbesondere das Völkerrecht, wo das Gewohnheitsrecht die einzige allgemeine Rechtsquelle bildet, da es bis jetzt, in Ermangelung einer gemeinsamen Autorität, kein formelles Gesetzesrecht gibt und die Verträge nur für diejenigen bindend sind, von denen sie eingegangen sind.

2. Das Gesetz ist das von einer dazu befugten Autorität in einem engeren oder weiteren Kreise für eine Gattung von Verhältnissen gesetzte Recht. Gewöhnlich versteht man unter Gesetz das von der Staatsgewalt für eine Allgemeinheit von Verhältnissen, unter der Bedingung der Verfassungsmässigkeit und der gehörigen Bekanntmachung (Publication), festgestellte Recht. Aber das Recht der Gesetzgebung muss allen Lebenskreisen beigelegt werden, welche oder in so weit sie selbständig, unabhängig von einer höheren Autorität, bindende Normen für eine Gattung von Verhältnissen aufstellen können. Dieses Recht der Selbstgesetzgebung besteht daher für alle in ihrer Art selbständigen Lebenskreise und für das Gebiet der ihrer Selbstbestimmung anheimgegebenen Verhältnisse. So hat die Kirche ein Selbstgesetzgebungsrecht für die eigenen Angelegenheiten, so im Staate die Provinz, die Gemeinde, ja noch der Einzelne, welches in dem Recht der Autonomie anerkannt ist. Dieses Recht wird im positiven Rechte gewöhnlich nur in einem beschränkten Sinne als ein Cor-

porationen und gewissen (alten reichsständischen) Familien zustehendes Recht aufgefasst; aber es besteht allgemein für alle in ihrer Art mit selbstherrlicher Macht wirkenden Kreise, so dass auch die Gesetzgebung sich in einer abgestuften Gliederung darstellt. Hierbei darf jedoch das wichtige Princip nicht übersehen werden, dass der Staat als das höhere Ganze der Rechtsordnung die Oberaufsicht über die Rechtsgesetzgebung aller Gliederungen auszuüben hat.

Die Gesetze sind nach Umfang, Inhalt, Art der Wirksamkeit verschiedener Art (s. „juristische Encyklopädie" S. 86—90). Von besonderer Wichtigkeit ist die Eintheilung nach den Verhältnissen in Gesetze des Privatrechts und des öffentlichen Rechts. Letztere gestatten keine Abänderungen durch Privatwillkür (*jus publicum privatorum pactis mutari nequit*). Dagegen sind die Gesetze des Privatrechts zweifacher Art: entweder solche, durch welche das Wesen oder der wesentliche Zweck aufrecht erhalten wird und welche daher unabänderlich sind, der freien Willkür des Einzelnen keinen Spielraum gestatten, oder sie sind solche Gesetze, die, auf nichts Wesentliches sich beziehend, nur eventuell für den Fall Verfügung treffen und zur Anwendung kommen, als der Privatwille nichts Anderes festgestellt hat und gewöhnlich Dispositivgesetze, auch vermittelnde, ergänzende, eventuelle, auch Permissiv-Gesetze genannt werden.

Gewohnheit und Gesetz sind die einzigen allgemeinen Rechtsquellen, indem Verträge immer nur für diejenigen bindend sind, von denen sie geschlossen wurden, und das sogenannte Recht der Wissenschaft oder das Juristenrecht und der Gerichtsgebrauch gar keine formelle Autorität in unmittelbar bindender Kraft haben (s. ausführlicher „jurist. Encyklopädie" S. 92—96).

3. Was das Verhältniss der Rechtsgewohnheiten und der Gesetze zu einander betrifft, so lassen sich geschichtlich zwei Epochen unterscheiden, in der Vorherrschaft des Gewohnheitsrechts und des Gesetzesrechts. Das römische Recht hat beiden Quellen eine gleiche Kraft eingeräumt und daher auch der Gewohnheit die Kraft beigelegt, Gesetze abändern und aufheben zu können. Die neueren Gesetzbücher (am meisten das Sächsische §. 28) haben dem Gewohnheitsrechte engere Schranken gezogen. Das Gesetzesrecht bezeichnet überhaupt eine höhere Bildungsstufe; es bietet zwar für die Feststellung

grössere Schwierigkeiten dar, indem die richtige sachlich-logische Subsumtion einer Gattung von Verhältnissen klare Unterscheidung und Zusammenfassung voraussetzt und der richtige adäquate sprachliche Ausdruck gefunden werden muss; aber durch das Gesetz ist allein die Möglichkeit gegeben, ein klares und zusammenfassendes Rechtsbewusstsein zu gewinnen und fortzubilden und es wird stets die Bedingung eines höheren Culturfortschrittes sein, dass die Masse der oft sich widersprechenden Gewohnheiten, welche sich in verschiedenen Kreisen über gleiche Verhältnisse (z. B. eheliches Güterrecht) bilden, zu einer ausgleichenden Einheit zusammengefasst werde und das gemeinsame Rechtsbewusstsein einen entsprechenden sprachlichen Ausdruck im geschriebenen Gesetze erhalte. Gleichwohl soll das Gesetz selbst in den Fluss der unmittelbaren Rechtsbildung im Volksbewusstsein gestellt bleiben. Dies geschieht in zweifacher Richtung dadurch, dass einerseits das Gesetz auch durch Gewohnheit abgeändert und aufgehoben werden könne, die neue Gewohnheit selbst wieder eine Vorbereitung und Weisung für eine neue Gesetzgebung werde, und dass anderseits alle Gesetzgebung durch wesentliche Mitwirkung einer Volksrepräsentation zu Stande komme und auch in diesem Sinne alles Recht auch Volksrecht sei und bleibe.

III. Vom Verhältniss der Rechtsidee als wesentlichem, materiellen Rechte zu dem formellen Rechte.

Idee und Form des Rechts bilden, wie Seele und Leib den Menschen, das volle wahre Wesen des Rechts, aber, im Unterschiede von dem physischen Organismus, ist auf dem ethischen Gebiete das Verhältniss zwischen dem ideellen Rechtsprincip, welches auch das wesentliche oder materielle Recht genannt werden kann, und seiner formellen Gestaltung freier und lässt eine schroffere Gegensetzung zu, indem einerseits das formelle positive Recht aufrecht erhalten werden kann, wenn schon längst, bei völliger Aenderung der Lebensverhältnisse, der Grund seines Daseins verschwunden und der frühere Lebensgeist fast nur noch gespensterhaft über dem fortbestehenden positiven Rechte schwebt, und indem anderseits das neue Recht oft schon seit langer Zeit die Gemüther mächtig bewegt und zur vollen Klarheit des Bewusstseins gelangt ist, aber gegenüber den noch bestehenden positiven Formen, denen gerade auf dem praktischen Rechtsgebiete eine selbständigere Macht innewohnt, oft erst nach schweren kritischen Geburtswehen zur eigenen formellen Gestaltung gelangen kann.

Die allgemeine Forderung hinsichtlich der lebendigen Verwirklichung des Rechts geht immer dahin, dass alles (ideelle, wesentliche oder materielle) Recht auch in den Formen des Rechts verwirklicht werde (zuoberst in den allgemeinen Formen der Gewohnheit und des Gesetzes). In der Achtung der Formen wird die wichtige formelle Rechtscontinuität gewahrt und darin zugleich die vornehmste Bürgschaft gegen alle Willkür von unten oder von oben gefunden. Zwei Völker sind, auch durch die Achtung der rechtlichen Formen, gross geworden, das römische Volk und das englische Volk seit der Thronbesteigung Wilhelms III. Es lässt sich jedoch nicht verkennen, dass seit dem Ausgange des Mittelalters, in welchem die formbildende Macht in den verschiedensten Richtungen sich kund gab, aber auch oft die Entwickelung mit hemmenden Banden umstrickte, ein ideeller, zu einer Neugestaltung des Rechts- und Staatslebens drängender, Zug eine Missachtung der Formen erzeugt hat, und dass insbesondere seit der französischen Revolution ein hartnäckiger Kampf zwischen den neuen Ideen und den bestehenden Formen eingetreten ist. Der Grund dieses Zwiespaltes ist auch nicht in künstlich aufgeregten Leidenschaften und blos in falschen Theorien, sondern vor Allem in dem unverkennbaren Missverhältniss zu suchen, in welchem die bestehenden und zu lange festgehaltenen überlebten Formen in der Rechts- und Staatsordnung mit den Bedürfnissen freier Lebensgestaltung geblieben sind. Die Rechts- und Staatsformen besitzen wegen ihrer eigenthümlichen selbständigen Kraft grosse Zähigkeit und Spannkraft und können trotz der veränderten Lebensverhältnisse noch lange Bestand haben, wo alsdann der, auf dem politischen Gebiete zurückgedrängte, Geist sich in anderen, gewöhnlich excessiven Richtungen Luft macht; aber die Spannung erreicht auch hier ihr Aeusserstes und bewährt den alten Satz, dass das, was sich nicht biegen will, brechen muss. Bruch der rechtlichen Form ist Revolution, von unten oder oben, wenn sie auch im letzteren Falle unter verschiedenen Namen, als Gewaltmassregel, Staatsstreich, gewaltthätige Reaction u. s. w. auftritt.

Eine Revolution ist ein, wenn auch öfter unvermeidliches, doch immer nur pathologisches Ereigniss, eine schwere Entwickelungskrankheit, aus welcher die Rechts- und Staatsordnung zunächst nur geschwächt hervorgeht. Es gibt kein Recht zur Revolution, weil das Recht überhaupt Gewaltthätigkeit verbietet und die Principien der Nothwehr in dem Verhältnisse eines (gewöhnlich leidenschaftlich erregten) Volkstheiles zu einer an sich formell-rechtlich bestehenden Staatsgewalt nicht zur Anwendung kommen können. Sind die Lebensfunctionen im staatlichen Organismus gestört, hat sich der Krankheitsstoff angehäuft, so tritt ein solcher Zustand ein, ohne dass es ein Recht gibt, ihn herbeizuführen. Es gibt jedoch ein Recht und eine Verpflichtung in Bezug auf Revolution, nämlich die Pflicht, den Zustand, der nun einmal dadurch geschaffen ist, durch Zustimmung des gesetzgebenden Factors in formelles Recht zu verwandeln und durch die fernere Einhaltung der gesetzlichen Bahn allmählich die geschlagene Wunde zu heilen. Eine jede Revolution bewirkt eine Erschütterung des sittlich-rechtlichen Gewissens, sie hat, wie jedes Uebel, den Trieb, sich wieder zu erzeugen und kann bei öfterer Wiederholung für lange Zeit den rechtlichen Sinn zerrütten, ohne welchen keine Staatsordnung die Gewähr des Bestandes in sich trägt.

Aber auch der Bruch des formellen Rechts von oben durch Staatsstreich erzeugt gleiche Wirkungen, erschüttert das sittliche Rechtsbewusstsein, stört das so wichtige Vertrauen des Volkes zur Staatsgewalt und schliesst noch eine bestimmtere Verantwortlichkeit in sich, da solche Gewalthandlungen mit Ueberlegung von bestimmten erkennbaren Personen (Ministern) vorgenommen werden. Thatsächlich stehen oft Revolution und gewaltthätige Reaction im Verhältniss von Wirkung und Gegenwirkung; Excesse der Revolution rufen die Reaction hervor und diese arbeitet von Nah oder Ferne wieder der Revolution in die Hand. Unsere so vielfach nach beiden Seiten erschütterte Staatsordnung kann die Bürgschaft einer gesunden Entwickelung nur durch die innige Verbindung der fortschreitenden und erhaltenden Mächte in einem wahrhaften, und von allen Seiten ehrlich durchgeführten, Repräsentativsysteme finden.

Die nicht völlige Uebereinstimmung oder der Zwiespalt zwischen dem materiellen und formellen Rechte begründet, im Gebiete der Rechts- und Staatsordnung selbst, einerseits die **Billigkeit** und anderseits das dadurch mitbestimmte sogenannte **Nothrecht.**

Die Billigkeit kommt überall zur Anwendung, wo das Sachliche in den Verhältnissen massgebend für die formelle rechtliche Bestimmung sein muss. Dies tritt zunächst ein im Privatrechte, wenn die formelle allgemeine rechtliche Bestimmung den concreten Fall, wie es oft geschieht, nicht vollständig trifft oder deckt und nun, nach der Definition, welche Puchta (Vorlesungen u. s. w. Bd. 1. §. 21) von der Billigkeit gibt, „die Berücksichtigung der Individualitäten in den Personen und Verhältnissen“ eintreten soll, wobei jedoch nur durch Zurückgehen auf höhere Rechtsprincipien (auf die Rechts-Analogie) das entscheidende Urtheil gefunden werden kann; das römische Recht hatte auch sehr passend in den *bonae fidei judiciis*, nach der vom Prätor dem Richter gegebenen Formel: *quantum aequius melius*, die Berücksichtigung aller sachlichen Umstände eines Falles vorgeschrieben. Nach Billigkeit entscheidet der Strafrichter, wenn er in Hinsicht auf alle sachlichen Verhältnisse eines concreten Falles in dem, ihm vom Gesetze zu belassenden, Spielraume das Mass der Strafe feststellt. Aber auch der Gesetzgeber handelt nach Billigkeit, wenn er das materielle Recht mit dem formellen ausgleicht oder wenn er da, wo allgemeine Verfassungs- oder völkerrechtliche Principien keine Schadloshaltung gebieten, z. B. bei Verwüstungen im Kriege, gleichwohl eine Entschädigung gewährt.

In Folge der Unvollkommenheit der menschlichen Verhältnisse, welche nach Möglichkeit gehoben werden soll, können Verhältnisse eintreten, wo das materielle Recht überhaupt nicht in entsprechender Weise formell gewahrt ist oder in einem bestimmten Falle in Conflict mit dem formellen Rechte kommt. In einer humanen Rechtsordnung soll Veranstaltung getroffen werden, dass Niemand vor Hunger in Gefahr an Leib und Leben komme. Tritt aber ein solcher Fall des Nothstandes (echter Noth, wohl zu unterscheiden von der Nothwehr gegen rechtswidrige Angriffe) ein, wo Jemand sich oder seine Angehörigen durch eine solche unmittelbare, durch andere Mittel nicht abzuwendende, Gefahr bedroht sieht und er begeht eine gesetzwidrige Handlung, z. B. durch Diebstahl, so liegt formell ein Unrecht vor, und es ist auch die Zurechnungsfähigkeit nicht aufgehoben, aber das Gesetz lässt, aus Billigkeit, wegen des Conflictes überhaupt und weil ein höheres unersetzliches Gut durch ein Unrecht an einem niederen ersetzbaren erhalten wird, Straflosigkeit eintreten. Der streng sittliche Mensch wird auch, wie es oft geschieht, in einem solchen Falle sich nicht am Eigenthum eines Anderen vergreifen, falls er nicht vorauszusetzen berechtigt ist, dass der Andere, wenn er hätte befragt werden können (z. B. beim Wegnehmen von Feldfrüchten von Seiten eines Wanderers), ihm die Sache gegeben oder verkauft haben würde. Aber das Gesetz verlangt nicht diese strenge Sittlichkeit und verfügt in rechtlicher Hinsicht Straflosigkeit, jedoch vornehmlich aus dem Gesichtspunkte der Billigkeit. [1])

Schliesslich ist das Irrige der noch häufig von positiven Rechtslehrern angenommenen Ansicht zu bezeichnen, wornach es kein anderes als positives Recht geben soll. Das volle und wahre Recht besteht zwar in der Uebereinstimmung des wesentlichen ideellen (materiellen) und des formellen Rechts. Bei dem Unterschiede und dem möglichen Conflicte zwischen Wesen und Form, Idee und Wirklichkeit können jedoch diese beiden Momente des Rechts auseinandertreten, und bilden dann einseitiges, unvollkommenes Recht; aber so wie das Wesen den Gehalt für die Form und die formelle Satzung bildet und auch an sich besteht, bevor es in die Erscheinung tritt (s. die Lehre von der Gewohnheit S. 325), so hat das wesentliche, materielle Recht auch den Anspruch, Recht zu heissen, wie das Dreieck seinem Wesen nach besteht, bevor es gezeichnet wird. Wäre das positive Recht als solches allein Recht, so würde Alles, was Willkür, Gewalt und Rohheit positiv festgestellt hat, nie als Unrecht bezeichnet werden können. Aber das menschliche Rechtsbewusstsein erhebt laut seine Stimme gegen solche Ansicht, indem es Sclaverei, Tortur u. s. w. als ein stets gegen die Menschheit und die Humanität geübtes Unrecht verdammt. Der ganze Fortschritt der Cultur auf dem Rechtsgebiete besteht darin, das das ideelle Recht immer vollständiger seine Verwirklichung im positiven Rechte finde.

---

[1]) Anders stellt sich der Fall, wenn Jemand, um seine Lebensgefahr zu beseitigen, das gleiche Gut des Lebens eines Anderen unmittelbar in Gefahr bringt, wie in dem gewöhnlich angeführten Beispiele eines Schiffbruchs, wo Einer einen Anderen von dem Brette stösst, das nur Einen tragen kann. Mag auch hier das positive Recht, wegen der Schwierigkeit des Urtheils über den Seelenzustand, nicht strafen, so wird doch das sittliche und rechtliche Gewissen einen Jeden verurtheilen, der mit Bewusstsein solche Handlung begeht.

§. 40.
Vom Subjecte des Rechts.

I. Im Allgemeinen. Subject oder Träger des Rechts ist der Mensch als Person, welche wegen ihres Vernunftcharakters Selbstzweck ist und Objecte als Mittel für ihre Lebenszwecke verwenden kann. Die Person, in ihrer Einheit und Totalität betrachtet, soll daher auch nie Object des Rechts sein, wie es in der Sclaverei der Fall war, und von einigen Neueren irrig bei Kindern und bei Staatsbürgern in Bezug auf die elterliche und die staatliche Gewalt angenommen wird, indem bei Personen nur Leistungen ein Rechtsobject sein können; und umgekehrt soll auch ein Object oder ein Inbegriff von Objecten nicht als eine (juristische) Person behandelt werden.

Alle Menschen als solche sind Rechtssubjecte. Mit Recht bemerkt Jhering (a. a. O. I. S. 100): „Der eine Satz, dass der Mensch als solcher Rechtssubject ist, zu dem das römische Recht sich praktisch nie erhoben hat, wiegt für die Menschheit mehr als alle Triumphe der Industrie. Um diesen Grundsatz zu verwirklichen, hat die Geschichte Jahrtausende arbeiten müssen.“ Und abermals ist es die Philosophie, welche zuerst im Stoicismus (S. 48) die so einfache Grundwahrheit aussprach, dass der Mensch als solcher eine Rechtsperson sei (der Sclave war, nach römischem Recht, Mensch, *homo,* aber nicht Rechtsperson, *persona*) und welche auch dasselbe, vom Christenthum noch höher in Bezug auf die Gleichheit aller Menschen vor Gott aufgefasste, Grundprincip, hauptsächlich seit den letzten drei Jahrhunderten, zur vollen Geltung gebracht hat.

Die Persönlichkeit ist der Grund der bleibenden Rechtsfähigkeit, nicht blos in der Möglichkeit, sondern auch stets in der Wirklichkeit. Kein menschliches Leben ist denkbar ohne mögliche und wirkliche Rechte. Der Mensch ist daher Rechtssubject und rechtsfähig von der ersten Setzung des Lebens im Embryo bis zum Tode. Manche wollen den Embryo noch nicht als Rechtssubject anerkennen, sondern nur in Folge einer Fiction, wie sie das römische Recht in dem Satze formulirte: *nasciturus pro jam nato habetur quoties de commodis ipsius partus quaeritur* (z. B. im Erbrecht), aber das christliche und humane neuere Recht schützt auch den Embryo durch das Verbot der Abtreibung der Leibesfrucht. Die Fiction ist daher unnütz und durch das Lebensrecht eines jeden menschlichen Wesens aufgehoben.

Unterschieden von der Rechtsfähigkeit ist die Handlungsfähigkeit, oder die Fähigkeit, durch eigene Willenshandlungen Rechtsverhältnisse einzugehen; diese Fähigkeit ist bedingt durch ein gewisses Alter (mindestens durch das zurückgelegte Kindesalter, d. i. nach unsern Gesetzen vom erfüllten siebenten Jahre an) und durch einen normalen Geisteszustand. Alle Menschen sind daher rechtsfähig, aber nicht alle handlungsfähig.

II. Es gibt zwei Hauptarten von Personen, die physische Person, welche immer ein menschliches Individuum ist, und die juristische Person.

Ueber den Begriff der juristischen Person, so wie über die besonderen Arten derselben herrscht noch grosse Meinungsverschiedenheit (s. ausführlicher: „juristische Encyklopädie" S. 659 ff). Das Bestimmende ist der Zweck. Wie die Seele nach Aristoteles der innere Zweck (Entelechie) des Körpers ist, so ist der Zweck die Seele einer juristischen Person. Das Dasein einer juristischen Person muss überall angenommen werden, wo ein ideelles Ganzes von Personen durch einen (oft über das Leben der Einzelnen hinausgehenden) dauernden Zweck bestimmt wird, mag der Zweck (was man gewöhnlich nicht unterscheidet) durch die Gesammtheit und ihr gemeinsames Willensorgan und für sie, oder blos an ihr verwirklicht werden. Immer ist daher „ein ideelles, durch einen bleibenden Zweck bestimmtes Ganzes von Personen eine juristische Person", im weitesten aber vollen Sinne des Wortes. So ist auch in einer Stiftung (z. B. Hospital) immer ein Ganzes von Personen, z. B. von Kranken, vorhanden, an denen der Zweck erfüllt werden soll, wenn ihnen auch kein Recht auf die Theilnahme an der Leitung und dem Vermögen zusteht. Es ist aber durchaus verwerflich, blos eine Gesammtheit von Sachen (z. B. die *hereditas jacens*, oder das herrschende Grundstück bei den Servituten) als eine juristische Person zu behandeln, weil eine solche Auffassung zwei wichtige unterschiedene Grundbegriffe, Subject und Object, mit einander vermischt und bei einer tiefer eingehenden richtigen Construction des Verhältnisses ganz unnöthig ist. Der Begriff der juristischen Person kann im öffentlichen Rechte wie im Privatrechte zur Geltung kommen; es ist auch eine willkürliche Beschränkung, diesen Begriff nur in Bezug auf Vermögensverhältnisse anzunehmen, da derselbe überall Anwendung findet, wo für einen dauernden Zweck ein Ganzes von Objecten, also Sachen und Handlungen überhaupt (nicht blos vermögensrechtliche) bestimmt und ein ideelles Ganzes von Personen vorhanden ist. In Bezug auf den letzteren Punkt ist jedoch hervorzuheben, dass auch die physische Einzelperson der Träger oder Repräsentant einer juristischen Person sein kann, weil ein dauernder Zweck in einer Mehrheit von Personen, entweder im Nacheinander der Einzelnen, oder im Zugleichsein verwirklicht wird und der Einzelne ein organisches Glied, Repräsentant des ideellen Ganzen ist. So ist in der Monarchie der Fürst als solcher eine juristische Person, welche in dem lebenden Fürsten ihren Träger hat, und heisst daher auch im englischen Rechte Einzel-Corporation (*sole corporation*). Ebenso ist auch der Beamte als solcher eine juristische Person, und in beiden Fällen ergeben sich aus der Unterscheidung des blos physischen und des juristischen Charakters wichtige öffentlich-rechtliche und privatrechtliche Folgen. Diese Fälle sind in dem Satze formulirt: *unus plures sustinet personas*.

In sachlicher Hinsicht gibt es verschiedene Arten von juristischen Personen, die durch den sachlichen Zweckunterschied bestimmt sind. Wir haben als Hauptarten bezeichnet: die Persönlichkeitskreise, welche alle menschlichen Lebenszwecke in verschiedenen Stufen zugleich in sich vereinigen, und die Bildungs-(Cultur-) Kreise, welche einen Zweck als vorwaltenden Beruf verfolgen. So gehören die Familie, die Gemeinde der ersten, die Religionsgenossenschaften, Handelsgesellschaften der zweiten Kategorie an. Vom rechtlichen Gesichtspunkte ist jedoch die formell-rechtliche Eintheilung die wichtigere.

In formell-rechtlicher Hinsicht sind drei Arten von juristischen Personen zu unterscheiden nach der Stellung, welche die Mehrheit der Personen zu dem Zwecke und dem Willensorgane des Ganzen oder der Gesammtheit einnimmt. Diese Stellung ist dreifacher Art:

1. Die erste Art ergibt sich, wenn nur das ideelle Ganze als solches berechtigt ist, so dass die in der Wirklichkeit hervortretenden mehreren Einzelnen kein Recht haben und der Zweck nur

an ihnen verwirklicht wird. Der prägnanteste Ausdruck dieser Art der juristischen Person ist die Stiftung, *pia causa,* überhaupt jede bleibende Veranstaltung und Anstalt, welche, unabhängig von dem Willen derer, für welche sie gegründet ist, ihnen gar keine Rechte an den Objecten (meistens Vermögen) und an der Ausübung des herrschaftlichen Willens oder der Leitung zugesteht. Einen solchen rein anstaltlichen Charakter haben im Verlauf der Geschichte bisweilen juristische Personen, die der dritten Kategorie angehören, dadurch erhalten, dass sie sich, wie z. B. der absolutistische Staat, von der berechtigten Mitwirkung der Gesammtheit abgehoben haben; sie sind aber durch die fortschreitende Entwickelung wieder in ihr wahres Wesen einzusetzen. Ganz ungerechtfertigt ist es aber, blos diese durch reine Personificirung des Zweckes gegebene abstracte Anstalt als juristische Person aufzufassen. — Der Gegensatz zu dieser Person wird durch die eigentliche Gesellschaft gebildet.

2. Die zweite Art der juristischen Person ist die Gesellschaft, *societas,* welche einen andauernden Zweck durch ein Gesammtorgan und vereinte Leistungen verfolgt, aber rein für das Interesse und das Recht der Einzelnen und ihrer Rechtsnachfolger. Von dieser Art sind die anonymen Gesellschaften überhaupt, wie die Actiengesellschaften. Manche wollen denselben den Charakter einer juristischen Person absprechen, weil sie für eine solche einen allgemeinen, von dem Privatinteresse unabhängigen, Zweck verlangen; allein der Zweck an und für sich, so wichtig er sachlich ist, ist hier nicht entscheidend, sondern die Stellung, welche die Personen zu dem Zwecke und zu dem gemeinsamen Willensorgan haben, und diese Stellung bildet hier den Gegensatz zu der Anstalt, begründet aber doch den Charakter einer juristischen Person, der stets darin liegt, dass ein Interesse und Recht der Gesammtheit, im Unterschiede von dem Interesse und dem Rechte der Einzelnen, durch ein Gesammtorgan vertreten wird. Daher gilt auch für sie der, den Charakter der juristischen Person bestimmende, Grundsatz des römischen Rechts: *Quod universati debetur, singulis non debetur, nec quod debet universitas, debent singuli.* Der Schwerpunkt liegt jedoch in dieser Gesellschaft nach den Einzelnen hin, die auch durch ihren Willen den Gesammtwillen schaffen und fortwährend mitbestimmen und daher auch nie als blosse

Gläubiger der Gesellschaft angesehen werden können, während in der ersten Art der Schwerpunkt in dem Rechte des höheren Ganzen, in der objectiven Anstalt liegt. Bei der Auflösung der Gesellschaft wird das Vermögen unter die Mitglieder vertheilt, während bei der Auflösung einer Anstalt, Stiftung, das Vermögen dem Staate zufällt.

3. Die beiden bezeichneten Gegensätze werden richtig vereinigt in der juristischen Person der organischen Gemeinschaft, welche man häufig, aber nicht ganz passend, die Genossenschaft genannt hat, weil in diesem Ausdrucke mehr das Moment der Coordination als das der höheren Gemeinschaft hervortritt. Während das römische Recht bei den Gegensätzen der ersten und zweiten Art stehen geblieben ist, hat der germanische Volksgeist in wahrhaft organischer Weise diese dritte Art der juristischen Personen, unter verschiedenen Modificationen, aber immer in der Wahrung der beiden Grundmomente, ausgebildet, wornach einerseits das Ganze, im Unterschiede von den einzelnen Gliedern, bei einer höheren selbständigen Stellung auch selbständige Rechte hat, und für einen, über das Leben der Einzelnen hinausreichenden, Zweck als ein bleibendes Glied, mit einem gewissen anstaltlichen Charakter, dem Organismus des Staats- und Gesellschaftslebens eingefügt ist, aber anderseits auch die Einzelnen wirkliche, nach verschiedenen Richtungen bestimmte, Rechte sowohl an der Leitung des Ganzen als an dem Vermögen besitzen, dieselben Glieder also nach der einen Seite an der Leitung, Herrschaft betheiligt, nach der anderen Seite gehorchend sind. Hierher gehören die Corporationen (darunter viele alte Zünfte, Innungen), in denen auch ein Gemeinschaftsgeist die Mitglieder durchdringt und der Zweck der Gemeinschaft ihre Thätigkeit bestimmt; ebenso die Gemeinde und zuhöchst, in richtiger Auffassung, der Staat selbst. In der Lehre vom Staate haben sich die beiden entgegengesetzten Anschauungen vom Staate als einer herrschaftlichen Anstalt (göttlichen Stiftung) und als einer blossen Vertrags-Gesellschaft vielfach bekämpft; die organische Auffassung gibt auch hier die richtige Lösung (s. öffentl. Recht: die drei Grundanschauungen vom Staate).

Das Recht der juristischen Personen, welches die Bedingungen ihres Entstehens, Bestandes, Wirkens und Aufhörens darzulegen hat, wird in den verschiedenen Materien näher entwickelt.

§. 41.

Vom Objecte des Rechts.

Object oder Gegenstand des Rechts (wohl zu unterscheiden vom Inhalt des Rechts, s. §. 44) ist Alles, worauf sich Befugnisse und Verbindlichkeiten für einen vernünftigen Zweck beziehen können. [1]) Im positiven Rechte betrachtet man als Object des Rechts nur Sachen und Handlungen, und zwar letztere oft noch mit der weiteren Beschränkung, dass sie einen Vermögenswerth haben sollen. Aber es gibt im Privatrecht, und noch mehr im öffentlichen Rechte auch Handlungen, Leistungen (z. B. Geschwornendienst), die an sich keinen Vermögenswerth haben, und im Criminalrechte sind Objecte der Rechtsverletzung alle Güter der menschlichen Persönlichkeit.

Gegenstand des Rechts überhaupt ist jedes Gut, Gutseigenschaft oder Gutsverhältniss, für welches das Recht die Bedingungen der Erhaltung, Bildung oder des Erwerbes, Gebrauches, Umsatzes, Aufhörens zu normiren hat. Alles Recht ist, dem Objecte nach, Güterrecht. Das Gut kann dreifacher Art sein; es kann unmittelbar ein, in den Grundeigenschaften, Grundvermögen und Grundverhältnissen der menschlichen Persönlichkeit gegebenes und dadurch selbstwürdiges, unbedingtes Gut sein, oder in Sachen und Handlungen liegen, welche den Gütern und Güterzwecken der Persönlichkeit zu dienen bestimmt sind.

I. Die unmittelbar durch die menschliche Persönlichkeit gegebenen Güter sind die Güter des Lebens, der geistigen und leiblichen Gesundheit und Integrität, der Würde, Ehre, Freiheit u. s. w. und die Bildungsgüter der Humanität, der Religion, Wissenschaft, Kunst. Diese Güter sind durch das Wesen

[1]) Es wird hier, wie gewöhnlich, unter Object des Rechts das verstanden, was zwar nur mittelbar, jedoch in letzter Hinsicht, Gegenstand des Rechts ist; denn unmittelbar hat das Recht immer Handlungen (Thun oder Unterlassen) zum Gegenstande; das Recht des Lebens, der Ehre u. s. w. verlangt, dass Handlungen unterlassen werden, wodurch sie verletzt würden; das Eigenthumsrecht gewährt das Recht, mit einer Sache etwas zu thun und zu unterlassen u. s. w.

des Menschen gegeben, sie bestehen vor und über dem Willen, und Niemand kann daher im Rechte, welches stets dem Wesen des Gegenstandes entsprechend sein muss, über diese Güter willkürlich verfügen, ihnen entsagen u. s. w. Das Ganze dieser Güter bildet den Gegenstand des Persönlichkeits-Güterrechts.

II. Sachen im engeren aber eigentlichen Sinne sind vernunftlose, im Raume erscheinende Dinge und Verhältnisse der unfreien Natur, welche als Mittel für die Güter der Persönlichkeit (insbesondere für das Leben) brauchbar und daher nützliche oder Nutzgüter sind. Alle Sachen haben im Rechte nur Bedeutung, insofern nützliche Gutseigenschaften an ihnen haften. Körperlichkeit ist zum Begriffe der Sache nicht wesentlich, weil es räumliche Verhältnisse, Thatsachen gibt, z. B. Aussicht, Licht, welche unkörperlich sind. Die Sachen sind geeignet, unmittelbar der Macht oder Herrschaft einer Person unterworfen zu werden. In dieser Unmittelbarkeit der Herrschaft liegt der dingliche Charakter des Sachen- oder Sachgüter-Rechts.

Die Sachen können nach verschiedenen Gesichtspunkten eingetheilt werden (s. „jurist. Encyklopädie" S. 604—610). Im Allgemeinen muss dabei der Gesichtspunkt massgebend sein, dass alle Sachen zuoberst stets nach einem Güter- und Rechts-Zwecke zu bestimmen sind. Alle Eigenschaften von Sachen, an denen irgend ein Interesse haftet, die irgend ein Bedürfniss zu befriedigen vermögen, können auch Gegenstand einer rechtlichen Bestimmung sein.

Die Sachen können eingetheilt werden: 1. nach den allgemeinen juristischen Kategorien (S. 306): nach der Einheit (physische Einheit oder ideelle Einheit in der Sachgesammtheit, wobei auch vornehmlich die den Zweck bildende Idee in's Auge zu fassen ist): nach der Ganzheit (Theilbarkeit, Untheilbarkeit): nach der Selbständigkeit (selbständige oder unselbständige, Haupt- und Neben-Sachen): nach der Relation (in Bezug zum Naturganzen, unbewegliche und bewegliche Sachen, eine Eintheilung, die für das germanische Recht grundbestimmend geworden ist; in Verhältniss der Sachen zu einander, in vertretbare oder unvertretbare Sachen, je nachdem eine individuelle Sache in Bezug auf die Gattung gleichgiltig ist oder nicht, wobei die Absicht der Parteien mitbestimmend ist, so dass die Sachen, die in der Regel nicht vertretbar sind, vertretbar werden können und umgekehrt, z. B. bestimmte erkennbare Stücke Geld als unvertretbar behandelt werden können. 2. Nach ihrer Bestimmung oder ihrem Zwecke sind die Sachen entweder Allgemein-Gut aller Menschen, *res communis omnium*, wie Luft, das Meer, oder öffentliche, einem öffentlichen Zwecke gewidmete, oder Privatsachen. 3. Nach den Subjecten sind die Sachen einzutheilen in Sachen der einzelnen oder juristischen Personen (Staats-, Kirchensachen u. s. w.); 4. nach den Gütergebieten in religiöse, Wissenschaft-, Kunst- und wirthschaftliche Sachen; 5. nach den Güterquellen auf dem wirthschaftlichen Gebiet, also nach Natur, Arbeit und Capital, in natürliche Früchte, industrielle Früchte, und Capitalsrente, wie Zinsen, Miethsrente; 6. nach dem Werthe, in Sachen von gemeinem oder individuellem (Affections-Werthe), von Gebrauchs- und Tauschwerth, welcher letztere vertreten und bemessen wird vom Gelde, dessen national-ökonomische Eigenschaften und Verhältnisse auch die Grundlage mannigfacher Rechtsverhältnisse sind. — Diese verschiedenen Eintheilungen kommen in mannigfachen Combinationen vor.

III. Handlungen, als Object des Rechts (wohl zu unterscheiden von den Handlungen, welche Ursachen der Entstehung von Rechtsverhältnissen sind [§. 43]), sind alle Willensäusserungen (Willenserklärungen und eigentliche Handlungen im Thun und Unterlassen), welche eine Bedingung für einen erlaubten Zweck enthalten. Alle Handlungen, welchem Thätigkeitskreise sie angehören mögen, können daher ein Gegenstand des Rechts sein, und es ist selbst für das Privatrecht eine unzulässige Beschränkung, wenn man nur Handlungen, die einen Vermögenswerth haben, als Gegenstand des Rechts betrachtet. So können Handlungen der Untreue Gegenstand des Rechts sein, die Auflösung der Ehe herbeiführen; ebenso alle andern Arten von Handlungen, religiöse Handlungen, z. B. Uebertritt zu einer anderen Confession, oder Handlungen der Wissenschaft und Kunst, in entsprechenden Werken, des Unterrichts oder der Sittlichkeit und Unsittlichkeit, sodann auch Handlungen auf dem wirthschaftlichen Gebiete, die ihrer Natur nach einen Vermögenswerth haben und darnach schätzbar sind, während andere Handlungen nur bisweilen und in ganz äusserlicher Weise mit einem Vermögenswerth verknüpft werden (z. B. beim Honorar). Man kann daher nach diesem Gesichtspunkte alle Handlungen eintheilen in ethisch- oder sittlich-rechtliche und in vermögensrechtliche Handlungen; eine Eintheilung, die auch bei den Verträgen wichtig ist (sittlich-rechtliche und vermögensrechtliche Verträge).

Die Handlungen, als Object, bilden einen Theil des Obligationenrechts. Dieses hat jedoch keine nebengeordnete Stellung neben dem Sachenrecht (s. die Lehre von den Obligationen); es bezieht sich überhaupt auf Leistungen, welche Leistungen von Sachen oder von Handlungen sind, so dass alle Sachenrechte wiederum Gegenstand obligatorischer Verhältnisse werden können (wenn z. B. Eigenthum, Servituten gekauft werden u. s. w.).

§. 42.

Von dem objectiven Rechtsgrunde und von den Befugnissen und Verbindlichkeiten.

Subject und Object des Rechts sind bisher abgesondert betrachtet worden. Das Object besteht aber für das Subject und muss mit demselben in Verbindung gebracht werden. Dies geschieht in den allgemeinen Entstehungsformen (Gewohnheit und Gesetz) durch einen Rechtsgrund und durch bestimmte Thatsachen für einen erlaubten Zweck. Wir haben zunächst den Rechtsgrund in's Auge zu fassen.

Die Lehre vom Rechtsgrunde ist in der positiven Rechtswissenschaft noch nicht zur gehörigen Klarheit gebracht, indem der Rechtsgrund noch vielfach mit den Entstehungsthatsachen, sowie mit Zweck und Absicht verwechselt wird (wie dies auch im römischen Rechte durch den mehrdeutigen Ausdruck der *causa* geschieht). Es ist derselbe aber in scharfer Bestimmung von den anderen Begriffen zu unterscheiden.

I. Der Rechtsgrund, welcher nicht mit dem allgemeinen, ausser dem Rechte liegenden (daher von Krause äusserer Rechtsgrund genannten) Grunde des Rechts (S. 284) zu verwechseln ist, ist das ganze Verhältniss, durch welches für eine Person, auf Grund eines bedingten Lebensverhältnisses, ein Anspruch oder eine Forderung auf die entsprechenden Bedingungen gegen andere Personen gegeben ist. So liegt für die Kinder der Rechtsgrund der Erziehung in dem Bedingtsein der vernünftigen Lebensentwickelung von der Erziehung; ebenso liegt der Rechtsgrund für alle Rechtsinstitute und Rechtsverhältnisse in einem vernünftigen Bedürfnisse,

d. i. dem Bedingtsein einer Lebensentwickelung durch ein bestimmtes Gut, welches die Bedingung für die Befriedigung des Bedürfnisses enthält. In dem Rechtsgrunde sind aber die beiden Momente oder Glieder des Verhältnisses der Bedingtheit und der Bedingung im ideellen Zusammenhange zusammengefasst, so dass alles Recht mit seinem Grunde steht und fällt. Daraus ergeben sich aber mehre wichtige Folgerungen. Zuerst ergibt sich daraus, dass wenn der Grund wegfällt, auch das Recht als Folge wegfallen soll (*cessante ratione, cessat effectus*); dies ist freilich im wirklichen Leben nicht immer der Fall, indem oft Verhältnisse, z. B. Lehnsverhältnisse, noch lange Zeit bestehen bleiben, wenn der innere Rechtsgrund längst weggefallen ist; aber es ist die Aufgabe der fortschreitenden Entwickelung, nicht nur solche Missverhältnisse zwischen Grund und Folge aufzuheben, sondern auch Vorkehrungen zu treffen (z. B. durch wahrhafte Volksrepräsentation), dass sie in Zukunft schneller beseitigt werden, als es bisher der Fall gewesen ist. Es ergibt sich ferner als weitere Folgerung, dass, wenn der Grund zwar nicht aufhört, aber sich ändert, auch die Folge sich ändern soll, und es ist darin die Forderung der steten Reformirung des Rechtszustandes in Angemessenheit zu den veränderten Lebensverhältnissen begründet; je wichtiger und umfassender die Lebensverhältnisse sind, z. B. im öffentlichen Rechte, um so gebieterischer wird die Aufgabe, dieser Forderung zu genügen, um den Bruch durch die Macht der Verhältnisse zu verhüten (S. 329). Endlich müssen sich auch Grund und Folge, dem Umfange nach, entsprechen; es müssen alle Rechtsverhältnisse und Rechte durch den Grund gedeckt sein, so dass der Grund den Umfang und die Schranke eines jeden Rechts bestimmt, keines weiter reicht als der Rechtsgrund. Wie bei der Auslegung eines Rechtsgesetzes auf den Rechtsgrund zurückgegangen werden muss und hierbei die beiden Methoden der Induction und der Analogie (Gleichheit des Grundes bei Aehnlichkeit der unterschiedenen Thatsachen) zur Anwendung kommen, so ist auch der Umfang der Rechtsverhältnisse selbst durch dieselben Methoden nach dem Rechtsgrunde zu bestimmen.

Wie alle Lebens- und Rechtsverhältnisse eine Stufenfolge von der höchsten Ordnung durch die verschiedenen Gattungen von höheren und niederen Kreisen bis zu den einzelnen Rechtsverhältnissen bilden, so gibt es auch eine abgestufte Ordnung von Rechtsgründen, von denen jede höhere Classe der Grund ist für eine Vielheit von Rechtsgründen der niederen Classe. So ist die menschliche Persönlichkeit der Rechtsgrund für das Sach-Güterrecht und das Obligationenrecht. Das allgemeine Sachgüterrecht ist der Rechtsgrund für Eigenthum und die dinglichen Rechte, das Eigenthumsrecht der Grund für das Recht zu besitzen (*jus possidendii*), Gebrauchsrecht u. s. w. In dieser Stufenfolge erscheint der niedere Rechtsgrund als eine Folge des höheren und das Verhältniss zwischen beiden muss nach den bezeichneten allgemeinen Principien festgestellt werden. Bei der höheren Einheit und der inneren Harmonie der ganzen Lebensordnung muss auch der Bau der Rechtsordnung in seinen abgestuften Rechtsgründen, in Neben- und Unterordnung, harmonisch sein.

Der Rechtsgrund bestimmt nach der Seite der Subjecte die (gewöhnlich vorzugsweise Recht genannte) Befugniss, den Anspruch oder die Forderung im weitesten Sinne, und die Verbindlichkeit. Auch diese beiden subjectiven Bestandtheile oder Momente stehen in gleichem Zusammenhange, wie Grund und Folge, Bedingtes und Bedingendes. Es ist allgemein anerkannt, dass einer jeden Forderung eine Verbindlichkeit gegenüber steht und umgekehrt. Aber bei der innigen Wechselbeziehung in dem ganzen Rechtsleben ist hervorzuheben, dass derjenige, dem die Verbindlichkeit obliegt, fordern kann, dass die Erfüllung derselben auch von der andern Seite angenommen werde (und zwar, in bestimmten Verhältnissen, auch ohne Verzug, weil sonst die Folgen der *mora accipiendi* eintreten würden, §. 47) und dass anderseits derjenige, der einen Anspruch hat, auch verpflichtet ist, davon Gebrauch zu machen. Hierin liegt der tiefere sachliche Grund der Verjährung, indem sie hauptsächlich als eine Versäumniss in dem Gebrauche eines Rechts zu betrachten ist (wenn auch die Rücksicht auf die Sicherheit des gesammten Rechtszustandes hinzukommt) und indem auch hier die Regel: *jura vigilantibus scripta sunt*, zur Anwendung gebracht werden kann. Hinsichtlich des bezeichneten Verhältnisses gibt es jedoch einen wichtigen Unterschied zwischen dem Privatrecht und dem öffentlichen Rechte, indem im ersteren einer jeden Person für ihre Sonderzwecke ein möglichst grosser Spielraum für die Ausübung aller Rechte und Rechtsansprüche gelassen wird, dagegen im öffentlichen Rechte grundsätzlich alle Rechte zugleich Verbindlichkeiten sind, die Verbindlichkeit zur Ausübung einschliessen, weil hier die Rechte zuhöchst für den Zweck der Gesammtheit bestehen, die Subjecte nur Organe der Ausübung oder Mitwirkung sind. So verhält es sich mit allen Aemtern, Functionen; eine Ausnahme macht noch immer das Wahlrecht; aber dasselbe sollte, wie auch schon öfter verlangt worden ist, weil vornehmlich für ein öffentliches Interesse gegeben, zugleich (ähnlich wie die Geschwornenfunction) als eine Verpflichtung behandelt werden.

§. 43.

Von den allgemeinen Entstehungs- und Endigungs-Ursachen der Rechtsverhältnisse und von der Verjährung.

I. Die Entstehungsursachen. Erst in neuerer Zeit ist die Rechtswissenschaft zu einer richtigen sachlichen Eintheilung der verschiedenen Entstehungsursachen der Rechtsverhältnisse und Rechte gelangt. Die römischen Juristen vermochten den Rechtsstoff nicht grundsätzlich zu ordnen und begnügten sich mit unpassenden, die Sache gar nicht treffenden Analogien (Quasi-Verträge u. s. w.); das frühere Naturrecht erblickte meistens, in einseitiger Weise, in dem Willen, wenn auch nicht den Grund, doch die Entstehungsursache aller Rechtsverhältnisse, besonders im Obligationenrechte, und formulirte seine Anschauung in dem Satze: *nulla obligatio nisi ex contractu (seu ex delicto)*.

Die richtige Auffassung wird durch die Erwägung bestimmt, dass der Mensch, auch im Rechte, nicht der Schöpfer aller Verhältnisse, sondern in die Mitte ursachlicher, von allen Seiten auf ihn einwirkender Kräfte gestellt ist, welche in den von ihnen erzeugten Wirkungen, Verhältnissen, Zuständen bestimmend und bedingend für seine ganze Lebensentwickelung sind, und daher, in richtiger Erkenntniss, vom Rechte zu normiren sind. Diese Normirung geschieht zwar stets durch den vernünftigen Gesammt- oder Einzelwillen; aber der formell normirende Wille tritt hier erst in zweiter Linie zu der ursachlichen Satzung der Verhältnisse selbst hinzu, und die sachlichen Entstehungsursachen, welche bestimmend für den Willen sind, müssen wohl unterschieden werden von ihrer formell-rechtlichen Normirung durch den Willen. So ist z. B. der Tod ein Naturereigniss, aber der menschliche Wille knüpft an dasselbe verschiedene rechtliche Folgen.

Alle sachlichen Entstehungsursachen von Rechtsverhältnissen lassen sich in zwei Hauptarten eintheilen: 1. in Ursachen, welche unabhängig von dem Willen der berechtigten wie verpflichteten Person wirken, und entweder in Naturereignissen und Verhältnissen, oder in mehr oder weniger allgemeinen menschlichen und gesellschaftlichen Lebenszuständen liegen. Mit einem Gesammtnamen hat man alle solche, vom Willen der Betheiligten unabhängig bestehende, Verhältnisse Zustände genannt und es ergeben sich daraus als erste Hauptart: Rechtsverhältnisse aus Zuständen. 2. Die zweite Hauptart ist gegeben durch Verhältnisse, welche durch Willenshandlungen entstehen, und womit dann in zweiter Linie zugleich in den verschiedenen Formen der Rechtssetzung (Gewohnheit und Gesetz und zum Theil auch Vertrag und Autonomie) in verschiedener Weise rechtliche Wirkungen verknüpft werden. So liegt die Ursache des Eintretens für Andere, oder eines Kaufes u. s. w. stets in Willenshandlungen, die selbst wieder in rechtlicher Beziehung eine verschiedene Normirung erhalten können. Die Willenshandlungen selbst sind jedoch zweifacher Art; sie sind überhaupt und allgemein in Uebereinstimmung mit einem Rechtssatze (Gesetz, Gewohnheit) oder nicht, also rechtliche oder widerrechtliche Willenshandlungen.

Die vollständige Eintheilung ist demnach folgende:

I. Es gibt Rechtsverhältnisse aus Zuständen, oder Zustands-Rechtsverhältnisse. Sie entspringen aus Naturereignissen und Verhältnissen, wie Tod, Blutsverwandtschaft, Untergang einer Sache, Anschwemmung u. s. w., oder aus allgemeinen gesellschaftlichen Verhältnissen, wie, in Bezug auf das öffentliche Recht, der Zustand der Gesellschaft überhaupt, welcher an sich für die gegenwärtig darin Lebenden eine zufällige Gesellschaft, *communio incidens,* also nicht durch Vertrag entstanden ist, wenn das Verhältniss auch später durch Verbleiben Aller, welche öffentlich-rechtlich handlungsfähig geworden sind, als ein freiwilliges zu betrachten ist.

II. Es entstehen Rechtsverhältnisse aus Willenshandlungen, oder Willensverhältnissen. Diese theilen sich in Rechtsverhältnisse, welche aus rechtlichen oder widerrechtlichen Willenshandlungen entstehen.

A. Die Rechtsverhältnisse aus rechtlichen Willenshandlungen sind überhaupt Rechtshandlungen, die gleichfalls im öffentlichen wie im Privatrechte vorkommen. Hauptsächlich in Hinsicht auf das Privatrecht nennt man sie Rechtsgeschäfte; allein nach der richtigen Definition eines Rechtsgeschäfts, als „einer mit Absicht auf die Erzeugung einer rechtlichen Wirkung gerichteten Handlung", würde die Bezeichnung auch auf öffentlich-rechtliche Handlungen passen.

B. Die Rechtsverhältnisse aus widerrechtlichen Willenshandlungen erzeugen, auch unabhängig von der Absicht der Handelnden, rechtliche Wirkungen. Es sind Vergehen und Verbrechen, die, im Privatrechte, als einfache Vergehen, Delicte, Recht und Verpflichtung zur Entschädigung geben, oder als Vergehen und Verbrechen, in öffentlich-rechtlicher Hinsicht, das Strafrecht begründen.

Diese Entstehungsarten von Rechtsverhältnissen kommen in allen Theilen des Rechts vor, im Privat- und öffentlichen Rechte, und, im Privatrechte, im Persönlichkeits-, Sachgüter-Rechte und im Obligationenrechte. Im letzteren Theile treten sie in der ausgeprägtesten Weise hervor und werden gewöhnlich hier vorzugsweise abgehandelt. Es kommen jedoch hier noch mehre nähere Bestimmungen hinzu, und die Classification im Obligationenrechte ist daher diese; es gibt:

1. Zustands-Obligationen, in dem (*sub I*) bezeichneten Sinne; sie erzeugen Rechte und Verbindlichkeiten, unabhängig von dem Willen der Betheiligten; so die elterlich-kindlichen Verhältnisse, die auf keinen Willen zurückgeführt werden können.

2. Geschäfts-Obligationen oder obligatorische Rechte und Verbindlichkeiten, die aus Rechtsgeschäften entspringen; sie sind selbst zweifacher Art:

a) Geschäfts-Obligationen, die durch den Willen einer Partei begründet werden. Diese einseitigen Geschäftsobligationen hat das römische Recht meistens, in ganz unpassender Weise, als Quasi-Verträge betrachtet, obwohl es wesentlich verschiedene Verhältnisse sind. Der vornehmste Typus dieser einseitigen Geschäftsobligationen ist durch die Geschäftsführung ohne Auftrag (*negotiorum gestio*, S. 282) gegeben.

b) Die zweiseitigen Geschäftsobligationen sind die Verträge, oder die bewusst übereinstimmenden Willenserklärungen mehrer Parteien über ein unter ihnen zu bestimmendes Rechtsverhältniss. Die Verträge selbst können nach verschiedenen Hinsichten eingetheilt werden; nach der Stellung der Parteien zu einander sind sie jedoch α) einseitig belastende (oder Wohlthätigkeits-) Verträge oder β) gegenseitig belastende (onerose) Verträge, welche letztere gewöhnlich, aber nicht passend (da jeder Vertrag ein zweiseitiges Verhältniss ist), zweiseitige Verträge genannt werden.

3. Delicts-Obligationen, welche culpose oder dolose sind, indem sie entweder durch Fahrlässigkeit, *culpa*, entstehen, wie es deren eine grosse Zahl gibt (wie culpose Beschädigungen, Haltung gefährlicher Thiere u. s. w.), oder durch böse Absicht, *dolus*, entspringen, wohin alle absichtlichen Beschädigungen gehören.

Wegen der besonderen Wichtigkeit, welche die, aus Willenshandlungen entspringenden Rechtsverhältnisse haben, sind die Handlungen als Entstehungsursachen von Rechtsverhältnissen noch näher zu betrachten (§. 44).

II. Die Endigungsursachen der Rechtsverhältnisse sind dieselben, wie die Entstehungsursachen, also Ereignisse wie Tod, gesellschaftliche Zustände, wie Kriegszustände, einseitige und zweiseitige Rechtsgeschäfte, Obligationen und Delicte.

Ein vom Willen abhängiges Rechtsverhältniss kann auch freiwillig aufgegeben werden, und zwar entweder so, dass das Recht in den Rechtskreis eines Andern übergeht, und das Aufgeben heisst dann Entsagung, Verzichtleistung, Dereliction, oder so, dass es auf einen Anderen übergeht und heisst dann Ueberlassung oder Uebertragung oder Abtretung.

Hieran schliesst sich die Frage, ob die Verjährung rechtsphilosophisch begründet ist.

Im positiven Privatrechte sind zwar die beiden Institute der Klagen-Verjährung (*temporalis praescriptio*) und die Ersitzung (*usucapio*, s. später die Lehre vom Besitz) wohl zu unterscheiden, indem bei der ersteren der blosse Ablauf einer bestimmten Zeit (in der Regel 30 Jahre), bei der zweiten auch noch positive Bedingungen, wie *bona fides* und (bei der ordentlichen) auch *justus titulus* erfordert werden; allein die Verjährung kommt auch im Strafrechte vor, und es liegt daher überhaupt das wissenschaftliche Bedürfniss vor, einen gemeinsamen, nur verschiedentlich modificirten Grundbegriff aufzustellen und denselben hier rechtsphilosophisch zu prüfen.

Verjährung überhaupt ist die durch den Ablauf einer bestimmten Zeit (und, nach der Verschiedenheit der Verhältnisse, unter verschiedenen Bedingungen) eintretende Veränderung in einem Rechtsverhältnisse. Die blosse Zeit ist jedoch kein Entstehungsgrund und kein Erlöschungsgrund von Rechtsverhältnissen, wie es schon Grotius in dem Satze ausdrückte: *nihil fit a tempore quamquam nihil non fit in tempore;* von diesem Gesichtspunkte aus gibt es keine Verjährung nach ideellem Rechte. Aber vom Standpunkte der Rechtspolitik, welche sich auch auf bestimmte Rechtsgrundsätze stützen muss, ist die Verjährung zu rechtfertigen, einerseits im Privatrechte, in Rücksicht auf das wichtige formelle Moment der Rechtssicherheit, welches aus praktischen Gründen in der Verjährung das Uebergewicht über das ideelle Moment erhält, indem auch, wie Leibniz besonders hervorhebt (*epist. 2 ad Kestnerum*), durch Verschuldung des Berechtigten, der Beweis erschwert wird, und weil hinzukommt, dass das Recht, so wie für den Zweck der Sache, d. i. den Gebrauch, so auch für den Nichtgebrauch gewisse Grenzen ziehen muss, durch deren Ueberschreitung das Recht oder wenigstens die Klage verloren geht; und anderseits rechtfertigt sich die Verjährung im Strafrecht, sowohl hinsichtlich der Verfolgung eines Vergehens als auch hinsichtlich der zuerkannten aber nicht angetretenen Strafe, hauptsächlich vom Standpunkte der Besserungstheorie aus, durch die begründete Annahme (Präsumtion), dass ein Uebelthäter oder Sträfling, welcher (nach der zu beachtenden Grösse des Verbrechens) eine längere Reihe von Jahren hindurch sich rechtlich betragen hat, seine Gesinnung gebessert hat, ungefährlich geworden und daher der Grund der Verfolgung oder der Strafzufügung nicht mehr besteht.

Im eigentlichen öffentlichen Rechte, in welchem, unabhängig von Privatinteressen, die Verhältnisse und Einrichtungen stets nach dem Culturbewusstsein umzubilden sind, ist eine Verjährung unzulässig.

Die Frage, ob durch den Tod alle Rechte aufhören, Verfügungen auf den Todesfall im Naturrechte begründet sind oder nicht, ist im Erbrechte näher zu untersuchen.

§. 44.
Insbesondere von den Handlungen als Entstehungsursachen von Rechtsverhältnissen.

Die Willenshandlungen sind die umfangreichsten Entstehungsursachen von Rechtsverhältnissen. Der Wille ist zu betrachten als Handlungs-Vermögen und als wirklicher Wille, oder Willensact, bei welchem wiederum die Zurechnungsfähigkeit, die Bestimmgründe, Motive, so wie die Richtungen des Willens und in beider Hinsicht sowohl die fehlerhaften als die richtigen zu untersuchen sind.

I. Das Handlungsvermögen ist im Rechte zu betrachten als (rechtliche) Handlungsfähigkeit im Allgemeinen und in Bezug auf einen Gegenstand als Dispositionsbefugniss; die erstere kann vorhanden sein, während die letztere fehlt.

Handlungsunfähig sind im rechtlichen Sinne alle Personen, welche entweder noch nicht den gehörigen Vernunftgebrauch erlangt haben, wie Kinder unter sieben Jahren, oder denselben verloren haben, wie Wahnsinnige, oder überhaupt nicht selbst handeln können, wie juristische Personen. In allen diesen Fällen der rechtlichen Handlungsunfähigkeit von Personen ist Vertretung durch Andere geboten, durch Eltern, Vormünder, Procuraführer, Vertreter.

Die Dispositionsbefugniss kann ausgeschlossen sein, wenn der Gegenstand überhaupt der Privatdisposition entzogen oder wenn er nicht der rechtlichen Macht der Handelnden unterworfen ist.

II. Die Lehre von der wirklichen Willensthätigkeit leidet in Bezug auf Zurechnungsfähigkeit, auf Bestimmgründe u. s. w. in der ganzen Rechtswissenschaft noch an grosser Unklarheit, die nur durch die Psychologie, in welcher freilich auch über die Hauptpunkte noch grosse Meinungsverschiedenheit besteht, gehoben werden kann. Besonders wenn die richtige Besserungstheorie im Strafrechte durchdringen soll, müssen alle bezeichneten Momente noch schärfer bestimmt werden.

Massgebend ist, nach unserer Ansicht, die früher kurz entwickelte Lehre (S. 236), wornach es in der Einheit und Totalität des geistigen Grundvermögens, des geistigen Grundsinnes als der Gesinnung, eine bleibende Gliederung mehrer unterschiedener, wenn auch stets wechselwirkender Vermögen, nämlich des Willensvermögens, des Denk- und Erkenntnissvermögens, so wie des Gefühls- und Begehrungsvermögens unterschieden werden. Allgemein steht heute in der Psychologie fest, dass Wollen und Begehren durchaus zu unterscheiden sind, indem häufig der Wille sich gegen das Begehren und die Begierden richten muss, ein und dieselbe Kraft sich aber nicht gegen sich selbst wenden kann.

Alle Handlungen gehen, nach Massgabe der Grundgesinnung, aus der Verknüpfung der drei Vermögen hervor, so dass insbesondere die intellectuellen Momente (z. B. Absicht) von den reinen Willensmomenten zu unterscheiden sind.

Der Wille ist das, der Grundgesinnung am nächsten stehende, Ursachlichkeits-Vermögen, in welches sich auch der Geist in seinem Einen und ganzen Selbst hineinlegen soll, damit der Wille die Eine, ganze oder volle Selbstbestimmung sei, welches die Freiheit ist. Der Wille ist jedoch als das Vermögen, Wirkungen oder Veränderungen in der Zeit und der Sinnenwelt hervorzurufen, nur das allgemeine formelle Vermögen, welches das, was es will, also seinen Inhalt, aus Gedanken, Gefühlen und Begehrungen nehmen muss. Dieser Inhalt als Gehalt und Grund bildet immer den Bestimmgrund für das Wollen. Es gibt kein leeres Wollen; obwohl der Wille einerseits bestimmend in die Verhältnisse eingreift, so wird sein Inhalt, das Qualitative, die Richtung und die Bestimmung durch Gedanken, Gefühle, Begehrungen gegeben. Durch die Beziehung der Bestimmgründe zu dem Einen und ganzen Selbst oder Ich wird einerseits die Freiheit und anderseits die Zurechnungsfähigkeit einer Handlung bestimmt. Freiheit ist vorhanden, wenn alle einzelnen, besonderen Bestimmgründe von der Einen und ganzen Macht des geistigen Selbst oder Ichs und der Selbstbestimmung beherrscht werden, nur als einzelne Momente derselben erscheinen, wenn also das Uebergewicht des Höheren, Allgemeinen über das Niedere, Besondere bestehen bleibt. Freiheit ist daher die herrschaftliche Macht des Geistes als Ganzen über alles innere Leben. Dagegen geht die Freiheit verloren, wenn ein übermässig wirksam werdender Theil, z. B. eine Leidenschaft, die Macht über das Ganze erhält und dadurch auch das, nur vom Centrum aus zu bewahrende, Gleichgewicht verloren geht, der Geist Sclave seiner Leidenschaften, aus einem selbstthätigen Wesen nur ein leidendes wird.

Unabhängig von der Freiheit ist die Zurechnungsfähigkeit. Letztere kann bestehen, ohne dass die Freiheit im wahren und vollen Sinne vorhanden ist. Der Verbrecher ist ja gemeiniglich ein Sclave seiner Leidenschaften, und er bleibt doch in den meisten Fällen zurechnungsfähig und strafbar. Die Zurechnung wird durch die Beziehung einer Handlung zu der vernünftigen Erkenntniss des Rechten und Unrechten und zu der Selbstursachlichkeit im Allgemeinen bestimmt. Die Vernunft überhaupt (s. ausführlicher S. 241 ff.) ist die höchste, unmittelbar aus Gott stammende, mit dem Geist verbundene und ihn dadurch von der Thierseele qualitativ unterscheidende Kraft, die den Geist zur Erkenntniss der höheren Vernunftordnung des Wahren, Guten und Rechten befähigt. Die Vernunft ist das höhere Selbst, der Idealmensch (S. 244), der in allen vorher bezeichneten Vermögen sich kund gibt. Nach der Seite des Willens ist die Vernunft der höhere Grund der Freiheit, welche daher, nach ihrem vollen Begriff, Selbstbestimmung nach Vernunftgesetzen ist. Nach der Seite des Denkens und Erkennens ist sie, bei dem höheren Bewusstsein, die vernünftige Erkenntniss der unbedingten Begriffe und Gesetze des Wahren, Guten, Rechten u. s. w., und im Gefühls- und Begehrungsvermögen gibt sie sich in den entsprechenden Gefühlen u. s. w. kund. Die Zurechnung bestimmt sich daher nach der Beziehung einer Handlung zu dem Bewusstsein und der vernünftigen Unterscheidung von Gut und Schlecht, Recht und Unrecht. Wo die Fähigkeit einer solchen Unterscheidung besteht, kann eine Handlung im Guten und Uebeln zugerechnet, auf die Ursachlichkeit des Geistes bezogen werden. Bei einer schlechten Handlung besteht zwar ein Conflict zwischen dem, was der Mensch in seinem verkehrten Willen gethan hat und seiner an sich richtigen Unterscheidung und Erkenntniss, und es liegt darin ein praktischer Beweis von dem qualitativen Unterschiede zwischen Erkenntniss- und Willensvermögen; denn, ebenso wie Hypocrates sagte, dass der Mensch, wenn er Eins wäre (nicht Gegensätze in sich enthielte) nicht krank werden könnte, so würde auch ein solcher geistiger Conflict nicht möglich sein, wenn alle Thätigkeit nur Ausfluss eines einzigen Vermögens wäre. Aber in Folge des Unterschiedes der geistigen Vermögen ist auch die Möglichkeit gegeben, dass das eine durch ein anderes, welches im Besseren gestärkt wird, wieder eine andere Richtung erhalte. Ist nun eine verkehrte Willensrichtung eingetreten, so kommt es allerdings zunächst darauf an, dieser die Möglichkeit zu entziehen, sich weiter zu bethätigen und dadurch neue Nahrung und Kraft zu gewinnen, aber das vornehmste positive Mittel der Besserung liegt darin, dass die Erkenntniss und das Gefühl des Guten und Rechten wieder gekräftigt werden. So wie in der Natur das Licht die Wärme hervorruft, diese sich in Bewegung umsetzt, so muss auch durch erziehenden Unterricht die Erkenntniss mehr erleuchtet, das Gefühl für das Rechte wieder belebt werden, und die Bewegung des Willens wird dann gleichfalls eine entsprechende Richtung auf das Gute und Rechte erhalten. In der Zurechnung wird auch, durch die Beziehung einer That auf das in der vernünftigen Unterscheidung des Rechten und Unrechten wirksam gebliebene ideale Selbst des Geistes, die Forderung gestellt, dass durch die Kräftigung dieses gesunden Theils das Krankhafte ausgeschieden werde, das Licht der Erkenntniss wieder das Herz erwärme und dem Willen die rechte Richtung gebe. Daher kann in verständiger, sittlich-rechtlicher Weise die Zurechnung und die darnach bestimmte Strafe keinen anderen menschlichen Zweck als Besserung haben, indem alle anderen Zwecke, wie z. B. Sicherstellung u. s. w., von selbst sich daraus ergeben. Zugleich erhellt daraus, dass auch die Zumessung oder das Mass der Strafe in oberster Hinsicht darnach bestimmt werden muss, und dass die äussere Grösse des Verbrechens nur ein mitbestimmendes Moment zur Beurtheilung der intensiven Grösse der Willensverderbtheit sein kann. Es war der erste Schritt aus dem rohen Zustande äusserlicher Wiedervergeltung (Zahn um Zahn), als auch die inneren Bestimmgründe mit in die Waagschale der Beurtheilung gelegt wurden; der zweite, mehrfach vorbereitete Schritt, gegen den sich freilich das Strafrecht noch am meisten sträubt, obwohl der Strafvollzug immer mehr dahin drängt, muss aber durch die entschiedene Unterordnung des Aeusseren unter das Innere gethan werden.

Verfolgen wir nun weiter die psychisch-rechtlichen Verhältnisse, die durch stete, wenn auch sehr verschiedentliche, Verknüpfung des Denk- und Erkenntnissvermögens mit dem Willensvermögen, in dem Umkreise des allgemeinen vernünftigen Bewusstseins, gegeben sind, so erkennen wir, dass jeder bewusste Wille sich einen Zweck setzt, auf den durch das Denken eine Absicht gerichtet ist. Von der ersten Setzung und Absicht bis zur Ausführung einer Handlung tritt bei dem Willen ein Process ein, welcher dem, im Begreifen, Urtheilen und Schliessen sich vollziehenden, Denkprocesse ähnlich ist. Zuerst wird in der Absicht eine Handlung als Zweck begriffen und begrifflich bestimmt, alsdann tritt die urtheilende Erwägung und Ueberlegung ein, darauf setzt sich der Geist das Ueberlegte vor und es entsteht der Vorsatz, der sodann, bei weiterer Durchbestimmung, zum Beschluss führt. Nach dieser psychologisch sachlichen Auffassung der Willensverhältnisse ist auch der Streit über die Art der Unterscheidung zwischen Absicht und Vorsatz, die in der gewöhnlichen Sprache öfter gleichbedeutend genommen werden, zu schlichten. Absicht ist bei jeder bewussten Handlung vorhanden, aber der Zwischenraum zwischen der Absicht und der durch eine schnelle Aufregung herbeigeführten Ausführung kann ein so geringer sein, dass die Zeit der Ueberlegung, des Vorsatzes und des Beschlusses, als eine verschwindend kleine, welche sich der rechtlichen Beurtheilung entzieht, angesehen werden kann. Dagegen ist im Vorsatze, in ähnlicher Weise wie im Urtheil zwei Begriffe verknüpft werden, ein doppelter Wille vorhanden, indem der erste Wille, nach der Ueberlegung, zur Durchführung vorgesetzt wird; es ist das überhaupt ein unterscheidender Charakter des menschlichen Geistes, dass, wie er sein Denken wiederum zum Gegenstand seines Denkens, auch seinen Willen zum Vorsatze machen kann; der überlegte Vorsatz, wenn er ein böser ist, muss daher schwerer bestraft werden, als die blosse, sofort ausgeführte Absicht.

Alle diese Willensverhältnisse werden noch verschiedentlich näher bestimmt, zunächst durch die Kraft, in welcher sie überhaupt sich kund geben, sowie nach der Zeitdauer, in welcher sie sich erhalten haben, sodann in Bezug auf den Kampf, in welchen sie mit dem höheren Sitten- und Rechtsgesetze treten, und in welchem, je nachdem das Pflichtgebot näher und dringender war (Beamter, Eltern u. s. w.), der Sieg des unrechten Willens eine grössere Verderbtheit voraussetzt. Ferner sind aber Absicht und Vorsatz auch, wie das denkende Begreifen, nach den Momenten der Allgemeinheit, der Besonderheit oder des Individuellen, des allgemein Unbestimmten und des individuell Bestimmten aufzufassen, sowohl hinsichtlich des Zweckes und der Mittel, als des Erfolges, in letzterer Hinsicht z. B. wenn man in einen Haufen Menschen hineinschlägt, gleichviel, welches der Erfolg sein möge. Man redet daher mit Recht von einer unbestimmten und bestimmten bösen Absicht (*dolus indeterminatus et determinatus*, von Einigen indirecter und directer *dolus* genannt), wobei der wirklich eingetretene Erfolg gleichfalls, obwohl nicht in dem gleichen Grade als wenn er bestimmt gewollt und ausgeführt wäre, zugerechnet werden muss.

Endlich ist auch der Unterschied in's Auge zu fassen, der zwischen der nach Zweck und Mittel beschlossenen Handlung und der Ausführung besteht, bei welcher letzteren wiederum Anfang, Fortgang und Vollendung zu betrachten ist. Hiernach unterscheidet sich der Versuch (*conatus*) von der Ausführung, und muss viel milder bestraft werden, weil der Mensch, welcher vor der That, wenn sie sich ihm lebendig vorstellt, zurückschreckt, eine geringere Kraft des Schlechten verräth.

Von besonderer Wichtigkeit ist es, den Willen sowohl nach den richtigen, als nach den fehlerhaften Bestimmgründen und Richtungen näher zu betrachten; es sind jedoch hier nur die fehlerhaften darzulegen, indem die richtigen in der Lehre vom Zwecke (§. 46) zu erörtern sind.

Erst in neuerer Zeit hat man in der Rechtswissenschaft (Puchta) die Bestimmgründe und Richtungen des Willens genauer unterschieden. Beides sind Willensbestimmungen und in beiden, wenn sie fehlerhaft sind, ist etwas Anderes bestimmend als das, was bestimmend sein sollte; in den ersteren jedoch wird der Ausgangspunkt des Willens in den Motiven, in den anderen die Richtung auf das Ziel falsch bestimmt.

I. Fehlerhafte Bestimmgründe (Motive) des Willens sind vorhanden, wenn der Wille durch etwas Anderes, als was er selbst wirklich wollte, bestimmt und dadurch zugleich die Uebereinstimmung, die Wahrheit zwischen dem Denken und Wollen aufgehoben wird.

Dies tritt ein: *a*) durch psychischen Zwang (nicht durch physischen Zwang, der kein Motiv, sondern die Aufhebung aller Selbstthätigkeit ist), d. i. durch die, vermittelst der Drohung eines Uebels erregte Furcht (*vis ac metus*), wobei jedoch das Uebel, um Schutz gegen Nachtheile aus solchen erzwungenen Handlungen zu begründen, nach der Lage des Fürchtenden, von Bedeutung und mit

Wahrscheinlichkeit der Ausführung verknüpft sein muss (*metus justus ac praesens*); *b*) durch Betrug, d. i. durch die absichtliche Erregung oder Benutzung eines Irrthums. Im römischen Rechte wird sowohl der Betrug als die rechtswidrige Absicht *dolus* genannt, und es ist ein allgemeines Rechtsprincip, dass Jeder für *dolus* einstehen muss (*dolus semper praestatur*) und dass Niemand aus seinem Betruge oder seiner rechtswidrigen Absicht Vortheil ziehen soll; *c*) durch Irrthum, sei es durch Nichtwissen (*ignorantia*) oder durch Falschwissen; es tritt eine verschiedene rechtliche Behandlung ein, je nachdem ein Rechtsirrthum oder Thatsachen-Irrthum (*ignorantia juris seu facti*) vorliegt, indem der erstere im Allgemeinen, nach der Voraussetzung, dass Jeder das Recht kennen soll, kein Entschuldigungsgrund ist, wohl aber in mehrfacher Hinsicht der letztere, wenn er nicht auf grober Nachlässigkeit beruht (*negligentia crassa*).

II. Fehlerhafte Richtungen des Willens sind:

a) die rechtswidrige Absicht (*dolus*), welche unmittelbar auf eine rechtswidrige Handlung gerichtet ist, die also als solche wirklich gewollt wird, aber nicht gewollt werden sollte. Eine solche Absicht (Vorsatz) zieht als rechtliche Folge immer Schadenersatz oder Bestrafung, oft Beides, nach sich.

b) Das Versehen, Fahrlässigkeit (*culpa*), entsteht durch eine indirecte rechtswidrige Handlung dadurch, dass der Wille durch ein fehlerhaftes Absehen und Versehen von dem Gegenstande abgelenkt wird, auf den er gerichtet sein sollte. Wer ein anvertrautes Gut offen liegen lässt und beim Fortgehen das Zimmer nicht verschliesst, hat von dem abgesehen, was zum Bewahren des Gutes nothwendig war. Für das Versehen und die darauf sich beziehende Verschuldung gibt es zwei Arten und mehrere Grade. Die zwei Arten sind die s. g. unbedingte Verschuldung, welche auf dem allgemeinen Verbote, Niemanden zu verletzen (*neminem laede*), beruht, und die Verschuldung, welche in Vernachlässigung von Verpflichtungen liegt, die durch besondere Verhältnisse auferlegt sind. Diese beiden Arten der Verschuldung kommen im Strafrechte und im Privatrechte vor; im letzteren ist die erste Art gemeinrechtlich durch die *lex Aquilia* bestimmt (aquilische *culpa*); die zweite Art heisst die, aus Obligationsverhältnissen entspringende, obligatorische oder relative *culpa*, wobei man weiter ein grobes Verschulden (*culpa lata*) annimmt, wenn nicht einmal die Vorsicht eines gewöhnlichen Menschen ohne besondere Geistesgaben, und ein geringes (*culpa levis*), wenn nicht die Vorsicht, wie sie ein sorgsamer umsichtiger Hausvater anwendet, geübt wird. Die Regeln über die privatrechtliche Haftung nach diesen Arten und Graden der Verschuldung sind im positiven Rechte näher bestimmt (s. auch unsere „jurist. Encyklopädie" S. 619).

§. 45.
Vom Inhalte der Rechtsverhältnisse.

Der Inhalt der Rechtsverhältnisse (wohl zu unterscheiden von dem Objecte derselben, s. §. 41) ist zweifacher Art, ein objectiver, der in dem, nach den verschiedenen Verhältnissen näher entwickelten, Rechtsprincip selbst liegt, und ein subjectiver Inhalt, der in den, nach dem objectiven Rechte bestimmten, Befugnissen und Verbindlichkeiten liegt. So ist der subjective Inhalt des Eigenthumsrechts das Ganze sowohl der Befugnisse, welche der Eigenthümer hat, als auch der entsprechenden Verbindlichkeiten in Bezug auf das Object des Eigenthums. Häufig werden unter diesem Inhalte nur die Befugnisse begriffen, aber diese bestehen nie ohne Verbindlichkeiten irgend einer Art, und daher sind Befugnisse und Verbindlichkeiten als ein unter sich verbundenes Ganzes aufzufassen. Dieser subjective Inhalt ist aber schon früher (S. 343) näher erörtert worden, und es ist daher hier nur der objective Inhalt im Allgemeinen und nach den Hauptunterschieden der Rechtsverhältnisse zu betrachten.

I. Vom Inhalte im Allgemeinen. Der objective Inhalt der Rechtsverhältnisse, mit dessen allgemeiner Untersuchung die positive Rechtswissenschaft noch nicht einmal den Anfang gemacht hat, kann nur durch das specifische Moment des Rechtsbegriffs charakterisirt sein. Dieses Moment liegt, wie schon oft hervorgehoben ist, in der Bedingung, im allgemeinsten Sinne des Wortes, und zwar stets in einem organischen Ganzen von Bedingungen, die für oder durch einen Willen gesetzt sind und von denen die Verwirklichung der menschlichen Bestimmung in allen Verhältnissen abhängig ist.

Alle Bedingungen sind daher im Rechte in irgend einer Art Willensbestimmungen oder Willensbedingungen, im Unterschiede von den nothwendigen Bedingungen im Naturleben, die nur insofern in das Rechtsgebiet einschlagen, als der menschliche Wille an Thatsachen des Naturlebens verschiedene Bestimmungen knüpfen kann. Die Willensbedingungen enthalten als solche stets Anforderungen an den Willen und daher bildet auch der objective Inhalt stets Erfordernisse und Forderungen, die für jede Willensbethätigung, damit sie eine rechtsgemässe sei, oder durch den Willen gestellt sind. Dieser allgemeine Begriff der Bedingung kommt auch im positiven Rechte mehr und mehr zur Anerkennung. So sagt Böcking (Pandekten §. 111): „Bedingung ist jede Bestimmtheit eines Sub- oder Objects, Beschaffenheit oder Zustand einer Person oder Sache, sowohl im Allgemeinen, als auch in besonderen Beziehungen“, aber die Bestimmtheit selbst entspringt für das vernünftig praktische Wollen nur durch die Bestimmung, welche ein Object für ein Subject in Bezug auf einen erlaubten Zweck erhält. In neuester Zeit hat Fitting unter den von ihm gegebenen Begriff der Bedingung, als „der Abhängigmachung des Willens von der Wahrheit eines äusseren Umstandes“ nicht blos die s. g. eigentlichen, auf die Zukunft gestellten, sondern auch die s. g. uneigentlichen, auf die Vergangenheit und Gegenwart bezogenen Bedingungen (*conditiones in praesens vel praeteritum collatae*) gestellt, wenn diese Arten auch immerhin für bestimmte Verhältnisse unterschieden werden können.

II. Vom Inhalte nach den Rechtsgebieten. Der Gattungsbegriff der Willensbedingung in dem eben bezeichneten Sinne bildet den Inhalt der Rechtsverhältnisse in allen Rechtsgebieten.

A. Im öffentlichen Rechte wird durch den Begriff der Bedingung der Inhalt (und unmittelbare Zweck) der ganzen Staatsthätigkeit bestimmt charakterisirt, indem, wie schon früher (S. 271) bemerkt und später im öffentlichen Rechte weiter zu entwickeln ist, der Staat nirgends in die ursachlichen, nach eigenen Gesetzen sich entwickelnden, Kräfte der gesellschaftlichen Bewegung eingreifen, sondern nur die Bedingungsverhältnisse aller Gebiete unter einander regeln und selbst die allgemeinen, die gesellschaftliche Culturentwickelung ermöglichenden Bedingungen herstellen soll. Ebenso entwickelt das Völkerrecht die Bedingungen der Coexistenz und des fördernden Verkehrs der staatlich geordneten Völker und normirt auch für den Krieg die Bedingungen, unter welchen das Handeln der Parteien in den verschiedenen Verhältnissen als ein nach dem Kriegsrechte rechtsgemässes zu betrachten ist.

B. Im Privatrechte bilden die Bedingungen gleichfalls den Inhalt aller Rechtsverhältnisse, indem in den drei besondern Theilen des Allgemeinen Güterrechts die Bedingungen der Erhaltung und Bethätigung der Güter der Persönlichkeit, oder die Bedingungen des Erwerbs, Schutzes, Gebrauchs und Aufhörens von Sachgütern, oder die Bedingungen des Entstehens, Bestehens und Aufhörens eines obligatorischen Verhältnisses dargelegt werden.

In dem Obligationenrechte sind die Bedingungen wiederum verschieden nach den drei Hauptarten der Obligationen, indem in den Zustandsobligationen die Bedingungen durch bestimmte Zustände, sei es der allgemeinen bürgerlich-menschlichen Gemeinschaft oder der zufälligen Gemeinschaft (*communio incidens*) oder durch zufällige Thatsachen u. s. w. gegeben sind, in den Geschäftsobligationen durch Bestimmungen, welche das Geschäft nach seinen verschiedenen Seiten charakterisiren, in den Delictsobligationen im Allgemeinen in der durch die Beschädigung gesetzten Bedingung der Entschädigung. In der umfassendsten und complicirtesten Weise treten die Bedingungen bei den Geschäftsobligationen hervor. Bei diesen werden gewöhnlich drei Arten von Bestimmungen unterschieden, die wesentlichen, natürlichen und zufälligen (*essentialia, naturalia et accidentalia negotii*); allein die beiden ersteren kommen in allen Gebieten von Rechtsverhältnissen vor und diese drei Arten sind daher im Allgemeinen zu betrachten.

III. Die Bedingungen an sich selbst betrachtet. Nach ihrem Grunde gibt es drei Hauptarten von Bedingungen: wesentliche, natürliche und gewillkürte (zufällige).

A. Wesentliche Bedingungen sind solche, welche durch die Wesenheit eines Rechtsverhältnisses, d. i. die Art und Weise gegeben sind, wie ein durch die ganze menschliche Lebens- und Verkehrsordnung gesetzter Zweck erreicht wird, und welche daher keine Abänderung durch Privatwillkür zulassen. So gibt es im öffentlichen Rechte wesentliche Bedingungen für das Dasein eines Staates (z. B. eine Staatsgewalt), für die Staatsgewalt selbst, für ihren Bestand, für das Dasein gewisser Staatsformen u. s. w. So gibt es wesentliche Bedingungen für jede besondere Gemeinschaft, z. B. Treue für die eheliche Lebensgemeinschaft, die gar keine entgegengesetzte Bestimmung zulässt. Auch bei den Rechtsgeschäften und Geschäftsobligationen sind die wesentlichen Bedingungen gleichfalls durch den Zweck eines Geschäfts gesetzt; die wesentlichen Bedingungen eines Kaufes (Preis gegen Sache) sind andere als beim Tausch (Sache gegen Sache) u. s. w. Solche Bedingungen nennt das römische Recht *juris conditiones* oder *conditiones quae tacite* oder *vi ipsa negotio insunt*. — Zu diesen, aus dem Wesen eines Verhältnisses sich ergebenden, Bedingungen werden auch diejenigen gerechnet, die durch das Gesetz unabänderlich festgestellt sind; z. B. Unzulässigkeit von Verträgen über Sachen, die dem Verkehre entzogen sind, von Verfügungen über den künftigen Nachlass eines noch Lebenden u. s. w.

B. Natürliche oder selbstverständliche Bedingungen (welche bei den Geschäften *naturalia negotii* heissen) sind solche, die nach dem, was im Leben üblich ist oder regelmässig eintritt, bestimmt sind, die jedoch durch Privatwillkür abgeändert werden können; beim Leihen eines Pferdes ist es üblich, dass der Entleiher die Futterkosten trägt.

C. Gewillkürte, s. g. zufällige Bedingungen sind solche, die, sei es als Hauptbestimmungen oder als Nebenbestimmungen, durch die Willkür einer oder mehrerer Parteien gesetzt sind. Solche gewillkürte Bedingungen kommen im öffentlichen Rechte vor (wo entweder einseitig, z. B. durch den Repräsentativkörper, oder durch Uebereinkunft zwischen Regierung und dem Repräsentativkörper Bedingungen festgestellt werden können), insbesondere aber im Privatrechte; hauptsächlich in letzterer Hinsicht ist diese Art der Bedingungen hier noch etwas näher zu betrachten.

Bedingung im engeren Sinne als willkürliche Bestimmung ist überhaupt jeder (wenigstens subjectiv) ungewisse Umstand, wovon der Wille des Handelnden (eines Einzelnen, oder Mehrer im Vertrage) ein Rechtsverhältniss in seinem Dasein abhängig macht; da das Bedingte nicht ohne das Bedingende ist, so ist bei Hauptbedingungen die Existenz eines Rechtsverhältnisses überhaupt davon abhängig, und nur bei Nebenbedingungen kann das Rechtsverhältniss als an sich daseiend und nur in seiner Wirksamkeit von der Bedingung abhängig betrachtet werden.

Die Arten der Bedingung sind folgende:

1. In Bezug auf die Existenz des Rechtsgeschäfts ist die Bedingung entweder eine aufschiebende (Suspensiv-) oder auflösende (Resolutiv-) Bedingung, je nachdem der Anfang oder das Aufhören eines Rechts davon abhängig gemacht wird.

2. Formell ist die Bedingung entweder eine affirmative (positive) oder negative, je nachdem ein Recht von dem Eintritte oder Nichteintritte eines Umstandes abhängig gemacht wird. Die blos sprachliche Form entscheidet dabei nicht, da eine an sich affirmative Bedingung negativ ausgedrückt werden kann und umgekehrt.

3. In Rücksicht auf die Ursache ist die Erfüllung entweder von dem Willen dessen abhängig, dem die Bedingung gesetzt ist, oder von einem äusseren Umstande, oder von dem Zusammenwirken eines solchen Umstandes mit der Thätigkeit des Betheiligten. Darauf beruht die Eintheilung in *conditiones potestativae, casuales et mixtae s. promiscuae.* Die Grenze zwischen Potestativ- und gemischten Bedingungen ist im Allgemeinen schwer zu ziehen. (Nur eine rein negative Bedingung, z. B. wenn Du Dich nicht weigern wirst, die A. zu heirathen, kann als reine Potestativ-Bedingung gedacht werden.) Es wird daher hauptsächlich die Absicht desjenigen, der die Bedingung setzte, zu berücksichtigen sein, ob er das Hauptgewicht auf den Willen oder auf die That selbst legte.

4. In Rücksicht der Seinart (Modalität) sind die Bedingungen mögliche oder unmögliche. Die Möglichkeit und Unmöglichkeit kann entweder in Naturgesetzen oder in Gesetzen des rechtlichen und sittlichen Willens liegen; und man unterscheidet daher insbesondere die unmöglichen Bedingungen in physisch-unmögliche, oder in juristisch- (sei es rechtlich oder sittlich) unmögliche d. h. unerlaubte Bedingungen. Diese beiden Arten der unmöglichen Bedingungen sind aber an sich verschieden und können es auch in ihren rechtlichen Wirkungen sein.

a. Die physisch-unmögliche Bedingung ist keine wahre Bedingung, da gar keine Ungewissheit vorhanden ist; sie wird aber in den positiven Rechten verschiedentlich behandelt, im römischen Recht gleich der juristisch-unmöglichen.

b. Die juristisch-unmögliche oder unerlaubte Bedingung (*conditio turpis*) ist eine wirkliche Bedingung, da sie sich auf ungewisse Handlungen bezieht, die zwar nach Sitten- und Rechts-Gesetzen nicht vorgenommen werden sollen, aber doch geschehen können. Bei der Beurtheilung der rechtlichen Wirkungen solcher unerlaubter Bedingungen ist es wichtig:

α) die leitenden Principien aufzustellen, welche im römischen wie in den neueren Rechten zur Richtschnur dienen. Diese sind $\alpha\alpha$) es soll durch eine solche Bedingung nichts an sich objectiv Schlechtes oder Unrechtes, $\beta\beta$) und auch nicht eine subjective Unsittlichkeit befördert werden. Die Betrachtung dieser möglichen Wirkungen einer Bedingung muss überall den Ausschlag geben, und es ist auf die individuellen Fälle, die besonderen Lebensverhältnisse zu sehen. Als schlechthin unerlaubte Bedingungen gelten im römischen Recht z. B. die Bedingungen der Ehelosigkeit, der Ehescheidung, der Unterwerfung des Entschlusses beim Heirathen unter fremde Willkür, und, nach der fast allgemeinen Ansicht der Neueren, auch die Bedingung der Aenderung (und wohl richtig auch der Nichtänderung) des Religionsbekenntnisses; — dagegen ist es zulässig, dass Jemand sich durch Vertrag für den Fall, dass er Unerlaubtes thue, zu einem Strafgelde anheischig mache (Conventionalstrafe [1]).

β) Es ist sachgemäss mit dem römischen Rechte einen Unterschied zu machen, je nachdem die unerlaubten Bedingungen Verträgen oder letztwilligen Verfügungen beigesetzt werden. Nach dem römischen Recht machen solche Bedingungen die Verträge selbst ungiltig, während sie bei letztwilligen Verfügungen als nicht beigesetzt betrachtet, die Verfügungen also aufrecht erhalten werden; der Grund davon ist nicht in einem *favor testamentorum*, sondern einfach darin zu suchen, dass dort beide Theile das Unerlaubte beabsichtigten, hier nur der letztwillig Verfügende. Die neueren Gesetzgebungen haben bei den Verträgen die Grundsätze des römischen Rechts angenommen; bei letztwilligen Verfügungen haben sie theilweis andere Bestimmungen getroffen.

---

[1]) So ist unter vier Hauptfällen: 1) Ich verspreche Dir 100 Gulden, wenn Du dem C. eine Injurie zufügst; 2) ich verspreche sie, wenn Du sie nicht zufügst; 3) Du versprichst sie mir, wenn Du sie nicht zufügst, und 4) Du versprichst sie mir, wenn Du sie zufügst, nur der letzte Fall, als Conventionalstrafe, zulässig.

Die vier bezeichneten Hauptarten der Bedingungen können in allen Hauptformen mit einander verbunden werden.[1])

Unterschieden von der Bedingung ist die Zeitbestimmung, Frist, *dies*. Rechtsverhältnisse können von einer Zeitbestimmung in zweifacher Hinsicht abhängig gemacht werden, indem sie entweder von einem bestimmten Zeitpunkte an (*dies* oder *terminus a quo*) beginnen, oder mit Eintritt desselben erlöschen sollen (*dies* oder *terminus ad quem*); jenes heisst der Anfangstermin, dieser der Endtermin. Der wesentliche Unterschied zwischen Bedingung und Zeitbestimmung liegt darin, dass die Bedingung sich an ein ungewisses, die Zeitbestimmung an ein gewisses Ereigniss knüpft.

Der Modus, die Auflage, oder Zweckbestimmung ist diejenige Nebenbestimmung, wodurch von dem Geber einer Sache dem Empfänger derselben die ganze oder theilweise Verwendung derselben zu einem gewissen Zwecke geboten wird. Der Modus unterscheidet sich aber von der Bedingung dadurch, dass er nie suspendirt, also weder den Erwerb noch die Geltendmachung des Rechts hindert.

§. 46.
Vom Zwecke der Rechtsverhältnisse.

In dem Rechte überhaupt und in allen Rechtsverhältnissen ist ein doppelter Zweck und eine darnach bestimmte Absicht zu unterscheiden. Das Recht hat zuhöchst einen, über das Recht selbst hinausliegenden, Endzweck, der, wie früher (S. 286) gezeigt, in der Vervollkommnung des Menschen in allem Menschlich-Guten liegt; nach ihrer letzten Beziehung sind alle, im Rechte verfolgten, Zwecke Lebens- und Güterzwecke, welche als Endzwecke und, nach der Absicht, als Endabsichten bezeichnet werden können; aber auch die rechtlichen Formen und Bestimmungen bilden selbst ein Ganzes von selbständiger Bedeutung mit einem relativ selbständigen Zwecke, welcher an sich der directe, unmittelbar den Rechtsverhältnissen selbst inwohnende innere Zweck ist,

---

[1]) Savigny, System des h. r. R. Bd. III. S. 251, und Böcking, Pandekten S. 393, geben verschiedene übersichtliche Combinationen.

jedoch in Bezug auf den Endzweck als der Mittelzweck erscheint; der Endzweck mit den Endabsichten gehört der ethischen Güterlehre an; der directe Zweck ist der eigentliche formelle Rechtszweck mit der darauf gerichteten directen Absicht. Diese beiden Zwecke müssen jedoch, da sie nie vollständig zu trennen sind, in ihrer Beziehung zu einander betrachtet werden, und der Rechtszweck ist sodann nach dem Objecte genauer zu bestimmen.

Die Beziehung des unmittelbaren Rechtszwecks zu dem ethischen Endzwecke muss vor Allem in der Art aufgefasst und praktisch geordnet werden, dass der letztere massgebend für den ersteren wird, dass daher das Recht seine Institute und Verhältnisse so normirt, dass sie den höheren ethischen Zwecken des Lebens keinen Eintrag thun. So sollen z. B. die Eigenthumsverhältnisse so festgestellt werden, dass sie der höheren Freiheit in der Erzeugung und Vertheilung der Güter nicht willkürliche Schranken setzen, und dass sie allen Staatsangehörigen die gleiche Möglichkeit des Eigenthumserwerbes jeder Art gewähren. Sodann kann aber der Endzweck auch in formell-rechtlicher Hinsicht für den Rechtszweck bestimmend werden, wenn er als Bedingung gesetzt wird. So ist z. B. die Schenkung zunächst ein Rechtsverhältniss und der rechtliche Zweck ist unentgeltliche Vermögensbereicherung eines Anderen, und in den meisten Fällen bleibt es dem Anderen anheimgegeben, für jeden beliebigen Zweck Gebrauch davon zu machen; aber es kann auch ein bestimmter Endzweck als Bedingung oder auch als Auflage (*modus*) gestellt werden, z. B. wenn ein Geldgeschenk zum Zwecke und unter der Bedingung des Studirens gemacht wird. In negativer Weise tritt diese Beziehung dadurch hervor, dass kein unerlaubter Endzweck mit einem Rechtsverhältniss (Vertrag oder letztwillige Verfügung) verknüpft werden darf. Der Einfluss des Endzweckes bei einer Rechtsverletzung (Vergehen, Verbrechen) ist schon früher dargelegt worden (S. 315).

Auch der unmittelbare, dem Rechtsverhältnisse selbst inwohnende Zweck tritt in der directen Absicht, *animus*, hervor, durch welche das Rechtsverhältniss seinen bestimmten Charakter erhält. So wird wesentlich durch die Absicht (*animus possidendi*) der Besitz von der blossen Innehabung (*detentio*) unterschieden; so ist auch bei allen Rechtsgeschäften die Absicht massgebend (*animus donandi*, *novandi*).

Betrachtet man den Zweck in Bezug auf das Object, welches im Allgemeinen immer ein Gut ist (§. 41), so gibt es zunächst für jedes Subject, welches ein Recht an dem Objecte oder Gute hat, für alle an demselben möglichen besonderen und unterschiedenen Zwecke, entsprechende besondere Rechte. So gibt es in Bezug auf Sachgüter und insbesondere auf Eigenthum besondere Rechte für den Zweck des Erwerbes, des Besitzes, des Schutzes, des Gebrauchs u. s. w.

Aber auch mehre Subjecte können an einem und demselben Gute für unterschiedene Zwecke sowohl ungleiche als auch gleiche Rechte haben. Der erste Fall tritt ein, wenn das Recht des Einen für den Zweck und im Interesse eines Anderen eine Beschränkung in der Ausübung erleidet, wie dies bei den besondern dinglichen Rechten (*jura in re aliena*, wie Servituten, Pfandrecht) der Fall ist. Der zweite Fall begreift die germanischen Institute des getheilten Eigenthums und des Gesammteigenthums. Diese Institute können durch die Principien des römischen Rechts und von Rechtsgelehrten, welche diese Principien als die Normalprincipien betrachten, gar nicht begriffen werden, weil der Römer, in seinem Herrschaftsgeiste seinem einheitlichen, Willen auch immer das Object in seiner Totalität zu unterwerfen strebte, daher wohl Beschränkungen in der Ausübung, aber keine Theilnahme nach unterschiedenen Zwecken zuliess. Der germanische Geist, welcher überall Gliederung in den verschiedenen Arten der Genossenschaft anstrebte, hat auch, insbesondere für den Zweck der gesellschaftlichen Gliederung, in den Eigenthumsverhältnissen selbst eine Gliederung nach verschiedenen gesellschaftlichen und zugleich persönlichen Zwecken in verschiedenen Formen zur Anwendung gebracht.

Das richtige Verständniss dieser Verhältnisse ist vornehmlich verschlossen geblieben, weil der Zweckbegriff überhaupt sehr wenig beachtet wurde und weil man das so wichtige, vom deutschen Genius lebendig gestaltete Princip der Gliederung nicht auch auf die Zweckverhältnisse angewendet hat. Aber in dem s. g. getheilten Eigenthum (Ober- und Unter-Eigenthum wie beim Lehnsverhältnisse, deutscher Erbpacht u. s. w.) haben beide Theile ein Recht am ganzen Objecte, sie haben auch alle im Begriffe des Eigenthums liegenden Befugnisse, aber für verschiedene Zwecke in einem gesellschaftlichen und rechtlichen Ober- und Unterordnungsverhältnisse. Dagegen ist das Gesammteigenthum, abermals in verschiedenen Formen, in der Art bestimmt, dass sowohl für den bleibenden, das Leben der Einzelglieder überragenden, Zweck der Gesammtheit an dem ganzen Objecte ein Recht besteht und durch bestimmte Einrichtungen gewahrt wird, als auch für die einzelnen Glieder und ihre Rechtsnachfolger, gleichfalls an dem ganzen Objecte, nur nach verschiedenen Zwecken und Richtungen ein wirkliches Recht besteht. (S. später die Lehre vom Eigenthum.) Die Verhältnisse des getheilten Eigenthums haben für unsere Zeit ihren praktischen Werth verloren; dagegen sind die Verhältnisse des Gesammteigenthums noch einer erweiterten Anwendung in der umfassenderen und tieferen Ausbildung des Genossenschaftswesens fähig.

Die Lehre vom directen Zwecke und Endzwecke des Rechts, welcher letztere stets Humanitäts- oder Culturzweck ist, erhält die umfassendste und durchgreifendste Anwendung im öffentlichen Rechte, welches ohne den belebenden Zweck nur ein starrer politischer Formalismus sein würde. Aber in der ganzen Rechtswissenschaft kann der noch immer vorwaltende abstract-formalistische Charakter nur durch die tiefere Ausbildung der Lehre von den Lebens- und Güterzwecken in einer entsprechenden juristischen T e l e o l o g i e überwunden werden, weil alle Rechtsverhältnisse nur die r e c h t l i c h e n F o r m e n u n d M i t t e l sind, in welchen die menschlichen L e b e n s- u n d G ü t e r z w e c k e z u e r s t r e b e n s i n d.

§. 47.

Von der Verschiedenheit der Rechte nach dem Grunde ihres Daseins oder von den Urrechten und von den erwerblichen Rechten.

Nachdem wir das Recht an sich selbst nach allen wesentlichen Momenten dargelegt haben, sind die Hauptarten der Rechte näher zu betrachten.

Nach dem Grunde ihres Daseins sind die Rechte entweder Urrechte, welche durch das Wesen der menschlichen Persönlichkeit und die ursprünglichen Güter derselben (Leben, Ehre, Freiheit u. s. w.) gegeben sind, ohne dass noch ein Willensact erforderlich wäre, oder erwerbliche Rechte, welche eine solche Handlung voraussetzen.

Das Dasein von Urrechten, welche auch angeborene, natürliche, Menschenrechte, Weltbürgerrechte u. s. w. genannt werden, ist von uns schon öfter nachgewiesen worden. Wir haben gesehen, dass die Persönlichkeit und alle darin gegebenen Güter unabhängig von menschlicher Willkür bestehen und durch ihr blosses Dasein entsprechende Rechte fordern. Diese Rechte bilden stets das Wesen, den Gehalt, der zwar auch die formelle Anerkennung im positiven Rechte finden soll, aber in seinem substantiellen Charakter nicht davon abhängig ist. Die Erkenntniss, dass es solche mit der Menschennatur gegebene Rechte gibt, war das höhere Licht, das zuerst im Alterthum in der Philosophie (besonders im Stoicismus) aufging, vom Christenthum auf die höchste göttliche Quelle zurückgeführt, im Mittelalter fast ganz verdunkelt, seit den letzten drei Jahrhunderten von allen edleren Systemen des Naturrechts, vornehmlich aber durch die tiefere sittliche Auffassung der Persönlichkeit (Kant, Krause) zur vollen Anerkennung gebracht worden ist. Diese Lehre von den natürlichen Rechten ist in der ganzen reformatorischen Bewegung des Rechts- und Staatslebens die Leucht- und Hebekraft gewesen, durch welche der Mensch und sein Recht aus den Verschlingungen und Verzerrungen durch willkürliche Satzungen emporgehoben und in seine aus Gott stammenden Rechte wieder eingesetzt wurde. (S. auch später die Lehre von den Menschenrechten §. 53.) Diese Lehre von den Urrechten hat jedoch, abgesehen von der platten Ansicht, die kein anderes Recht als formell festgestelltes, positives gelten lassen will, durch Hegel eine pantheistische Modification dadurch erhalten, dass nur das Eine Urrecht der abstracten Persönlichkeit (nicht der Person) im steten Flusse der dialektischen und geschichtlichen Entwickelung des Weltgeistes angenommen wird, wodurch aber die Person und die ganze, in den grossen Principien gefestigte, Rechtsordnung vernichtet würde. Die praktischen Consequenzen sind erst in neuester Zeit aus dieser Theorie gezogen worden. (S. erwerbliche Rechte.)

Erwerbliche Rechte sind solche, welche, ohne unmittelbar aus der Persönlichkeit zu fliessen, bestimmte Willenshandlungen oder Ereignisse (z. B. Alluvion) oder bestimmte Zustände voraussetzen. Die erwerblichen Rechte kommen hauptsächlich im Privatrechte, jedoch auch im öffentlichen Rechte vor, indem z. B. das Wahlrecht, wenn es an einen bestimmten Census geknüpft ist, auch erwerblich ist.

Von den erwerblichen Rechten sind aber zu unterscheiden die wohl erworbenen Rechte (*jura quaesita*), die nur eine privatrechtliche Bedeutung für das Sonderwohl oder Sonderinteresse haben und daher entweder nur im Privatrechte oder, im öffentlichen Rechte, nur insoweit vorkommen, als ein Privatinteresse mit einem öffentlichen Rechtsverhältnisse rechtmässig verbunden ist (z. B. Gehalt des Beamten). Aber Verhältnisse, die ihrem Wesen nach öffentlich-rechtlicher Art sind, z. B. Gerichtsbarkeit oder Steuerverhältnisse (z. B. Steuerbefreiung), können nie den Gegenstand eines wohlerworbenen Rechts bilden und können, dem Rechte nach, ohne Entschädigung aufgehoben werden, wenn auch in bestimmten Verhältnissen die Billigkeit (S. 315) gewisse Berücksichtigung zulässt. Dagegen sollen wohlerworbene Privatrechte, wenn etwa ein öffentliches Interesse ihre Aufhebung (Expropriation) erheischt, nicht ohne entsprechende Entschädigung aufgehoben werden. In Bezug auf die wohlerworbenen Rechte ist jedoch aus der oben bemerkten pantheistischen Entwickelungstheorie die Consequenz gezogen worden (durch Lassalle im: System der erworbenen Rechte; eine Versöhnung (?) des positiven Rechts und der Rechtsphilosophie, 2 Theile, 1861), dass, wie alle Rechte, so auch die wohlerworbenen Rechte, und alle Eigenthumsrechte, in den Fluss der gesellschaftlichen Entwickelung zu stellen und, nach dem Fortschritt des öffentlichen Bewusstseins, ohne Entschädigung aufzuheben seien. Die richtige Theorie dagegen, welche die Person selbst in ihrem ewigen in Gott gegründeten Dasein anerkennt, wahrt die Selbständigkeit derselben auch im Flusse der gesellschaftlichen Entwickelung durch bleibende selbständige Rechte, die im Vermögen nur vermittelst Entschädigung aufgehoben werden können.

Das Verhältniss zwischen den Urrechten und den erwerblichen Rechten ist dadurch gekennzeichnet, dass die letzteren in ihren verschiedenen Arten immer auf ein Urrecht zurückgeführt werden können, so z. B. das Eigenthumsrecht auf das Recht der Persönlichkeit, für ihr physisches Leben die Bedingungen in Sachgütern zu erwerben.

Die Urrechte, welche von der menschlichen Willensthätigkeit unabhängig bestehen, sind unveräusserlich und unverwirkbar. Leben, Ehre, Freiheit, Gesundheit sollen durch keine rechtliche Einrichtung und Massregel angetastet werden; die Ehre kann eine Schmälerung, die Freiheit wegen Missbrauchs eine Beschränkung erleiden, aber es muss stets Jedem die Möglichkeit gewahrt bleiben, wieder in den vollen Genuss dieser Rechte einzutreten (daher auch grundsätzlich keine lebenslängliche Gefängnissstrafe). Diese Güter dürfen auch nicht mit Zustimmung des Besitzers verletzt werden (etwa nach dem schiefen Satze: *volenti non fit injuria*); Niemand darf einem Anderen, auf dessen Verlangen, das Leben nehmen oder die Gesundheit schädigen. Nur verkehrte Theorien, welche den Rechtsgrund in den Willen verlegen, können darin keine Verletzung sehen.

§. 48.

Von dem Zusammentreffen (Concurrenz) und der s. g. Collision (Conflict) der Rechte.

Bei dem organischen Ineinandereingreifen aller Lebensverhältnisse findet auch bei einer oder mehren Personen und in Bezug auf dasselbe Object ein Zusammentreffen verschiedener Rechte, Befugnisse und Verbindlichkeiten statt. Dieses Zusammentreffen wird aber durch das allgemeine Princip geregelt, dass die Rechte einer bestimmten Art weder durch die höheren, noch durch die nebengeordneten Rechte, zerstört, wohl aber in der Ausübung beschränkt werden. So findet die Ausübung von vermögensrechtlichen Forderungen eine Schranke am häufigsten beim Concurs (*concursus creditorum*), sodann aber auch in Rücksicht auf persönlich-sittliche Verhältnisse (z. B. Eltern und Kinder, Ehegatten, Geschwister u. s. w.), so wie in Rücksicht auf allgemein-menschliche Verhältnisse, so dass in diesen Fällen dem Schuldner der nöthige Lebensunterhalt oder die nothwendigen Mittel (insbesondere die Werkzeuge) belassen werden müssen, um durch eigene Thätigkeit den Lebensunterhalt wieder zu verdienen. Die Humanität verlangt, dass das sogenannte *beneficium competentiae* in letzterer Hinsicht eine grössere Ausdehnung in Bezug auf die Höhe des zu belassenden Vermögens erhalte.

Eine eigentliche Collision von Rechten, von welchen das eine das andere vernichtete, kann bei wahrhaften Rechten nicht stattfinden. So wie in der göttlich-menschlichen Lebensordnung wesentlicher Einklang und auch kein Gegensatz zwischen Recht und Sittlichkeit besteht, so gibt es auch keinen wirklichen Conflict unter den Rechten. Jedes wahrhafte Recht hat seinen wesentlichen Grund in der menschlichen Natur, welche in sich einig ist und die Conflicte ausschliesst. Es treten zwar in unserer Zeit noch manche Conflicte besonders dadurch ein, dass die Staatsgewalt öfter gebietet oder verbietet, was durch das sittlich-rechtliche Bewusstsein verboten oder geboten ist; aber diese Conflicte können theils nur durch Widerstand, soweit er in den rechtlichen Grenzen möglich ist, und selbst unter etwaiger Duldung einer Strafe, hauptsächlich aber durch die Fortbildung des öffentlichen sittlich-rechtlichen Bewusstseins gehoben werden. Als nach der Insurrection von 1834 in Paris die Polizei an die Aerzte den Befehl erliess, die von ihnen verpflegten Verwundeten anzuzeigen, setzten die Aerzte, unter Zustimmung der öffentlichen Meinung, solchem, ihren Humanitätsberuf verletzenden, Befehle Weigerung entgegen und nöthigten die Behörde, den Befehl zurückzunehmen.

§. 49.

Von der Gestaltung der Rechtsverhältnisse in Raum und Zeit, uud von dem Schutze der Rechte.

I. Wie alles Menschliche, so erscheinen auch die Rechtsverhältnisse in Raum und Zeit, entstehen, erlöschen und modificiren sich in diesen Formen, obwohl sie, nach dem, schon früher in Bezug auf die Zeit angeführten, richtigen Grundsatze: *quamquam nihil fit a tempore tamen nihil non fit in tempore*, darin nie ihren Rechtsgrund haben können.

Die Raumverhältnisse sind besonders durch den Wohnsitz (unterschieden von dem blos zufälligen Aufenthaltsorte und auch von dem, ohne die Absicht des beständigen Verbleibens genommenen, Wohnorte), durch die An- und Abwesenheit und besonders im öffentlichen Rechte für die Herrschaft der Gesetze durch das Territorium bestimmt.

Die Zeitverhältnisse sind noch von grösserem Einflusse auf die Rechtsverhältnisse. Es ist allgemeiner Grundsatz: Rechte und Pflichten sollen auch zu gehöriger Zeit ausgeübt werden. Alles Dawiderhandeln fällt unter den allgemeinen Begriff der Versäumniss. Diese ist dreifacher Art:

1. Die rechtswidrige Versäumniss in der Erfüllung einer rechtlichen Verpflichtung; sie kann in allen Rechtsgebieten vorkommen und heisst im Privatrecht *mora*, welche sowohl auf Seiten des Gläubigers (*mora accipiendi*) als des Schuldners (*mora solvendi*) eintreten kann.

2. Die Versäumniss in der Geltendmachung eines Rechts vor Gericht. Hieran ist im positiven Rechte als Folge die Klageverjährung geknüpft (*temporalis praescriptio*).

3. Die Versäumniss in der Ausübung von dinglichen Rechten auf der einen Seite und factischen Ausübung des Rechts auf der anderen Seite, wodurch, unter bestimmten Bedingungen, die Ersitzung, Usucapion, entsteht (§. 51).

II. Der Schutz der Rechte wird, im öffentlichen Rechte, durch polizeiliche Vorbeugung, Beaufsichtigung, Strafandrohung und Bestrafung, sowie durch ein entsprechendes Klagrecht geübt, weil überhaupt, nach dem englischen Spruche: *(where is a right, there is a remdy)*, wo ein Recht ist, es auch ein Rechtsmittel geben muss, um dasselbe geltend zu machen. Im Privatrechte werden gegen blos mögliche Verletzungen Cautionen gegeben, sei es durch Privatrechtsgeschäfte (Pfand, Bürgen) oder durch richterliche Verfügungen (Einweisung in den Besitz, Sequestration u. s. w.); gegen die wirkliche Verletzung gibt es die vor Gericht anzubringenden Klagen, über welche das positive Recht im Processrechte die Grundsätze zu entwickeln hat.

§. 50.

Von den verschiedenen rechtlichen Beziehungen einer Person zu einem Objecte im Allgemeinen.

Nachdem das Recht an und für sich nach allen Verhältnissen erörtert worden, ist dasselbe auch nach den verschiedenen inneren rechtlichen Verhältnissen, in welchen eine Person im Allgemeinen zu einem Objecte stehen kann, näher zu bezeichnen.

Dieses innere Verhältniss, welches in der Einheit des Begriffes des Eigenrechtes zusammengefasst werden kann, gestaltet sich in unterschiedenen Hinsichten als Besitz, als Gebrauch und im Privatrecht auch als Eigenthum.

Der Besitz, insofern er aus einem Rechte entspringt, welches das Recht auf den Besitz gibt (wohl zu unterscheiden von dem Rechte aus dem Besitze, *jus possessionis*, §. 51), ist der rechtliche Ausdruck desjenigen Verhältnisses, in welchem ein Object unmittelbar für eine Person in der Art besteht, dass diese ihren Willen an dem Objecte, zur Ausübung eines Rechts, sei es für sich oder auch (wie im öffentlichen Rechte) in einem allgemeinen Interesse, geltend machen kann. So ist im öffentlichen Rechte derjenige, welcher die Staatsgewalt zu eigenem Rechte ausübt, Besitzer derselben (z. B. der Fürst in der Monarchie), und im Privatrechte hat derjenige ein Recht zu besitzen oder auf den Besitz; welcher aus einem Rechte, einer Erwerbart, z. B. Kauf, das Recht herleitet zu besitzen oder in den Besitz gesetzt zu werden.

Der Gebrauch bezeichnet das Verhältniss der Person zum Objecte nach dem Zwecke des Objects, indem alle Rechtsobjecte für den Gebrauch und, in manchen Fällen, für den Verbrauch bestehen. Der Gebrauch im Allgemeinen oder die Ausübung des Rechts sollte im öffentlichen Rechte zugleich stets eine Verbindlichkeit einschliessen (§. 52), während im Privatrechte dem freien Willen mit Recht ein grosser Spielraum gegeben ist, der Nichtgebrauch jedoch auch den Verlust zur Folge haben kann (§. 49).

Das Eigenthum ist nur ein privatrechtliches Verhältniss, indem im öffentlichen Rechte wohl von einem eigenen Rechte (z. B. des Besitzers der Staatsgewalt), aber nicht mehr, wie im Feudalstaate, von einem Eigenthum die Rede sein kann. Dagegen kann, in Uebereinstimmung mit dem Bewusstsein und der Sprache des Volkes, der Begriff des Eigenthums auf alle vermögensrechtliche Verhältnisse, dinglicher wie obligatorischer Art, zur Anwendung gebracht werden, wenn es auch in der Wissenschaft vorzuziehen sein sollte (s. Lehre vom Eigenthum), diese beiden Arten unter dem Begriffe des Vermögens zusammenzufassen und den Begriff des Eigenthums auf das Sachgüterrecht zu beschränken.

Wie im Eigenrechte überhaupt, so sind im privatrechtlichen Eigenthume zugleich das Besitz- und Gebrauchsrecht vorhanden, indem das Eigenthum immer das Recht auf den Besitz und Gebrauch gibt, dem Eigenthümer wenigstens die Möglichkeit verbleiben muss, den Besitz und Gebrauch wieder zu erlangen, wenn er ihn in Wirklichkeit nicht haben sollte. In der Wirklichkeit können jedoch diese Verhältnisse in ihrem Unterschiede in der Art hervortreten, dass einerseits im Privatrechte der Eigenthümer den Gebrauch seiner Sache an Andere in den verschiedensten Formen übertragen kann, als Gebrauch und Niesbrauch, als Darlehen, Leihe, Miethe, Pacht u. s. w., und dass anderseits sowohl im öffentlichen Rechte als im Privatrechte der Besitz von dem Rechte an sich unterschieden werden kann und durch diesen Unterschied, ganz abgesehen von der Frage des Rechts, schon gewisse Rechte gegeben sind. Diesen Besitz mit den, schon aus ihm allein entspringenden, Rechten haben wir wegen seiner Wichtigkeit näher zu betrachten.

§. 51.

Von dem Besitze [1]) insbesondere.

Der Besitz wird gewöhnlich nur vom privatrechtlichen und daher nothwendig beschränkten Gesichtspunkte aus betrachtet; allein der Besitzbegriff findet auch eine Anwendung im Staats- und Völkerrechte, und die Rechtsphilosophie muss daher zuoberst den Begriff an sich selbst in seiner Einheit und Allgemeinheit nach dem rechtlichen Zwecke oder Interesse feststellen, welches dadurch befriedigt werden soll.

Der Besitz erscheint als ein selbständiges Rechtsverhältniss, Rechtsinstitut, mit bestimmten rechtlichen Folgen, nur im

[1]) Die Wissenschaft drängt selbst im positiven Privatrechte dahin, dem Besitzbegriffe eine allgemeinere Anwendung zu geben. Nachdem die von Savigny in seinem Werke: Recht des Besitzes, 6. Ausg. 1837, durch das Werk von Bruns: Das Recht des Besitzes im Mittelalter und in der Gegenwart, 1848, eine wesentliche Erweiterung und Berichtigung erfahren hatte, will Jhering (Jahrbücher für die Dogmatik des Rechts, 1868), jedoch in Beschränkung auf das römische Recht, den Besitz überhaupt als „das Eigenthum in der Defensive" auffassen und zu den Rechtsverhältnissen stellen. S. auch unsere „jurist. Encyklopädie" von 1857 S. 638 ff.

Unterschiede und abgesehen von dem Rechte an sich, oder besser von dem objectiven Rechte, auf welches dieses Rechtsverhältniss sich gründen kann oder auch nicht. Es ist daher dieses selbständige Besitzverhältniss zu unterscheiden von dem Besitze, welcher selbst die Folge eines Rechtes ist und, wie wir gesehen haben, für den Berechtigten oder (§. 50) für den Eigenthümer als Recht auf den Besitz erscheint.

Im wirklichen Leben sind überhaupt, abgesehen von dem vollen Rechte, zwei Fälle möglich für das Verhältniss, in welchem eine Person in irgend einer andauernden Weise zu einem Objecte stehen kann; es besteht entweder ein thatsächliches Verhältniss der Unterwerfung eines Objects unter den Willen (Macht) einer Person, ohne dass diese die Absicht hat, ein Recht für sich an dem Objecte auszuüben; hier findet blos Innehabung (*detentio*) statt; oder es kommt zu der Innehabung die bezeichnete Absicht (*animus rem sibi habendi*) hinzu; alsdann und schon dadurch allein entsteht Besitz. Dieser ist daher kein blos factisches, sondern auch ein, wenn auch nur nach der subjectiven Seite bestimmtes Rechtsverhältniss, und kann daher ein subjectiv-rechtliches genannt werden.

Die Bedingungen oder Erfordernisse des Besitzes selbst liegen in den drei Hauptmomenten des Begriffs, in dem factischen Machtverhältnisse, verknüpft mit der bezeichneten Absicht und, in Bezug auf das Object, in der Möglichkeit in irgend einer andauernden Weise oder wiederholt an einem Objecte Rechte ausüben zu können, weil Rechte, wie z. B. im Privatrechte die meisten Forderungen, die nur eine einmalige Ausübung zulassen, in dieser Ausübung erlöschen und keines weiteren Schutzes bedürfen.

Fragt man zunächst nach dem Grunde und dem Zwecke, weshalb der Besitz als ein selbständiges (nicht blos factisches, sondern auch) Rechtsverhältniss behandelt wird und, im Privatrechte, eines rechtlichen Schutzes geniesst, so liegt der allgemeine Grund in der, dem Persönlichkeitswillen, welcher in Bezug auf ein Object ein Recht in Anspruch nimmt, zu gewährenden vorläufigen Achtung, bis das objective Recht entweder, im Privatrechte, durch das Gericht entschieden, oder, im öffentlichen Staats- und Völkerrechte, durch die Staatsgewalt oder durch völkerrechtliche Anerkennung festgestellt ist. Da man den Besitz gewöhnlich nur vom privatrechtlichen Gesichtspunkte aus betrachtet, so hat man nur nach dem Grunde gefragt, weshalb der Besitz, den die meisten Juristen zudem seit Savigny nur als ein thatsächliches Verhältniss (Papinian hatte nur gesagt: *possessio plurimum facti habet*) auffassten, eines rechtlichen Schutzes geniesse. Savigny wollte in dieser Hinsicht in sehr äusserlicher Weise den Grund des Besitzes, wegen der thatsächlichen Beziehung desselben zum Körper, in der Unverletzlichkeit des Körpers und in der Störung des Besitzverhältnisses ein Delict erblicken, Puchta führte den Besitz auf das „Recht an (?) der eigenen Person" zurück, und nur Stahl kam der Wahrheit am nächsten, indem er den Grund des Besitzschutzes in der Unverletzlichkeit des „thatsächlich bestehenden Verhältnisses einer Person zur Sache" erkannte und nur das Moment des Persönlichkeitswillens in der Richtung auf das Recht nicht genügend hervorhob. (S. über die verschiedenen Theorien: Jhering a. a. O. S. 5 ff.)

Von diesem Willen, dem Vermögen rechtlicher Lebensgestaltung ist nun, im Privatrecht, wenn er in Bezug auf ein Object ein Recht in Anspruch nimmt, anzunehmen, dass derselbe, im Besitze, sich auch zum objectiven Rechte in das richtige Verhältniss gesetzt habe, und der Besitzschutz wurzelt in der wichtigen, aus dem Rechte der Persönlichkeit fliessenden Rechtsregel: *quilibet habetur bonus donec probetur contrarium;* und im öffentlichen Rechte muss auch der Wille als eine umbildende und neues Recht schaffende Macht betrachtet werden, welche, wenn sie sich in den Besitz der Staatsgewalt gesetzt hat, durch staatsrechtliche und völkerrechtliche Anerkennung eine rechtmässige legitime Macht werden kann. Der Zweck des Besitzes kann daher, im Privatrechte, wesentlich nur in dem vorläufigen Schutze des bestehenden, subjectiv-rechtlichen Verhältnisses, als eines Bestandtheiles der gesammten Rechtsordnung und als eines Anfangs und Momentes der Sitte gesucht werden, und nach seinem Zwecke muss der Besitz auch überall da Anwendung finden, wo ein rechtliches Interesse an einem Objecte vorläufig zu schützen ist, bis die eigentliche Rechtsfrage entschieden ist.

Im öffentlichen Rechte hat der Besitz den Zweck, die Stellung des Besitzers, welche verschiedene rechtliche Folgen nach sich zieht, von der des blossen Inhabers zu unterscheiden und die Gründung für die Bildung eines neuen Rechtes zu geben.

Hiernach bestimmt sich auch der Umfang in der Anwendung des Besitzbegriffs. Dieser Begriff ist anwendbar bei allen Verhältnissen einer Person zu einem Objecte, welche die Möglichkeit einer irgend andauernden oder wiederholten Ausübung von Rechten zulassen, also 1) auf alle dingliche Rechte, auf das Eigenthum in seinen verschiedenen Arten, wie auf Servituten und Pfandrecht;[1]) 2) im Obligationenrechte, auf solche Obligationen, die eine fortdauernde oder sich wiederholende Ausübung gestatten, wie z. B. Forderungen von Renten, Alimenten; 3) im Personen- und Familienrechte auf Zustandsverhältnisse, welche stets eine gewisse fortdauernde Ausübung in sich schliessen, wie z. B. das Verhältniss eines Kindes zu bestimmten, bisher als seine Eltern betrachteten Personen, wobei jedoch der Besitzschutz durch die Rücksicht auf die sittliche Seite, nach Ermessen des Richters, modificirt oder auch ausgeschlossen werden kann (s. Bruns a. a. O. S. 496). Auf diese drei Arten von Rechtsverhältnissen haben die, das römische Recht durch das canonische und deutsche Recht modificirende, Praxis bis in die neuere Zeit und ebenso die drei neueren Gesetzbücher (preussisches, französisches und österreichiches Gesetzbuch) den Besitzbegriff sachgemäss angewandt.[2]) Im öffentlichen Rechte ist das Object des Besitzes die Staatsgewalt. Eine selbständige Bedeutung erhält hier der Besitz bei der Revolution, insbesondere aber bei der Usurpation (s. unsere

---

[1]) Ersterer Besitz wird häufig, aber nicht richtig, Sachen-Besitz im Unterschiede vom Besitze an Rechten genannt; aber auch beim Eigenthum besteht nur Besitz der Macht und Herrschaft und ebenso, wenn auch in beschränkter Weise, bei den Servituten und Pfandrecht.

[2]) Das römische Recht hat zwar zuerst genauer zwischen Recht und Besitz unterschieden, aber ganz äusserlich und materiell den Besitz auf körperliche Sachen beschränkt und sich bei der praktischen Nöthigung, diesen Begriff wenigstens auch bei Servituten zur Anwendung zu bringen, durch das bequeme und beliebte Auskunftsmittel des *quasi* (*quasi-possessio*) den Weg zu einer geraden und volleren Auffassung des Besitzbegriffs versperrt. Das canonische und germanische Recht (in dem Recht der Gewere) stellen einen den Lebensverhältnissen und dem Zwecke des Schutzes viel angemesseneren Besitzbegriff auf (s. Bruns a. a. O. und unsere „jurist. Encyklopädie“ S. 654). Der beschränkte römische Begriff ist selbst für das Privatrecht praktisch unzulänglich und die Rechtswissenschaft muss überhaupt einen allgemeinen Besitzbegriff aufstellen, der nur nach dem Privat- und öffentlichen Rechte in Bezug auf die Objecte eine verschiedene Anwendung erhält.

„jurist. Encyklopädie" S. 640 und Held: Grundzüge des Allg. Staatsrechts S. 188 ff.). Es ist auch in Bezug auf die Friedens- und Kriegsstellung, welche andere Staaten nehmen können, nicht gleichgiltig, ob der in ein Land eindringende Feind sich blos als Inhaber (Detentor) oder als usurpirender Besitzer ankündigt.

Betrachtet man die Arten des Besitzes, abgesehen von dem Besitze im öffentlichen Rechte (wo derselbe ganz unabhängig von allen weiteren Erfordernissen erscheint), im Privatrechte, so wird man dieselben am besten begreifen, wenn man den Besitz nach dem Zwecke und nach den Bedingungen oder Erfordernissen wohl unterscheidet, indem gewisse Qualificationen des Besitzes, wie fehlerfreier oder redlicher oder rechtmässiger Besitz nur Bedingungen sind, damit der Besitz gewisse rechtliche Folgen haben kann. Der Inbegriff dieser Bedingungen bildet das Recht des Besitzes, welches sich nach den, durch den Zweck bestimmten, Hauptarten des Besitzes modificirt. Der Zweck des Besitzes geht im Privatrecht zunächst und vor Allem auf Schutz, und es zeigt sich auch darin der reine Charakter des Besitzes, als eigentlichen juristischen Besitzes. Aber das positive Privatrecht ist, aus den früher bezeichneten Gründen (S. 348), noch weiter gegangen und hat gestattet, dass unter weiteren Bedingungen der Besitz in der Ersitzung zum Rechte führen könne, und endlich hat es an die blosse Redlichkeit des Besitzes gewisse Vortheile geknüpft.

1. Der blos auf vorläufigen Schutz gehende Besitz ist sachgemäss an die geringste Bedingung, die Fehlerlosigkeit, geknüpft, also daran, dass der Besitzende nicht durch Gewalt, List, heimlich oder bittweise (*vi*, *clam* oder *precario*) in den Besitz gekommen sei. Die Rechtsmittel heissen die Interdicte zur Behauptung und Wiedererlangung des Besitzes (*interdicta retinendae et recuperandae possessionis*) und der Besitz selbst wird Interdicten-Besitz genannt.

2. Der Besitz, der durch Ersitzung zum Rechte führen soll, Usucapionsbesitz genannt, ist im positiven Rechte an strengere Bedingungen geknüpft, vor Allem und stets an die Redlichkeit oder den guten Glauben (*bona fides*), welcher in der aus wahrscheinlichen Gründen hervorgegangenen Ueberzeugung besteht, ein Recht an einem Objecte zu haben, sodann an eine bestimmte Zeitdauer, welche bei der ordentlichen Ersitzung im römischen Rechte bei

beweglichen Sachen 3 Jahre, bei unbeweglichen Sachen 10 Jahre, bei der ausserordentlichen Ersitzung 30 Jahre beträgt), und endlich die Rechtmässigkeit, *justus titulus*, welcher in einer an sich zur Erwerbung des Rechts geeigneten Erwerbsart (z. B. Kauf, Schenkung u. s. w.) besteht. Jemand kann rechtmässiger und doch unredlicher Besitzer sein, wenn er von einem Diebe kauft, wissend, dass die Sache eine gestohlene ist. Die Rechtmässigkeit wird bei der ausserordentlichen Ersitzung nicht gefordert.

3. An die Redlichkeit des Besitzes haben die positiven Gesetze in grösserem oder geringerem Umfange rechtliche Folgen in Bezug auf Gebrauch, Verbrauch u. s. w. geknüpft.

In dem öffentlichen Rechte finden diese drei Arten des Besitzes keine Anwendung, indem hier allein der Besitz als solcher bestimmte rechtliche Verhältnisse erzeugt.

Nachdem das Rechtsprincip nach allen Seiten und Verhältnissen entwickelt ist, haben wir den allgemeinen Theil mit der Eintheilung des Rechts und der Rechtswissenschaft abzuschliessen.

§. 52.

Von der Eintheilung des Rechts und der Rechts- und Staatswissenschaft.

Die Rechtswissenschaft, welche in ihrer systematischen Eintheilung den wohlgeordneten Bau des Rechts- und Staatslebens, wie er von dem tieferen Vernunftgeiste des Volkes unter der unmittelbaren Macht der Lebens- und Entwickelungsbedürfnisse geschaffen wird, zum Bewusstsein und zur klaren Darstellung bringen soll, hat diese Aufgabe bis jetzt noch nicht erfüllt, weil sie, auch bei dieser Frage, in formalistischer Weise, einen formalen Gesichtspunkt und Eintheilungsgrund über den sachlichen Gehalt hat vorherrschen lassen und dadurch in einer zum Theil schiefen, die Sache nicht richtig treffenden Auffassung befangen geblieben ist. Alles Recht ist nämlich bis jetzt nach einem zwar wichtigen, aber nur formalen Gesichtspunkte, in Privat- und öffentliches Recht eingetheilt worden. Aber diese Eintheilung ist unzureichend, weil darnach ganze Rechtszweige, z. B. das Handels- und Gewerberecht (mit den Handels- und Gewerbekammern), das Processrecht und andere Materien nicht die rechte Stellung finden, indem sie von der einen Seite dem Privatrechte, von der andern Seite dem öffentlichen Rechte angehören, und weil, wie wir sogleich sehen werden, alle Lebens- und Bildungskreise ihr Privat- und öffentliches Recht haben. Die wahrhafte Eintheilung kann nur gefunden werden, wenn dieselbe zu oberst nach dem Inhalte oder Gehalte der Lebens- und Rechtsverhältnisse gemacht, ein jedes Rechtsgebiet zugleich formell nach der privat- und öffentlich-rechtlichen Seite aufgefasst und schliesslich die ganze Rechts- und Staats-Ordnung in ihrem Rechte für sich und ihrem öffentlichen Rechtsverhältnisse zu allen Culturgebieten, Kirche, Schule, Volkswirthschaft u. s. w. aufgefasst wird. Das Völkerrecht erörtert schliesslich die Rechtsverhältnisse unter den staatlich geordneten Völkern.

Bevor wir zu dieser materiell-formellen Eintheilung (s. hierüber auch ausführlich unsere „jurist. Encyklopädie" S. 117—140) übergehen, haben wir die bisherige formelle Eintheilung noch etwas näher nach ihrer Unzulänglichkeit zu betrachten.

Es ist eine bemerkenswerthe Thatsache, dass die bis jetzt obenan gestellte Eintheilung in Privat- und öffentliches Recht noch nicht einmal wissenschaftlich festgestellt ist. Auch dieser Mangel entspringt aus dem bisherigen formalistischen Charakter der Rechtswissenschaft, der von dem Zwecke der rechtlichen Verhältnisse absehen liess. Wollte man daher eine Eintheilung des Rechts gewinnen, so konnte man sie nur nach dem Unterschiede der Personen oder der Objecte machen. Vom Gesichtspunkte der Objecte musste aber dies von vorn herein unmöglich erscheinen, da dieselben Objecte, z. B. Eigenthum, sowohl in privatrechtlichen als öffentlich-rechtlichen Verhältnissen vorkommen können. Es blieb daher nur der Versuch übrig, den Unterschied nach den Personen zu bestimmen. Allein dieser Versuch ist völlig fehlgeschlagen, so verschiedene Wendungen man auch dabei genommen hat. Häufig blieben die Definitionen vom Privatrecht in Tautologien befangen, wenn z. B., wie gewöhnlich, das Privatrecht als „Inbegriff der Grundsätze, nach welchen die im Staate begriffenen Individuen (Privaten) im Verhältniss zu einander stehen (Kierulff, Theorie des allgemeinen Civilrechts Bd. 1. S. 6), und öffentliches Recht als der „Inbegriff der Grundsätze, nach welchen der Staat nach innen und aussen besteht", bezeichnet wird; aber alle derartige Definitionen treffen gar nicht die Sache oder die Verhältnisse, wie sie wirklich vorliegen. Denn offenbar beschränkt sich das Privatrecht nicht blos auf die Individuen, auch die Familie hat ein Privatrecht, ebenso die Gemeinde und auch die höheren Ordnungen, Kreise, Provinzen und in bestimmter Hinsicht der Staat selbst. Um dieser Schwierigkeit in der Auffassung zu entgehen, hat man (Bluntschli, Kritische Ueberschau, Bd. 3. S. 225, 1855) die Gemeinde als ein Mittelglied, „als eines jener Uebergangs- und Vermittlungs-Institute, welche aus dem öffentlichen Rechte in's Privatrecht überleiten und den organischen Zusammenhang beider erhalten", betrachten wollen; allein der organische Zusammenhang wird nicht äusserlich durch ein einzelnes Glied vermittelt, welches doch nur eine mechanische Einfügung sein würde, sondern von allen Seiten dadurch gebildet, dass in dem wahrhaften Staats- und Gesellschaftsorganismus alle Glieder sowohl für ihr selbständiges Sein und Wirken ein Sonderrecht (Privatrecht), als, nach ihrer Wirksamkeit für den Gesammtzweck, ein öffentliches Recht haben. Endlich kann auch der Herrschaftsbegriff, nach welchem man das öffentliche Recht hat charakterisiren wollen, keinen Eintheilungsgrund bilden, indem Herrschaft Willensmacht über ein Object ist, diese aber in allen Rechtsgebieten vorkommt und insbesondere die Herrschaft im öffentlichen Rechtsleben schon den Begriff des öffentlichen Rechts voraussetzt, nach den Normen und in den Schranken des öffentlichen Rechts geübt werden soll, das Wesen dieses Rechts daher nicht selbst durch den Begriff der Herrschaft bestimmt werden kann.

Die richtige formelle Eintheilung von Privat- und öffentlichem Rechte kann nur festgestellt werden, wenn man, bei einer organischen Auffassung des Staats- und Gesellschaftslebens, die Stellung aller G l i e d e r für sich und zum höheren G a n z e n nach der Verschiedenheit des Z w e c k e s bestimmt und erkennt, dass ein jedes Glied ein S o n d e r d a s e i n hat und in einem selbständigen Lebenskreise sein Sonderwohl als Sonderzweck verfolgt, dass aber alle Glieder und Gliederungen, welcher Art sie sein mögen, von den untersten bis zu den höchsten, auch für den G e s a m m t z w e c k wirksam sein sollen, den das höhere Ganze (repräsentirt durch die Staatsgewalt) in relativer Selbständigkeit und in geordneter Mitwirkung aller Glieder zu verfolgen hat. Nach diesem doppelten Zwecke bestimmt sich der bezeichnete Unterschied. P r i v a t r e c h t ist daher das Ganze der Rechtsnormen, nach welchen alle Glieder

der Staats- und Gesellschaftsordnung ihre Sonderzwecke, als ihr Sonderwohl, in Selbstbestimmung durch und für sich erstreben können; das öffentliche Recht dagegen das Ganze der rechtlichen Normen, nach welchen der Gesammtzweck nicht nur des Staates, sondern auch einer jeden, durch einen selbständigen Hauptzweck unterschiedenen, Gesellschaftsordnung (z. B. der Kirche), von einer geordneten Macht, in organischer Mitwirkung aller Glieder, vollführt wird. Das Privatrecht ist überhaupt das Sonderrecht oder Eigenrecht einer jeden physischen oder juristischen Person und kann auch das innere Recht einer Person genannt werden, weil dadurch jede Person einen bestimmten Wirkungskreis erhält, innerhalb dessen sie, ohne Verantwortlichkeit nach aussen und gegen eine äussere Behörde, ihr Recht für ihr Sonderwohl frei gestalten kann.[1]) Das öffentliche Recht dagegen regelt für den Gesammtzweck die organischen äusseren Wechselverhältnisse zwischen der Centralgewalt und allen untergeordneten Gliedern.

Wichtige Folgerungen ergeben sich aus dieser Unterscheidung. Zunächst ergibt sich daraus die längst erkannte Wahrheit, dass das öffentliche Recht von dem Belieben des Einzelnen unabhängig ist (*jus publicum privatorum pactis mutari nequit*), dass jede Berechtigung zugleich eine Verpflichtung einschliesst und dass die Rechte auch durch die Pflichten beschränkt sind. Sodann wird durch diese Eintheilung nicht eine Scheidung nach den Personen eingeführt, sondern die höhere Einheit des Rechts gewahrt. Wenn neuerdings hervorgehoben ist (Held, Staat und Gesellschaft, Bd. 1, S. 581), dass in einem organischen Staate der gesammte Rechtszustand so sehr ein Ganzes bildet, dass es wenigstens ebenso wichtig ist, die Einheit des Privatrechts und des öffentlichen Rechts festzuhalten, wie ihre Verschiedenheit nicht zu übersehen“, so wird diese Aufgabe durch die hier (und früher in der „jurist. Encyklopädie“) gegebene Unterscheidung vollständig erfüllt. Denn nicht nur wird die Einheit des Rechtsprincips für beide Gebiete aufrecht erhalten,

---

[1]) Es wäre auch in Bezug auf diesen Begriff wünschenswerth, dass das Fremdwort Privatrecht, welches, wie so viele andere Fremdworte, wie Souveränetät, Polizei u. a., nur der Unklarheit Vorschub leistet, durch ein deutsches Wort, das stets zur Deutlichkeit nöthigt, wie Sonderrecht, Eigenrecht oder inneres Recht, ersetzt würde.

dem öffentlichen Rechte kein anderer Zweck als der des Rechts angewiesen, sondern die höhere Einheit ist durchgängig dadurch gewahrt, dass jeder (persönliche oder Bildungs-) Rechtskreis zugleich sein Privatrecht hat und als Glied der öffentlichen Ordnung sein öffentliches Recht besitzt.

Alle Gliederungen und Kreise haben ein Privatrecht; selbst bei dem Staate als Ganzem, in seinem Unterschiede von den einzelnen Gliedern, kann noch ein selbständiges Recht oder Privatrecht angenommen werden, wie dies auch in Bezug auf das Vermögen (als Fiscus) geschieht, obwohl auch dieses privatrechtliche Vermögensverhältniss durch den öffentlichen Zweck mitbestimmt wird.

Aber nicht minder haben alle Glieder der Staats- und Gesellschaftsordnung ihr öffentliches Recht. Auch der Einzelne ist kein blosser Privatrechtsmensch, er ist zugleich eine öffentliche Rechtsperson, er soll bei der gehörigen Verstandesreife theilnehmen an der Ausübung öffentlicher Functionen (Wahlrecht, Volksvertretung, Geschwornendienst), in der kräftigenden öffentlichen Atmosphäre leben und wirken, die auch nur durch sorgsame Unterhaltung einer regen Strömung zwischen dem Ganzen und allen Theilen und Gliedern, durch Stärkung des Gesammtbewusstseins und Gesammtgefühls, in lebendiger Frische erhalten werden kann. Wie der Einzelne, so hat auch die Ehe und die Familie eine öffentlich-rechtliche Seite, indem der Staat, im öffentlichen Interesse, öffentlich-rechtliche Bedingungen bei der Eingehung wie bei der Auflösung der Ehe stellt. Die Gemeinde ist ein Organ der öffentlichen Rechtsordnung sowohl nach den, durch Verfassung als Gesetzgebung geregelten Beziehungen zum Staate, als auch in dem sogenannten übertragenen Wirkungskreise, in dem sie, als eigentliches Glied des Staates, für Staatszwecke (Militärwesen, Wahlen, Steuererhebung u. s. w.) mitthätig ist. Ueber den öffentlich-rechtlichen Charakter der Kreise und Provinzen besteht kein Streit. So baut sich die öffentliche Rechtsordnung in abgestufter Weise bis zur Centralgewalt des Staates auf, der selbst wieder Glied eines höhern, in verschiedenen Formen möglichen, Staaten-Ganzen sein kann.

Fragt man nun, wie nach der Verschiedenheit der Zwecke die Grenze zwischen Privat- und öffentlichem Rechte festzustellen ist, so ist darauf hinzuweisen, dass diese Grenze keine unverrückbare sein kann, sondern im Flusse der ganzen Lebens- und Rechtsbildung steht, und, nach den verschiedenen Culturstufen eines Volkes, mehr nach der einen oder anderen Seite liegen kann. Der Gang der Entwicklung aller Culturvölker ist aber der, dass wie überhaupt nach einem organischen Grundgesetze alle Bildung von einem einheitlichen Ganzen ausgeht, so auch in der ältesten Zeit eines Volkes öffentliches und Privatrecht eng in einander verschlungen sind, das Recht des Ganzen, der Gemeinschaft jedoch das vorherrschende bleibt, das Privatrecht sich erst später bestimmter vom öffentlichen Rechte absondert (wie in Rom durch das Zwölftafelgesetz), wenn das Bewusstsein der Einzelpersönlichkeit sich kräftigt und ein Gebiet des freien Schaltens, besonders im Vermögensrechte, in Anspruch nimmt.

Die Grenzlinie wird daher nach allen Lebens- und Bildungsverhältnissen durch Sitte und Gesetzgebung gezogen. Damit aber in letzterer Hinsicht die Grenze, gemäss dem ganzen Culturbewusstsein eines Volkes, festgestellt und die Achtung vor wohlerworbenen Rechten (S. 367) bewahrt werde, ist die Mitwirkung aller Lebenskreise bei der Gesetzgebung und Verwaltung eine nothwendige Bedingung.

Schon aus diesem Nachweise, dass Privat- oder öffentliches Recht nur in formeller Weise zwei Seiten eines jeden Rechtskreises bilden, ergibt sich die wissenschaftliche Forderung, eine sachliche Eintheilung des Rechts obenan zu stellen und das Formelle damit zu verknüpfen. Es ergibt sich daraus eine Gliederung des Rechts und der Rechtswissenschaft, die auch mit dem wirklichen Leben mehr im Einklange ist, als die blos formelle Eintheilung. Diese Gliederung wird sich in der Art gestalten, dass zuvörderst das Recht nach seinem sachlichen Gehalte und Zwecke, der stets in Gutem und Gütern liegt, als allgemeines Güterrecht betrachtet wird, dass sodann das Recht der verschiedenen Lebens- und Bildungs-Kreise, in denen das allgemeine Güterrecht nach den Zwecken dieser Kreise eine unterschiedene und modificirte Gestaltung und Anwendung erhält, erörtert und schliesslich die gesammte Rechts-Ordnung als Staat sowohl in ihrem Rechte für sich im eigentlichen Staatsrechte, als nach ihren rechtlichen Beziehungen zu allen Lebens- und Culturgebieten (Gemeinde, Kirche, Schule u. s. w.) im öffentlichen Culturrechte betrachtet wird. Diese drei Eintheilungen können unter zwei Haupttheile in der Art gebracht werden, dass im ersten Hauptheile das Recht nach seinem Gütergehalte und nach den besondern praktischen Lebens- und Bildungskreisen, in dem zweiten die Rechts-Ordnung als Staat in den bezeichneten Beziehungen betrachtet wird.

I. Vom Rechte als allgemeinem Güterrecht an sich und in seiner praktischen Gestaltung in den besondern Lebens- und Bildungskreisen.

A. Die erste Abtheilung wird gebildet durch das allgemeine Güterrecht. Im positiven Rechte hat man hiervon eine unbestimmte, jedoch ungehörig beschränkte Vorstellung in der Ansicht gewonnen, dass in einem ersten Theile das Vermögensrecht (im Sachen- und Obligationenrecht) abzuhandeln sei. Vermögen ist nur das Ganze der wirthschaftlichen Güter; da aber alle menschlichen Güter, insofern ein erkennbares Handeln (Thun oder Unterlassen) für sie gefordert wird, Gegenstand des Rechts sind, so sind auch die durch die menschliche Persönlichkeit gegebenen Güter, des Lebens, der Gesundheit, Ehre, Freiheit, in einem ersten Abschnitte zu betrachten. Die Lehre von diesen Gütern hat man im Civilrechte ganz ausgemerzt, weil man überhaupt nicht von dem Güterbegriff ausgeht, und abstract Personen und Objecte unterscheidet, gemeiniglich auch ein Personenrecht verwirft, in der Behauptung, dass dasselbe objectlos sei, die Person nicht zugleich Subject und Object des Rechts sein könne, und dass, im Grunde, alles Recht Personen zustehe, also Personenrecht sei. Allerdings sind stets Personen (physische oder juristische) Träger des Rechts, aber so wie die Person psychologisch im Selbstbewusstsein zugleich Subject und Object ist, so bilden auch die wesentlichen Eigenschaften, deren Träger sie ist, besondere Güter, für welche das Recht die Bedingungen der Erhaltung, der Bethätigung und des Schutzes zu normiren hat. Diese Güter sind auch, hinsichtlich der Verletzung, die wichtigsten Objecte des Criminalrechts und bilden den Inhalt der wichtigsten öffentlichen Rechte; und deshalb geht schon eine erste Forderung der wissenschaftlichen Methode dahin, dass Grundbegriffe, die in verschiedenen Theilen einer Wissenschaft zur Anwendung kommen, zuvor in einem allgemeinen Theile grundsätzlich entwickelt werden, damit die Einheit der Grundlage für Lehrende und Lernende im Bewusstsein gegenwärtig bleibe. Dadurch allein kann der jetzige Zustand der Zerrissenheit und der abstracten Sonderung der Theile in der Rechtswissenschaft durch eine, den wohlgeordneten Bau des Rechts wiederspiegelnde, wahrhaft systematische Gliederung überwunden werden. Das allgemeine Güterrecht wird daher sich gliedern in die drei Abschnitte: 1. des Persönlichkeits-Güterrechts, 2. des Sach-Güterrechts (Sachenrechts) und 3. des Obligationen-Rechts, von denen das letztere nicht dem zweiten coordinirt ist, sondern überhaupt das Recht der Forderungen im gesellschaftlichen Verkehr begreift, mögen sich dieselben auf Sachgüter oder auf Handlungen beziehen, die einen Guts-Werth haben. In jedem dieser Abschnitte muss aber das Güterrecht auch nach seiner öffentlich-rechtlichen Seite wenigstens kurz berührt werden, wenn auch für die weitere Ausführung auf diejenigen Theile hinzuweisen ist, wo dasselbe vorzugsweise behandelt wird. Es soll daher auch in jedem positiven Recht, in dem Persönlichkeits-Güterrechte, zum Bewusstsein gebracht werden, dass jede menschliche Persönlichkeit für ihre ursprünglichen Güter entsprechende Rechte besitzt, welche nach verschiedenen Seiten, im öffentlichen Rechte (Criminalrechte, Polizeirechte, in den Grundrechten u. s. w.) Anerkennung und Geltung erhalten. Im Sachgüterrechte wird, wie es auch meistens schon geschieht, auf öffentlich-rechtliche Verhältnisse, Beschränkungen (z. B. beim Eigenthum) u. s. w. hinzuweisen sein. In Obligationen ist insbesondere bei den Verträgen der, im positiven Rechte fast ganz übersehene, Unterschied zwischen blossen vermögensrechtlichen Verträgen und rechtlich-sittlichen Verträgen (s. unsere „jurist. Encykl." S. 706), wohin auch die meisten öffentlich-rechtlichen Verträge gehören, hervorzuheben. Das Erbrecht wird am angemessensten zum Familienrecht gestellt. Auf diese Weise wird die bisherige Behandlung, ausser der wichtigen Ergänzung durch das Persönlichkeits-Güterrecht, nur geringe Abänderung erleiden.

Dieses allgemeine Güterrecht würde jedoch eine in der Luft schwebende Abstraction bleiben, wenn es nicht seine Stütze in lebendigen Persönlichkeits- und Thätigkeitskreisen erhielte, in denen es eine, nach der Natur dieser Kreise modificirte, Anwendung findet. Zwei Extreme sind nämlich zu vermeiden. Das römische Recht hat sich nur als ein allgemeines Civilrecht entwickelt und mit Ausnahme der Familie, kein Recht für besondere Lebenskreise anerkannt, das deutsche Recht dagegen hat, in Folge der mittelalterlichen ständischen Gliederung, fast nur ein Recht der Stände ausgebildet. Aber beide Seiten sind mit einander zu verknüpfen. Der Mensch ist im Staate überhaupt Bürger und hat als solcher Privat- und öffentliche Rechte; aber so wie er stets Glied einer Familie ist, so gehört er auch einem gesellschaftlichen Arbeits- oder Berufskreise an, und das Recht muss sich daher als ein allgemeines bürgerliches und zugleich als ein Recht der besonderen Lebens- und Berufskreise gestalten. Das allgemeine bürgerliche Recht bildet aber die Grundlage und die Richtschnur für das Recht aller besonderen Lebenskreise.

B. Das Recht der besonderen Lebenskreise gliedert sich, wie wir gesehen haben (S. 265), nach den zwei Hauptgattungen derselben, in das Recht der Persönlichkeitskreise, welche man auch die voll-menschlichen Lebenskreise nennen könnte, weil ein jeder derselben, die Einzelnen, die Familien, die Gemeinden, das Volk selbst, in aufsteigenden Stufen, die Totalität aller wesentlichen Lebenszwecke in Einheit begreift und erstreben soll, und in das Recht der particularen Berufs- und Bildungskreise, welche das ganze Güterleben, in Religion, Wissenschaft und Kunst, Erziehung und Unterricht und Wirthschaft, in vorwaltender Berufsarbeit, intensiver gestalten und, über den Kreis der Familie hinaus, besondere Güter- oder Culturordnungen bilden, welche, bei weiterer kräftiger Entwicklung, wie bis jetzt hauptsächlich die Religionsgenossenschaften und annähernd das volkswirthschaftliche Gebiet (Handels- und Gewerbekammern u. s. w.), zu einer selbständigen Organisation gelangen werden. Alle diese Kreise haben ein selbständiges Privat- und öffentliches Recht, welches auch in seiner Einheit und Totalität dargestellt werden und nicht einseitig, sei es unter das Privat- oder das öffentliche Recht, untergebracht werden soll. So ist das Familienrecht (nebst dem Erbrechte) nicht blos Privat- sondern auch öffentliches Recht (in Bezug auf öffentlich-rechtliche Ehehindernisse u. s. w.) und sollte auch in seiner Einheit nach allen wesentlichen Verhältnissen dargestellt und nicht nach einzelnen Seiten (nach bürgerlichen, kirchlichen Verhältnissen) auseinander gerissen werden. Das Gemeinderecht bildet gleichfalls ein wichtiges, vollständig nach allen Seiten zu erörterndes Rechtsgebiet. Unter den Culturkreisen ist die Kirche nach den verschiedenen Confessionen im Kirchenrecht längst als ein selbständiger

Rechtskreis aufgeführt worden. Ebenso sollte auch das Volkswirthschafts-Recht als ein Ganzes, und in seinen Haupttheilen (Agricultur, Handel- und Gewerbe-Recht) nicht blos nach der privatrechtlichen, sondern auch nach der öffentlich-rechtlichen Seite dargestellt werden. Ueberhaupt ist es von Wichtigkeit, dass alle Lebensgebiete, welche in sich ein relativ selbständiges Ganzes bilden, auch im Rechte zu oberst in ihrer Einheit und Totalität behandelt werden.

Alle besondern Lebens- und Rechtskreise werden nach ihrer rechtlichen Seite in der Gesammtordnung des Staates zusammengefasst.

II. Der Staat, auf der höheren Stufe als Volks-Staat, ist die organisirte, das Rechtsleben nach allen Seiten zu höherer Einheit und Totalität zusammenfassende und, in der Macht des Ganzen über alle Gliederungen, herrschende Ordnung. Der Staat wird gewöhnlich nur nach der öffentlich-rechtlichen Seite aufgefasst; aber der Staat ist die organisirte ständige *(status)* Rechtsordnung überhaupt, und begreift daher ebenfalls das ganze Privatrechtsleben, bestimmt die ganze Privatgesetzgebung und nimmt das ganze Privatrecht in seinen Schutz *(jus privatum latet sub tutela juris publici*, Bacon); er ist sodann öffentliche Rechtsordnung in den constituirten öffentlichen Gewalten oder Functionen, und in seiner Wirksamkeit für den Gesammtzweck. Als die gemeinsame Rechtsordnung überhaupt hat der Staat aber das Recht in zweifacher Richtung in Anspruch zu nehmen und zu üben. Zunächst hat er ein Recht für sich selbst, für seinen Bestand, seine gesammte Organisation und Wirksamkeit zu fordern; es ist dies das eigentliche (formelle) Staatsrecht; aber so wie das Recht, nach seinem Gehalte und Zwecke, Güter- oder Culturrecht ist, so steht auch der Staat in rechtlichen Beziehungen zu allen Lebens- und Culturgebieten, und diese Beziehungen sind in dem (materiellen) staatlichen Culturrechte zu erörtern, welches daher die staatshoheitlichen Rechte in Bezug auf alle Cultur- oder gesellschaftliche Berufskreise darzulegen hat. Diese staatshoheitlichen Rechte sind wohl zu unterscheiden von dem selbständigen inneren Rechte der besonderen Culturkreise, z. B. das staatshoheitliche Recht in Bezug auf die Kirche ist nicht zu verwechseln mit dem eigentlichen Kirchenrechte, wenn auch darin auf jene Verhältnisse Bezug zu nehmen ist.

Die Wissenschaft vom Staate gliedert sich daher in folgende Theile:

A. Der allgemeine Theil enthält die Lehre vom ethischen Lebens- und Rechtsgrunde des Staates, von seinem Ursprunge, von seinem Zwecke, wodurch allein der Gehalt und die Richtung seiner Wirksamkeit richtig bestimmt werden kann, von der Staatsgewalt und ihrer Gliederung nach den besondern Gewalten oder Functionen, von den Verhältnissen des Staates zum Volke und Lande, von den hauptsächlichsten Formen der Verbindung der Staaten unter einander, von der, alle Momente zusammenfassenden, Gesammtauffassung des Staates als eines sittlich-rechtlichen Organismus, und von dem Verhältnisse der Staatsordnung zu der gesammten Gesellschaftsordnung (von Staat und Gesellschaft).

B. Der besondere Theil zerfällt in zwei Abtheilungen, in das formelle Staatsrecht und in das materielle staatliche Culturrecht

I. Das formelle Staatsrecht begreift:

1. Das Verfassungsrecht als das Ganze der Grundnormen und organischen Einrichtungen, durch welche, unter einer obersten Macht, zur Vollführung des Staatszwecks, die Verhältnisse der Staatsgewalt zu allen Theilen und Gliederungen nach gegenseitigen Rechten und Verbindlichkeiten geregelt werden (Grundrechte, Staatsform, Grundsätze über die Ausübung der Staatsgewalt, über die Aufbringung der Mittel für den Staatshaushalt u. s. w.).

2. Das Verwaltungsrecht ist das Ganze der Normen und Einrichtungen, durch welche, auf Grundlage und nach der Richtschnur der Verfassung, die Ausübung der gesammten Staatsgewalt geregelt wird. Die Verwaltung, wenn sie, im allgemeinsten Sinne, der Verfassung gegenüber gestellt wird, theilt sich ein: *a)* in Regierung, welche von der blossen Vollziehung zu unterscheiden ist, *b)* in Gesetzgebung und *c)* in eigentliche Vollziehung. Alle drei Gewalten oder Functionen werden in zweifacher Richtung, in Hinsicht auf das formelle Recht und für die gesammte Cultur, ausgeübt.

Wird die vollziehende Gewalt näher betrachtet, so ist dieselbe gleichfalls zuoberst nach den beiden Richtungen des formellen Rechts und der durch das Recht zu schützenden und zu fördernden Cultur zu betrachten, und die Vollziehung theilt sich darnach *a)* in

25*

die formelle Rechtspflege (Justiz) und *b*) in die materielle Culturpflege, Verwaltung im engsten Sinne oder Administration. Aber beide Gebiete sind gleichmässig nach drei, durch den unterschiedenen Zweck und zugleich in Rücksicht auf die Zeit bestimmten, Richtungen der Thätigkeit in drei Theile zu unterscheiden:

a. Die Rechtspflege ist entweder, α) gegen mögliche, künftigen Störungen vorbeugende, Präventiv-Justiz oder Rechts-Polizei (zu unterscheiden von der Cultur- oder Wohlfahrts-Polizei), oder sie ist β) fürsorgliche, in der Gegenwart sich ergebende Rechtsverhältnisse regelnde, Rechtspflege, welche sowohl die freiwillige als die amtliche, also nicht streitige Rechtspflege begreift, oder sie ist γ) die wiederherstellende Rechtspflege als Civil- und Criminaljustiz, und zwar als allgemeine Civil- und Criminaljustiz, und als besondere für besondere Arten der Lebensverhältnisse (nicht der Personen, welche stets in mehren Lebensverhältnissen stehen), wie in den Handels- und Gewerbegerichten, Militärgerichten (für Vergehen militärischer Art, z. B. Desertion).

b. Die nach rechtlichen Normen auszuübende Wohlfahrtspflege oder Culturpflege gliedert sich parallel der Rechtpflege (wie es in der Natur der Sache liegt, aber bis jetzt gar nicht erkannt worden ist) α) in vorbeugende Wohlfahrts- oder Cultur-Polizei (durchaus zu unterscheiden von der positiven Culturpolitik), β) in fürsorgliche, das weiteste Gebiet umfassende Wohlfahrtspflege, und γ) in wiederherstellende Wohlfahrtspflege, Administrativ-Justiz, in bürgerlicher und strafrechtlicher Hinsicht. Das Dasein einer solchen Administrativ-Justiz kann gar nicht in Abrede gestellt werden, wenn auch über die Frage, wie sie zu organisiren sei, verschiedene Ansichten bestehen können.

II. Das materielle staatliche und staatshoheitliche Culturrecht, welches in der Staatswissenschaft gewöhnlich sehr kümmerlich behandelt wird, aber den gehaltvollsten Theil bildet, begreift die Lehren vom Verhältnisse des Staates zu den religiösen Confessionen oder Kirchen, zu Wissenschaft, Kunst und Unterricht und ihren Anstalten, zur öffentlichen Sittlichkeit und zum volkswirthschaftlichen Gebiete, und in allen diesen Gebieten ist zu zeigen, wie der Staat, nach den

Functionen des Rechts (S. 279), die entsprechenden Verhältnisse zu schützen, zu fördern und zum Zwecke des geordneten Zusammenlebens auch in den richtigen Grenzen zu erhalten hat.

Diese Organisation der staatlichen Wirksamkeit lässt den Staat in seinem selbständigen Recht, in seiner rechtlichen Stellung zum gesammten Culturleben, und nach seiner vollen Aufgabe erkennen. Durchdrungen von der Einen Seele des Rechts ist der Staat vor Allem Rechtsstaat, jedoch kein abstracter, blos formeller Rechtsstaat, sondern, bei der überall nachgewiesenen innigen Beziehung des Rechts zu der gesammten humanen Cultur, Humanitäts- oder Cultur-Rechtsstaat.

Nach dieser Eintheilung ist in dem folgenden besonderen Theil die Rechts- und Staatswissenschaft zu behandeln.

Die Grundzüge des Völkerrechts werden den Schluss bilden.

Das System der Rechts- und Staatswissenschaft ist demnach, im besonderen Theile, folgendes.

I. Das Recht in seiner Gliederung.

A. Allgemeines Güterrecht.

1. Persönlichkeits-Güterrecht; 2. Sachgüterrecht (Sachenrecht); 3. Recht der (gutswerthen) Leistungen (Obligationenrecht).

B. Das Lebens- und Güterrecht nach seiner Gestaltung in den besondern Lebens- und Bildungskreisen.

1. Das selbständige (autonome) Recht der vollständigen Lebenskreise.
   - *a*) das Recht der Einzelpersönlichkeit;
   - *b*) das Recht der Ehe und Familie;
   - *c*) das Recht der Gemeinde;
   - *d*) das Recht der Kreise, Provinzen.

2. Das selbständige (autonome) Recht der besondern Berufs-Bildungskreise.
   - *a*) Das Religions- u. Kirchenrecht;
   - *b*) das Recht der Sittlichkeit;
   - *c*) das Recht der Wissenschaft und Kunst;
   - *d*) das Recht des Unterrichts und der Erziehung;
   - *e*) das Recht der wirthschaftlichen Gebiete (Urproduction, Gewerbe, Handel).

II. Die Rechts-Ordnung oder der Staat an und für sich selbst und in Bezug auf die gesammte Cultur.

A. Das Recht des Staates an und für sich selbst.

Formelles Staatsrecht.

1. Verfassungsrecht. 2. Verwaltungsrecht

Regierung, Gesetzgebung, Vollziehung,

Rechtspflege, | Administration als Wohlfahrts- oder Culturpflege,

vorbeugende oder (Rechtspolizei),	fürsorgl.-ordnende oder (s. g. nicht streitige),	vorbeugende, als Administrativ- od. Wohlfahrtspolizei,	fürsorgliche Culturpflege, eigentliche Verwaltung,

wiederherstellende | Verwaltungs-Rechtspflege

Civil- und Criminalrechtspflege. | in bürgerlichen u. Strafsachen.

B. Das Recht des Staates in Bezug auf alle Lebens- und Culturkreise.

Materielles staatshoheitliches Culturrecht.

1. Das Staatshoheitsrecht in Bezug auf Religion und Kirche;
2. das Staatshoheitsrecht in Bezug auf öffentliche Sittlichkeit;
3. das Staatshoheitsrecht in Bezug auf Wissenschaft u. Kunst ;
4. das Staatshoheitsrecht in Bezug auf Schule und Unterricht;
5. das Staatshoheitsrecht in Bezug auf die volkswirthschaftlichen Kreise, Urproduction, Gewerbe, Handel.

III. Das Recht der staatlich geordneten Völker.

Völkerrecht.

Ende des ersten Bandes.

Made in United States
Cleveland, OH
05 November 2026

47664062R00222